国家文化产业资金支持媒体融合重大项目

高等职业教育会计专业课程系列教材

Practice of Financial Accounting

财务会计实务

（第三版）

李 莉 王泽秀 主 编
[illegible] 杨朝晖 向 炜 副主编

东北财经大学出版社
Dongbei University of Finance & Economics Press
大连

图书在版编目（CIP）数据

财务会计实务 / 李莉，王泽秀主编. —3版. —大连：东北财经大学出版社，2018.8（2019.2重印）
（高等职业教育会计专业课程系列教材）
ISBN 978-7-5654-3231-6

Ⅰ. 财… Ⅱ. ①李… ②王… Ⅲ. 财务会计-高等职业教育-教材 Ⅳ. F234.4

中国版本图书馆CIP数据核字（2018）第152846号

东北财经大学出版社出版
（大连市黑石礁尖山街217号 邮政编码 116025）
网 址：http://www.dufep.cn
读者信箱：dufep@dufe.edu.cn
大连图腾彩色印刷有限公司印刷 东北财经大学出版社发行

幅面尺寸：185mm×260mm 字数：594千字 印张：25.5 插页：1
2018年8月第3版 2019年2月第5次印刷

责任编辑：王天华 责任校对：合 力
封面设计：冀贵收 版式设计：钟福建

定价：55.00元

教学支持 售后服务 联系电话：（0411）84710309

第三版前言

本书第二版于2017年3月出版以后，从2017年到2018年，财政部相继对《企业会计准则第22号——金融工具确认和计量》、《企业会计准则第23号——金融资产转移》、《企业会计准则第24号——套期会计》、《企业会计准则第37号——金融工具列报》、《企业会计准则第16号——政府补助》和《企业会计准则第14号——收入》进行了修订，制定发布了《企业会计准则第42号——持有待售的非流动资产、处置组和终止经营》，发布了企业会计准则解释公告第9号至第12号，以及《关于修订印发一般企业财务报表格式的通知》（财会〔2017〕30号）等政策文件，并和国家税务总局联合发布了《关于简并增值税税率有关政策的通知》（财税〔2017〕37号）、《关于调整增值税税率的通知》（财税〔2018〕32号）以及其他有关财税文件。这些财税文件或政策的频繁出台，使本书的部分内容需要再次及时更新。因此，为了更好地满足广大高职高专院校学生对财务会计知识学习的需要，我们对本书又进行了全面修订。

本次修订的主要内容包括：一是对本书第二版中部分项目存在的一些小问题进行了校正和修改；二是进一步引入新知识或根据财税新法规对相关内容进行修订，如根据《企业会计准则第22号——金融工具确认和计量》《企业会计准则第14号——收入》等对项目七投资业务中的各类金融资产，项目十收入、费用和利润中的收入要素，以及项目十二财务报表列报等的部分知识点进行了修订，同时结合国家发布的增值税税率调整等最新政策将全书涉及增值税核算的内容进行了全面调整，以体现教材的先进性。

本书由四川商务职业学院李莉教授和广州华立科技职业学院王泽秀担任主编，温州科技职业技术学院陈琛凝、四川商务职业学院杨朝晖、四川工商职业技术学院向炜担任副主编，四川商务职业学院卓越、李建惠和成都银盛投资有限公司曾玉娟会计师参与编写。李莉对全书进行总纂、修改和定稿，并完成本次修订、完善工作。具体编写分工如下：李莉编写项目一、七、十二，李建惠编写项目二、三，陈琛凝编写项目四、五，卓越编写项目六，杨朝晖编写项目八、九，向炜编写项目十，曾玉娟编写项目十一。

本书在编写过程中得到了东北财经大学出版社及相关院校领导和会计专业教师的大力支持，并借鉴参考了国内有关财务、会计等方面的书籍、著述观点等，编者在此一并表示衷心的感谢！

由于经济快速发展，会计核算业务不断推陈出新，需要研究探讨的问题很多，且高职高专工学结合教材的开发还在不断深入、完善的过程中，限于编者的水平，书中难免存在不足之处，敬请专家和广大读者批评指正。

编　者

2018年8月

第一版前言

"财务会计实务"课程是高职高专会计专业的一门核心课程，是会计专业知识与能力结构中的主体部分，是会计理论与实务结合最紧密的课程，为会计从业者提供了必备的知识与技能。

本书以我国最新颁布的税法和企业会计准则为依据，以培养学生会计职业岗位能力和取得初级会计专业技术资格认证为目标，以会计信息生成为主线，根据完成实际会计工作任务的逻辑顺序优化整合教材内容，科学设计了12个项目和52个学习性工作任务。本书编写时，深入分析高职高专学生的学习特点和未来的会计工作层面，注重实务性和可操作性，内容体系力求系统完整，难易程度力求由浅入深。每一个项目均以"项目导入"开篇，每一项目后均附有针对性强、多角度、多形式的课后习题与实训，学生可根据自身需要有针对性地学习。

另外，本书配有《财务会计全真实训》，由会计核算岗位实训和会计综合实训两大部分组成，与主教材（本书）互补，共同培养学生的动手操作能力、会计职业判断能力和综合处理问题的能力。

本教材的主要特点如下：

（1）目标明确，工学结合。本教材强调"能力本位、学生主体、实践导向"的课程教学理念，注重学生综合职业能力的培养。在教材内容的设计上，将理论知识的学习与专业技能的训练融为一体，兼顾传统的会计要素理论与会计实务工作需要的双重目标，以项目为导向，以任务为载体，集教、学、做于一体，突出仿真性和互动性。

（2）内容完整，突出实用。本教材从会计信息生成的逻辑顺序出发设计教材内容，同时在对会计核算岗位群进行任务与职业能力分析的基础上，分解每个岗位所需的岗位知识与技能，并将其融入教材各板块，教材内容全面、系统、完整。此外，本教材在阐述必备理论知识的同时，重点突出岗位专业技能的训练。每个学习板块均配有任务举例，并在配套的《财务会计全真实训》教材中安排各核算岗位的全真实训，使理论与实践有机结合，增强学生对会计实务工作的直观认知和体验，激发学生专业学习的兴趣和热情。

（3）版式新颖，轻松学习。每个项目设有"知识目标""能力目标""项目导言"栏目；在每个任务中设有"任务描述""知识准备""任务举例"等栏目，中间穿插有醒目的"提示"栏目。这种结构思路清晰，符合高职高专学生的认知规律，同时也较生动有趣。

本书可作为高职高专财经类专业学生的学习用书，也可作为有关人员学习财务知识的参考用书。

本教材由四川商务职业学院李莉教授担任主编，温州科技职业技术学院陈琛凝、四川商务职业学院杨朝晖、四川工商职业技术学院向炜担任副主编，四川商务职业学院卓越、李建惠和成都银盛投资有限公司曾玉娟参加编写。李莉对全书进行总纂、修改和定稿。具体编写分工为：李莉编写项目一、项目七、项目十二，李建惠编写项目二、项目三，陈琛凝编写项目四、项目五，卓越编写项目六，杨朝晖编写项目八、项目九，向炜编写项目十，曾玉娟编写项目十一。

本书在编写过程中得到了东北财经大学出版社和相关院校领导及会计专业教师的大力支持，并借鉴参考了国内有关财务、会计等方面的书籍、著述观点等，在此一并表示衷心的感谢！

由于经济快速发展，会计核算业务不断推陈出新，需要研究探讨的问题很多，且高职高专工学结合教材的开发还在不断深入、完善的过程中，限于编者的水平，书中难免存在不足之处，敬请专家和广大读者批评指正。

编　者

2016年1月

目　录

项目一

财务会计工作认知

知识目标

1. 熟悉会计要素含义及确认条件，掌握会计要素计量属性及其应用原则；
2. 掌握会计信息的质量要求；
3. 熟悉会计法律规范体系；
4. 掌握企业会计准则的具体内容。

能力目标

1. 能结合学习内容查阅相关资料；
2. 能正确判断各会计要素的具体内容；
3. 能根据会计信息质量要求进行正确的账务处理；
4. 学会运用会计法律规范规避企业经营风险和个人职业风险；
5. 养成严谨细致的工作作风、良好的敬业精神、团队协作和职业道德意识。

项目导言

财务会计又称为对外报告会计，是以通用的会计准则为指导，对企业发生的交易与事项进行确认、计量、记录和报告，旨在以外部利益相关者为主要服务对象，为其提供有关企业财务状况、经营成果和现金流量情况等信息的报告会计。财务会计与管理会计是现代会计的两大分支。两者所处的工作环境相同，共同为实现企业管理目标和经营目标服务；两者相互分享部分信息，管理会计所需的许多资料来源于财务会计系统，其主要工作内容是对财务会计信息进行深加工和再利用，从而有助于企业管理当局进行相关预测、决策和管理活动。而财务会计重在对外报告，主要服务于会计信息的外部使用者。为保证提供财务会计信息的客观公允、真实可靠，我们首先来了解和学习财务会计的会计要素、会计核算程序与方法，以及所要遵循的会计法规体系等基本内容。

任务1　财务会计核算内容认知

任务描述

1.确定财务会计要素体系的构成内容与相互关系；

2.根据各会计要素的定义及确认条件，正确判断各要素项目的类别；

3.正确选择会计计量属性对各要素进行计量；

4.正确理解、遵循会计信息质量要求，完成会计要素的确认、计量、记录和报告。

知识准备

一、财务会计要素认知

财务会计要素是财务会计对象的具体化，是指财务会计核算与监督的具体内容，《企业会计准则——基本准则》将企业会计要素分为资产、负债、所有者权益、收入、费用和利润六大要素。其中：前三项为资产负债表要素，用来反映企业在某一特定日期的财务状况；后三项为利润表要素，用来反映企业在一定期间开展生产经营活动取得的财务成果。事业单位会计要素分为五大类，即资产、负债、净资产、收入和支出。

（一）资产

1.资产的定义

资产，是指企业过去的交易或者事项形成的、由企业拥有或者控制的、预期会给企业带来经济利益的资源。资产包括各种财产、债权和其他权利。

任何企业开展生产经营活动，必须首先具有一定的物质基础或者条件，如生产加工企业必须要购建厂房、设备，购置生产用材料等物质资源才能开展生产活动，这些资源满足一定的条件，即形成会计上的资产。

2.资产的确认条件

一项经济资源，首先应当符合资产的定义，然后同时满足下列两个条件，才能确认为资产：

（1）与该资源有关的经济利益很可能流入企业。

能够给企业带来经济利益，是资产的本质特征。如果资产负债表日所取得的证据表明与该资源有关的经济利益很可能流入企业，则应当将其作为资产予以确认。

（2）该资源的成本或者价值能够可靠计量。

可计量性是所有会计要素确认的重要前提，资产的确认也是如此。只有当该资源的成本或者价值能够可靠计量时，才能将其作为资产予以确认。

3.资产的分类

资产按照不同的标准可以作不同的分类。

（1）按照是否具有实物形态分类。

按照是否具有实物形态分类，资产可分为有形资产和无形资产。企业生产经营活动中消耗的材料物资、加工或者购进准备对外销售的产品和商品、生产经营场地与设备（含厂房、办公楼等建筑物，生产经营机器设备等）均属于有形资产，而专利权、专有技术、商标权、特许经营权、著作权、土地使用权等则属于无形资产。

（2）按照来源不同分类。

按照来源不同分类，资产可分为自有资产和租入资产。自有资产，是指所有者投入或者企业购建、所有权属于企业的资产。租入资产，是指企业采用租赁形式取得一定时期使用权并按期支付租金的资产。例如固定资产，如果是企业自行购建的，则属于企业的自有资产；如果是采取经营租赁或者融资租赁方式取得的，则属于租入资产。经营租入固定资产是临时租入的，租入企业按期支付租金，租入固定资产的所有权仍属于出租企业；融资租入固定资产，是指采用融资租赁方式取得的固定资产，按照现行准则规定，视同为企业自有固定资产。

（3）按照流动性不同分类。

按照流动性不同分类，资产可分为流动资产和非流动资产。流动资产包括货币资金、以公允价值计量且其变动计入当期损益的金融资产、应收票据、应收账款、预付账款、其他应收款、存货等；非流动资产包括以摊余成本计量的金融资产、以公允价值计量且其变动计入其他综合收益的金融资产、长期股权投资、固定资产、无形资产及其他资产等。

【提示】符合资产定义和资产确认条件的项目应当列入资产负债表，并在资产负债表上按照资产的流动性强弱分类列报。

（二）负债

1.负债的定义

负债，是指企业过去的交易或者事项形成的、预期会导致经济利益流出企业的现时义务。

2.负债的确认条件

一项现时义务，首先应当符合负债的定义，然后同时满足下列两个条件，才能确认为负债：

（1）与该义务相关的经济利益很可能流出企业。

预期会导致经济利益流出企业是负债的本质特征。如果资产负债表日所取得的证据表明与该负债有关的经济利益很可能流出企业，则应当将其作为负债予以确认。

（2）未来流出的经济利益的金额能够可靠计量。

负债的确认在考虑经济利益很可能流出企业的同时，对于未来流出的经济利益的金额应当能够可靠计量。如果金额不能可靠计量，则不能确认为负债。

【提示】现时负债，是指企业过去的交易或者事项形成的现时义务，预期将导致经济利益流出企业，是企业真正的负债。或有负债，是指过去的交易或者事项形成的潜在义务，其存在需要通过未来不确定事项的发生或者不发生予以证实；或过去的交易或者事项形成的现时义务，履行该义务不是很可能导致经济利益流出企业或者该义务的金额不能可靠计量。

或有负债是指其最终结果如何目前尚难确定，需视某种事项是否发生而定的债务。它是由于过去的某种约定、承诺或者某些情况而引起的，其结果尚难确定，可能是要企业负责偿还的真正债务，也可能不构成企业的债务。因此，或有负债只是一种潜在的债务，并不是企业目前真正的负债。

预计负债是企业预计将要发生的负债，满足负债的定义及两个确认条件，是真正意义上的负债。它与现时负债的差异在于预计负债的金额不确定，但可以进行合理的估计。

3.负债的分类

按照流动性不同，负债可分为流动负债和非流动负债。流动负债主要包括短期借款、应付票据、应付账款、预收账款、应付职工薪酬、应交税费、应付利息、应付股利和其他应付款等；非流动负债主要包括长期借款、应付债券和长期应付款等。

【提示】符合负债定义和负债确认条件的项目应当列入资产负债表，并在资产负债表上按偿债的紧迫性由高到低分类列报。

（三）所有者权益

1.所有者权益的定义

所有者权益，是指企业资产扣除负债后由所有者享有的剩余权益。公司的所有者权益又称为股东权益。所有者权益是投资人对企业净资产的所有权。它是企业的主要资金来源，等于全部资产减全部负债后的净额。

2.所有者权益的确认

所有者权益的确认依赖于其他会计要素，尤其是资产和负债的确认。所有者权益金额的确定也主要取决于资产和负债的计量。

3.所有者权益的来源

所有者权益的来源，包括所有者投入的资本及投入资本产生的溢价、直接计入所有者权益的利得和损失（即其他综合收益）、留存收益等。

【提示】所有者权益项目应当列入资产负债表，并在资产负债表上按照所有者权益的构成来源分类列报。

上述三要素之间的关系可用下列等式来表示：

资产=负债+所有者权益

这是最基本的会计等式，是复式记账法的理论基础，也是编制资产负债表的理论依据。

（四）收入

1.收入的定义

收入是指企业在日常活动中形成的、会导致所有者权益增加的、与所有者投入资本无关的经济利益的总流入。

【提示】企业代第三方收取的款项，应当作为负债处理，不应确认为收入。

2.收入的确认条件

一项经济利益的流入，首先应当符合收入的定义，然后同时满足收入的确认条件，才能确认为收入。收入的确认条件详见本书项目十“收入、费用和利润核算”。

3.收入的分类

收入按不同标准可作不同的分类。

（1）按履行合同义务的时间不同，收入可分为在某一时点履约的合同收入和在某一时段履约的合同收入两类。

（2）按企业经营业务的主次不同，收入可分为主营业务收入和其他业务收入两类。

【提示】符合收入定义和收入确认条件的项目，应当列入利润表进行列报。

（五）费用

1.费用的定义

费用，是指企业在日常活动中形成的、会导致所有者权益减少的、与向所有者分配利润无关的经济利益的总流出。

2.费用的确认条件

一项经济利益的流出，首先应当符合费用的定义，然后同时满足下列条件，才能确认为费用：

（1）与费用相关的经济利益很可能流出企业。

（2）经济利益流出企业的结果会导致资产减少或者负债增加。

（3）经济利益流出的金额能够可靠计量。

3.费用的分类

根据性质不同分类，费用可分为成本费用和期间费用两大类。

成本费用，是指企业为生产产品、提供劳务等活动而发生的可归属于产品成本、劳务成本项目的耗费。企业应当在确认销售商品收入、提供劳务收入的同时，将已销售商品、已提供劳务的成本等计入当期利润。成本费用包括主营业务成本、其他业务成本、税金及附加等。

期间费用，是指企业在日常活动中发生的不能计入特定核算对象的成本，而应计入发生当期利润的耗费。期间费用包括销售费用、管理费用和财务费用。

【提示】符合费用定义和费用确认条件的项目，应当列入利润表进行列报。

（六）利润

1.利润的定义

利润，是指企业在一定会计期间开展生产经营活动取得的最终成果，也就是收入与费用配比相抵后的差额。收入大于费用的净额为利润，如收入小于费用，其净额则为亏损。利润作为企业生产经营活动的综合成果，是我国衡量企业经营业绩的重要指标，是企业管理当局、投资者、债权人、政府等企业利益相关者都非常关注的信息。

2.利润的确认

利润的确认取决于收入和费用以及直接计入当期利润的利得和损失的确认。

3.利润的构成

利润包括收入减去费用后的净额、直接计入当期利润的利得和损失两大部分。

利润项目应当列入利润表进行列报。

【提示】企业开展的生产经营活动从会计核算的角度可以分为两大类：日常活动和非日常活动。日常活动，是指企业为完成其经营目标所从事的经营性活动，以及与之相关的其他活动。如生产加工企业制造并销售产品、商品流通企业销售商品、建筑施工企业提供建筑施工劳务、金融企业对外贷款、软件技术企业为客户开发软件等，均属于企业为完成其经营目标所从事的经常性活动。日常活动中产生的经济利益的流入流出分别被确认为收入和费用。非日常活动则是指企业在持续的、主要的日常经营活动以外所开展的其他活动，是企业所发生的偶然的交易或者事项，如企业接受或对外捐赠、非流动资产毁损报废损益、债务重组损益等活动。企业在非日常活动中所形成的、会导致所有者权益增加的、与所有者投入资本无关的经济利益的流入属于利得；而企业在非日常活动中所发生的、会导致所有者权益减少的、与向所有者分配利润无关的经济利益的流出属于损失。根据企业会计准则的规定，利得和损失根据发生的情况不同，有两种会计处理方式：一是计入所有者权益，二是计入当期损益，即企业的当期利润。

由此可以看出，企业在一定会计期间开展生产经营活动取得的财务成果可用下列等式来表示：

收入-费用+利得-损失=利润

该等式是编制利润表的理论依据。

二、会计要素计量属性认知

（一）会计要素计量属性的构成

会计要素的计量属性主要包括历史成本、重置成本、可变现净值、现值和公允价值等。

1.历史成本

历史成本又称实际成本，是指企业取得或建造某项财产物资时实际支付的现金及现金等价物。

在历史成本计量模式下，资产按照购置时支付的现金或者现金等价物的金额，或者按照购置资产时所付出的对价的公允价值来计量；负债按照因承担现时义务而实际收到的款项或者资产的金额，或者承担现时义务的合同金额，或者按照日常活动中为偿还负债预期需要支付的现金或者现金等价物的金额来计量。在实务中，历史成本是最基本的、首要的、首选的计量属性。

2.重置成本

重置成本又称现行成本，是指在现时重新取得与其所拥有的某项资产相同或者与其功能相当的资产所需支付的现金或现金等价物，或者说是在本期重购或重置持有资产的成本。

在重置成本计量模式下，资产按照现在购买相同或者相似资产所需支付的现金或现金等价物来计量；负债按照现在偿付该项债务所需支付的现金或者现金等价物来计量。在实务中，重置成本主要应用于盘盈固定资产的计量等。

3.可变现净值

可变现净值是指在日常活动中，以预计售价减去进一步加工成本和销售所必需的预计费用、税金后的净值。

在可变现净值计量模式下，资产按照正常对外销售所收到的现金或者现金等价物的金额扣减该资产至完工时估计将要发生的成本、估计的销售费用以及相关税费后的金额来计量。在实务中，可变现净值通常应用于存货资产的后续计量。

4.现值

现值是指对未来现金流量以恰当的折现率进行折现后的价值，是考虑货币时间价值因素等的一种计量属性。在现值计量模式下，资产按照预计从其持续使用和最终处置中所产生的未来净现金流入量的折现金额计量；负债按照预计期限内需要偿还的未来净现金流出量的折现金额计量。

现值通常用于非流动资产可收回金额和以摊余成本计量的金融资产价值的确定等。在实务中，在确定固定资产、无形资产等资产的可收回金额时，通常需要计算资产预计未来现金流量现值；对于以摊余成本计量的金融资产，通常需要使用实际利率将这些资产在预期存续期间或者适用的更短期间的未来现金流量折现，再通过相应的调整确定其摊余成本。

【提示】未来现金流量现值，是指企业在正常的生产经营活动过程中，以估计的未来现金流入扣除未来现金流出后的余额，用恰当的折现率予以折现而得到的现在价值。

5.公允价值

公允价值是指市场参与者在计量日发生的有序交易中，出售一项资产所能收到或者转移一项负债所需支付的价格。

市场参与者是指在相关资产或负债的主要市场（或最有利市场）中，同时具备下列特征的买卖双方：

（1）市场参与者应当相互独立，不存在关联方披露准则所述的关联方关系。

（2）市场参与者应当熟悉情况，能够根据可取得的信息对相关资产或负债以及交易具备合理认知。

（3）市场参与者应当有能力并自愿进行相关资产或负债的交易。

有序交易是指在计量日前一段时期内相关资产或负债具有惯常市场活动的交易。

企业以公允价值计量相关资产或负债，应当考虑资产或负债的特征。相关资产或负债的特征，是指市场参与者在计量日对该资产或负债进行定价时考虑的特征，包括资产状况及所在位置、对资产出售或使用的限制等。

同时，企业以公允价值计量相关资产或负债，应当假定出售资产或转移负债的有序交易在相关资产或负债的主要市场进行。不存在主要市场的，企业应当假定该交易在相关资产或负债的最有利市场进行。

主要市场是指相关资产或负债交易量最大和交易活跃程度最高的市场。最有利市场是指在考虑交易费用和运输费用后，能够以最高金额出售相关资产或者以最低金额转移相关负债的市场。

（二）计量属性的应用原则

微课：会计要素计量属性认知

在各种计量属性中，历史成本通常反映的是资产或负债过去的价值，而重置成本、可变现净值、现值和公允价值通常反映的是资产或负债的现时成本或者现时价值，是与历史成本相对应的计量属性。但它们之间也具有密切联系。一般而言，历史成本是过去环境下某项资产或负债的公允价值，而在当前环境下某项资产或负债的公允价值也许就是未来环境下某项资产或负债的历史成本。

公允价值可以是重置成本，也可以是可变现净值和以公允价值为计量目的的现值，但必须同时满足公允价值的基本条件。

根据《企业会计准则——基本准则》的规定，企业在对会计要素进行计量时，以历史成本为主要计量属性，但又不限于历史成本。在某些情况下为了提高会计信息质量，实现财务会计报告目标，企业会计准则允许采用重置成本、可变现净值、现值和公允价值计量，但应当保证所确定的会计要素金额能够取得并可靠计量，如果这些金额无法取得或者不能可靠计量，则不允许采用这些计量属性。根据我国市场发展的现状，目前会计准则体系中主要在金融工具、投资性房地产、非同一控制下的企业合并、债务重组和非货币性资产交换等方面采用了公允价值计量。

三、财务会计信息质量要求认知

（一）可靠性

企业应当以实际发生的交易或者事项为依据进行会计确认、计量和报告，如实反映符合计量要求的各项会计要素及其他相关信息，保证会计信息真实可靠、内容完整，具有可验证性。可靠性是会计信息的重要质量特征。

【提示】可靠性要求以历史成本对存货、固定资产、无形资产等大部分资产、负债等要素项目进行计量。

（二）相关性

相关性是指会计信息与信息使用者所需要解决的问题相关联，即与使用者进行的决策有关，有助于财务会计报告使用者对企业过去、现在和未来的情况作出评价或者预测。相关性的核心是对决策有用。

【提示】相关性要求以公允价值对债权投资等金融工具、投资性房地产等项目进行计量。

（三）可理解性

企业提供的会计信息应当清晰明了，便于财务会计报告使用者理解和使用。

（四）可比性

企业提供的会计信息应当具有可比性。同一企业不同时期发生的相同或者相似的交易或者事项，应当采用一致的会计政策，不得随意变更；确需变更的，应当在附注中予以说明。不同企业发生的相同或者相似的交易或者事项，应当采用规定的会计政策，确保会计信息口径一致、相互可比。

（五）实质重于形式

企业应当按照交易或者事项的经济实质进行会计确认、计量和报告，不应仅以交易或者事项的法律形式为依据。

【提示】请注意区别法律形式与经济实质不一致的情况，如融资租入固定资产业务。

（六）重要性

企业提供的会计信息应当反映与财务状况、经营成果和现金流量等有关的所有重要交易或者事项。强调重要性原则一方面可以提高核算的效率，减少不必要的工作量；另一方面可以使会计信息分清主次，突出重点。对某项会计事项判断其重要性，在很大程度上取决于会计人员的职业判断。但一般来说，重要性可以从质和量两方面进行判断。从性质方面讲，只要该会计事项发生就可能对决策产生重大影响时，则属于具有重要性的事项。从数量方面来讲，当某一会计事项的发生额达到总资产的一定比例（如5%）时，一般认为其具有重要性，但也不局限于上述的判断，更重要的是应当考虑经济业务的性质。如果特定的经济决策确实需要某一方面的会计资料，即使相应的核算成本很高，在总资产中占的比重很小，也应将其作为重要事项来核算。

（七）谨慎性

企业对交易或者事项进行会计确认、计量和报告应当保持应有的谨慎，不应高估资产或者收益、低估负债或者费用。

（八）及时性

企业对于已经发生的交易或者事项，应当及时进行会计确认、计量和报告，不得提前或者延后。

【提示】我国1992年颁布的《企业会计准则——基本准则》规定了客观性、相关性、一贯性、可比性、及时性、明晰性、划分收益性支出与资本性支出、配比、权责发生制、历史成本、谨慎性和重要性等12项基本原则。2000年颁布的《企业会计制度》增加了“实质重于形式”原则。2006年颁布的企业会计准则隐去了旧会计准则中的5项原则（依然在会计核算中适用），将另外7项原则和《企业会计制度》中增加的“实质重于形式”原则明确为8项会计信息质量要求。

任务2　会计法律规范认知

任务描述

1.根据会计法律规范体系，判断会计主体经济业务的合法性、账务处理的规范性；

2.运用企业会计准则正确处理企业的经济事项。

知识准备

一、会计法律规范体系认知

会计法律规范是会计人员正确处理工作所遵循的行为标准，是指导和约束会计行为向着合法化、合理化和有效化方向发展的目标。为了保证会计信息的真实性、完整性和可比性，目前我国通过法律、法规、制度和准则等多种不同形式和层次的规范对会计行为予以约束。

我国会计法律规范体系大体包括以下几个层次：

第一个层次是会计法律。它是由国家最高权力机关——全国人民代表大会及其常委会经过一定的立法程序制定的有关会计工作的法律，包括《中华人民共和国会计法》（以下简称《会计法》）和《中华人民共和国注册会计师法》。《会计法》是我国会计工作的根本大法，也是指导会计工作的最高准则。它在我国会计法规体系中处于最高层次，居于核心地位，是其他会计法规制定的基本依据。其他会计法规必须遵循和符合《会计法》的要求。

【提示】《会计法》于1985年制定和颁布，1993年进行第一次修订，1999年进行第二次修订，于2000年7月1日起开始施行。

第二个层次是会计行政法规。它是由国家最高行政管理机关——国务院制定并发布，或者国务院有关部门拟定并经国务院批准发布，调整经济生活中某些方面会计关系的法律规范。其制定的依据是《会计法》，通常以条例、办法、规定等具体名称出现。目前，会计的行政法规主要包括1990年发布实施的《总会计师条例》和2001年开始实施的《企业财务会计报告条例》。

第三个层次是国家统一会计制度。它是由国务院主管会计工作的财政部根据《会计法》制定的关于会计核算、会计监督、会计机构和会计人员，以及会计工作管理制度，包括会计规章和会计规范性文件。会计规章，包括《财政部门实施会计监督办法》《会计从业资格管理办法》《代理记账管理办法》《企业会计准则——基本准则》等。会计规范性文件，包括《企业会计制度》《金融企业会计制度》《小企业会计制度》《民间非营利组织会计制度》《会计基础工作规范》《会计档案管理办法》、企业会计准则38项具体准则、《企业会计准则——应用指南》《小企业会计准则》以及会计制度补充规定、执行会计准则和会计制度的问题解答等。

第四个层次是地方性会计法规。它是由各省、自治区、直辖市人民代表大会及其常委会在与宪法和会计法律、行政法规不相抵触的前提下制定并发布的会计规范性文件，也是我国会计法律制度的重要组成部分。如《深圳市会计条例》即属于计划单列市、经济特区的人民代表大会及其常委会制定的会计法规。

二、会计法律规范具体内容认知

本书所涉及的内容主要是企业会计核算，因此，在会计法律规范的具体内容中，以下主要介绍会计核算方面的法规，包括《会计法》、《企业财务会计报告条例》、2006年发布并持续完善的企业会计准则体系和2011年发布的《小企业会计准则》等。

（一）《会计法》

会计法是调整会计关系的法律规范的总称，用来规范会计机构、会计人员在办理会计事务过程中以及国家管理会计工作过程中的经济权利与义务。1985年1月，我国首次颁布《会计法》，于1985年5月1日起施行。这是我国第一部会计法律，标志着我国会计工作进入法制化建设的新时期。1993年12月29日，经第八届全国人民代表大会第五次会议决定，《会计法》首次修订。1999年10月31日，经第九届全国人民代表大会第十二次会议决定，《会计法》再次修订，由国家主席下令公布，于2000年7月1日起施行。

1999年修订后的《会计法》共7章52条，主要着眼于以下方面进行了修订：一是突出规范会计行为，强调了会计信息的真实完整；二是突出强调单位负责人对本单位会计工作和会计资料真实性、完整性的责任；三是进一步完善会计核算规范；四是对公司、企业会计核算作出了特别规定；五是要求单位进一步加强会计监督；六是要求国有和国有资产占控股地位或主导地位的大中型企业必须设置总会计师；七是对会计从业资格管理作出了规定，要求从事会计工作的人员必须取得会计从业资格证书；八是加大了对违法会计行为的处罚力度。

（二）《企业财务会计报告条例》

企业对外财务信息通常以财务会计报告的形式呈报，为了规范企业财务会计报告，保证财务会计报告的真实性和完整性，我国于2000年6月21日依据《会计法》，由国务院颁布了《企业财务会计报告条例》（以下简称《条例》），于2001年1月1日起施行。《条例》中明确了会计要素的确认和计量标准，规范了财务会计报告的内容构成，会计报表附注信息的披露，财务会计报告的编制基础、编制依据、编制原则、编制方法、对外提供、责任主体和法律主体等，尤其是对资产、负债、所有者权益、收入、费用和利润六大会计要素重新进行了定义，这些定义与国际上通行的有关定义基本一致。对会计要素的重新定义和财务会计报告基本内容的厘定，为我国会计标准的建设奠定了重要的基础。

（三）企业会计准则体系

2006年2月15日，财政部发布了新的会计准则体系，新会计准则体系由1项基本准则和38项具体准则组成。新会计准则的主要变化体现在以下五个方面：引入公允价值；权责发生制不再作为会计核算的基本原则，而作为会计核算的基础；利润调节受限制；企业合并会计处理发生了变革；金融工具准则发生了变革。新会计准则自2007年1月1日起在上市公司执行，逐步扩大到其他企业。

【提示】我国1992年发布了第一项会计准则——《企业会计准则》，之后又陆续发布了包括关联方关系及其交易的披露，现金流量表，非货币性交易，投资，收入，或有事项，资产负债表日后事项，会计政策、会计估计变更和会计差错更正，借款费用，债务重组，固定资产，无形资产，存货，租赁，建造合同，中期财务报告等在内的16项具体准则，到2001年为止形成了“1+16”的会计准则体系。之后，为适应我国市场经济发展和经济全球化的需要，按照立足国情、国际趋同、涵盖广泛和独立实施四大原则，财政部对上述准则进行了系统性修改，并制定了一系列新的会计准则，于2006年2月15日发布了包括《企业会计准则——基本准则》（以下简称基本准则）和38项具体准则在内的“1+38”的会计准则体系；2006年10月30日，发布了《企业会计准则——应用指南》；2014年新增3项具体准则；2017年新增1项具体准则。至此，我国已构建起了一套涵盖我国境内设立的各类企业（小企业除外）的各项经济业务的独立实施的会计准则体系，从而实现了我国会计准则与国际财务报告准则的趋同。

我国企业会计准则体系由基本准则、具体准则、会计准则应用指南和会计准则解释公告等组成。

1.基本准则

基本准则规定了整个准则体系的目的、假设和前提条件、基本原则、会计要素及其确认和计量、财务会计报告的总体要求等内容。基本准则在整个会计准则体系中起到统驭作用。一方面，它是“准则的准则”，指导具体会计准则的制定；另一方面，当出现新的业务，具体准则暂未涵盖时，应当按照基本准则所确立的原则进行会计处理。

2.具体准则

具体准则，是指确认、计量和报告某一会计主体的具体业务时所应遵循的准则。具体准则是根据基本准则的要求，针对具体的交易或者事项会计处理的规范。在我国企业会计准则体系中，具体准则包括存货、长期股权投资、投资性房地产、固定资产等42项。按其所规范的内容可以分为一般业务准则、特殊行业的特定业务准则和报告准则三类。

一是一般业务准则，主要规范各类企业普遍适用的一般经济业务的确认、计量和报告，如存货、长期股权投资、固定资产、无形资产、资产减值、借款费用、收入、外币折算等准则。

二是特殊行业的特定业务准则，主要规范特殊行业中特定业务的确认、计量和报告，如关于石油天然气开采、农业、金融工具和保险合同等准则。

三是报告准则，主要规范普遍适用于各类企业的报告类的准则，如现金流量表、合并财务报表、中期财务报告、分部报告等准则。

3.会计准则应用指南

会计准则应用指南，是指为促进新企业会计准则的顺利实施，对新企业会计准则作出的进一步解释、说明，对具体准则的一些重点、难点问题作出操作性的规定，以指导企业的会计处理。它对于全面贯彻执行新企业会计准则具有重要的指导作用，为向投资者提供更有价值的信息具有保障作用，对于建设与国际趋同的会计准则体系具有划时代的重要意义。

4.会计准则解释公告

会计准则解释公告，是指为了贯彻实施企业会计准则，解决企业在执行中出现的问题而对准则作出的具体解释。

【提示】本书主要以新企业会计准则为依据来介绍一般企业财务会计的基本理论和方法。

（四）《小企业会计准则》

为了规范小企业会计确认、计量和报告行为，促进小企业可持续发展，发挥小企业在国民经济和社会发展中的重要作用，根据《会计法》及其他有关法律和法规，2011年10月18日财政部发布了《小企业会计准则》。《小企业会计准则》适用于依照《中小企业划型标准规定》（工信部联企业〔2011〕300号）而界定的小企业，自2013年1月1日起在小企业范围内施行，鼓励小企业提前执行。执行《小企业会计准则》的企业，则不再执行财政部于2004年4月27日发布的《小企业会计制度》。根据财政部发布的《关于贯彻实施〈小企业会计准则〉的指导意见》（财会〔2011〕20号），鼓励小企业根据《小企业会计准则》的规定进行会计核算和编制财务报表，有条件的小企业也可以执行企业会计准则。小企业是我国国民经济和社会发展的重要力量，促进小企业发展，是保持国民经济平稳较快发展的重要基础，是关系民生和社会稳定的重大战略任务。发布实施《小企业会计准则》是贯彻落实《中华人民共和国中小企业促进法》《国务院关于进一步促进中小企业发展的若干意见》（国发〔2009〕36号）等有关法规政策的重要举措，有利于加强小企业内部管理，促进小企业又好又快发展；有利于加强小企业税收征管，促进小企业税负公平；有利于加强小企业贷款管理，防范小企业贷款风险。

【提示】注意企业会计准则体系与《小企业会计准则》的异同。

项目小结

本项目介绍了企业财务会计实务相关知识的主要内容：财务会计的含义与目标、六大会计要素、财务会计法律规范体系。学习者应理解财务会计的含义与目标，熟悉会计法律规范体系，掌握六大会计要素的定义、确认条件与计量属性，能够按照会计法律规范的要求，提供利益相关者所需要的会计信息。

课后习题与实训

一、单项选择题

1.具备单独设置会计机构条件的单位，应当设置会计机构，并配备会计机构负责人，并至少应设置（　　）个会计岗位。

A.3　B.2　C.4　D.5

2.企业会计分期的基础是（　　）。

A.会计主体　B.权责发生制　C.持续经营　D.货币计量

3.会计核算的最终环节是（　　）。

A.确认　B.计量　C.记录　D.报告

4.下列各项中，符合收入要素定义的是（　　）。

A.出售材料收入　B.转让无形资产净收益

C.销售商品收到的增值税　D.出售固定资产净收益

5.下列各项可以确认为企业资产的是（　　）。

A.短期租入的设备　B.外购的商标权

C.待处理财产损失　D.计划购买的材料

6.下列各项中，能同时引起资产和负债总额减少的是（　　）。

A.归还前欠货款　B.收回应收货款

C.接受固定资产投资　D.借入长期借款

7.在会计核算过程中，账务处理方法前后各期（　　）。

A.应当一致，不得随意变更　B.可以变动，但须经批准

C.可以任意变动　D.应当一致，不得变动

8.某企业2018年9月发生的经济业务，会计人员在11月才入账，这违背了（　　）要求。

A.相关性　B.权责发生制　C.可靠性　D.及时性

9.下列各项属于损益类的是（　　）。

A.制造费用　B.应付股利　C.资本公积　D.管理费用

10.企业长期租入使用、价值较高的固定资产视同自有资产予以核算，遵循的是（　　）要求。

A.重要性　B.谨慎性　C.实质重于形式　D.可靠性

二、多项选择题

1.会计信息的质量要求包括（　　）。

A.谨慎性　B.可理解性　C.可靠性　D.权责发生制

2.下列各项中，可作为会计主体的有（　　）。

A.母公司及其子公司组成的企业集团　B.分公司

C.生产车间　D.销售部门

3.我国企业会计准则规定，会计期间分为（　　）。

A.年度　B.半年度　C.季度　D.月度

4.我国企业会计准则分为（　　）。

A.基本准则　B.具体会计准则　C.会计规范准则　D.会计制度

5.下列各项关于费用要素的说法正确的有（　　）。

A.支付的销售人员工资属于费用

B.费用可能表现为资产的减少或者负债的增加，或者两者兼而有之

C.费用会导致企业所有者权益减少

D.报废固定资产发生的净损失属于费用

6.下列各项属于资产范围的有（　　）。

A.融资租入的设备　B.经营租出的办公楼

C.委托加工商品　D.自行研发成功的专利技术

7.会计信息的使用者包括（　　）。

A.政府部门　B.投资者　C.企业管理当局　D.债权人

8.会计要素计量属性包括（　　）。

A.历史成本　B.现值　C.可变现净值　D.重置成本

9.相关性要求企业提供的会计信息应当满足（　　）。

A.企业加强内部经营管理的需要　B.投资者进行投资决策的需要

C.潜在投资者进行投资决策的需要　D.债权人进行信贷决策的需要

10.我国现行的会计法律规范包括（　　）。

A.会计法　B.企业会计准则

C.企业会计制度　D.企业财务会计报告条例

三、判断题

1.财务会计的目标侧重于规划未来，对企业的重大经营活动进行预测和决策，以及加强事中控制。（　　）

2.财务会计对外提供的会计信息全部是由国家法律规定的。（　　）

3.一项事项重要性的确认，在很大程度上取决于企业会计人员的职业判断。（　　）

4.债权人权益和投资人权益都是权益，两者享有相同的权利并承担相同的责任。（　　）

5.企业在一定期间发生亏损，则企业在这一会计期间的所有者权益总额一定减少。（　　）

6.同一会计主体在不同会计期间发生的相同的交易或者事项，应当尽可能采用相同的会计处理方法。（　　）

7.企业预期的经济业务所将发生的债务，应作为负债核算。（　　）

8.利得和损失一定会影响企业当期利润。（　　）

9.凡是不能给企业带来未来经济利益流入的资源，都不属于企业资产的范围。（　　）

10.会计工作岗位可以一人一岗、一人多岗或一岗多人，出纳人员可兼任收入、支出、费用账目的登记工作。（　　）

四、简答题

1.简述财务会计的目标。

2. 简述财务会计的基本要素及其相互关系。
3. 简述企业会计准则的框架体系。
4. 简要分析财务会计与管理会计的关系。
5. 简述会计信息质量要求的主要内容。
6. 简述会计法律规范体系的主要内容。

项目二

货币资金核算

知识目标

1. 掌握货币资金的内容和货币资金管理制度；
2. 明确库存现金、银行存款及其他货币资金各项业务的核算方法。

能力目标

1. 能正确填写并审核各种收付款结算单据
2. 能完成库存现金、银行存款和其他货币资金等各项业务的日常账务处理工作。

项目导言

货币资金在企业的生产经营活动中有着非常重要的作用，一个企业拥有货币资金的多少，可以在一定程度上反映企业偿债能力和抵御财务风险能力的大小。但是由于货币资金本身流动性强、流动量大，而且极易散失或被挪用，因此，企业应当根据国家有关法律和货币资金管理规定，结合本企业实际情况，建立适合本企业业务特点和管理需要的货币资金内部控制制度，认真做好货币资金的核算工作，加强货币资金管理。

任务1　货币资金核算认知

任务描述

1.确定货币资金核算的内容；

2.确定货币资金管理的一般原则；

3.制定货币资金管理的相关制度。

知识准备

一、货币资金核算内容

（一）货币资金的定义

货币资金，是指在企业生产经营过程中，以货币形态存在的那部分资产，是企业流动资产的重要组成部分，是流动性最强的资产。持有一定量的货币资金是企业进行生产经营活动的基本条件。货币资金按用途和存放地点的不同分为库存现金、银行存款和其他货币资金三类。

1.库存现金

库存现金，是指存放在企业内部由出纳人员保管的货币资金，包括人民币和外币，这里仅指狭义的现金，也是我国会计实务中现金的范畴。

2.银行存款

银行存款是存放在银行或其他金融机构的货币资金。

3.其他货币资金

其他货币资金，是指具有特定用途的那部分货币资金，主要包括外埠存款、银行汇票存款、银行本票存款、信用证、信用卡存款、保证金存款和存出投资款等。

（二）货币资金核算的具体内容

企业货币资金日常核算的具体内容包括：

1.办理现金收付，审核审批单据

出纳人员必须严格按照《现金管理暂行条例》的规定，根据稽核人员审核签章的收付款凭证，进行复核，办理款项收付。对于重大的开支项目，必须经过会计主管人员、财务负责人或单位领导审核签章，方可办理。收付款后，要在收付款凭证上签章，并加盖“现金收讫”“现金付讫”戳记。严格遵守库存现金限额规定，超过部分及时送存银行。

2.办理银行结算，规范使用各项结算单据

不准将银行账户出租、出借给任何单位或个人办理结算。对于空白支票等结算票据必须严格管理，专设登记簿登记，及时办理领用注销手续。逾期未用的空白支票应当交还给签发人。对于填写错误的支票等结算票据，必须加盖“作废”戳记，与存根一并保存。支票遗失时要立即向银行办理挂失手续。

3.认真登记库存现金和银行存款日记账，保证日清月结

根据已经办理完毕的收付款凭证，逐笔顺序登记库存现金和银行存款日记账，并结出余额。月末要编制银行存款余额调节表，使账面余额与对账单上余额调节相符。对于未达账项，要及时查询。要随时掌握银行存款余额，不准签发空头支票。

4.保管库存现金，保管有价证券

对于库存现金和各种有价证券，要确保其安全和完整无缺。不得以“白条”抵充现金，更不得任意挪用现金。如果发现库存现金有短缺或盈余，应查明原因，根据情况分别处理，不得私下补足或取走。要保守保险柜密码的秘密，保管好钥匙，不得任意转交他人。

5.妥善保管有关印章

出纳人员所管的印章必须妥善保管，严格按照规定用途使用。但签发支票等结算票据的各种印章，不得全部交由出纳人员一人保管。

6.复核收入凭证，办理销售结算

认真审查销售业务的有关凭证，严格按照销售合同和银行结算制度，及时办理销售款项的结算，催收销售货款。发生销售纠纷、货款被拒付时，要及时通知有关部门处理。

二、货币资金管理制度

货币资金是企业正常运转所必需的资产和流动性最强的资产，同时又具有资产所共有的能为企业带来预期经济利益的属性，货币资金管理的重要性不言而喻。如何在日益复杂的环境中提高货币资金管理水平成为越来越多企业所面临的重要问题。

（一）货币资金管理的目的

（1）保证货币资金的安全性。通过良好的内部控制，确保单位库存现金安全，预防被盗窃、诈骗和挪用。

（2）保证货币资金的完整性。检查单位收到的货币资金是否已全部入账，预防私设“小金库”等侵占单位收入的违法行为。

（3）保证货币资金的合法性。检查货币资金的取得、支出是否符合国家法规，手续是否齐备。

（4）保证货币资金的效益性。合理调度货币资金，使其为企业提供最大的经济效益。

（二）货币资金管理的原则

企业应该遵循货币资金管理的一般原则，结合本企业实际需要建立适合本企业业务特点和管理要求的货币资金管理制度，确保货币资金的安全及高效使用。

1.不相容职务分离原则

不相容职务，是指那些如果由一个人担任，既可能发生错误和舞弊行为，又可能掩盖

其错误和舞弊行为的职务。不相容职务分离的核心是“内部牵制”，它要求每项经济业务都要经过两个或两个以上的部门或人员完成，使得个人或部门的工作必须与其他人或部门的工作相一致或相联系，并受其监督和制约。具体包括：

（1）现金、银行存款收付业务授权与经办相分离；

（2）现金、银行存款收付业务经办与审查相分离；

（3）现金、银行存款收付业务经办与记账相分离；

（4）现金、银行存款票据保管与银行存款记账相分离；

（5）现金、银行存款票据保管与印章保管相分离；

（6）现金、银行存款日记账和总账记账相分离；

（7）现金、银行存款日记账与审核相分离；

（8）现金、银行存款收付款凭证保管与银行存款日记账记账相分离。

2.授权审批原则

授权审批，是指单位各级工作人员，必须经过授权和批准，才能对有关的经济业务进行处理。这一控制方式使每一个过程、环节责权明确，使某些事件在发生时就得到控制。授权审批控制要求规定各级管理人员的职责范围和业务处理权限，同时也要求明确各级管理人员所承担的责任，使他们对自己的业务处理行为负责。如建立现金、银行存款的内部控制制度，首先就要确立授权与批准制度，即现金、银行存款收付业务的发生，需要经单位主管人员或财务主管人员审批，授权具体的人员经办，审批一般以签字盖章方式表示。该过程可保证现金、银行存款的收支业务在授权下进行。

3.安全性、完整性原则

（1）库存现金限额管理。库存现金不得超过限额，超过部分交存银行。

（2）票据及印章的管理。应当加强与货币资金相关的票据保管，出纳人员负责各种票据的购买、保管、领用、背书转让、注销等环节的工作，并专设登记簿进行记录，防止空白票据遗失或被盗用。同时，单位也要加强预留印鉴的管理，财务专用章应由会计人员（非出纳人员）专人保管，个人名章必须由本人或其授权人员保管。严禁一人保管支付款项所需的全部印章。按规定需要有关负责人签字或盖章的经济业务，必须严格履行签字或盖章手续。

（3）业务量管理。根据企业以往某项业务量的大小来复核货币资金的完整性。

（4）往来账核对。通过定期与对方单位核对往来账余额，复核清欠货币资金是否及时入账、还欠是否真实。特别要注意已作坏账处理的应收账款是否有收回款项不入账的情况。

（5）银行对账单管理。利用银行对账单与企业银行存款日记账逐笔核对，确保银行存款的完整性和真实性。同时，通过编制银行存款余额调节表，可以从未达账项的分析中发现其是否存在错误和舞弊。

4.稽核与盘点原则

货币资金的收付都必须经会计人员严格审核，审查其手续是否完备、内容是否合理合法；对一切现金、银行存款应及时入账，加强稽核工作，对货币资金定期进行盘点清查并与银行进行对账，做到账账相符、账证相符、账实相符。在核算和管理货币资金的过程中，认真审查货币资金的收付凭证，以及货币资金授权批准制度的执行情况，重点检查重大货币资金支出的授权批准手续是否齐全、是否存在越权审批的行为、是否存在货币资金业务不相容岗位混岗的现象，同时检查支付款项的印章的保管以及有价证券和票据的保管情况。

任务2 库存现金核算

任务描述

1.根据现金管理制度，办理日常现金收付业务；

2.根据取得的现金收付业务凭证完成库存现金的总分类核算；

3.及时登记库存现金日记账，结出余额、盘点现金，并定期与总账进行核算，做到日清月结。

知识准备

现金有广义和狭义之分，广义的现金是指所有随时可以作为流通与支付手段的票证，而狭义的现金仅指库存现金，指存放在企业内部并由出纳人员保管的现钞，可以随时用于购买所需物资、支付日常零星开支及偿还债务等，包括人民币和各种外币。由此可见，我们通常所讲的现金是狭义的现金。

一、现金管理的主要内容

（一）现金的使用范围

根据国家现金管理制度和结算制度的规定，企业收支的各种款项必须按照国务院颁发的《现金管理暂行条例》的规定办理，在规定的范围内使用现金。允许企业使用现金结算的范围如下：

（1）职工工资、津贴；

（2）个人劳务报酬；

（3）根据国家规定颁发给个人的科学技术、文化艺术、体育等各种奖金；

（4）各种劳保、福利费用以及国家规定的对个人的其他支出；

（5）向个人收购农副产品和其他物资的价款；

（6）出差人员必须随身携带的差旅费；

（7）结算起点（1 000元人民币）以下的零星支出；

（8）中国人民银行确定需要支付现金的其他支出。

企业在办理收付款业务时，除了上述情况外，一律通过银行转账结算。

（二）库存现金限额

库存现金限额，是指为了保证企业日常业务开支的需要由开户银行给各开户单位核定的一个保留现金的最高额度。核定库存现金限额的原则是，既要保证日常零星现金支付的合理需要，又要尽量减少现金的使用。按照《现金管理暂行条例》及其实施细则的规定，库存现金限额由开户银行根据具体情况核定，凡在银行开户的单位，银行根据实际需要核定3天至5天的日常零星开支数额作为该单位的库存现金限额。边远地区和交通不便地区的开户单位，可以适当放宽至5天以上，但最多不得超过15天的日常零星开支。库存现金限额核定后，企业必须严格按照规定，超过限额的现金应于当日及时送存银行。开户单位由于经济业务发展需要增加或减少库存现金限额的，应按必要手续向开户银行提出申请。

（三）日常现金收支规定

（1）企业各部门所有生产经营收支及其他行政收支都必须通过财务部，严禁私设“小金库”。

（2）严格执行现金结算纪律，对于下列行为，根据情节轻重，追究有关人员责任：①用“白条”顶替库存现金；②私自借支公款；③单位间相互借用现金；④借用银行账号；⑤保留账外公款；⑥各种债券、契单抵作库存现金；⑦编造用途套取现金。

（3）日常现金收入应及时送存银行，不得用于直接支付企业自身的支出，即不得“坐支”现金。

（4）收付现金时，必须严格审查原始凭证的真伪，如发现有涂改、伪造的单据应予扣留，并及时向财务负责人汇报。

（5）现金出纳不兼任其他会计工作，严格实行出纳和账务分管原则。

二、库存现金收付的核算

为了总括地记录和监督库存现金的收付及结存情况，应设置“库存现金”科目。该科目属于资产类，借方反映库存现金的增加，贷方反映库存现金的减少，期末余额在借方，反映企业实际持有的库存现金数量。如果企业存在外币业务，则应在“库存现金”科目下分别按不同的币种开设库存现金明细科目，进行明细分类核算。另外，企业内部各部门周转使用的备用金，可以单独设置“备用金”科目，也可以通过“其他应收款——备用金”科目进行核算。

（一）现金的总分类核算

现金总分类核算，可以直接根据收付款凭证逐笔登记，也可以定期或于月末根据科目汇总表登记。

1.现金收入的核算

企业收入现金，主要有结算起点以下的营业收入收取的现金、借支余额的收回以及从银行提现等。已由出纳人员办妥收款手续的现金收款凭证，需要加盖“现金收讫”戳记，并经专人审核后方能据以入账。收入现金时，借记“库存现金”科目；按收入现金的来源，贷记有关科目。

【做中学2-1】企业开出现金支票1张，提取现金2 000元，以补充库存现金。

借：库存现金	2 000	
贷：银行存款		2 000

企业销售商品收到现金967.61元，其中：货款834.15元，增值税133.46元。

借：库存现金	967.61	
贷：主营业务收入		834.15
应交税费——应交增值税（销项税额）		133.46

企业管理部门职工李明原出差借款5 000元，报销4 500元，交回剩余现金500元。

借：库存现金 500
　　管理费用——差旅费 4 500
　　贷：其他应收款——李明 5 000

2.现金支出的核算

企业付出现金，应由专人对现金支出的相关原始单据进行认真的审核，其审核的内容主要包括是否符合现金开支的范围和有关财经政策的规定，经手人员是否签字，凭证有无涂改、伪造或者虚报冒领的情况等。只有经审核无误的原始凭证才能作为编制付款凭证的依据，由出纳人员办理付款并加盖“现金付讫”戳记后才能据以入账。支出现金时按照支出现金的用途不同借记有关科目，贷记“库存现金”科目。

【做中学2-2】企业行政部门报销交通费用等900元，以现金付讫。

借：管理费用——交通费 900
　　贷：库存现金 900

企业用现金发放工资100 000元。

借：应付职工薪酬——工资 100 000
　　贷：库存现金 100 000

企业管理部门职工李明出差预借差旅费5 000元，以现金付讫。

借：其他应收款——李明 5 000
　　贷：库存现金 5 000

(二) 库存现金的序时核算

为了加强对现金的管理，随时掌握现金收付动态和库存余额，保证现金的安全，企业必须设置“库存现金日记账”进行序时核算。库存现金日记账必须采用订本式账簿，一般采用“三栏式”账页，由出纳人员根据审核无误的收付款凭证，按照业务发生的先后顺序逐日逐笔登记，每日终了结出当日现金收入合计、现金支出合计和结余数，且余额必须与实际库存数相符，还必须与由会计人员登记的库存现金总账的余额核对相符。如果账实不符或账账不符，应及时查明原因进行处理。有外币现金收支业务的企业，应当按照人民币、外币的不同币种设置“库存现金日记账”进行明细分类核算。

三、库存现金清查的核算

为了确保现金的安全完整，保证账实相符，企业应定期或不定期地进行现金清查，即对库存现金进行盘点与核对，包括出纳人员每日终了前的清点核对和清查小组不定期清查。现金清查的方法是进行实地盘点，即将库存现金的实有数与“库存现金日记账”余额进行核对。

现金清查主要包括账实是否相符、是否存在“白条抵库”和挪用现金的现象以及超限额留存的现金等内容。清查工作必须有出纳人员本人在场，清查结果应编制库存现金盘点报告单，注明溢余或者短缺的金额，由出纳人员和盘点人员签字盖章。如果有挪用现金、“白条抵库”现象，应及时予以纠正；如果有超限额留存的现金，应及时送存银行。如果有待查明原因的短缺或溢余，应先通过“待处理财产损溢”科目核算，待查明原因后分别以下情况进行处理：

(1) 如果是记账差错或是单据丢失造成，应更正错误或补记入账。

（2）如果属于个人工作失误造成的短缺，或应属于保险公司赔偿的部分，借记“其他应收款”科目。

（3）如果属于无法查明原因的现金短缺，经过批准后借记“管理费用”科目。

（4）如果现金的溢余属于应支付给有关单位或人员的，应贷记“其他应付款”科目；属于无法查明原因的溢余，经批准后转入“营业外收入”科目。

【做中学2-3】企业在现金清查的过程中发现现金溢余1 000元，原因待查。

借：库存现金　　1 000

　　贷：待处理财产损溢——待处理流动资产损溢　　1 000

经查，在现金溢余的1 000元中，有400元是出纳员李某少付给张某的借支款，其他600元无法查明原因。

借：待处理财产损溢——待处理流动资产损溢　　1 000

　　贷：其他应付款——应付现金溢余（张某）　　400

　　　　营业外收入　　600

企业在现金的清查过程中发现现金短缺900元，原因待查。

借：待处理财产损溢——待处理流动资产损溢　　900

　　贷：库存现金　　900

经查，发现现金短缺的900元中700元应由出纳员李某赔偿，还有200元无法查明原因。

借：其他应收款——应收现金短缺款（李某）　　700

　　管理费用——其他　　200

　　贷：待处理财产损溢——待处理流动资产损溢　　900

任务举例

【工作实例2-1】现金收款业务核算

2018年5月1日，佳乐商场（增值税一般的税 人）收款员送来当日销货收入现金4 035元（商品销售日报表见表2-1）。要求：按现金收支业务管理规定办理此项收款，并正确进行核算。

表2-1　商品销售日报表

柜组：女装柜　　2018年5月1日　　金额单位：元

商品类别	品名或规格	计量单位	数量	单价	金额	备注
内衣	3015	套	26	87.50	2 275.00	
外衣	2013	件	10	120.00	1 200.00	
外衣	2014	件	8	70.00	560.00	
合计金额					￥4 035.00	

实物负责人：张小秋　　审核：贾琴　　制表：周芬

【工作过程】

第一步，根据审核无误的表2-1收取现金，并开具内部缴款单（见表2-2）。

表 2-2 内部缴款单

缴款柜组：女装柜　　2018年5月1日　　单位：元

缴款项目	缴款金额分析	金额
销货款	现金	4 035.00
合计	人民币（大写）肆仟零叁拾伍元整	¥4 035.00

第一联：存联

缴款人：刘玲　　收款人：李月梅　　复核：王红　　制单：刘玲

第二步，将收据联盖章后交缴款人。

第三步，会计审核该项业务相关原始单据，审核无误后再交制单员进行账务处理（见表2-3）。

表 2-3 记账凭证

2018年5月1日　　记字第1号

摘要	会计科目		借方金额								贷方金额								记账符号
	总账科目	明细科目	十	万	千	百	十	元	角	分	十	万	千	百	十	元	角	分	
收到销货款	库存现金				4	0	3	5	0	0									
	主营业务收入	女装柜											3	4	7	8	4	5	
	应交税费	应交增值税（销项税额）												5	5	6	5	5	
合计金额				¥	4	0	3	5	0	0		¥	4	0	3	5	0	0	

附凭证2张

会计主管：　　记账：　　审核：　　制单：刘英

第四步，出纳人员根据审核无误的记账凭证登记库存现金日记账（见表2-4）。

表 2-4 库存现金日记账　　第18页

2018年		凭证		摘要	对方科目	收入（借方）	支出（贷方）	结余（余额）
月	日	种类	号数					
5	1			承前页				1 125.00
	1	记	1	收到销货款	主营业务收入	3 478.45		

任务3 银行存款核算

任务描述

1.根据《人民币银行结算账户管理办法》的规定，完成各类银行账户的开立；

2.购买银行结算单证，根据各种结算方式的结算流程，办理款项收付；

3.根据银行结算单证及相关原始凭证，完成银行存款收付业务的账务处理；

4.及时登记银行存款日记账，定期与银行对账单核对，调节未达账项，编制银行存款余额调节表。

知识准备

银行存款是企业存入银行和其他金融机构的货币资金，是企业货币资金的重要组成部分。按照我国有关规定，凡是独立核算的单位都必须在当地银行开设账户。企业在银行开设账户以后，除按核定的限额保留库存现金外，超过限额的现金必须存入银行；除了在规定的范围内可以用现金直接支付的款项外，在经营过程中发生的一切货币收支业务，都必须通过银行结算账户进行结算。

一、银行账户的开立与日常管理

《人民币银行结算账户管理办法》将单位的存款账户分为四类，即基本存款账户、一般存款账户、临时存款账户和专用存款账户。企业应当根据业务需要按规定开立和使用各种账户。

基本存款账户是存款人因办理日常转账结算和现金收付需要开立的银行结算账户。这个账户是企业资金收支结算的主办账户，是开立其他银行结算账户的前提。经营活动的日常资金收付以及工资、奖金和现金的支取均可通过该账户办理。一般情况下，企事业单位只能选择一家银行的一个营业机构开立一个基本存款账户。为了加强对基本存款账户的管理，对企事业单位开立基本存款账户，实行开户许可备案制度。

一般存款账户是因信贷或其他结算需要，在基本存款账户开户银行以外的银行营业机构开立的银行结算账户。该账户是存款人的辅助结算账户，可办理转账结算和存入现金，但不能支取现金。该账户开立数量没有限制。

临时存款账户是存款人因临时需要而开立的银行结算账户，如企业异地产品展销、临时性采购及注册资金验资等。该账户的使用有一定的时间限制，超过开立时规定的时间要办理注销，如需要延长期限可向开户银行提出申请办理延期。

专用存款账户是企事业单位按照相关规定，对特定用途资金进行专项管理和使用而开立的银行结算账户，如基本建设项目专项资金、农副产品收购资金等。企事业单位的销货款不得转入专用存款账户。

除了要按照各种账户自身的要求开立和使用外，还应该注意以下规定：

（1）存款人可以自主选择银行开立银行结算账户，除法定情形外，任何单位和个人不得强令存款人到指定银行开立银行结算账户。

（2）不得利用银行结算账户进行偷逃税款、逃废债务、套取现金等违法犯罪活动。

（3）企业应加强对预留银行签章的管理。

（4）存款人收到银行对账单或对账信息后，应及时核对账务并在规定期限内向银行发出对账回单或确认信息。

（5）存款人应按照账户管理规定使用银行结算账户办理结算业务，不得出租、出借银行结算账户。

（6）存款人撤销银行结算账户，必须与开户银行核对银行结算账户存款余额，交回各种重要空白票据及结算凭证和开户许可证，银行核对无误后方可办理销户手续。存款人未按规定交回各种重要空白票据及结算凭证的，应出具有关证明，造成损失的，由其自行承担。

（7）对存款人开立的单位银行结算账户实行生效日制度，即单位银行结算账户从正式开立之日起3个工作日内，除资金转入和现金存入外，不能办理付款业务，3个工作日后方可办理付款。

二、银行结算方式

（一）支票

支票是出票人签发的，委托办理支票存款业务的银行在见票时无条件支付确定的金额给收款人或持票人的票据。

按照支付票款方式的不同可以将支票分为现金支票、转账支票和普通支票三类。其中：现金支票只能提取现金，转账支票只能用于转账，而普通支票既可以提取现金又可以办理转账。

凡是在银行开立账户的企事业单位等，其在同一城市或票据交换地区的商品交易、劳务供应、债务清偿和其他款项结算等均可使用支票。支票结算应当遵循以下规定：

（1）支票一律记名。经中国人民银行总行批准的地区，转账支票还允许背书转让，背书转让必须连续。

（2）支票金额起点为100元。

（3）支票的提示付款期限为10天，从出票日算起，到期日遇节假日顺延。支票过期作废，银行不予受理。

（4）签发支票要用墨汁或碳素墨水（或使用支票打印机）认真填写，填写内容要齐全、真实，字迹要清晰，数字要标准，大小写金额应该一致。另外，支票大小写金额、签发日期和收款人3处不得更改，其他内容如有改动须由签发人加盖预留银行印鉴证明。

（5）支票签发日期必须填写实际出票日期，支票正联出票日期必须用中文大写，存根联日期可以用阿拉伯数字填写。不准签发远期支票。

（6）出票人必须以其银行账户余额为限签发支票，不得签发空头支票。如果签发空头支票，银行除退票外还要处以票面金额5%但不低于1 000元的罚金，对持票人也要给予票面金额2%的赔偿。如果屡次签发空头支票，银行根据情节给予警告或通报批评，直至停止其签发支票。

（7）不准出租、出借支票。

（8）已签发的现金支票遗失，可以向银行申请挂失；挂失前已经支付的，银行不予受理。已签发的转账支票遗失，银行不受理挂失，但可以请收款单位协助防范。

（二）汇兑

汇兑是汇款人委托银行将款项汇给外地收款人的结算方式。

根据划转款项的不同方法以及传递方式的不同可以分为信汇和电汇两种。电汇速度快但费用较高；信汇速度较慢但费用较低。汇款人可根据汇款的金额大小和使用款项的缓急程度来选择使用。

汇款人委托银行办理信汇或电汇时，应向银行填制信汇或电汇凭证，加盖预留银行印鉴，并按要求详细填写收付款人名称、账号、汇入地点及汇入行名称、汇款金额等。

汇兑结算有以下特点：

（1）手续简便易行，应用范围很广；

（2）无论是信汇还是电汇，都没有金额起点的限制，不管金额多少都可以使用；

（3）汇兑结算属于汇款人向异地主动付款的一种结算方式；

（4）汇兑结算方式除了适用于单位之间的款项划拨外，也可用于单位与异地个人之间款项的结算，如退休工资、医药费、各种劳务费、稿酬等。

（三）托收承付

托收承付是根据购销合同由收款人发货后，委托银行向异地付款人收取款项，由付款单位向银行承诺付款的结算方式。

异地托收承付结算款项的划回方法，分邮寄和电报两种，由收款人选用。

这种结算方式对结算起点、交易款项、收付双方都有相对严格的限制：

（1）《支付结算办法》规定，托收承付结算每笔的金额起点为1万元，新华书店系统每笔金额起点为1 000元。

（2）办理结算的款项必须是商品交易以及因商品交易而产生的劳务供应款项。代销、寄销、赊销商品款项，不得办理托收承付结算。

（3）使用该结算方式的收款单位和付款单位，必须是国有企业或供销合作社，以及经营较好并经开户银行审查同意的城乡集体所有制工业企业。

（4）收付双方必须签有符合《中华人民共和国合同法》的购销合同，并在合同上订明使用托收承付方式来结算款项。

销货方（即收款方）按照合同发货并取得货物发运证明后，方可向开户银行办理委托收款手续。购货方（即付款方）承付有验单付款和验货付款两种形式。验单付款，是指付款方接到其开户银行转来的付款通知和相关凭证，并与合同核对相符后承诺付款。验单付款承付期为3天，从付款人开户银行发出承付通知的次日算起，承付期内遇法定节假日顺延。付款人在承付期内未向银行办理拒绝付款手续，银行即视为同意付款，并将款项从付款人账户内划出给收款人。验货付款，是指付款方除了验单外，还要等商品全部运达并验收入库后才承诺付款。验货付款的承付期为10天，从承运单位发出提货通知的次日算起，遇节假日顺延。对收付双方在合同中明确规定，并在托收凭证上注明验货付款期限的，银行从其规定。

付款方若在验单或验货后发现货物的规格、数量、质量、价格等与合同规定不符，可在承付期内填写“拒绝付款理由书”送交其开户银行办理全部或部分拒付手续。

托收承付结算方式另有以下规定：付款单位开户银行对不足支付的托收款项可作逾期付款处理，但应根据逾期金额和逾期天数，按每天万分之五计算逾期付款赔偿金。赔偿金每月计算一次，于次月3日划给收款人。

（四）委托收款

委托收款是收款人委托银行向付款人收取款项的结算方式。

单位和个人凭已承兑商业汇票、债券、存单等付款人债务证明办理款项结算，均可以使用委托收款结算方式。委托收款在同城、异地均可以使用，其结算款项的划回方式分为邮寄和电报两种，由收款人选用。

委托收款结算没有金额起点限制。

在委托收款结算方式下，首先由收款人向银行提交委托收款凭证和有关债务证明并办理委托收款手续，银行接到委托收款凭证及债务证明经审查无误后向收款人办理付款。其中：以银行为付款人的（如银行承兑汇票），银行应在当日将款项主动支付给收款人；以单位为付款人的，银行应及时通知付款人，按照有关办法的规定，需要将有关债务证明交给付款人的应交给付款人并签收。付款人应于接到通知的当日书面通知银行付款；如果付款人未在接到通知日的次日起3日内通知银行付款的，视同付款人同意付款，银行应于付款人接到通知日的次日起第4日上午开始营业时，将款项划给收款人。

如果付款人审查有关债务证明后，对收款人委托收取的款项需要拒绝付款的，应当填制“委托收款结算全部拒绝付款理由书”办理全部拒付或填制“委托收款结算部分拒绝付款理由书”办理部分拒付。

（五）商业汇票

商业汇票，是指由付款人或存款人（或承兑申请人）签发，由承兑人承兑，并于到期日向收款人或被背书人支付款项的一种票据。所谓承兑，就是承诺到期将无条件地支付汇票金额的行为。

商业汇票按其承兑人的不同，可以分为商业承兑汇票和银行承兑汇票两种。商业承兑汇票，是指由存款人签发，经付款人承兑，或者由付款人签发并承兑的汇票；银行承兑汇票，是指由付款人或承兑申请人签发，并由承兑申请人向开户银行申请，经银行审查同意承兑的汇票。

使用商业汇票必须要有真实的交易关系或债权债务关系。商业汇票的付款期限由交易双方商定，最长不超过6个月。商业汇票的提示付款期限自商业汇票到期日起10日内。

商业汇票结算方式有以下特点：

（1）适用范围相对较窄。各企事业单位之间只有根据购销合同进行合法的商品交易，才能签发商业汇票。商品交易以外其他款项的结算，如劳务报酬、债务清偿、资金借贷都不可采用商业汇票结算方式。

（2）使用对象相对较少。使用商业汇票的收款人、付款人以及背书人、被背书人等必须同时具备两个条件：一是在银行开立账户；二是具有法人资格。

（3）商业汇票必须经过承兑。只有经过承兑的商业汇票才具有法律效力，承兑人负有到期无条件付款的责任。

（4）未到期的商业汇票可以到银行办理贴现，从而使结算和银行资金融通相结合，有利于企业及时补充流动资金，维持生产经营的正常进行。

（5）同城、异地都可以使用，而且没有结算起点的限制。

（6）商业汇票一律记名并允许背书转让。商业汇票到期后，一律通过银行办理转账结算，银行不支付现金。

（六）网上银行

网上银行是以电子商务为商业基础，以商业银行为主体，使用安全的主要基于Internet系统的运作平台，通过网络为交易的客户提供货币支付或资金流转等的现代化支付结算手段。网上银行的运作是一个体系运作，一般包括计算机网络系统、网上支付工具、安全控制机制等。

网上银行这种新兴的结算方式与传统结算方式相比，具有数字化、网络化、方便、快捷、高效、低成本等特点，它大大提高了用户的资金管理水平。

网上银行结算方式也在发展与完善，类型也越来越多，有信用卡、智能卡、电子现金、电子支票、电子钱包、电子汇兑等支付方式。这些网上支付结算工具的共同特点是将现金或货币无纸化、电子化和数字化，借助Internet等网络进行资金信息的传输、支付和结算，辅以网络银行，实现完全的网上支付。

按网上银行的主要服务对象可以将其分为个人网上银行和企业网上银行两类。其中：企业网上银行的功能模块主要有账户管理、网上汇款、信用证业务、网上外汇汇款业务、贷款业务等。

除此以外，还有银行本票、银行汇票，信用卡、信用证等诸多结算方式（在其他货币资金部分细述）。

上述结算方式的适用范围各不相同。有的仅适用于同城结算，如支票、银行本票等；有的仅适用于异地结算，如汇兑、托收承付等；有的则同城、异地均可使用，如商业汇票、委托收款、网上银行等。

三、银行存款收付的核算

企业在办理银行存款收付及转账结算时，必须严格按照货币资金管理制度取得或填制各种结算凭证，经有关人员审核签字后才能据以填制收款或付款记账凭证，进行银行存款收付业务的总分类和序时核算。

（一）银行存款的总分类核算

为了总括核算和监督企业的银行存款收支及结余情况，企业应设置“银行存款”科目。该科目属于资产类，借方登记银行存款的增加额，贷方登记银行存款的减少额，期末借方余额反映企业银行存款的实际余额。企业将款项存入银行或者收到其他单位转入的款项时，借记“银行存款”科目，贷记“库存现金”或“应收账款”等科目；提取或支付款项时，借记“库存现金”或“应付账款”等科目，贷记“银行存款”科目。

【做中学2-4】7月10日，企业开出现金支票一张，从银行提取现金120 000元备发工资。根据支票存根编制会计分录如下：

借：库存现金　　120 000

　　贷：银行存款　　120 000

7月12日，银行送来收款通知单，宏达公司汇来前欠货款60 000元，银行已收妥。根据收款通知单编制会计分录如下：

借：银行存款　　60 000

　　贷：应收账款——宏达公司　　600 00

7月14日，通过转账支票支付前欠迅捷公司购货款40 000元。根据支票存根编制会计分录如下：

借：应付账款——迅捷公司　　40 000

　　贷：银行存款　　40 000

（二）银行存款的序时核算

为了加强对银行存款的管理和监督，及时掌握资金变化情况，企业应进行银行存款的序时核算，即设置“银行存款日记账”。该账簿采用三栏式的订本账，由出纳人员根据审核无误的收付款凭证逐日逐笔登记，于每日终了结出余额并定期与银行对账单、与总账进行核对。该账簿账页的格式与“库存现金日记账”基本相同。有外币业务的企业还应分别按照人民币和外币进行核算。

微课：银行存款日记账的设置与登记

四、银行存款清查的核算

（一）清查内容

为了保证银行存款核算的准确性，及时发现并纠正银行存款账目可能发生的差错，保证账实相符，企业必须定期或不定期进行银行存款的清查核对，主要包括：

（1）银行存款日记账与银行存款收付款凭证之间的核对，确保账证相符。出纳人员在根据收付款凭证登记日记账时可能会因为疏忽造成重复、漏记或者记账方向相反等情况，通过账证核对可以及时纠正此类错误。

（2）银行存款日记账与银行存款总账的核对，确保账账相符。由于两个账簿的登记方法和登记人员都不同，因此通过这样的核对可以很好地避免舞弊行为的发生。

（3）银行存款日记账与银行对账单的核对，确保账实相符。银行负责保管企业存入的款项，因此要将记载特定时间段企业银行存款收支明细及余额的银行存款对账单传递给企业，而企业则负责核对，核对是否相符，若不一致，及时查找两者不一致的原因。

理论上银行对账单和银行存款日记账的余额应该是一致的，但实际上往往并不一致，造成这种情况的原因有两个：一是企业或银行的记账错误；二是存在未达账项。

对于同一笔业务，由于企业和银行取得凭证的时间不同，一方已经取得凭证登记入账，而另一方尚未取得结算凭证而未入账的款项称为未达账项。未达账项主要有四种情况：

（1）企业已收、银行未收的款项。如企业将款项送存银行，企业已经入账而银行尚未登记入账。

（2）企业已付、银行未付的款项。如企业开出转账支票付款，已经根据存根联做账务处理，而银行尚未登记付款。

（3）银行已收、企业未收的款项。这种情况其实较为普遍，如很多收款业务，企业是根据银行的收账通知入账的，而银行收账通知传递到企业存在时间上的滞后。

（4）银行已付、企业未付的款项。这和第（3）种情况一样，也非常普遍，如银行代企业支付款项，已经登记银行存款减少，而企业因未收到凭证尚未记账。

对于上述未达账项应该通过编制"银行存款余额调节表"进行检查核对，如果没有记账错误，调节后银行存款日记账和银行对账单余额应该相等。

（二）银行存款余额调节表的编制

编制银行存款余额调节表，即在企业银行存款日记账和银行对账单现有银行存款余额的基础上，各自补记对方已入账而自己未入账的款项，检查调节后的余额是否相等的方法。用公式表示如下：

企业银行存款日记账余额+银行已收、企业未收款项-银行已付、企业未付款项
=银行对账单余额+企业已收、银行未收款项-企业已付、银行未付款项

如果调节后两者余额相符，一般就说明双方记账没有错误，该余额就是企业实际的银行存款数额；如果不相符，则表明记账除了未达账项，还有错误存在，应该进一步核对，查找原因，更正错误记录。

【做中学2-5】某企业2018年5月31日的银行存款日记账账面余额是632 400元，而银行对账单记录的余额是642 000元，经过核对，发现有下列未达账项：

（1）企业收到其他企业的转账支票43 500元，银行还未入账；

（2）企业签发转账支票一张支付材料款，金额56 000元，持票人还未去银行办理转账手续，银行还未入账；

（3）银行已收一笔48 100元的委托收款并入账，而企业尚未收到收账通知；

（4）银行已支付货款51 000元，企业还未收到付款通知。

根据以上资料，编制银行存款余额调节表，见表2-5。

表2-5　银行存款余额调节表

2018年5月31日　单位：元

项目	金额	项目	金额
银行存款日记账余额	632 400	银行对账单余额	642 000
加：银行已收、企业未收款项	48 100	加：企业已收、银行未收款项	43 500
减：银行已付、企业未付款项	51 000	减：企业已付、银行未付款项	56 000
调节后余额	629 500	调节后余额	629 500

需要说明的是，编制银行存款余额调节表的目的只是检查账簿记录的正确性，并不能据此直接调整日记账，而应该等有关结算凭据到达企业后，未达账项成为已达账项，才能进行相应账务处理。对于长期搁置的未达账项，企业应该及时和银行联系查明原因予以清理。

任务举例

【工作实例2-2】银行存款余额调节表的编制

某企业2018年9月银行存款期初余额为259 700元，本月发生如下涉及银行存款的经济业务：

（1）采用汇兑方式偿还前欠新华公司材料款50 000元。

（2）开出现金支票提取现金60 000元备发工资。

（3）收到面额为90 000元的转账支票一张，系东方公司归还的前欠货款。企业已将支

票和填制的进账单送到银行办理收款手续。

（4）向长江企业采购A材料，收到的增值税专用发票上列明的价款为10 000元、增值税为1 600元，企业采用汇兑结算方式将款项11 600元支付给长江企业。A材料已验收入库。

月末收到银行对账单显示余额为233 730元，经过逐笔核对，发现以下未达账项：

（1）企业9月30日存入转账支票5 620元，银行未入账。

（2）企业9月30日开出一张转账支票6 250元，由于持票人尚未到银行办理转账手续，银行未记账。

（3）委托银行代收货款7 000元，银行已收妥款项，由于收账通知还未送达企业，故企业还未进行账务处理。

（4）电信局委托银行代收通信费2 000元，银行已从企业账户中支付，由于付款通知未送达，企业未记账。

要求：根据以上资料，对相关业务进行账务处理，并编制银行存款余额调节表。

【工作过程】

第一步，首先对本月的银行存款收支业务进行账务处理。

借：应付账款——新华公司　　50 000
　　贷：银行存款　　50 000

借：库存现金　　60 000
　　贷：银行存款　　60 000

借：银行存款　　90 000
　　贷：应收账款——东方公司　　90 000

借：原材料——A材料　　10 000
　　应交税费——应交增值税（进项税额）　　1 600
　　贷：银行存款　　11 600

第二步，计算银行存款日记账期末余额。

期末余额=期初余额+本期借方发生额-本期贷方发生额

=259 700+90 000-50 000-60 000-11 600=228 100（元）

第三步，分别确定银行已收、企业未收款项，银行已付、企业未付款项，企业已收、银行未收款项和企业已付、银行未付款项等未达账项的种类及金额。

第四步，根据银行存款日记账余额和银行对账单余额分别进行调整，编制银行存款余额调节表（见表2-6）。

表2-6 银行存款余额调节表

2018年9月30日　　单位：元

项目	金额	项目	金额
银行存款日记账余额	228 100	银行对账单余额	233 730
加：银行已收、企业未收款项	7 000	加：企业已收、银行未收款项	5 620
减：银行已付、企业未付款项	2 000	减：企业已付、银行未付款项	6 250
调节后余额	233 100	调节后余额	233 100

任务4　其他货币资金核算

任务描述

1. 确定其他货币资金的核算内容；
2. 完成其他货币资金的账务处理。

知识准备

一、其他货币资金概述

其他货币资金，是指企业除库存现金和银行存款以外的其他各种货币资金，包括外埠存款、银行汇票存款、银行本票存款、信用证保证金存款和存出投资款等。由于这些资金的用途与银行存款有很大的不同，因此单独设置“其他货币资金”科目对其进行核算。该科目属于资产类，借方登记其他货币资金的增加，贷方登记其他货币资金的减少，期末余额在借方，反映企业实际持有的其他货币资金。该科目应该按照具体用途设置“外埠存款”“银行汇票”“银行本票”“信用证保证金”“信用卡”“存出投资款”等明细科目进行分类核算。

二、其他货币资金的核算

（一）外埠存款的核算

外埠存款指企业到外地进行临时或零星采购时，汇往采购地银行开立采购专户的款项。银行对临时采购户采取半封闭式管理，即存款只付不收，款项付完后结束账户。除采购人员差旅费可以支取少量现金外其他支出一律转账。

企业将款项汇往外地开立采购专户时：

借：其他货币资金——外埠存款

　　贷：银行存款

收到采购员交来的供应单位购货发票等报销凭证时，按购货价款和支付的增值税税款入账。

借：原材料（或在途物资、库存商品等）

　　应交税费——应交增值税（进项税额）

　　贷：其他货币资金——外埠存款

采购完毕，将多余的外埠存款转回当地银行时，应根据银行的收账通知转销“其他货币资金——外埠存款”账户。

借：银行存款

　　贷：其他货币资金——外埠存款

【做中学2-6】大通公司派采购人员到外地采购材料，开出汇款委托书，委托当地开户银行将采购款60 000元汇往采购地银行开立采购专户，该公司的材料采用实际成本计价。会计分录如下：

借：其他货币资金——外埠存款　　60 000
　　贷：银行存款　　60 000

大通公司收到采购人员交来的报销单据，其中：材料发票列明材料货款50 000元，增值税8 000元，车票、住宿费单据900元，材料尚未运达企业。会计分录如下：

借：在途物资　　50 000
　　应交税费——应交增值税（进项税额）　　8 000
　　管理费用——差旅费　　900
　　贷：其他货币资金——外埠存款　　58 900

大通公司接到当地开户银行通知，汇出的采购专户存款余额1 100元已经汇回，存入公司的银行存款账户。会计分录如下：

借：银行存款　　1 100
　　贷：其他货币资金——外埠存款　　1 100

（二）银行汇票存款的核算

1.银行汇票结算方式

银行汇票，是指出票银行签发的，由其在见票时按照实际结算金额无条件支付给收款人或者持票人的票据。单位和个人各种款项结算都可以使用银行汇票。银行汇票可以用于转账，注明“现金”字样的银行汇票也可以用于支取现金。在使用银行汇票进行结算时要注意以下事项：

（1）银行汇票一律记名，允许背书转让（填写“现金”字样的除外）。

（2）汇款单位（即申请人）使用银行汇票，应向出票银行填写“银行汇票申请书”，填明收款人名称、汇票金额、申请人名称、申请日期等事项并签章。

（3）出票银行受理“银行汇票申请书”，收妥款项后签发银行汇票，并用压数机压印出票金额，将银行汇票和解讫通知一并交给申请人。

（4）申请人持汇票向填明的收款人办理结算时，应将银行汇票和解讫通知一并交付给收款人。

（5）收款人受理银行汇票时，应在出票金额以内，根据实际需要的款项办理结算，并将实际结算的金额和多余的金额准确、清晰地填入银行汇票和解讫通知的有关栏内，到银行办理款项入账手续。

（6）银行汇票的提示付款期限为自出票日起1个月，持票人超过提示付款期限提示付款的，银行不予以受理。

（7）持票人向银行提示付款时，必须同时提交银行汇票和解讫通知，缺少任何一项，银行不予以受理。

2.银行汇票存款核算

银行汇票存款，是指企业为取得银行汇票按照规定存入银行的款项。

企业向银行提交“银行汇票申请书”并将款项交存银行，取得银行汇票时，应当根据银行盖章的“银行汇票申请书”存根联进行账务处理，借记“其他货币资金——银行汇票存款”科目，贷记“银行存款”科目。

企业持银行汇票购货收到有关发票账单时，应借记“材料采购”“原材料”“库存商品”“应交税费——应交增值税（进项税额）”等科目，贷记“其他货币资金——银行汇票存款”科目；采购完毕收回多余款项时，应借记“银行存款”科目，贷记“其他货币资金——银行汇票存款”科目。

收款方受理银行汇票后，应填制进账单连同银行汇票一起送存银行，根据进账单回单及销售发票等，借记“银行存款”科目，贷记“主营业务收入”“应交税费——应交增值税（销项税额）”等科目。

【做中学2-7】A公司为采购甲材料，申请办理银行汇票10 000元，在填送银行汇票委托书后，将10 000元交给银行，取得银行汇票后，根据银行盖章的委托书存根联，编制会计分录如下：

借：其他货币资金——银行汇票　　10 000
　　贷：银行存款　　10 000

A公司实际采购甲材料价款8 000元，增值税1 280元，使用银行汇票进行结算后，收到发票账单及开户银行转来的银行汇票有关副联，材料已入库。原材料按实际成本计价核算。编制会计分录如下：

借：原材料——甲材料　　8 000
　　应交税费——应交增值税（进项税额）　　1 280
　　贷：其他货币资金——银行汇票　　9 280

银行汇票使用完毕，收到开户银行的收账通知，银行汇票余款720元已经退还入账，此时应编制会计分录如下：

借：银行存款　　720
　　贷：其他货币资金——银行汇票　　720

如果该银行汇票因超过付款期限或其他原因未曾使用而退还银行，则会计分录为：

借：银行存款　　10 000
　　贷：其他货币资金——银行汇票　　10 000

对于收款方，在收到银行汇票（含增值税共9 280元）填写进账单交存银行后，凭进账单回执编制会计分录如下：

借：银行存款　　9 280
　　贷：主营业务收入　　8 000
　　　　应交税费——应交增值税（销项税额）　　1 280

（三）银行本票存款的核算

1.银行本票结算方式

银行本票是银行签发的，承诺在见票时无条件支付确定金额给收款人或持票人的票据，适用于同城办理转账结算或支取现金。

银行本票结算应按照以下程序及规定来办理：

（1）申请人使用银行本票，应向银行填写“银行结算业务申请书”并交存款项。申请人或收款人为单位的，不得申请签发现金银行本票。

（2）出票银行受理“银行结算业务申请书”，收妥款项后签发银行本票，在本票上签章后交给申请人。申请人应根据“银行结算业务申请书”存根联进行账务处理。

（3）申请人应将银行本票交付给本票上记明的收款人办理结算。

（4）收款人可以将银行本票背书转让给被背书人。

（5）收款人对银行本票审核无误后，应填制进账单，和银行本票一起递交开户银行，银行审查无误后办理收款手续。

（6）银行本票的提示付款期限自出票日起最长不得超过2个月。在有效付款期内，银行见票付款。

（7）申请人因银行本票超过付款期限或其他原因要求退款时，应填写进账单（一式两联），连同银行本票一并交给出票银行并出具单位证明。对于在本行开立存款账户的申请人，出票银行只能将款项转入原申请人账户；对于现金银行本票和未在本行开立存款账户的申请人，出票银行才能退付现金。

2. 银行本票存款核算

银行本票存款即企业为取得银行本票按规定存入银行的款项。

申请人将款项交存银行并提交“银行结算业务申请书”，取得银行本票时，编制会计分录如下：

借：其他货币资金——银行本票

　　贷：银行存款

企业使用银行本票与收款人办理结算后，应根据发票账单等有关凭证，编制会计分录如下：

借：在途物资（或原材料、库存商品等）

　　应交税费——应交增值税（进项税额）

　　贷：其他货币资金——银行本票

如企业因本票超过付款期限等原因要求银行退款时，应根据银行收回本票时盖章退回的一联，编制会计分录如下：

借：银行存款

　　贷：其他货币资金——银行本票

收款方在收到银行本票办理转账手续后，根据进账单回单及其他原始凭证，编制会计分录如下：

借：银行存款

　　贷：主营业务收入

　　　　应交税费——应交增值税（销项税额）

（四）信用证保证金存款的核算

信用证，是指开证银行应申请人的要求并按其指示向收款人开立的载有一定金额、在一定的期限内凭符合规定的单据付款的书面保证文件。这种结算方式是国际贸易中最主要、最常用的支付方式。其一般程序是：买方先将货款交存银行，由银行开立信用证，通知异地卖方开户银行转告卖方，卖方按合同和信用证规定的条款发货，银行代买方付款。

信用证保证金存款即采用信用证结算方式的企业为开具信用证而存入银行信用证保证金专户的款项。

企业填写“信用证申请书”，将信用证保证金交存银行时，应根据开户银行盖章退回的“信用证申请书”回单，编制会计分录如下：

借：其他货币资金——信用证保证金

　　贷：银行存款

企业在收到境外供货单位的信用证结算凭证及所附发票时，应编制会计分录如下：

借：在途物资（或原材料、库存商品等）

　　应交税费——应交增值税（进项税额）

　　贷：其他货币资金——信用证保证金

企业收到未用完的信用证保证金存款余额时，应根据有关回单，编制会计分录如下：

借：银行存款

　　贷：其他货币资金——信用证保证金

（五）信用卡存款的核算

信用卡存款即企业为取得信用卡而存入银行信用卡专户的款项。

企业向银行申请信用卡，应填制“信用卡申请表”并按银行要求交存备用金。银行受理后发给企业信用卡，企业根据银行盖章退回的交存备用金的进账单第一联，借记“其他货币资金——信用卡存款”科目，贷记“银行存款”科目；企业在使用信用卡购物或结算后，应根据有关发票账单及银行转来的付款凭证，借记“管理费用”等科目，贷记“其他货币资金——信用卡”科目。

【做中学2-8】某公司向银行申请领取信用卡，交存备用金15 000元，公司取得信用卡时，编制会计分录如下：

借：其他货币资金——信用卡　　15 000

　　贷：银行存款　　15 000

某日，公司收到银行转来信用卡付款凭证及所附发票账单，招待费450元。编制会计分录如下：

借：管理费用——业务招待费　　450

　　贷：其他货币资金——信用卡　　450

公司决定不再使用信用卡结算，于是办理销户手续，信用卡存款余额3 200元转回基本存款账户。编制会计分录如下：

借：银行存款　　3 200

　　贷：其他货币资金——信用卡　　3 200

（六）存出投资款的核算

存出投资款，是指企业已存入证券公司但尚未进行投资的现金。

企业向证券公司划出资金时，应按照实际划出的金额，借记“其他货币资金——存出投资款”科目，贷记“银行存款”科目；实际购买股票、债券等时，按实际发生的金额，借记“交易性金融资产”或“其他权益工具投资”、“其他债权投资”等科目，贷记“其他货币资金——存出投资款”科目。

【做中学2-9】2018年3月5日，某公司向证券公司存入资金250 000元，3月20日买入股票120 000元，准备随时出售。其账务处理如下：

3月5日向证券公司存入款项时：

借：其他货币资金——存出投资款　　250 000

　　贷：银行存款　　250 000

3月20日购买准备随时出售的股票时：

借：交易性金融资产——成本　　120 000

贷：其他货币资金——存出投资款 120 000

任务举例

【工作实例2-3】其他货币资金的核算

长江公司2018年6月2日向银行申请并取得一张面额为60 000元的银行本票。

6月4日，长江公司持银行本票向M公司购买原材料，增值税专用发票上注明的价款为51 000元、增值税为8 160元，银行退回多余款840元。

6月12日，委托银行将40 000元汇往外地建立采购专户。6月20日，采购员回单位报销以采购专户存款购买材料的款项，价款为30 000元，增值税为4 800元。材料已验收入库。6月28日，接到银行通知，采购专户的剩余款项已划回。

要求：根据上述资料按流程办理其他货币资金收支业务并编制会计分录。

【工作过程】

第一步，6月2日先由出纳人员填写一式三联“银行结算业务申请书”，并由印鉴管理人员在“申请人签章”处盖章，然后将申请书递交给银行申请银行本票。

第二步，银行受理后签发银行本票，由会计根据银行退回的“银行结算业务申请书”回单联进行账务处理。

借：其他货币资金——银行本票 60 000

贷：银行存款 60 000

第三步，6月4日持银行本票向M公司办理材料款结算，根据取得的发票及收料单等单据进行账务处理。

借：原材料 51 000

应交税费——应交增值税（进项税额） 8 160

银行存款 840

贷：其他货币资金——银行本票 60 000

第四步，6月12日填写“汇款委托书”，并加盖“采购资金”字样，委托银行将款项汇往外地开立采购专户，根据“汇款委托书”回单联进行账务处理。

借：其他货币资金——外埠存款 40 000

贷：银行存款 40 000

第五步，6月20日采购员回单位报销以采购专户存款购买材料的款项时，根据增值税专用发票及收料单等进行账务处理。

借：原材料 30 000

应交税费——应交增值税（进项税额） 4 800

贷：其他货币资金——外埠存款 34 800

第六步，6月28日接到银行通知，采购专户款项已退回时，根据银行的收账通知进行账务处理。

借：银行存款 5 200

贷：其他货币资金——外埠存款 5 200

项目小结

本项目从货币资金内部管理制度出发，分别介绍了库存现金、银行存款和其他货币资金三个模块的具体内容、管理规定及收付、清查等环节的核算。

通过本项目的学习，应熟悉现金和银行存款的使用规定和收付核算方法，会按照业务流程具体办理现金和银行存款收付业务，学会货币资金的清查，编制“库存现金盘点表”和“银行存款余额调节表”，掌握各种其他货币资金的核算。

课后习题与实训

一、单项选择题

1.下列各项中，企业可以用现金支付的是（　　）。

A.支付个人劳动报酬　　B.偿还银行小额借款

C.支付前欠某单位1 200元货款　　D.退还某单位多付货款1 500元

2.下列各项中，不属于货币资金的是（　　）。

A.银行存款　　B.外埠存款　　C.银行本票存款　　D.银行承兑汇票

3.企业在会计岗位分工中，下列做法正确的是（　　）。

A.出纳人员兼记总账　　B.出纳人员兼记主营业务收入明细账

C.出纳人员兼记管理费用明细账　　D.出纳人员兼记固定资产明细账

4.下列各项中，根据《现金管理暂行条例》的规定，不能用现金结算的是（　　）。

A.职工工资和津贴　　B.按规定发给个人的奖金

C.向个人收购农副产品的价款　　D.向农业企业收购农副产品的价款

5.某企业在现金清查中发现库存现金较账面余额多出200元。经反复核查，长款原因仍然不明，经批准后应转入的科目是（　　）。

A.“库存现金”　　B.“营业外收入”

C.“待处理财产损溢”　　D.“其他应付款”

6.根据《现金管理暂行条例》的规定，结算起点以下的零星支出是指支出金额在（　　）元以下。

A.2 000　　B.1 000　　C.100　　D.500

7.根据我国现行制度规定，企业库存现金限额一般是由开户银行根据企业（　　）正常零星开支核定。

A.3天　　B.3～5天　　C.7天　　D.15天

8.按照《人民币银行结算账户管理办法》的规定，企业发放工资、奖金、津贴等支取的现金，只能通过（　　）核算。

A.基本存款账户　　B.一般存款账户

C.临时存款账户　　D.专用存款账户

9.企业现金清查中，经检查仍无法查明原因的现金短款，经批准后应记入的账户是（　　）。

A.“管理费用”　　B.“财务费用”

C.“营业外收入”　　D.“营业外支出”

10.张东明出差借支差旅费2 000元，返回时报销1 500元，交回现金500元，并结清原借款，则企业财会人员应按（　　）元开出收款收据。

A.500　　B.1 000　　C.1 500　　D.2 000

二、多项选择题

1.下列各项中，违反现金收入管理规定的有（　　）。

A.坐支现金

B.收入的现金于当日送存银行

C.将企业的现金收入按个人储蓄方式存入银行

D.“白条抵库”

2.编制银行存款余额调节表时，下列未达账项中，会导致企业银行存款日记账的账面余额小于银行对账单余额的有（　　）。

A.企业开出支票，银行尚未支付

B.企业送存支票，银行尚未入账

C.银行代收款项，企业尚未接到收款通知

D.银行代付款项，企业尚未接到付款通知

3.企业办理货币资金支付业务的程序有（　　）。

A.支付申请　　B.支付审批　　C.支付复核　　D.办理支付

4.下列各项中，根据《现金管理暂行条例》的规定可以用现金结算的有（　　）。

A.1 000元以下的零星支出　　B.个人劳务报酬

C.各种劳保、福利费用　　D.向企业收购物资的价款

5.下列各项中，应确认为企业其他货币资金的有（　　）。

A.企业持有的3个月内到期的债券投资

B.企业为购买股票向证券公司划出的资金

C.企业汇往外地建立临时采购专户的资金

D.企业向银行申请银行本票时拨付的资金

6.下列各项中，属于银行存款日记账核对内容的有（　　）。

A.银行存款日记账与银行存款总账的核对

B.银行存款日记账与银行存款对账单的核对

C.银行存款日记账与银行存款余额调节表的核对

D.银行存款日记账与银行存款收付款凭证的核对

7.下列各项中，属于“其他货币资金”科目核算的内容有（　　）。

A.信用卡存款　　B.存出投资款

C.银行汇票存款　　D.信用证保证金存款

8.在商品交易款项结算中，可以是商业汇票承兑人的有（　　）。

A.付款人　　B.收款人　　C.销货方　　D.购货方

9.下列各项中，可以提取现金的支票有（　　）。

A.现金支票 B.转账支票 C.普通支票 D.特种支票

10.企业货币资金内部控制制度的内容至少包括（ ）。

A.岗位分工及授权批准 B.建立票据管理的基本规范

C.建立印章的管理办法 D.保证货币资金的安全有效

三、判断题

1.现金清查，是以实地盘点法核对库存现金实有数与账存数的。（ ）

2.企业规模较小，可由出纳人员一人办理货币资金结算的全过程，以提高工作效率。（ ）

3.我国会计上所说的现金是指企业库存的人民币。（ ）

4.盘点现金出现溢余，可以在“其他应付款”科目的贷方反映，待日后短缺时用于抵扣。（ ）

5.银行存款余额调节表是调整企业银行存款账面余额的原始凭证。（ ）

6.库存现金的清查包括出纳人员每日的清点核对和清查小组定期和不定期的清查。（ ）

7.“库存现金”科目反映企业的库存现金，包括企业内部各部门周转使用、由各部门保管的定额备用金。（ ）

8.银行承兑汇票到期时，如果购货企业的存款不足以支付票款，承兑银行应将汇票退还销货企业，由购销双方自行处理。（ ）

9.未达账项是指企业与银行之间由于凭证传递上的时间差，一方已登记入账而另一方尚未入账的账项。（ ）

10.企业可以根据经营需要，在一家或几家银行开立基本存款账户。（ ）

四、简答题

1.企业应当如何建立货币资金内部管理制度来确保资金安全？

2.假若你是一家银行的业务员，鸿海公司欲在你所在的银行开设银行结算账户，请你向该公司介绍一下开设银行结算账户的程序和要求。

五、业务核算题

某企业2018年7月1日银行存款账面余额是17 160元，7月份发生的业务如下：

（1）7月12日，企业开出现金支票一张，从银行提取现金3 600元，企业用现金支付企业水电费400元；张明去北京采购材料，不方便携带现款，故委托当地银行汇款5 800元到北京开立采购专户，并从财务部门预借差旅费2 000元，财务部门以现金支付。

（2）7月18日，张明返回企业，交回采购有关的供应单位发票账单，共支付材料款项5 800元。其中：材料价款5 000元，增值税800元。张明报销差旅费2 200元，财务部门以现金补付余款。

（3）7月21日，企业收到上海公司上月所欠货款47 000元的银行转账支票一张。企业将支票和填制的进账单送交开户银行。

（4）7月25日，企业向银行申请了一张8 000元的银行汇票；张明持银行汇票前往深圳采购材料，购买材料时，实际支付材料价款6 000元，增值税960元。

（5）7月26日，张明返回企业时，银行已将多余款项退回企业银行账户。

（6）7月30日，企业对现金进行清查，发现现金短缺600元，原因正在调查。

（7）7月30日，发现短缺的现金是由于出纳员小华工作失职造成的，应由其负责赔偿，金额为300元，另外300元没办法查清原因，经批准转作管理费用。

（8）7月31日，企业开始与银行进行对账，银行对账单上的存款余额为49 170元，经核对，发现有以下未达账项：①7月29日，企业委托银行代收款项2 000元，银行已收入账，企业尚未收到入账通知；②7月30日，银行代企业支付租金630元，尚未通知企业。

要求：编制相关分录，并编制“银行存款余额调节表”核对银行存款日记账有无错误。

项目三

应收及预付款核算

知识目标

1. 掌握应收账款、应收票据及其他应收款的核算方法；
2. 掌握预付账款的核算方法；
3. 掌握坏账损失的含义、计提和账务处理方法。

能力目标

1. 能正确核算企业的应收账款、应收票据、其他应收款及预付账款等经济业务；
2. 能正确计算坏账损失并计提坏账准备；
3. 能根据有关资料登记应收及预付款项相关明细账簿，并做到账账相符。

项目导言

应收及预付款项作为企业营运资金的重要组成部分，主要指企业在生产经营过程中产生的各项流动性债权，包括应收账款、应收票据、预付账款及其他应收款等。随着市场经济的发展，社会经济活动竞争日益激烈，为了扩大市场占有率，越来越多的企业选择采用商业信用作为促销的主要手段之一，使得企业的应收及预付款项占资产总额的比例越来越大。这一方面反映了企业的销售成果，另一方面也有可能因为产生较多坏账使企业蒙受损失。因此，应收及预付款项的正确合理核算尤其是减值准备的确认计量，对夯实企业资产、加快企业资金周转有着非常重要的意义。

任务1　应收票据核算

任务描述

1.认识商业汇票的种类及使用规定；
2.准确计算商业票据的到期日、到期值、贴现息、贴现所得；
3.完成商业汇票结算业务的账务处理。

知识准备

一、商业汇票认知

（一）商业汇票的定义

商业汇票是一种由出票人签发的、委托付款人在指定日期无条件支付确定金额给收款人或持票人的票据。在我国，除商业汇票外，大部分票据都是即期票据，可以即刻收款或存入银行成为货币资金，因此不需要作为应收票据核算。因此，在我国通过“应收票据”账户核算的只有商业汇票。商业汇票实质上是销售商品、提供劳务过程中因为赊销而产生的债权。

（二）商业汇票的种类

按商业汇票承兑人不同分为商业承兑汇票和银行承兑汇票。商业承兑汇票是由银行以外的付款人承兑的票据，银行承兑汇票是由出票人签发并由银行承兑的票据。

按商业汇票是否计息分为带息商业汇票和不带息商业汇票。带息商业汇票，是指商业汇票到期时，承兑人必须按票面金额加上应计利息向收款人或被背书人支付票款的票据；而不带息商业汇票则指汇票到期时，承兑人只按票面金额（面值）向收款人或被背书人支付款项的汇票。

（三）商业汇票的签发

商业汇票可以由付款人签发，也可以由收款人签发，但都必须经过承兑。只有经过承兑的商业汇票才具有法律效力，承兑人负有到期无条件付款的责任。商业汇票的适用范围相对较窄，各企事业单位之间只有根据购销合同进行合法的商品交易，才能签发商业汇票。商业汇票的承兑期限由交易双方商定，一般为3个月至6个月，属于分期付款的应一次签发若干张不同期限的商业汇票。商业汇票的提示付款期限为自汇票到期日起10日内。商业汇票到期，因承兑人无力支付或其他合法原因债权人无法获得款项时，可以按照汇票背书转让的顺序，向前手行使追索权，依法追索票面金额；该汇票上的所有关系人都应负连带责任。未到期的商业汇票可以到银行办理贴现，从而使结算和银行资金融通相结合，有利于企业及时地补充流动资金，维持生产经营的正常进行。

（四）带息商业汇票的利息计算

带息商业汇票的利息即从汇票开出日至到期日根据票面金额和一定利率计算所得的利息，计算方式如下：

票据利息=票面金额×票面利率×期限

式中：期限指从汇票开出日至到期日的时间间隔。实务中为了计算方便，一般把一年定为360天，票据的期限有按月表示和按日表示两种。

微课：带息票据到期价值的计算

按月表示时，应以到期月份中与出票日相同的那一天作为到期日。例如，3月20日签发的期限为6个月的商业汇票，则到期日应为9月20日。如果是月末签发的汇票，则不论月份大小，都应以到期月份的最后一天作为到期日。如2月28日签发的4个月的汇票，则到期日应为6月30日。

按日表示时，应从出票日起按实际天数计算到期日。签发日和到期日只能计算其中一天，即“算头不算尾”或“算尾不算头”。如3月20日签发的期限为60天的商业汇票，则到期日应为5月19日。

票面利率一般按年表示，计算汇票利息时应相应转换为月利率或日利率。如一张应收票据面值30 000元，年利率6%，出票日为3月1日，4个月到期，则到期日为7月1日，应计利息为600元（30 000×6%×4÷12）。

（五）商业汇票的贴现

应收票据贴现，是指持票人因急需资金，将未到期的商业汇票背书后转让给银行，银行受理后，从到期值中扣除按银行的贴现率计算确定的贴现息后，将余额付给贴现企业的业务活动，其实质上是一种筹资行为。

应收票据贴现中，贴现期是贴现日至汇票到期日的时间间隔（“算头不算尾”或“算尾不算头”）；银行从汇票到期值中扣除的那部分金额是贴现息；银行据以计算贴现息的利率为贴现率，由银行统一规定；企业从银行获得的扣除了贴现息后的剩余款项称为贴现所得。不带息票据的到期值就是面值，而带息票据的到期值则是票面金额加上到期应计利息。

微课：商业汇票贴现的计算

贴现时有关计算如下：

贴现期（贴现天数）=贴现日至到期日的天数-1

贴现息=汇票到期值÷360×贴现率×贴现天数

贴现所得=汇票到期值-贴现息

计算贴现息时应注意将贴现率转化为日利率。

【做中学3-1】2018年3月1日，某企业将其持有的出票日期为2018年1月15日、期限为4个月、面值为20 000元的一张不带息应收票据到银行贴现，银行贴现率为6%。

贴现天数=30+30+15=75（天）

贴现息=20 000×6%÷360×75=250（元）

贴现所得=20 000−250=19 750（元）

二、应收票据的确认与计量

对应收票据的确认和计量，一般有两种方法：一种是按照票据未来可以收到的现金流量的现值来确认，另一种是按照票据的面值来确认。由于我国商业汇票的期限一般较短（最长不超过6个月），利息金额相对较小，为了简化手续一般在收到商业汇票时，按票面价值入账。但是，针对带息应收票据，按照现行企业会计准则的规定应在期末（指中期期末和年度终了）计提利息，计提的利息增加应收票据的账面余额。到期不能收回的应收票据，应将其账面余额转入应收账款，并不再计提利息。

三、应收票据的核算

（一）应收票据的科目设置

企业应收票据的取得、收回、转让、贴现等业务都应当通过“应收票据”科目核算。该科目属资产类，借方登记取得的应收票据的面值和按期计提的票据利息，贷方登记到期收回或到期前向银行贴现的应收票据的账面余额，期末借方余额反映未到期应收票据的面值和应计利息。在“应收票据”科目下，应按不同的单位分别设置明细科目，进行明细分类核算。同时应设置“应收票据备查簿”，逐笔登记每一商业汇票的种类、号数和出票日、票面金额、付款人、承兑人、背书人的姓名或单位名称、到期日等信息，商业汇票到期结清票款或退票后，应当在备查簿内逐笔注销。

（二）应收票据核算

1.不带息票据的核算

企业销售商品或者产品、提供劳务等收到承兑的商业汇票时，按应收票据的面值，借记“应收票据”科目，按实现的营业收入，贷记“主营业务收入”等科目，按增值税专用发票上注明的增值税税额，贷记“应交税费——应交增值税（销项税额）”科目。购货方以应收票据抵偿应收账款时，按应收票据面值，借记“应收票据”科目，贷记“应收账款”科目。票据到期收回款项时，应按实际收到的金额，借记“银行存款”科目，贷记“应收票据”科目。

【做中学3-2】甲公司2018年6月1日向乙公司销售一批产品，货款为1 500 000元，尚未收到，已办妥托收手续，适用增值税税率为16%。编制会计分录如下：

借：应收账款——乙公司　　1 740 000

　　贷：主营业务收入　　1 500 000

　　　　应交税费——应交增值税（销项税额）　　240 000

6月15日，甲公司收到乙公司寄来一张3个月期的无息商业承兑汇票，面值为1 740 000元，抵付产品货款。编制会计分录如下：

借：应收票据——乙公司　　1 740 000

　　贷：应收账款——乙公司　　1 740 000

9月15日，甲公司上述应收票据到期收回票面金额1 740 000元存入银行。编制会计分录如下：

借：银行存款　　1 740 000

　　贷：应收票据——乙公司　　1 740 000

2.带息票据的核算

带息应收票据应于中期期末和年度终了计提票据利息，增加应收票据的账面余额同时冲减财务费用。其他与不带息票据的处理一致。

【做中学3-3】甲公司于2018年6月1日向乙公司销售一批产品，增值税专用发票上注明产品销售收入为100 000元、增值税为16 000元。同日，甲公司收到乙公司开出的一张6个月后到期、年利率为6%、票面金额为116 000元的商业承兑汇票。甲公司应编制会计分录如下：

收到承兑汇票时：

借：应收票据——乙公司　　116 000

　　贷：主营业务收入　　100 000

　　　　应交税费——应交增值税（销项税额）　　16 000

2018年6月30日计提票据利息时：

应计利息=116 000×6%×（1÷12）=580（元）

借：应收票据——乙公司　　580

　　贷：财务费用——利息收入　　580

2018年12月1日票据到期收到价款时：

2018年7—11月应计利息=116 000×6%×（5÷12）=2 900（元）

应收票据本息合计=116 000+580+2 900=119 480（元）

借：银行存款　　119 480

　　贷：应收票据——乙公司　　116 580

　　　　财务费用——利息收入　　2 900

3.应收票据转让的核算

应收票据转让，是指持票人因偿还前欠货款等原因，将未到期的商业汇票背书后转让给其他单位或个人的业务活动。通过背书，持票人转让了票据权利，取得了资产或者减少了负债。

企业转让票据取得所需物资时，按应计入物资成本的价值，借记“在途物资”“原材料”等科目，按增值税专用发票上注明的增值税，借记“应交税费——应交增值税（进项税额）”科目，按应收票据的账面价值，贷记“应收票据”科目，如有差额，根据情况记入“银行存款”等科目。

企业转让票据减少负债时，按应承担债务的账面价值，借记“应付账款”等科目，按应收票据的账面价值，贷记“应收票据”科目，如有差额，根据情况记入“银行存款”等科目。

【做中学3-4】甲公司以一张面额为50 000元的不带息汇票背书给乙公司，以偿还其前欠材料款58 000元，不足款项以银行存款支付。编制会计分录如下：

借：应付账款——乙公司　　58 000

　　贷：应收票据——乙公司　　50 000

　　　　银行存款　　8 000

4.应收票据贴现的核算

应收票据的贴现视其是否附带追索权在会计处理上有所不同。如果发生附追索权应收票据贴现，可设置“短期借款”科目，按实际贴现所得借记“银行存款”科目，按应收票据到期值贷记“短期借款”科目，两者的差额借记或贷记“财务费用”科目；等票据到期，当付款人向贴现银行付清票款后，再将“短期借款”科目转销。如果是将银行承兑汇票贴现，由于票据到期应由银行负责承兑，企业发生或有负债的可能性极小，因此在会计处理上可直接冲转“应收票据”科目。如果发生不附追索权的应收票据贴现，则可按实际贴现所得借记“银行存款” 科目，按应收票据账面余额，贷记“应收票据”科目，按两者的差额借记或贷记“财务费用”科目。

【做中学3-5】甲公司因急需资金，于2018年8月30日将一张出票日是2018年6月1日、180天到期、年利率为8%的汇票（乙公司签发并承兑）计10 000元，向银行申请贴现，银行贴现率为9%。其计算及会计分录如下：

票据到期值=10 000+10 000×8%÷360×180=10 400（元）

贴现天数=1+30+31+28=90（天）

贴现息=10 400×9%÷360×90=234（元）

贴现所得=10 400−234=10 166（元）

（1）8月30日贴现时：

借：银行存款	10 166	
财务费用——利息支出	234	
贷：短期借款		10 400

（2）11月28日票据到期，当出票人乙公司向银行支付票据的本金和利息时，其会计分录如下：

借：短期借款	10 400	
贷：应收票据——乙公司		10 000
财务费用——利息收入		400

（3）11月28日票据到期，如出票人乙公司未能按期向银行支付票据的本金和利息，则甲公司应承担付款责任，其会计分录如下：

借：短期借款	10 400	
贷：银行存款		10 400

同时将应收票据转入“应收账款”科目：

借：应收账款——乙公司	10 400	
贷：应收票据——乙公司		10 000
财务费用——利息收入		400

任务举例

【工作实例3-1】带息应收票据的贴现

东方公司2018年6月5日销售给光明公司产品一批，价款30万元，增值税税率16%，收到光明公司签发并承兑的带息商业承兑汇票一张，年利率12%，期限6个月，签发日为2018年6月5日。东方公司持有2个月后于2018年8月5日申请贴现，贴现率为10.8%。

要求：对东方公司的上述业务进行账务处理。

【工作过程】

第一步，6月5日销售后确认收入。

借：应收票据——光明公司　348 000
　　贷：主营业务收入　300 000
　　　　应交税费——应交增值税（销项税额）　48 000

第二步，持有2个月后，2018年8月5日申请贴现，则先确定汇票到期日，计算汇票到期值。

因汇票期限以月来表示，则到期月份中与出票日相同的那一天作为到期日，即12月5日为到期日。

汇票到期值=票面金额×（1+月利率×期限）
　　=348 000×（1+12%÷12×6）=368 880（元）

第三步，再计算汇票贴现息，确定贴现所得。

贴现息=汇票到期值×贴现率÷360×贴现天数
　　=368 880×10.8%÷360×（26+30+31+30+5）=13 501.01（元）

贴现所得=汇票到期值-贴现息
　　=368 880-13 501.01=355 378.99（元）

借：银行存款　355 378.99
　　财务费用——利息支出　13 501.01
　　贷：短期借款　368 880

第四步，2018年6月30日计提利息并增加应收票据账面价值。

应计利息=348 000×12%÷360×（26+31+29）=9 976（元）

借：应收票据——光明公司　9 976
　　贷：财务费用——利息收入　9 976

第五步，票据到期后，承兑人按期付款。

借：短期借款　368 880
　　贷：应收票据——光明公司　357 976
　　　　财务费用——利息收入　10 904

任务2　应收账款核算

任务描述

1.明确应收账款的核算内容；

2.确定应收账款的入账价值；

3.完成应收账款的日常账务处理；

4.期末合理估计坏账损失，计提坏账准备；

5.设置、登记应收账款明细账，并定期对账。

知识准备

一、应收账款概述

（一）应收账款的定义与特点

应收账款，是指企业由于采用赊销方式销售商品或提供劳务而应向购货单位或接受劳务单位收取的款项，主要包括销货款、增值税和代购货方垫付的运杂费等。

它是以商业信用为基础，以购销合同、商品出库单、发票和发运单等书面文件为依据而确认的，是赊销方式下企业必有的一项流动资产，但同时对企业来说又是一项有风险的资产，需要付出一定的管理成本、坏账损失等。

（二）应收账款的入账价值

应收账款的入账价值包括销售货物或提供劳务的价款、增值税以及代购货方垫付的包装费、运杂费等。由于在销售过程中往往会发生销售折扣等，因此在确认应收账款的入账价值时，应当考虑有关的折扣因素。

1.商业折扣

商业折扣，是指销售企业为了鼓励客户多购商品而在商品价格上给予的扣减。此项扣减数通常用百分数来表示，如15%、20%、25%等。这种折扣是在交易发生的时候就已确定，折扣后的金额才是真正的销售价格，因此，在存在商业折扣的情况下，应以扣除商业折扣后的实际销售价格作为应收账款的入账价值。

2.现金折扣

现金折扣，是指销售企业为了鼓励客户在规定的期限内尽可能提前还款而向客户提供的债务扣除。为了能尽快收回应收账款，销售方向购买方提供现金折扣优惠，即在不同的期限内还款可以在还款总额的基础上享受不同比例的折扣。通常情况下，现金折扣用“折扣率/付款期限”的形式来表示，如“2/10，1/20，N/30”表示在10天内付款给予2%的折扣，在20天内付款给予1%的折扣，在30天内或超过30天付款不予折扣。

我国企业会计准则规定，应收账款采用总价法核算，即在存在现金折扣的情况下，应收账款应以未扣除现金折扣的债权数额入账，如果在折扣期限内收回款项，则应将相应的现金折扣作为一种融通资金的费用记入“财务费用”科目。

二、应收账款的核算

为了反映应收账款的增减变动及其结存情况，企业应设置“应收账款”科目，不单独设置“预收账款”科目的企业，预收的账款也在“应收账款”科目核算。该科目借方登记应收账款的增加，贷方登记减少，期末余额在借方，反映企业尚未收回的应收账款；如果期末余额在贷方，反映企业预收的账款。本科目还应按不同的购货或接受劳务的单位设置明细科目进行明细分类核算。

（一）取得应收账款的核算

企业销售货物取得应收账款时，应按照应收的金额借记“应收账款”科目，按照实现的营业收入，贷记“主营业务收入”等，按增值税专用发票上注明的增值税税额，贷记“应交税费——应交增值税（销项税额）”科目。

【做中学 3-6】长江公司为了完成月度销售任务，对一批材料的购货方黄河公司给予了2%的商业折扣。该材料价目表上的价款为100 000元；同时为了加快资金周转，又给出了“2/10，1/20，N/30”的现金折扣，适用的增值税税率为16%。编制会计分录如下：

借：应收账款——黄河公司　113 680
　贷：主营业务收入　98 000
　　应交税费——应交增值税（销项税额）　15 680

此例中，既存在商业折扣，又存在现金折扣，对应收账款以价税总额扣除商业折扣后的部分来确认。

（二）收回应收账款的核算

企业收回应收账款时，如果存在现金折扣并且购货方在折扣期限内归还，应按实际收到的价款借记“银行存款”科目，按对方享受的现金折扣借记“财务费用”科目，按取得应收账款时记入借方的金额贷记“应收账款”科目。

【做中学 3-7】甲公司销售一批产品给A公司，价值50 000元，规定的现金折扣条件为“2/10，1/20，N/30”，适用的增值税税率为16%，产品交付并办妥托收手续。假设现金折扣不涉及税金，编制会计分录如下：

借：应收账款——A公司　58 000
　贷：主营业务收入　50 000
　　应交税费——应交增值税（销项税额）　8 000

如果上述货款在10天内收到，对方享受现金折扣1 000元（50 000×2%），编制会计分录如下：

借：银行存款　57 000
　财务费用　1 000
　贷：应收账款——A公司　58 000

如果上述货款在20天内收到，对方享受现金折扣500元（50 000×1%），编制会计分录如下：

借：银行存款　57 500
　财务费用　500
　贷：应收账款——A公司　58 000

如果超过了现金折扣的最后期限，对方则需全额付款。收到货款时，编制会计分录如下：

借：银行存款　58 000
　贷：应收账款——A公司　58 000

任务举例

【工作实例 3-2】应收账款的核算

A企业销售一批产品给B公司，按价目表的价格计算，金额为50 000元，由于是成批销售，给予B公司10%的商业折扣。货物销售后B公司以质量不符合合同要求为由退货10%，双方按照相关程序办理了退货手续。企业为了加快资金周转速度，又对B公司给予了“2/10，1/20，N/30”的现金折扣优惠。货物销售第20天收到了B公司的款项（假定按价税合计享受现金折扣)。

要求：根据以上资料对A企业的销售业务进行账务处理（A企业的增值税税率为16%)。

【工作过程】

第一步，确认因销售货物形成的应收账款。

因存在商业折扣，应以扣除商业折扣后的净额确认应收账款，会计处理如下：

借：应收账款——B公司　　52 200

　　贷：主营业务收入　　45 000

　　　　应交税费——应交增值税（销项税额）　　7 200

第二步，对退货进行处理，开具增值税红字发票，按照退货比例冲销已确认的收入和应收账款。

借：主营业务收入　　4 500

　　应交税费——应交增值税（销项税额）　　720

　　贷：应收账款——B公司　　5 220

第三步，确认企业实际收到的款项。

因为客户在折扣期限内付款享受了现金折扣，应计算企业实际收到的款项，将实收金额与应收账款账面金额之差作为财务费用，账务处理如下：

实际收到款项=（52 200-5 220）×（1-1%）=46 510.20（元）

借：银行存款　　46 510.20

　　财务费用——利息支出　　469.80

　　贷：应收账款——B公司　　46 980

任务3　预付账款核算

任务描述

1.根据相关事项进行预付账款的确认与计量；

2.运用相关科目对预付账款进行准确核算；

3.对预付账款进行准确列报。

知识准备

一、预付账款概述

预付账款是指企业根据购货合同或劳务合同的规定，由购货方预先支付一部分款项给供应方而发生的一项债权，包括预付的货款、预付的劳务费。

作为流动资产，预付账款和应收账款一样都是企业的债权，但两者又有区别。应收账款是企业对外销售货物或提供劳务而形成，是应该向购货方收取的款项；而预付账款是企业购货和接受劳务而形成，是预先支付给供应方的款项，两者所处的环节不同。此外，债权偿付的形式不同，应收账款一般要求购货方以货币形式抵偿，而预付账款则要求企业在短期内以某种商品、劳务或服务来抵偿。

二、预付账款的核算

为了反映企业预付款项的增减变动情况，企业应设置“预付账款”科目进行核算。该科目借方登记企业向供货方预付的价款，贷方登记企业收到所购物品应结转的预付账款，期末借方余额反映企业向供货方预付而尚未发出货物或提供劳务的预付账款余额，期末贷方余额表示企业尚需补付的款项。该科目应该按照供应单位的名称设置明细科目进行核算。企业因购货而预付款项时，按实际预付金额，借记本科目，贷记“银行存款”等科目。收到所购材料、商品或接受劳务时，按购入物资或劳务的成本，借记“原材料”“库存商品”等科目，按增值税专用发票上注明的进项税额，借记“应交税费——应交增值税（进项税额）”科目，按实际应支付的全部金额，贷记本科目。补付款项时，按补付的金额，借记本科目，贷记“银行存款”等科目；收到供应方退回多付的款项，借记“银行存款”科目，贷记本科目。

如果企业预付账款的情况不多，也可以不设置“预付账款”科目，直接通过“应付账款”科目核算。预付款项时，按实际预付金额借记“应付账款”科目，贷记“银行存款”科目；收到供应方发来的货物或接受劳务时，借记“原材料”“库存商品”“应交税费——应交增值税（进项税额）”等科目，贷记“应付账款”科目。通过此科目核算时，会使“应付账款”科目的某些明细科目出现借方余额，因此在期末编制资产负债表时，应将相关明细科目的借方余额列示在资产项目中。

【做中学3-8】甲公司向乙公司采购A材料2 000吨，单价40元，货物总价80 000元。按照合同的规定，甲公司应预先向乙公司支付货款的30%，验收货物后补付其余款项。甲公司应作会计处理如下：

（1）预付30%的货款时：

借：预付账款——乙公司	24 000	
贷：银行存款		24 000

（2）收到乙公司发来的2 000吨材料，验收无误，增值税专用发票记载的货款为80 000元，增值税为12 800元。甲公司以银行存款补付所欠款项68 800元。

借：原材料——A材料	80 000	
应交税费——应交增值税（进项税额）	12 800	
贷：预付账款——乙公司		92 800
借：预付账款——乙公司	68 800	
贷：银行存款		68 800

任务举例

【工作实例3-3】预付账款的核算

迅捷公司由于预付款项业务不多，会计核算时没有设置“预付账款”科目。迅捷公司2018年7月发生了如下经济业务：预付A公司购买甲材料的订金600 000元；收到材料的价款为480 000元，增值税为76 800元，共计556 800元；退回多付款43 200元。

要求：

（1）作出迅捷公司的账务处理。

（2）假设迅捷公司之前没有发生过涉及预付账款的经济业务，“预付账款”科目期初余额为0，确定7月31日资产负债表中“预付款项”这一报表项目的数额。

【工作过程】

第一步，对预付材料订金进行账务处理。

借：应付账款——A公司　　600 000

　　贷：银行存款　　600 000

第二步，对企业收到材料并验货进行账务处理。

借：原材料——甲材料　　480 000

　　应交税费——应交增值税（进项税额）　　76 800

　　贷：应付账款——A公司　　556 800

第三步，对将多支付的购料订金退回进行账务处理。

借：银行存款　　43 200

　　贷：应付账款——A公司　　43 200

第四步，确定7月31日资产负债表中“预付款项”项目的金额。

预付账款=0+60 0000−556 800−43 200=0

任务4　其他应收款核算

任务描述

1.根据相关事项完成其他应收款的确认与计量；

2.根据业务和管理需要，确定备用金管理制度；

3.完成其他应收款的日常账务处理；

4.进行其他应收款的准确列报。

知识准备

一、其他应收款概述

其他应收款，是指除应收票据、应收账款和预付账款以外的企业应收、暂付款项，是由销售货物、提供劳务等以外的其他非购销活动而引起的短期债权。它主要包括：预付给企业各内部单位的备用金；应收保险公司或其他单位和个人的各种赔款；应收的各种罚款；应收出租包装物的租金；存出保证金；应向职工个人收取的各种垫付款项；应收、暂付上级单位或所属单位的款项等。

二、其他应收款的核算

为了反映和监督其他应收款这项债权的增减变动情况，企业应设置“其他应收款”科目。该科目借方反映企业应收取的各种款项的发生额，贷方反映其他应收款的收回额，期末借方余额反映应收而尚未收到的款项。该科目还应按照其他应收款的项目或债务人设置明细科目，进行明细分类核算。

（一）备用金的核算

备用金，是指企业因经营活动的需要拨给内部各职能部门和个人用作零星开支的备用现金。备用金的管理通常有定额和非定额两种管理制度，其会计处理也有所不同。

1. 定额备用金管理制度

在定额备用金管理制度下，财会部门根据各用款单位的实际需要，预先核定其备用金的定额并依此拨付备用金，待其实际使用后，定期凭有效票据予以报销，并补足其定额。

【做中学 3-9】甲公司对后勤部门实行定额备用金管理制度，财务部为其核定的定额是2 000元。年初拨付备用金时账务处理如下：

借：其他应收款——备用金（后勤部）　　2 000
　　贷：库存现金　　2 000

后勤部向财务部报销日常花销1 900元，财务部审核有关单据后予以报销，并以现金补足其定额。有关账务处理如下：

借：管理费用——办公费　　1 900
　　贷：库存现金　　1 900

年末收回后勤部备用金时账务处理如下：

借：库存现金　　2 000
　　贷：其他应收款——备用金（后勤部）　　2 000

2. 非定额备用金管理制度

在非定额备用金管理制度下，用款单位或个人临时需要使用现金时，按实际需要预借并实报实销。

【做中学 3-10】某企业采购人员李铭因出差预借差旅费3 000元，以现金支付。账务处理如下：

借：其他应收款——李铭　　3 000
　　贷：库存现金　　3 000

李铭出差回来报销差旅费2 800元，并将剩余现金交还。账务处理如下：

借：管理费用——差旅费　　2 800
　　库存现金　　200
　　贷：其他应收款——李铭　　3 000

（二）备用金以外的其他应收款的核算

【做中学 3-11】甲公司租入包装物一批，以银行存款向出租方乙公司支付押金10 000元。账务处理如下：

借：其他应收款——存出保证金（乙公司）　　10 000
　　贷：银行存款　　10 000

包装物使用完毕按期如数退回，收到出租方乙公司退还的押金10 000元，已存入银行。账务处理如下：

借：银行存款　　10 000

贷：其他应收款——存出保证金（乙公司） 10 000

任务举例

【工作实例3-4】其他应收款的核算

迅捷公司对备用金采取定额管理制度。2018年6月发生如下业务：

（1）3日，设立后勤部门定额备用金，由李婧负责管理。后勤部门的定额备用金核定金额为500元，财务科开出现金支票。

（2）16日，李婧交来普通发票120元，报销后勤部门购买办公用品的支出，财务科以现金补足该定额备用金。

（3）22日，经批准减少后勤部门定额备用金的核定金额100元，李婧将100元交回财务科。

（4）30日，由于机构变动，经批准撤销后勤部门定额备用金，李婧交回购买办公用品支出的普通发票30元及现金370元。

要求：对上述涉及其他应收款的业务进行账务处理。

【工作过程】

第一步，根据现金支票存根及备用金定额审批单据进行账务处理。

借：其他应收款——备用金（后勤部） 500

　贷：银行存款 500

第二步，根据购买办公用品的发票及补付备用金定额的单据进行账务处理。

借：管理费用——办公费 120

　贷：库存现金 120

第三步，依据新的备用金定额单据进行账务处理。

借：库存现金 100

　贷：其他应收款——备用金（后勤部） 100

第四步，在撤销后勤部门备用金时，根据撤销审批的相关单据及交回的办公用品发票等进行账务处理。

借：管理费用——办公费 30

　库存现金 370

　贷：其他应收款——备用金（后勤部） 400

任务5　应收款项减值核算

任务描述

1. 判断应收款项发生减值的迹象，合理确定应收款项减值测试的范围；
2. 选用应收款项减值损失的估计方法，合理预计企业应收款项的减值损失；
3. 根据“坏账准备”科目期初余额调整企业当期应计提的坏账准备；
4. 运用备抵法对企业应收款项减值损失进行正确核算。

知识准备

一、应收款项减值损失的确认

企业应当在资产负债表日对应收款项的账面价值进行检查，有客观证据表明该应收款项发生减值的，应当确认减值损失，计提坏账准备。

表明应收款项发生减值的客观依据，是指应收款项初始确认后实际发生的、对该应收款项的预计未来现金流量有影响，且企业能够对该影响进行可靠计量的事项。应收款项发生减值的客观证据主要包括以下内容：

（1）债务人死亡，以其剩余财产清偿后仍然无法收回的款项；

（2）债务人破产，以其剩余财产清偿后仍然无法收回的款项；

（3）债务人较长时期内未履行偿债义务，并有足够的证据表明无法收回或收回的可能性极小的款项；

（4）债务人很可能倒闭或进行其他财务重组。

二、应收款项减值损失的计量

应收款项减值准备的计提范围包括应收账款和其他应收款。

对于单项金额重大的应收款项，应当单独进行减值测试。有客观证据表明其发生了减值的，应当根据其未来现金流量现值低于其账面价值的差额，确认为减值损失。

对于单项金额非重大的应收款项，可以单独进行减值测试，确认减值损失；也可以与经单独测试后未减值的应收款项一起按类似信用风险特征划分为若干组合，再按这些应收款项组合在资产负债表日余额的一定比例计算确定减值损失。根据应收款项组合余额的一定比例计算确定的减值损失，应当反映各项目实际发生的减值损失，即各项组合的账面价值超过其未来现金流量现值的金额。

企业应当根据以前年度与之相同或相类似信用风险特征的应收款项组合的实际损失率为基础，结合现时情况确定本期各项组合计算的损失比例，据此计算本期的减值损失。

企业可以选用的应收款项减值损失的估计方法有三种，即应收款项余额百分比法、账龄分析法和个别认定法。应收款项减值损失的估计方法一经确定，不得随意变更。

（一）应收款项余额百分比法

应收款项余额百分比法，是指根据会计期末应收款项的余额和估计的坏账计提比例计算计提坏账准备的方法。

【做中学 3-12】2017 年 12 月 31 日，甲公司对应收款项进行减值测试。应收账款余额合计为 1 000 000 元，甲公司采用应收款项余额百分比法估计坏账损失，坏账准备计提比例确定为 10%。假设该公司之前没有确认坏账损失。2017 年 12 月 31 日应确认的坏账损失是 100 000 元（1 000 000×10%）。

（二）账龄分析法

账龄分析法，是指根据应收款项入账时间的长短来估计坏账损失的一种方法。将企业应收款项按账龄长短划分为几个区间，并为不同账龄的应收款项估计一个坏账损失率，在此基础上估计企业的坏账损失。一般来说，应收款项拖欠的时间越长，发生坏账的可能性就越大，所以企业设置的坏账损失率也越大。

【做中学3-13】某企业2017年12月31日应收账款的账龄分布及估计坏账率见表3-1。

表3-1　应收账款的账龄分布及估计坏账率　金额单位：元

应收账款账龄	应收账款余额	坏账损失率	估计损失金额
1年以内（含1年）	1 500 000	1%	15 000
1年至2年（含2年）	600 000	5%	30 000
2年至3年（含3年）	300 000	10%	30 000
3年以上	300 000	20%	60 000
合计	2 700 000	—	135 000

该企业应在2017年12月31日确认坏账损失135 000元（假设该企业之前没有确认坏账损失）。

（三）个别认定法

个别认定法，是指根据每一笔应收款项的情况来估计坏账损失的方法。

企业在采用了账龄分析法、应收款项余额百分比法的同时能否采用个别认定法要视情况而定。如果某项应收款项的可收回性与其他各项应收款项存在明显的差别，导致该应收款项如果按照与其他各项应收款项相同的方法确认坏账损失，将无法真实反映可收回金额的，则可以对该项应收款项采用个别认定法确认坏账损失。例如，某公司是根据应收款项的5%来计提坏账准备，但在债务单位中，有明显的迹象表明某企业还款困难，则可对该企业的应收款项进行个别认定，按10%或其他比例计提坏账准备。在同一会计期间运用个别认定法的应收款项应从其他方法计提坏账准备的应收款项中剔除。

应收款项减值准备的计提方法应根据企业的实际情况自行确定，但一经确定，不得随意变更。如果变更，应在会计报表附注中予以说明。

对于应收款项减值准备的计提比例，应综合考虑应收款项的特征、期限、债务单位的信用状况及财务状况等因素，并结合以往经验和其他相关信息进行合理估计。除有确凿证据表明该应收款项不能收回或收回的可能性不大（如债务单位破产、资不抵债、现金流量严重不足、发生严重的自然灾害导致停产而在短期内无法偿付债务，以及其他足以证明应收款项可能发生损失的证据和应收款项逾期3年以上）外，下列情况一般不能全额计提坏账准备：

（1）当年发生的应收款项及未到期的应收款项；

（2）计划对应收款项进行债务重组或以其他方式进行重组；

（3）与关联方发生的应收款项，特别是因母子公司交易或事项产生的应收款项；

（4）其他已逾期但无确凿证据证明不能收回的应收款项。

三、应收款项减值损失的核算

（一）应收款项减值损失的核算方法

在会计实务中，应收款项减值损失的核算方法有两种，即直接转销法和备抵法。

1.直接转销法

直接转销法，是指在实际发生坏账时，确认坏账损失，计入期间费用，同时注销该应收款项。

【做中学3-14】甲公司应收乙公司账款9 000元，因该公司濒临破产，账款无法收回，转作坏账损失。编制会计分录如下：

借：资产减值损失——坏账损失　　9 000

　　贷：应收账款——乙公司　　9 000

如果应收账款作坏账损失处理后，又收回全部或部分货款时，应按实际收回的金额先借记“应收账款”科目，贷记“资产减值损失——坏账损失”科目；冲转原分录后，再借记“银行存款”科目，贷记“应收账款”科目。

这种核算方法简便易行，但这种方法在确认坏账损失的前期，对于坏账的情况不作任何处理，不符合权责发生制记账基础和配比原则、谨慎性原则。

2.备抵法

备抵法，是指在坏账实际发生前按期估计坏账损失，形成坏账准备，当有应收款项被确认为坏账时，据以冲减坏账准备，同时转销相应的应收款项金额的方法。

按照现行会计准则和相关制度的规定，企业只能采用备抵法核算坏账损失。之所以规定采用备抵法核算坏账损失，是因为备抵法和直接转销法相比有三个优点：一是预计不能收回的应收款项作为坏账损失及时列入费用，避免虚增利润；二是在报表上列示应收款项净额，有利于报表使用者了解企业真实财务状况；三是使应收款项实际占用资金接近实际，有利于加快资金周转，提高效益。

微课：备抵法的核算

（二）应收款项减值损失的科目设置

采用备抵法核算坏账损失，应设置“坏账准备”和“资产减值损失——计提的坏账准备”科目。“坏账准备”科目是“应收账款”“其他应收款”等应收款项科目的备抵科目，其贷方反映当期计提的坏账准备金额，借方登记实际发生的坏账损失金额和冲减的坏账准备金额，平时余额一般在贷方，反映企业已计提但尚未转销的坏账准备，如果是借方余额则表示发生的坏账损失大于计提的坏账准备的差额。但需注意的是，年末该科目余额一定在贷方，反映企业已提取的坏账准备金额。在“坏账准备” 科目下，应分别设置“应收账款”“其他应收款”等明细分类科目。

（三）应收款项减值损失的账务处理

在进行应收款项的账务处理时，应当首先按前述的三种方法估计坏账损失。当期应计提坏账准备分首次计提和以后年度计提两种情况。

1.首次计提的账务处理

首次计提时，由于不用考虑已提取的坏账准备，因此当期坏账准备计提数等于当期应计提的坏账准备金额，按此金额借记“资产减值损失”科目，贷记“坏账准备”科目。对于有确凿证据表明确实无法收回的款项，应根据企业的审批权限，经股东大会或董事会或类似机构批准后作为坏账损失，借记“坏账准备”科目，贷记“应收账款”“其他应收款”科目。

【做中学3-15】甲公司2018年首次计提坏账准备，按照应收款项余额百分比法计提。

当年年末的应收账款余额为250 000元，坏账准备的计提比例为3%。甲公司的账务处理如下：

坏账准备提取数=250 000×3%=7 500（元）

借：资产减值损失——计提的坏账准备　　7 500

　　贷：坏账准备——应收账款　　7 500

2.以后年度的账务处理

（1）期末计提的账务处理。企业提取坏账准备后的以后各期除了要用应收款项余额百分比法或账龄分析法等计算坏账准备外，还应当考虑“坏账准备”科目的余额来确定当期应计提的坏账准备金额，最终要使调整后的“坏账准备”科目的贷方余额和当期计算出的坏账准备金额相等。因此，本期应计提的坏账准备计算公式为：

本期应计提的坏账准备=本期按余额百分比法或账龄分析法计算的应计提的坏账准备金额-“坏账准备”科目的贷方余额+“坏账准备”科目的借方余额

根据调整前的“坏账准备”科目的余额情况，具体可以分为以下三种情况：

①调整前的“坏账准备”科目为借方余额，那么按上述计算公式，当期应计提的坏账准备为按坏账准备计提方法计算出的金额加上调整前“坏账准备”科目的借方余额，借记“资产减值损失——计提的坏账准备”科目，贷记“坏账准备”科目。

②调整前的“坏账准备”科目为贷方余额，且其贷方余额大于按坏账准备计提方法估计出的金额，表明已计提的坏账准备金额超出了按坏账准备计提方法估计的应计提的坏账准备，应按两者之间的差额冲减多计提的坏账准备，借记“坏账准备”科目，贷记“资产减值损失——计提的坏账准备”科目。

③调整前的“坏账准备”科目为贷方余额，且其贷方余额小于按坏账准备计提方法估计出的金额，表明已计提的坏账准备金额还未达到按坏账准备计提方法估计的应计提的坏账准备，应按两者之间的差额作为当期应计提的坏账准备，借记“资产减值损失——计提的坏账准备”科目，贷记“坏账准备”科目。

【做中学3-16】甲公司2017年年末应收账款余额为1 000 000元，公司根据风险特征按余额百分比法计提坏账准备，坏账准备的提取比例为应收账款余额的2%。假设“坏账准备”科目在2017年年初贷方余额为12 000元。

（1）按照应收款项余额百分比法计算本期应计提的坏账准备：

2017年年末的坏账准备=1 000 000×2%=20 000（元）

2017年年初“坏账准备”科目的贷方余额为12 000元，小于按应收款项余额百分比法计算的坏账准备金额，因此按两者之间的差额作为当期应计提的坏账准备。

会计处理如下：

借：资产减值损失——计提的坏账准备　　8 000

　　贷：坏账准备——应收账款　　8 000

（2）假设2017年年初“坏账准备”科目为借方余额12 000元，则：

当期应计提的坏账准备 = 当期按余额百分比法计算的应计提的坏账准备金额 + “坏账准备”科目的借方余额

=20 000+12 000=32 000（元）

会计处理如下：

借：资产减值损失准备 32 000
　　贷：坏账准备——应收账款 32 000

（3）假设2017年年初坏账准备”科目为贷方余额22 000元。

由于调整前坏账准备为贷方余额22 000元，大于按应收款项余额百分比法计算的坏账准备金额20 000元，因此按两者之间的差额冲减坏账准备2 000元（22 000–20 000）。

借：坏账准备——应收账款 2 000
　　贷：资产减值损失——计提的坏账准备 2 000

（2）实际发生坏账损失时的账务处理。企业实际发生坏账时，按实际发生坏账的金额借记“坏账准备”科目，贷记“应收账款”“其他应收款”科目。

【做中学3–17】沿用【做中学3–16】的资料，假设2017年甲公司一笔50 000元的应收账款因债务人乙公司发生自然意外事故无法收回确认了坏账损失，甲公司会计处理如下：

借：坏账准备——应收账款 50 000
　　贷：应收账款——乙公司 50 000

（3）坏账收回的账务处理。如果已经确认并转销的应收款项以后又收回，则应按照收回的金额，借记“应收账款”“其他应收款”科目，贷记“坏账准备”科目，同时，借记“银行存款”科目，贷记“应收账款”“其他应收款”科目。

【做中学3–18】沿用【做中学3–17】的资料，假设甲公司在2017年确认了坏账损失的应收账款50 000元，在2018年因乙公司复工又收回20 000元，甲公司会计处理如下：

借：应收账款——乙公司 20 000
　　贷：坏账准备——应收账款 20 000
借：银行存款 20 000
　　贷：应收账款——乙公司 20 000

任务举例

【工作实例3–5】应收款项减值核算

甲公司采用应收款项账龄分析法计提坏账准备。2017年12月31日其应收账款账龄分布及坏账损失率见表3–2，2017年年初“坏账准备”科目贷方余额30 000元。

表3–2 甲公司2017年12月31日应收账款账龄分布及坏账损失率 金额单位：元

应收账款账龄	应收账款余额	坏账损失率
1年以内（含1年）	1 600 000	1%
1年至2年（含2年）	800 000	5%
2年至3年（含3年）	200 000	10%
3年以上	350 000	20%
合计	2 950 000	

2018年1月，由于有确凿证据表明债务方乙公司发生财务困难，甲公司一笔80 000元的应收账款无法收回确认为坏账损失。2018年3月，收到之前已确认为坏账的乙公司应收账款50 000元。

要求：根据以上资料，对甲公司2017年至2018年涉及应收款项减值的事项作出会计处理。

【工作过程】

第一步，根据账龄分析法计算2017年年末的坏账准备金额。

1 600 000×1%+800 000×5%+200 000×10%+350 000×20%=146 000（元）

第二步，确定2017年12月31日应计提的坏账准备。

由于2017年年初“坏账准备”科目贷方余额为30 000元，小于按账龄分析法计算出的坏账准备金额，因此应按两者差额补记坏账准备116 000元，账务处理如下：

借：资产减值损失——计提的坏账准备　　116 000

　　贷：坏账准备——应收账款　　116 000

第三步，确认2018年1月实际发生的坏账损失。

借：坏账准备——应收账款　　80 000

　　贷：应收账款——乙公司　　80 000

第四步，对已确认损失并转销的坏账收回进行账务处理。

由于2018年3月已确认并转销的坏账又收回来部分款项，则应按实际收回的款项50 000元冲回原来转销的坏账准备，账务处理如下：

借：应收账款——乙公司　　50 000

　　贷：坏账准备——应收账款　　50 000

借：银行存款　　50 000

　　贷：应收账款——乙公司　　50 000

项目小结

应收及预付款项涵盖了应收票据、应收账款、其他应收款和预付账款等内容，都是企业的短期债权。其中：应收票据和应收账款是企业在销售产品或提供劳务中形成的债权，预付账款是企业在购进货物或接受劳务中形成的债权。虽同属债权，但上述两类债权的偿付形式不同，应收票据和应收账款一般要求购货方以货币予以偿还，而预付账款则要求企业以实物（产品或商品）或劳务服务予以偿还。

企业无法收回的或收回的可能性很小的应收款项称为坏账，由于发生坏账所导致的损失称为坏账损失。企业应当综合考虑应收款项的特征、期限、债务单位的信用状况及财务状况等因素，并结合以往经验和其他相关信息合理估计坏账损失。常用方法有应收款项余额百分比法、账龄分析法和个别认定法。坏账损失的核算方法是备抵法。在这种方法下，企业于每个会计期期末都应当对应收款项的账面价值进行检查，预计可能发生的坏账损失，并计提坏账准备。当某笔应收款项确实无法收回而被确认为坏账时，冲减原来计提的坏账准备并相应转销此笔应收款项。

课后习题与实训

一、单项选择题

1.一张5月26日签发的期限为30天的票据，其到期日为（　　）。

A.6月25日　B.6月26日　C.6月27日　D.6月24日

2.预付货款不多的企业，可以不单独设置“预付账款”科目，而将预付的货款直接记入（　　）的借方。

A.“应收账款”科目　B.“其他应收款”科目

C.“应付账款”科目　D.“应收票据”科目

3.超过承兑期收不回的应收票据，应（　　）。

A.转作管理费用　B.冲减坏账准备

C.转作应收账款　D.冲减营业收入

4.某企业销售产品，每件单价为120元，若客户购买100件（含100件）以上，每件可得到20元的商业折扣。某客户2018年5月10日购买该产品100件，按规定现金折扣条件为“2/10，1/20，N/30”。该企业适用的增值税税率为16%。假定计算现金折扣时不考虑增值税。该企业于5月29日收到该笔款项时，应给予客户的现金折扣为（　　）元。

A.0　B.100　C.116　D.1 100

5.带息票据每期计提利息时，借记“应收票据”科目，贷记的科目是（　　）。

A.“财务费用”　B.“管理费用”　C.“销售费用”　D.“其他业务收入”

6.2017年年末，甲企业应收A公司的账款余额为600万元，已提坏账准备80万元，经单独减值测试，确定该应收账款的未来现金流量现值为550万元，则2017年年末甲企业应确认的资产减值损失为（　　）万元。

A.50　B.-50　C.30　D.-30

7.在我国，应收票据是指（　　）。

A.支票　B.银行本票　C.银行汇票　D.商业汇票

8.应收票据取得时应按（　　）入账。

A.票据面值　B.票据到期价值

C.票据面值加应计利息　D.票据贴现额

9.如果企业将预付货款记入“应付账款”科目，在编制会计报表时，应（　　）。

A.以预付账款抵减应付账款金额

B.将预付账款金额反映在应收账款项目中

C.将预付账款和应付账款的金额分开报告

D.以预付账款抵减预收账款的金额

10.2017年12月31日，甲公司对应收账款进行减值测试。2017年12月31日“应收账款”科目余额为1 000 000元，“坏账准备”科目期初贷方余额为40 000元，甲公司确定按应收账款期末余额的10%提取坏账准备。甲公司2017年年末提取坏账准备的会计分录为（　　）。

A.借：资产减值损失——计提的坏账准备　　140 000

贷：坏账准备 140 000

B.借：资产减值损失——计提的坏账准备 100 000

贷：坏账准备 100 000

C.借：资产减值损失——计提的坏账准备 60 000

贷：坏账准备 60 000

D.借：资产减值损失——计提的坏账准备 40 000

贷：坏账准备 40 000

二、多项选择题

1.其他应收款核算的主要内容包括（　　）。

A.应收的各种赔款、罚款

B.应收的出租包装物租金

C.应向职工收取的各种垫付款项，如为职工垫付的水电费等

D.存出保证金，如租入包装物支付的押金

2.下列各项属于应收账款的有（　　）。

A.应收职工欠款　　B.应收赊销货款

C.应收利息　　D.应收代购货单位垫付的销售商品运费

3.下列各项中，能够增加“坏账准备”科目贷方发生额的有（　　）。

A.当期实际发生的坏账损失　　B.冲回多提的坏账准备

C.当期补提的坏账准备　　D.已转销的坏账当期又收回

4.企业将无息应收票据贴现时，影响贴现息计算的因素有（　　）。

A.票据的面值　　B.票据的期限

C.票据的种类　　D.贴现的利率

5.下列各项应收款项中，不能全额计提坏账准备的有（　　）。

A.当年发生的应收款项

B.计划对应收款项进行重组

C.与关联方发生的应收款项

D.其他已逾期但无确凿证据表明不能收回的应收款项

6.下列各项进行会计处理时，应记入“坏账准备”科目贷方的有（　　）。

A.企业对当期增加的某项应收账款计提坏账准备

B.收回过去已确认并转销的坏账

C.“坏账准备”科目期末贷方余额大于计提前坏账准备余额

D.当期实际发生坏账

7.下列各项中，应包括在资产负债表“应收账款”项目的有（　　）。

A.应收账款明细账借方余额　　B.坏账准备

C.预收账款明细账借方余额　　D.预收账款明细账贷方余额

8.下列各项中，会引起应收账款账面价值发生变化的有（　　）。

A.计提坏账准备　　B.收回应收账款

C.转销坏账准备　　D.收回已转销的坏账

9.下列各项中，可以计提坏账准备的有（　　）。

A.应收账款 B.应收票据 C.预收账款 D.其他应收款

10.下列各项中，应包括在资产负债表“预付款项”项目的有（ ）。

A.应付账款明细账借方余额 B.应付账款明细账贷方余额

C.预付账款明细账借方余额 D.预付账款明细账贷方余额

三、判断题

1.预付款项情况不多的企业，可以不设置“预付账款”科目，通过“应付账款”科目核算。（ ）

2.企业应收款项发生减值时，应将该应收款项账面价值高于预计未来现金流量现值的差额，确认为减值损失，计提坏账准备。（ ）

3.收回已转销的应收账款，不会影响应收账款的账面价值。（ ）

4.客户存入的保证金应通过“其他应收款”科目核算。（ ）

5.企业在连续提取坏账准备的情况下，“坏账准备”科目在期末结账前如为贷方余额，其反映的内容是已经发生的坏账损失。（ ）

6.应收账款的入账价值包含在销售中给予买方的商业折扣和现金折扣。（ ）

7.发生的现金折扣，在发生时冲减“主营业务收入”科目，不影响应收账款的入账金额。（ ）

8.收到的商业承兑汇票通过“其他货币资金”科目核算。（ ）

9.代客户垫付的运杂费通过“其他应收款”科目核算。（ ）

10.“坏账准备”科目年末允许有借方余额。（ ）

四、业务核算题

1.甲公司2018年、2019年发生以下相关经济业务：

（1）2018年5月5日，向B单位销售产品，货款20 000元，增值税3 200元，共计23 200元。取得不带息商业承兑汇票一张，面值23 200元。

（2）7月6日，向C公司销售产品，货款60 000元，增值税9 600元，共计69 600元。取得期限为6个月的带息银行承兑汇票一张，出票日期为2018年7月6日，票面利息为10%。

（3）11月5日，B单位承兑的商业汇票到期，收回款项23 200元，存入银行。

（4）12月1日，向D公司销售产品，货款40 000元，增值税6 400元，共计46 400元。取得期限为2个月的带息商业承兑汇票一张，出票日期为2018年12月1日，票面利息为9%。

（5）12月31日，计提C公司和D公司商业汇票利息。

（6）2019年1月6日，向C公司销售产品所收的银行承兑汇票到期，企业收回汇票本金和利息。

（7）2019年2月1日，向D公司销售产品的商业承兑汇票到期，D公司无力偿还票款。

要求：根据上述经济业务，编制甲公司会计分录。

2. A企业发生以下经济业务（A企业采用备抵法核算坏账损失）：

（1）向B客户赊销产品一批，售价20 000元，给予15%的商业折扣，增值税税率为16%。

（2）收回上述赊销给B客户的款项。

（3）C客户由于破产，所欠A企业5 000元账款无法收回，确认为坏账。

（4）经追索，收回已确认为坏账的C客户欠款5 000元。

（5）按购货合同的规定，企业预付给丙公司材料价款30 000元。

（6）上述材料已到货并验收入库，材料价款40 000元，增值税6 400元，共计46 400元，扣除预付款后，付清余款。

要求：根据上述经济业务，编制A企业会计分录。

3.甲公司2017年至2019年应收乙公司的账款及计提坏账准备的情况如下：

（1）2017年12月31日，甲公司对应收乙公司的账款进行减值测试。应收账款余额为1 000 000元，甲公司根据乙公司的资信情况确定按10%计提坏账准备。

（2）甲公司2018年对乙公司的应收账款实际发生坏账损失30 000元。

（3）甲公司2018年年末应收乙公司的账款余额为1 200 000元。经减值测试，甲公司决定仍按10%计提坏账准备。

（4）甲公司2019年6月10日收回2017年已转销的坏账20 000元，已存入银行。

要求：根据上述资料，编制甲公司2017年至2019年有关应收款项减值业务的会计分录。

项目四

存货核算

知识目标

1. 理解存货的相关知识；
2. 掌握原材料的取得、领用、出售、期末计价和清查业务的账务处理过程与基本会计核算方法；
3. 熟悉周转材料的基本分类，掌握不同情况下领用包装物及低值易耗品摊销的账务处理流程和基本会计核算方法；
4. 掌握库存商品入库、销售、清查和期末计价等业务的账务处理流程与基本会计核算方法。

能力目标

1. 能准确填制或审核收料单、领料单、出库单和入库单等存货相关业务单据；
2. 能根据原材料、周转材料和库存商品等业务编制记账凭证；
3. 能准确登记原材料、周转材料和库存商品等各类存货资产明细账和总账。

项目导言

存货是企业的一项重要流动资产，在企业资产总额中占有很大比重，存货的正确确认与计量对企业的财务状况、经营成果具有重大影响。

任务1　存货认知

任务描述

1.明确存货的核算范围；
2.确定存货的入账价值；
3.运用存货发出的计价方法，合理确定存货的发出成本。

知识准备

一、存货的定义

存货，是指企业在日常活动过程中持有以备出售的产成品或商品、处在加工生产过程中的在产品，以及将要在生产过程或提供劳务过程中耗用的材料和物料等。存货包括各类材料、在产品、半成品、产成品及商品、包装物、低值易耗品和委托代销商品等。

因此，一项资产是否属于存货，主要取决于企业的性质和该项资产的持有目的。例如，为生产经营而持有的机器设备应作为固定资产，而生产销售该设备的制造企业却将其视为存货；通常被视为固定资产的房屋建筑物，在房地产企业却被视为存货。

存货具有较强的流动性，通常在1年（或长于1年的一个营业周期）内被消耗或经出售转化为现金，具有较快的变现能力和明显的流动性。因此，存货属于流动资产。在正常的生产经营活动中，存货能够有规律地转换为货币资产或其他资产，但长期积压或滞销的存货会给企业造成损失。

二、存货的内容与分类

（一）存货范围的确认

存货范围的确定标准是企业是否对该项资产拥有法定所有权。凡是在盘存日法定所有权属于企业的一切商品和货物，不论其存放于何处或处于何种状态，都应视为企业存货；而对所有权不属于本企业的物品，即使存放于本企业，也不属于本企业存货。

依所有权的归属确定存货范围时，应特别注意以下四点：

（1）凡是开出销售发票、所有权及相应的风险和报酬都已经转移的物品，即使暂时存放于本企业仓库，也不能将其作为本企业的存货，如已开票售出的待运商品等。

（2）凡是未转移所有权及相应的风险和报酬的发出物品，即使未存放于本企业，也应将其作为本企业的存货，如委托其他单位代销的存货、未出售的外出展销存货等。

（3）凡是所有权及相应的风险和报酬已经归属于本企业的购入物品，即使未存放于本企业仓库，也应作为本企业的存货，如已经购入而尚未收到的运输途中的物品等。

(4) 凡是不属于本企业所有及相应的风险和报酬未转移到本企业的接受物品，即使存放于本企业仓库，也不能作为本企业的存货，如受托代销的存货、受托加工的存货等。

(二) 存货的分类

一般来说，存货可以按照经济用途、存放地点和来源三种标准进行分类。

1.按经济用途分类

存货按其经济用途通常分为销售用存货、生产用存货和其他存货三类。

(1) 销售用存货。销售用存货，是指企业以对外销售为目的而持有的已完工产成品，或以转让销售为目的而持有的商品，主要包括工业企业的产成品和商品流通企业的库存商品等。

(2) 生产用存货。生产用存货，是指企业为生产、加工产品而储备的各种存货，主要包括原材料和在产品等。

(3) 其他存货。其他存货，是指除了以上存货外，供企业一般耗用的用品和为生产经营服务的辅助性物品。为了简化核算手续，对于购入后直接交付使用的部分，一般于购入时直接作为期间费用或作为预付费用处理，不再构成企业的存货。为生产经营服务的辅助性物品是企业进行生产经营必不可少的部分，主要服务于企业生产经营，如低值易耗品等。

2.按存放地点分类

存货按其存放地点一般可分为库存存货、在途存货、委托加工存货和委托代销存货四类。

(1) 库存存货。库存存货也称在库存货，是指已经运到企业，并已验收入库的各种材料、商品，以及已验收入库的自制半成品和产成品等。

(2) 在途存货。在途存货，包括运入在途存货和运出在途存货两种。运入在途存货，是指货款已经支付、尚未验收入库、正在运输途中的各种存货；运出在途存货，是指按合同规定已经发出或送出、尚未确认销售收入的存货。

(3) 委托加工存货。委托加工存货，是指企业委托外单位加工、但尚未加工完成还储存于加工单位的各种存货。

(4) 委托代销存货。委托代销存货，是指企业已经发出委托外单位代销、但按合同规定尚未办理代销货款结算的存货。

3.按来源分类

存货按不同的来源，主要分为外购存货、自制存货和委托外单位加工存货三类。

(1) 外购存货。外购存货，是指从企业外部购入的存货，如商品流通企业的外购商品、工业企业的外购材料和外购零部件等。

(2) 自制存货。自制存货，是指由企业制造的存货，如工业企业的自制材料、在产品和产成品等。

(3) 委托外单位加工存货。委托外单位加工存货，是指企业将外购或自制的某些存货通过支付加工费的方式委托外单位进行加工生产的存货，如工业企业的委托加工材料、商品流通企业的委托加工商品等。

此外，企业还可能有投资者投入、接受捐赠、盘盈、债务重组、非货币性资产交换等形成的存货。

三、存货的计价

（一）存货的初始计量

存货的初始计量，主要是确定存货的入账价值。存货入账价值的确定与存货来源有着相应的联系。企业存货的来源主要有两个途径，即外购和自制。除此之外，部分存货还来源于投资者投入、债务重组、非货币性资产交换、接受捐赠和盘盈等途径。《企业会计准则第1号——存货》规定，存货应该按照成本进行初始计量。存货成本包括采购成本、加工成本和其他成本。从理论上来说，凡是与存货取得相关的支出，都应计入存货的成本。存货来源不同，其初始成本的构成略有差异。

1.外购存货

外购存货的入账价值包括买价、运杂费、运输途中的合理损耗、入库前的挑选整理费用、按规定应计入成本的税费和其他费用等。

（1）买价。买价，是指所购货物发票上所注明的货款金额。

（2）运杂费。运杂费包括运费、装卸费、保险费、包装费和仓储费等。

（3）运输途中的合理损耗。有些物资，在运输途中会发生一定的短缺和损耗，合理的部分应计入存货的采购成本。

（4）入库前的挑选整理费用。入库前的挑选整理费用，是指整理挑选购入存货过程中发生的工资、费用等，以及损耗存货价值的净支出。

（5）按规定应计入成本的税费。主要包括进口关税、消费税等价内税和不允许抵扣的增值税。

（6）其他费用。其他费用，是指除采购成本之外的、使存货达到目前场所和状态所发生的其他必要支出。

此外，下列费用应当在发生时确认为当期损益，不得计入存货成本：

（1）非正常损耗的直接材料、直接人工和制造费用；

（2）仓储费用（不包括在生产过程中为达到下一个生产阶段所必需的费用）；

（3）不能归属于使存货达到目前场所和状态的其他支出。

2.自制存货

自制存货包括自制的原材料、包装物、低值易耗品、在产品、半成品和产成品等。其成本应包括制造过程中的直接材料、直接人工和制造费用等实际支出。

自行生产的存货其初始成本包括投入的原材料或半成品、直接人工和按照一定方法分配的制造费用。

此外，《企业会计准则第1号——存货》特别强调：非正常消耗的直接材料、直接人工和制造费用，以及存货仓储费用，不应包括在存货成本中而应直接计入当期损益。

3.委托加工存货

委托加工存货，是指企业发给外单位委托其加工的物资。委托加工存货的成本主要包括拨付的加工材料成本、支付的加工费和按规定应计入的消费税税费，以及往返的运杂费等各项支出。

4.投资者投入存货

企业接受投资者投入的存货，应按投资各方确定的价值和在接受投入过程中发生的与该存货有关的支出作为实际成本计价入账。

5.接受捐赠的存货

企业接受捐赠的存货，按以下规定确定其实际成本：

（1）捐赠方提供有关凭据（如发票、报关单和有关协议等）的，按凭据上标明的有关金额加上应支付的相关税费，作为实际成本。

（2）捐赠方没有提供有关凭据的，应当参照同类或类似存货的市场价格估计的金额，加上应支付的相关税费，作为实际成本。

6.其他方式取得存货

以非货币性资产交换和债务重组方式取得存货的核算，将在后续相关项目中介绍。

（二）发出存货的计价

发出存货的计价，是指对发出的存货和发出后剩余库存存货价值的计算方法。在企业的生产经营中，存货的采购成本或生产成本是经常变动的，不同时期不同批次可能不一样。在存货实际成本核算时，如何选用合理的单位成本来计算发出存货的成本，就显得非常重要。因为选择的单位成本不同，计算出来的生产成本或销售成本、销售利润会不同，期末结存存货的成本也会不同。因此，对发出存货成本的计价，既影响资产负债表，又影响利润表。《企业会计准则第1号——存货》规定，企业应当采用先进先出法、加权平均法或者个别计价法确定发出存货的实际成本。对于不能替代使用的存货、为特定项目专门购入或制造的存货，通常应当采用个别计价法确定发出存货的成本。

1.个别计价法

个别计价法，又称具体辨认法、个别认定法、分批实际法，是指假设存货具体项目的实物流转与成本流转相一致，按照各种存货逐一辨别认清各批发出存货和期末库存存货所属的购进批次或生产批次，分别按其购入或生产时所确定的单位成本作为计算各批发出存货和期末库存存货的实际成本的方法。在这种方法下，是把每一种存货的实际单位成本作为计算发出存货成本和期末存货成本的基础。

由于采用该方法的前提是分别认定每次发出和结存存货所属批次，以辨别其所属的收入批次，这就要求在仓库中按收入批次存放，并标明单价，因而在实务操作中工作量繁重，困难较大。这种方法只适合于数量少、体积大、较贵重且易于辨认不同进货批次的存货。

2.先进先出法

先进先出法是指假定先购进的材料先发出或先收到的材料先耗用，并根据这种假定的成本流程对发出材料和期末结存材料进行计价的方法。具体做法：收入材料时，逐笔登记收入材料的数量、单价和金额；发出材料时，按照先进先出的原则逐笔登记材料的发出成本和结存金额。这种计价方法的特点是使材料的账面结存成本接近于近期市场价格。

微课：先进先出法

【做中学4-1】华宇股份有限公司甲材料按实际成本核算，2018年7月甲材料购入、领用、结存资料见表4-1。

7月10日发出甲材料的实际成本=20×300+21×200=10 200（元）

表 4-1　原材料明细账

材料名称：甲材料　计量单位：元/千克

2018年		凭证		摘要	借方			贷方			结存		
月	日	种类	号数		数量	单价	金额	数量	单价	金额	数量	单价	金额
7	1			承前页							300	20	6 000
	2			购入	2 000	21	42 000				2 300		
	10			领用				500			1 800		
	15			购入	1 000	22	22 000				2 800		
	21			领用				2 000			800		
	28			购入	1 000	21	21 000				1 800		
7	31			本月合计	4 000		85 000	2 500			1 800		

7月21日发出甲材料的实际成本=21×1 800+22×200=42 200（元）

7月发出甲材料的实际成本合计=10 200+42 200=52 400（元）

7月月末结存甲材料的实际成本=6 000+85 000−52 400=38 600（元）

先进先出法有三个优点：一是能把存货核算的工作分散在平时，及时了解存货的资金占用情况，保证成本计算的及时性；二是既适用于实地盘存制，又适用于永续盘存制，而且两种盘存制下的计算结果相同；三是使期末存货成本最接近该种存货的现行成本，财务分析更有意义。先进先出法的不足之处，主要是计算工作量大，特别是存货的进出量大且较频繁的企业更是如此。由于先进先出法下现行成本与现行收入不配比，因此当物价波动较大时，选择该法会对企业本期利润的确定产生较大的影响。当物价上涨时，会高估企业当期利润和库存存货价值，从而导致虚利实税，不利于资本的保全；反之，则会低估企业存货价值和当期利润，但从这一点看，当物价持续下跌时，采用先进先出法符合谨慎原则的要求。

3.加权平均法

在企业实务中，加权平均法包括月末一次加权平均法和移动加权平均法两种。

（1）月末一次加权平均法。月末一次加权平均法，是指以本月全部购入材料数量加上月初材料数量作为权数，去除本月全部购入材料成本加上月初材料成本，计算出材料的加权平均单位成本，以此为基础计算本月发出材料的成本和期末结存材料成本的一种方法。其计算公式为：

$$材料加权平均单位成本=\frac{期初库存材料实际成本+本期购入材料实际成本}{期初库存材料的数量+本期购入材料的数量}$$

本月月末库存材料的成本=月末库存材料的数量×材料加权平均单位成本

本月发出材料的成本=本月发出材料的数量×材料加权平均单位成本

或：　本月发出材料的成本=期初库存材料的成本+本期购入材料的成本−月末库存材料的成本

【做中学 4-2】华宇股份有限公司甲材料按实际成本核算，2018年7月甲材料购入、领用、结存资料见表4-2。

表 4-2 原材料明细账

材料名称：甲材料 计量单位：元/千克

2018年		凭证		摘要	借方			贷方			结存		
月	日	种类	号数		数量	单价	金额	数量	单价	金额	数量	单价	金额
7	1			承前页							300	20	6000
	2			购入	2 000	21	42 000				2 300		
	10			领用				500			1 800		
	15			购入	1 000	22	22 000				2 800		
	21			领用				2 000			800		
	28			购入	1 000	21	21 000				1 800		
	31			本月合计	4 000		85 000	2 500			1 800		

7月甲材料的加权平均单价=（6 000+85 000）÷（300+4 000）=21.16（元/千克）

7月月末库存甲材料成本=21.16×1 800=38 088（元）

7月发出甲材料成本=6 000+85 000−38 088=52 912（元）

（2）移动加权平均法。移动加权平均法，是指在每次购入材料后，以每次购入材料前的结存数量和该次购入材料数量为权数，计算移动加权平均单位成本，作为在下次购入材料前计算各次发出材料成本依据的一种方法。其计算公式为：

$$\text{材料移动加权平均单位成本}=\frac{\text{本次购入材料前库存材料成本}+\text{本次购入材料实际成本}}{\text{本次购入材料前库存材料的数量}+\text{本次购入材料的数量}}$$

本次发出材料成本=本次发出材料的数量×本次发出材料前的材料移动加权平均单位成本

本月月末库存材料成本=月末库存材料的数量×本月月末材料移动加权平均单位成本

【做中学 4-3】华宇股份有限公司甲材料按实际成本核算，2018年7月甲材料购入、领用、结存资料见表4-3。

表 4-3 原材料明细账

材料名称：甲材料 计量单位：元/千克

2018年		凭证		摘要	借方			贷方			结存		
月	日	种类	号数		数量	单价	金额	数量	单价	金额	数量	单价	金额
7	1			承前页							300	20	6 000
	2			购入	2 000	21	42 000				2 300		
	10			领用				500			1 800		
	15			购入	1 000	22	22 000				2 800		
	21			领用				2 000			800		
	28			购入	1 000	21	21 000				1 800		
	31			本月合计	4 000		85 000	2 500			1 800		

第一批购入甲材料后的移动加权平均单价=（6 000+42 000）÷（300+2 000）

=20.87（元／千克）

第一批发出甲材料的实际成本=20.87×500=10 435（元）

第一批甲材料发出后结存甲材料的实际成本=6 000+42 000−10 435=37 565（元）

第二批购入甲材料后的移动加权平均单价=（37 565+22 000）÷（1 800 +1 000）

=21.27（元／千克）

第二批发出甲材料的实际成本=21.27×2 000=42 540（元）

第二批甲材料发出后结存甲材料的实际成本=37 565+22 000−42 540=17 025（元）

第三批购入甲材料后的移动加权平均单价=（17 025+21 000）÷（800+1 000）

=21.125（元／千克）

7月发出甲材料实际成本=10 435+42 540=52 975（元）

7月月末甲材料结存的实际成本=6 000+85 000−52 975=38 025（元）

移动加权平均法的优点，是能使管理人员及时了解存货的结余情况，能够及时计算存货的发出成本，特别适合永续盘存法下的存货记录，但不足之处是计算的工作量较大。

任务举例

【工作实例4-1】发出存货的计价

爱丁公司2018年7月1日结存B材料3 000千克，每千克实际成本为10元；7月5日和7月20日分别购入该材料9 000千克和6 000千克，每千克实际成本分别为11元和12元；7月10日和7月25日分别发出该材料10 500千克和6 000千克。

要求：分别采用先进先出法、月末一次加权平均法和移动加权平均法计算B材料的发出成本和结存成本。

【工作过程】

（1）采用先进先出法，计算B材料的发出成本和结存成本：

B材料本月发出成本=3 000×10+7 500×11+1 500×11+4 500×12=183 000（元）

B材料月末结存成本=1 500×12=18 000（元）

（2）采用月末一次加权平均法，计算B材料的发出成本和结存成本：

B材料平均单位成本=（30 000 +171 000）÷（3 000 +15 000）=11. 17（元/千克）

B材料本月发出成本=16 500 ×11.17=184 305（元）

B材料月末结存成本=30 000+171 000−184 305=16 695（元）

（3）采用移动加权平均法，计算B材料的发出成本和结存成本：

第一批收货后的平均单位成本=（30 000+99 000）÷（3 000+9 000）=10.75（元/千克）

第一批发货的存货成本=10 500×10.75=112 875（元）

当时结存的存货成本=1 500×10.75=16 125（元）

第二批收货后的平均单位成本=（16 125+72 000）÷（1 500+6 000）=11.75（元/千克）

第二批发货的存货成本=6 000×11.75=70 500（元）

当时结存的存货成本=1 500×11.75=17 625（元）

B材料月末结存1 500千克，月末结存成本为17 625元，本月B材料发出成本合计为183 375元（112 875+70 500）。

任务2　原材料核算

任务描述

1.明确原材料的核算范围；
2.按实际成本对原材料进行日常核算；
3.按计划成本对原材料进行日常核算；
4.配合仓储等部门对原材料进行盘存与清查；
5.期末对存货进行减值测试，计提存货跌价准备。

知识准备

一、原材料核算概述

原材料，是指企业在生产过程中经过加工改变其形态或性质并构成产品主要实体的各种原料、主要材料、外购半成品，以及供生产耗用但不构成产品实体的辅助材料。原材料包括原料及主要材料、辅助材料、外购半成品（外购件）、修理用备件（备品备件）、包装材料和燃料等。

原材料的日常收发及结存可以按实际成本核算，也可以按计划成本核算。

二、原材料按实际成本核算

（一）原材料按实际成本核算的科目设置

1.“原材料”科目

本科目用于核算库存各种材料的收发与结存情况。在原材料按实际成本核算时，本科目的借方登记入库材料的实际成本，贷方登记发出材料的实际成本，期末余额在借方，反映企业库存材料的实际成本。同时，需按原材料的品种规格设置明细账户，原材料品种规格较多的企业，还可根据需要设置二级明细账户。

2.“在途物资”科目

企业按实际成本进行材料、商品等物资的日常核算时，本科目用于核算货款已付但尚未验收入库的各种物资的采购成本。本科目应按物资品种进行明细分类核算。本科目的借方登记企业购入的在途物资的实际成本，贷方登记验收入库的在途物资的实际成本，期末余额在借方，反映企业在途物资的采购成本。

（二）原材料按实际成本核算的账务处理

1.购入材料

由于外购材料的结算方式和采购地点不同，材料验收入库与付款在时间上不一致，因此账务处理也有所不同。

（1）结算凭证与材料同时到达企业的采购业务。

【做中学4-4】甲公司购入A材料一批，增值税专用发票上记载的货款为500 000元、增值税为80 000元。对方代垫包装费1 000元，运杂费1 200元（取得的运输单位开具的增值税专用发票上注明的增值税为120元），全部款项已用转账支票付讫，材料已验收入库。

A材料的实际成本=500 000+1 000+1 200=502 200（元）

增值税进项税额=80 000+120=80 120（元）

借：原材料——A材料　502 200
　　应交税费——应交增值税（进项税额）　80 120
　　贷：银行存款　582 320

【提示】办理这类业务时，企业在支付货款或开出商业汇票、材料验收入库后，应根据发票账单等结算凭证确定的材料成本，借记“原材料”科目，根据取得的增值税专用发票的税额，借记“应交税费——应交增值税（进项税额）”科目，按实际支付的款项或应付票据面值，贷记“银行存款”、“其他货币资金”、“应付票据”或“应付账款”等科目。

（2）已经付款或已开出承兑商业汇票，但材料尚未到达或尚未验收入库的采购业务。

【做中学4-5】甲公司开出一张银行汇票300 000元，采购员赴上海采购B材料，增值税专用发票注明材料价款200 000元，增值税32 000元，按实际金额办理了结算，B材料尚未到达企业，3天后B材料到达企业并验收入库，接到银行通知，余款已划回。

申请并收到银行签发的银行汇票时：

借：其他货币资金——银行汇票　300 000
　　贷：银行存款　300 000

采购B材料，使用银行汇票结算时：

借：在途物资——B材料　200 000
　　应交税费——应交增值税（进项税额）　32 000
　　贷：其他货币资金——银行汇票　232 000

B材料到达，验收入库时：

借：原材料——B材料　200 000
　　贷：在途物资——B材料　200 000

余款退回，收到银行退款通知时：

借：银行存款　68 000
　　贷：其他货币资金——银行汇票　68 000

【提示】办理这类业务时，应根据发票账单等结算凭证，借记“在途物资”“应交税费——应交增值税（进项税额）”科目，贷记“银行存款”“其他货币资金”或“应付票据”等科目。验收入库后，再根据收料单，借记“原材料”科目，贷记“在途物资”科目。

（3）材料已验收入库，但发票账单等结算凭证未到而未付款的采购业务。

【做中学4-6】甲公司收到向长宏公司购入的C材料一批，材料验收入库，但结算凭证尚未收到；月末，按照合同价90 000元暂估入账，下月初红字冲回。收到上述材料的发票账单等结算凭证，价款88 000元，增值税14 080元，甲公司开出期限3个月的不带息商业承兑汇票一张。

C材料验收入库时暂不入账，如果到月末发票等结算单证还未收到，则需暂估入账：

借：原材料——C材料　90 000
　　贷：应付账款——暂估应付账款　90 000

下月初，用红字冲回：

借：原材料——C材料　　　　90 000（红字）

　贷：应付账款——暂估应付账款　　　　90 000（红字）

收到发票等结算凭证，开出商业承兑汇票：

借：原材料——C材料　　　　88 000

　　应交税费——应交增值税（进项税额）　　　　14 080

　贷：应付票据——长宏公司　　　　102 080

【提示】平时在办理这类业务时，根据材料入库的实际数量登记明细账，不进行账务处理；发票账单等结算凭证到达企业办理结算后，再编制记账凭证，登记材料明细账的单价和金额。如果到月末，材料的结算凭证还未到达企业，则按材料暂估金额，借记“原材料”科目，贷记“应付账款——暂估应付账款”科目。下月初用红字予以冲回。待结算凭证到达企业办理结算后，再按发票账单上的实际金额进行账务处理。

（4）预付货款。采用预付货款方式购货的，企业已预付账款，但对方尚未发货，这时购货未成立，不属于企业的在途物资，预付货款只是一项债权。具体核算实例见项目三“应收及预付款核算”。

（5）购入的材料发生短缺、毁损。此时应及时查明原因，区别情况进行相应的处理。

属于定额内损耗、毁损的，按实际入库数量登记明细账。由于总成本不变而入库数量减少，所以材料的单位成本提高。

属于供货单位或外部运输单位责任的，根据索赔凭证，借记“应付账款”或“其他应收款”等科目，贷记“待处理财产损溢”科目；获得赔偿时，借记“原材料”或“银行存款”科目，贷记“应付账款”或“其他应收款”等科目。

属于意外灾害造成的，根据入库的残料价值，借记“原材料”等科目；由保险公司赔偿的部分，借记“其他应收款”科目；由企业承担的净损失，借记“营业外支出”科目。贷记“待处理财产损溢”等科目。

【做中学4-7】沿用【做中学4-5】的资料，假设收到该批材料时发现短缺一批，金额为20 000元，经核实应由某运输公司赔偿。甲公司应作会计分录如下：

未查明原因前：

借：原材料　　　　180 000

　　待处理财产损溢——待处理流动资产损溢　　　　20 000

　贷：在途物资　　　　200 000

查明原因后：

借：其他应收款——某运输公司　　　　23 200

　贷：待处理财产损溢——待处理流动资产损溢　　　　20 000

　　　应交税费——应交增值税（进项税额转出）　　　　3 200

【提示】购进存货发生的非正常损失中，如属于不可抗力等自然灾害造成的损失，其进项税额可以抵扣。

2. 发出材料

月末，企业根据领料单等编制“发料凭证汇总表”，并采用先进先出法等计算发出材料的实际成本，结合发出材料的用途，按实际成本分别借记“生产成本”“制造费用”“销售费用”“管理费用”等科目，贷记“原材料”科目。

【做中学4-8】甲公司根据“发料凭证汇总表”的记录，2018年7月基本生产车间生产A产品领用M材料150 000元，辅助生产机修车间领用30 000元，一车间一般消耗领用30 000元，企业行政管理部门领用20 000元。甲公司编制的会计分录如下：

借：生产成本——基本生产成本（A产品） 150 000
——辅助生产成本（机修车间） 30 000
制造费用 30 000
管理费用 20 000
贷：原材料——M材料 230 000

【提示】发出材料实际成本的确定，企业可以从个别计价法、先进先出法、全月一次加权平均法、移动加权平均法等方法中选择。计价方法一经确定，不得随意变更。如需变更，应在财务报表附注中予以说明。

三、原材料按计划成本核算

计划成本法，是指企业存货的收入、发出和结余均按预先制定的计划成本进行计价的一种方法。在计划成本法下，需设“材料成本差异”科目，登记实际成本与计划成本的差额。存货按计划成本核算，要求存货的总分类账和明细分类账均按计划成本计价。计划成本法一般适用于材料品种多、收发业务频繁的企业，如大中型企业中的各种原材料。

存货计划成本所包含的内容与其实际成本的构成一致，包括买价、运杂费和有关的税金等。存货的计划成本一般由企业采购部门会同财务部门等有关部门共同制定，制定的计划成本应尽可能接近实际。

（一）原材料按计划成本核算的科目设置

原材料采用计划成本核算时，主要通过设置“原材料”“材料采购”“材料成本差异”等科目进行总分类核算，同时，还应根据材料品种设置明细账户进行明细分类核算。材料实际成本与计划成本之间的差异，通过“材料成本差异”科目核算。月末，计算本月发出材料应负担的成本差异并进行分摊，根据领用材料的用途计入相关资产的成本或者当期损益，从而将发出材料的计划成本调整为实际成本。

1.“原材料”科目

本科目用于核算库存各种材料的收发与结存情况。在材料采用计划成本核算时，借方登记入库材料的计划成本，贷方登记发出材料的计划成本，期末借方余额反映企业库存材料的计划成本。

2.“材料采购”科目

本科目借方登记采购材料的实际成本，贷方登记入库材料的计划成本。借方大于贷方表示超支，从贷方转入“材料成本差异”账户的借方；贷方大于借方表示节约，从借方转入“材料成本差异”科目的贷方；期末借方余额反映企业在途材料的实际采购成本。

3.“材料成本差异”科目

本科目反映企业已入库各种材料的实际成本与计划成本的差异，借方登记超支差异及发出材料应负担的节约差异，贷方登记节约差异及发出材料应负担的超支差异。期末如为借方余额，反映企业库存材料的实际成本大于计划成本的差异（即超支差异）；如为贷方余额，反映企业库存材料实际成本小于计划成本的差异（即节约差异）。

（二）原材料按计划成本核算的账务处理

企业采用计划成本法计价核算时，不论材料是否验收入库，都必须先通过“材料采购”科目核算材料的实际采购成本，待材料验收入库后，再按计划成本转入“原材料”科目，同时结转材料成本差异。

微课：计划成本法

1.购入材料

由于采购过程存在不同情况，购入材料的账务处理也不完全相同，分别以下几种情况进行账务处理：

（1）单料已到、货款已付或者未付。企业对单料已到、货款已付或者未付的采购业务，不能根据实际成本直接记账，必须先通过“材料采购”科目核算材料的实际采购成本。

【做中学4-9】甲公司为增值税一般纳税人，2018年7月1日购入A材料一批，取得的增值税专用发票上注明的材料价款为50 000元、增值税为8 000元，货款已通过银行转账支付，材料已验收入库，其计划成本为48 000元。

根据上述资料，甲公司应编制会计分录如下：

按发票等结算凭证确定材料的实际采购成本并入账：

借：材料采购——A材料　　50 000
　　应交税费——应交增值税（进项税额）　　8 000
　　贷：银行存款　　58 000

结转入库材料的计划成本：

借：原材料——A材料　　48 000
　　贷：材料采购——A材料　　48 000

结转入库材料形成的超支差异：

借：材料成本差异——A材料　　2 000
　　贷：材料采购——A材料　　2 000

（2）料到、单未到。企业对材料已到达并验收入库，但发票账单等结算凭证未到、货款尚未支付的采购业务，应于月末，按材料的计划成本估计入账，借记“原材料”科目，贷记“应付账款”科目。下月初用红字作同样的记账凭证，予以冲回，待收到有关凭证时，按正常程序处理。

【做中学4-10】甲公司为增值税一般纳税人，2018年7月15日购入B材料一批，材料已验收入库，但结算凭证未到，货款尚未支付，计划成本为5 000元。甲公司应编制会计分录如下：

7月末按计划成本暂估入账：

借：原材料——B材料　　5 000
　　贷：应付账款——暂估应付账款　　5 000

8月初红字冲回：

借：原材料——B材料　　5 000
　　贷：应付账款——暂估应付账款　　5 000

8月收到发票账单并支付货款时，按正常程序记账。增值税专用发票上注明的价款为

4 000元、增值税为640元。有关会计分录如下：

借：材料采购——B材料 4 000
　　应交税费——应交增值税（进项税额） 640
　　贷：银行存款 4 640

结转入库材料的计划成本：

借：原材料——B材料 5 000
　　贷：材料采购——B材料 5 000

结转入库材料的节约差异：

借：材料采购——B材料 1 000
　　贷：材料成本差异——B材料 1 000

（3）单到、料未到。企业对单到、料未到的采购业务，应根据发票账单和结算凭证等，借记“材料采购”“应交税费——应交增值税（进项税额）”科目，贷记“银行存款”或“应付票据”等科目；待材料验收入库后，再根据收料单，按计划成本借记“原材料”科目，贷记“材料采购”科目，同时将计划成本与实际成本的差额记入“材料成本差异”科目。

【做中学4-11】甲公司为增值税一般纳税人，2018年7月10日购入L材料一批，结算凭证已到，货款已付，取得的增值税专用发票上注明的材料价款为30 000元、增值税为4 800元，7月20日L材料验收入库，该批材料的计划成本为29 000元。甲公司应编制会计分录如下：

取得发票支付货款时：

借：材料采购——L材料 30 000
　　应交税费——应交增值税（进项税额） 4 800
　　贷：银行存款 34 800

材料到达验收入库时：

借：原材料——L材料 29 000
　　贷：材料采购——L材料 29 000
借：材料成本差异——L材料 1 000
　　贷：材料采购——L材料 1 000

（4）预付货款方式。企业采用预付货款的方式采购材料，计划成本核算同实际成本核算一样，也必须先通过“预付账款”核算，所不同的是，在计划成本法下必须先通过借记“材料采购”科目核算材料的实际采购成本，再按计划成本记入“原材料”科目，并将计划成本与实际成本的差额记入“材料成本差异”科目。

【做中学4-12】乙公司为增值税一般纳税人，2018年8月25日向汇岭公司购入一批B材料，按合同约定预付货款11 000元，9月10日B材料到达入库，增值税专用发票上注明的材料价款为10 000元、增值税为1 600元，该批材料的计划成本为9 500元。乙公司应编制会计分录如下：

8月25日预付货款时：

借：预付账款——汇岭公司 11 000
　　贷：银行存款 11 000

收到对方开来的增值税专用发票时：

借：材料采购——B材料 10 000

应交税费——应交增值税（进项税额） 1 600

贷：预付账款——汇岭公司 11 600

后补付货款时：

借：预付账款——汇岭公司 600

贷：银行存款 600

9月10日货物到达入库时：

借：原材料——B材料 9 500

贷：材料采购——B材料 9 500

结转材料成本差异时：

借：材料成本差异——B材料 500

贷：材料采购——B材料 500

（5）途中合理损耗的处理。对于购入材料途中发生的短缺或毁损，属于途中合理损耗的，应计入材料的实际成本。材料明细账按实收数量入账，金额按原价款入账，无疑提高了材料的单位成本。在计划成本法下，对材料按实收数量乘以单价计划成本计算确定材料的计划成本，将合理损耗材料的金额计入材料成本差异。

【做中学4-13】A公司为增值税一般纳税人，2018年7月26购入一批甲材料1 000千克，取得的增值税专用发票上注明的材料价款为5 500元、增值税为880元。材料验收入库时，实收990千克，其中10千克经查属途中合理损耗。计划单位成本为5元／千克。A公司应编制会计分录如下：

根据发票账单确定甲材料实际采购成本5 500元：

借：材料采购——甲材料 5 500

应交税费——应交增值税（进项税额） 880

贷：银行存款 6 380

结转入库甲材料计划成本4 950元：

借：原材料——甲材料 4 950

贷：材料采购——甲材料 4 950

同时结转入库甲材料成本差异：

借：材料成本差异——甲材料 550

贷：材料采购——甲材料 550

2.发出材料

月末，企业根据领料单等编制“发料凭证汇总表”结转发出材料的计划成本，应当根据所发出材料的用途，按计划成本分别记入“生产成本”“制造费用”“销售费用”“管理费用”等科目。

【做中学4-14】甲公司“发料凭证汇总表”记录显示，2018年7月L材料的消耗（计划成本）如下：基本生产车间生产A产品领用200 000元，辅助生产机修车间领用30 000元，一车间一般消耗领用25 000元，企业行政管理部门领用15 000元。甲公司应编制的会计分录如下：

借：生产成本——基本生产成本（A产品） 200 000
　　　　　——辅助生产成本（机修车间） 30 000
　　制造费用 25 000
　　管理费用 15 000
　　贷：原材料——L材料 270 000

为简化核算，平日发出材料是按计划成本转出至成本费用类科目的，而计划成本与实际成本具有一定的差异，因此，期末必须计算发出材料应负担的成本差异，通过“材料成本差异”科目，将发出材料和期末材料的成本由计划成本调整为实际成本。

计划成本法下存货的日常会计处理采用计划成本，会计期末（通常在月末）需要计算材料成本差异率，据以将当月形成的材料成本差异在发出和期末存货之间进行分配，以便确定发出和期末存货的实际成本。用于分配的材料成本差异率可用当月的，也可用上月的。有关计算如下：

$$\text{本月材料成本差异率}=\frac{\text{月初结存材料的成本差异}+\text{本月收入材料的成本差异}}{\text{月初结存材料的计划成本}+\text{本月收入材料的计划成本}}\times100\%$$

$$\text{上月材料成本差异率}=\frac{\text{月初结存材料的成本差异}}{\text{月初结存材料的计划成本}}\times100\%$$

$$\begin{matrix}\text{本月发出材料应负担}\\\text{的成本差异}\end{matrix}=\begin{matrix}\text{本月发出材料}\\\text{的计划成本}\end{matrix}\times\begin{matrix}\text{本月(或上月)}\\\text{材料成本差异率}\end{matrix}$$

$$\begin{matrix}\text{本月结存材料应负担}\\\text{的成本差异}\end{matrix}=\begin{matrix}\text{本月结存材料}\\\text{的计划成本}\end{matrix}\times\begin{matrix}\text{本月(或上月)}\\\text{材料成本差异率}\end{matrix}$$

【做中学4-15】沿用【做中学4-14】的资料，甲公司2018年7月初结存L材料的计划成本为1 000 000元，材料成本差异为超支30 740元，当月入库L材料的计划成本总额为3 200 000元，材料成本差异为节约200 000元。

材料成本差异率=（30 740-200 000）÷（1 000 000+3 200 000）×100%=-4.03%

结出本月发出L材料的成本差异，甲公司应编制的会计分录如下：

借：材料成本差异——L材料 10 881
　　贷：生产成本——基本生产成本（A产品） 8 060
　　　　　　　——辅助生产成本（机修车间） 1 209
　　　　制造费用 1 007.5
　　　　管理费用 604.5

（三）主要特点

综合上述核算内容，采用计划成本法进行材料的日常核算，主要有以下特点：

（1）有利于考核采购部门的业绩。有了合理的计划成本之后，将各批材料的计划成本与实际成本比较，可以对采购部门进行考核，促使其降低采购成本，节约支出。

（2）简化会计处理工作。在计划成本法下，材料明细账平时可以只记收入、发出和结存的数量，将数量乘以计划成本，随时求得材料收发存的金额，通过“材料成本差异”科目计算、调整发出和结存材料的实际成本，简便易行。

（3）在价格变动频繁、变动幅度较大的情况下，难以确定适合的计划成本，加大修正计划成本的工作量。

任务举例

【工作实例4-2】原材料按实际成本核算

中山公司是一家工业生产企业，为增值税一般纳税人，存货采用实际成本法计价。2018年6月发生如下业务：

（1）6月1日，上月采购的甲材料一批，价款为2 000元，增值税为320元，未发生其他费用，已到达验收入库。

（2）6月2日购入甲材料一批，买价为5 000元，增值税为800元，途中发生运费等200元，增值税为20元，各种款项已经通过银行存款支付，材料已经验收入库。

（3）6月10日购入乙材料一批，买价为2 000元，增值税为320元，运费300元，增值税为30元，款项已经通过银行存款支付，但材料尚未入库。

（4）6月15日售后维修领用丙材料一批，实际成本为600元。

（5）6月25日根据本月"发料凭证汇总表"分配本月消耗的甲材料费用：基本生产车间领用5 000元，行政管理部门领用200元，职工食堂领用1 000元（甲材料适用的增值税税率为16%）。

（6）6月30日收到采购的丙材料，但是发票账单未到，款项也尚未支付，企业暂估价为2 000元。

（7）6月30日进行存货的清查，盘亏乙材料20千克，单价为100元/千克，是收发计量差错造成的。

要求：编制上述业务的会计分录。

【工作过程】

第一步，核算收到上月已付款的甲材料。

借：原材料——甲材料	2 000	
贷：在途物资——甲材料		2 000

第二步，核算购入甲材料，料到、款已付。

借：原材料——甲材料	5 200	
应交税费——应交增值税（进项税额）	820	
贷：银行存款		6 020

第三步，核算购入乙材料，料未到、款已付。

借：在途物资——乙材料	2 300	
应交税费——应交增值税（进项税额）	350	
贷：银行存款		2 650

第四步，结转售后维修领用丙材料成本。

借：销售费用	600	
贷：原材料——丙材料		600

第五步，核算结转本月甲材料发出成本。

借：生产成本	5 000	
管理费用	200	
应付职工薪酬——职工福利	1 160	

贷：原材料——甲材料 6 200

应交税费——应交增值税（进项税额转出） 160

第六步，核算本月购入丙材料，月末结算凭证未到，按暂估价入账。

借：原材料——丙材料 2 000

贷：应付账款——暂估应付账款 2 000

第七步，核算乙材料盘亏的处理。

①未查明原因前：

借：待处理财产损溢 2 000

贷：原材料——乙材料 2 000

②查明原因后：

借：管理费用 2 000

贷：待处理财产损溢 2 000

【工作实例4-3】原材料按计划成本核算

某工厂材料存货采用计划成本法核算，2018年7月“原材料”科目下K材料的期初余额为56 000元，“材料成本差异”科目期初借方余额为4 500元，K材料单位计划成本为12元。7月10日进货1 500千克，不含税的单位进价为10元，运费500元，所有款项均已支付；7月20日进货2 000千克，不含税的单位进价为13元，运费1 000元，所有款项均已支付；7月15日和25日车间分别领用K材料2 000千克。

假设货物增值税税率为16%，货物运输增值税税率为10%。

要求：根据上述资料进行会计处理。

【工作过程】

第一步，核算7月10日K材料采购业务，按实际成本入账。

K材料的实际成本=15 000+500=15 500（元）

进项税额合计=2 400+50=2 450（元）

借：材料采购——K材料 15 500

应交税费——应交增值税（进项税额） 2 450

贷：银行存款 17 950

第二步，核算7月10日采购的K材料入库，按计划成本入账。

借：原材料——K材料 18 000

贷：材料采购——K材料 15 500

材料成本差异——K材料 2 500

第三步，核算7月15日发出K材料，按计划成本结转发出成本。

借：生产成本——基本生产成本 24 000

贷：原材料——K材料 24 000

第四步，核算7月20日购入K材料的实际成本。

K材料的实际成本=26 000+1 000=27 000（元）

进项税额合计=4 160+100=4 260（元）

借：材料采购——K材料 27 000

应交税费——应交增值税（进项税额） 4 260

贷：银行存款　31 260

第五步，核算7月20日K材料验收入库，按计划成本结转原材料，并结转材料成本差异。

借：原材料——K材料　24 000

材料成本差异——K材料　3 000

贷：材料采购——K材料　27 000

第六步，核算7月25日生产领用材料，按计划成本结转生产成本。

借：生产成本——基本生产成本　24 000

贷：原材料——K材料　24 000

第七步，计算本月K材料的成本差异率及本月领用K材料应分摊的成本差异。

本月K材料的成本差异率=（4 500−2 500+3 000）÷（56 000+18 000+24 000）×100%

=5.10%

本月领用K材料应负担的成本差异=（24 000+24 000）×5.10%=2 448（元）

借：生产成本——基本生产成本　2 448

贷：材料成本差异——K材料　2 448

任务3　周转材料核算

任务描述

1. 正确划分周转材料与固定资产的核算范围；
2. 合理选择周转材料的摊销方法，确定发出成本；
3. 设置相应科目组织对包装物、低值易耗品等周转材料的日常核算。

知识准备

一、周转材料概述

周转材料，是指企业能够多次使用，逐渐转移其价值但仍然保持原有形态，又不确认为固定资产的材料。周转材料主要包括包装物和低值易耗品，以及建筑施工企业的钢模板、木模板、脚手架和其他周转材料。

为了反映和监督包装物、低值易耗品等周转材料的增减变化及价值损耗、结存等情况，企业应当设置“周转材料”科目进行核算。周转材料可以采用实际成本核算，也可以采用计划成本核算，其核算方法与原材料相似。

二、低值易耗品的核算

（一）低值易耗品的范围及科目设置

低值易耗品，是指企业在业务经营过程中所必需的单项价值较低或使用年限较短，不能作为固定资产核算的物资设备和各种用具物品。例如，工具、管理用具、玻璃器皿、劳动用具，以及在企业生产经营过程中储存商品用的包装容器等。这些物资设备在经营过程中可以多次使用，其价值随其磨损程度逐渐转移到有关的成本或费用中去。就其性质来看，低值易耗品是可以多次使用但不改变原有实物形态的劳动资料，具有固定资产的特性。

为了反映和监督低值易耗品的增减变动及其结存情况，企业应设置“周转材料——低值易耗品”科目，其借方登记低值易耗品的增加，贷方登记低值易耗品的减少，期末借方余额反映企业期末结存低值易耗品的金额。同时，应按低值易耗品的品种进行三级明细分类核算。

（二）低值易耗品核算的主要内容

低值易耗品核算的内容主要包括低值易耗品的取得和低值易耗品的摊销两大部分。

1. 低值易耗品的取得

企业购入、自制、委托外单位加工完成并已验收入库的低值易耗品，企业接受债务人以非现金资产抵偿债务方式取得的低值易耗品，其核算与原材料入库的核算方法相同，这里不再重复。

2. 低值易耗品的摊销

低值易耗品发出或使用时，应采用一定方法将其成本结转到耗用对象中去。低值易耗品的摊销方法有一次摊销法和分次摊销法。

（1）一次摊销法。一次摊销法，是指将其价值一次全部计入有关生产成本或者当期损益的一种方法。该方法主要适用于价值较低或极易损坏的低值易耗品。

（2）分次摊销法。分次摊销法，是指按照估计领用次数平均摊销低值易耗品账面价值的一种方法。该方法适用于可供多次反复使用的低值易耗品。在采用分次摊销法的情况下，需要单独设置“周转材料——低值易耗品（在用）”“周转材料——低值易耗品（在库）”“周转材料——低值易耗品（摊销）”明细科目。

【做中学 4-16】甲公司的基本生产车间领用专用工具一批，实际成本为100 000元，不符合固定资产定义，采用分次摊销法进行摊销。该专用工具的估计使用次数为2次。甲公司应作会计处理如下：

领用专用工具时：

借：周转材料——低值易耗品（在用）	100 000	
贷：周转材料——低值易耗品（在库）		100 000

第一次领用时摊销其价值的一半：

借：制造费用	50 000	
贷：周转材料——低值易耗品（摊销）		50 000

第二次领用时摊销其价值的另一半：

借：制造费用	50 000	
贷：周转材料——低值易耗品（摊销）		50 000

同时，注销低值易耗品成本及已摊销价值：

借：周转材料——低值易耗品（摊销）	100 000	
贷：周转材料——低值易耗品（在用）		100 000

三、包装物的核算

（一）包装物核算概述

包装物，是指企业为了包装本企业的商品、产品并随商品、产品流转而储备的各种包装容器，如桶、箱、瓶、坛、袋等。企业的包装物包括：

（1）生产经营过程中用于包装商品、产品并作为商品、产品组成部分的包装物；

（2）随同商品、产品出售而不单独收取价款（以下称不单独计价）的包装物；

（3）随同商品、产品出售而单独计价（以下称单独计价）的包装物；

（4）出租或出借给购货单位使用的包装物。

为了核算包装物的增减变动及其价值损耗、结存等情况，企业应设置“周转材料——包装物”科目进行核算，并按包装物的品种进行明细分类核算。该账户借方登记验收入库的包装物成本，贷方登记领用的包装物成本；期末借方余额，反映库存包装物的成本。此外，包装物较多的企业，可以单独设置“包装物”科目进行核算；包装物不多的企业，也可以将包装物并入“原材料”科目核算。

【提示】对包装物核算时应注意以下三点：一是单位价值比较小或不能周转使用的各种包装材料（如纸、绳、铁丝和铁皮等），在“原材料”科目进行核算；二是用于储存和保管产品、商品、材料而不对外出售的包装物，应按其价值大小和使用年限长短，分别在“固定资产”或“周转材料——低值易耗品”科目进行核算；三是单独列作企业商品、产品的自制包装物，应作为库存商品予以核算。

（二）取得包装物的核算

企业购入、自制、委托外单位加工完成等验收入库的包装物，以及企业接受债务人以非现金资产抵偿债务方式取得的包装物等的核算方法与原材料入库的核算方法相同，这里不再重复。

【做中学4-17】某企业的包装物按实际成本核算，以银行存款购进包装物，实际成本为3 480元（包括增值税进项税额为480元）。包装物已收到，验收入库，款项也已结算支付。该公司编制会计分录如下：

借：周转材料——包装物	3 000	
应交税费——应交增值税（进项税额）	480	
贷：银行存款		3 480

（三）发出包装物的核算

1.生产领用包装物的核算

生产领用包装物的核算与生产领用原材料的核算方法相同，应根据生产领用包装物的成本借记“生产成本”科目，贷记“周转材料——包装物”科目。

【做中学4-18】某企业生产产品，领用包装物用于包装产品，实际成本为400元。

借：生产成本——基本生产成本	400	
贷：周转材料——包装物		400

2.随同产品或商品出售单独计价包装物的核算

包装物随同产品、商品单独计价出售时，实际上就是包装物的出售。在会计核算上，包装物出售同原材料出售的账务处理方法相同，将出售包装物的收入（不含税收入）记入

“其他业务收入”科目。出售包装物后，按出售包装物的成本借记“其他业务成本”科目，贷记“周转材料——包装物”科目。

【做中学4-19】销售产品领用单独计价的包装物，实际成本400元，售价580元（其中包括增值税80元）。

随同产品销售收到款项时，编制会计分录如下：

借：银行存款　580

　贷：其他业务收入　500

　　应交税费——应交增值税（销项税额）　80

同时，结转所售包装物成本时，编制会计分录如下：

借：其他业务成本　400

　贷：周转材料——包装物　400

3.随同产品或商品出售不单独计价包装物的核算

包装物随产品、商品出售但不单独计价时，随产品、商品发出包装物主要是为了确保销售产品、商品的质量或提供良好的销售服务。因此，应将这部分包装物的成本作为企业发生的销售费用，借记“销售费用”科目，贷记“周转材料——包装物”科目。

【做中学4-20】销售产品领用不单独计价的包装物，实际成本为200元。

编制会计分录如下：

借：销售费用——包装费　200

　贷：周转材料——包装物　200

4.出租、出借包装物的核算

为了确保周转使用包装物的安全完好，对于企业可以周转使用的包装物，一般采用出租、出借方式向客户提供必要的配套服务。以出租方式提供包装物时，要求客户支付包装物的租金；以出借方式提供包装物时，只要求客户将完好的包装物按期归还，实际上是无偿使用。

收回的包装物，如果由于磨损等原因不能继续使用，应及时办理报废手续。已报废包装物的残料，应计价入库，同时冲减其已摊销价值。出租包装物的残料价值，应借记“原材料”等科目，贷记“其他业务成本”科目；出借包装物的残料价值，应借记“原材料”等科目，贷记“销售费用”等科目。采用分次摊销法（含五五摊销法）进行包装物价值摊销核算的，还应摊销其成本的另外一半，并注销已报废包装物成本及其已摊销价值。

【做中学4-21】出租新包装物100个，租期3个月，包装物实际总成本为6 000元，共收取押金8 000元，每月收取租金812元。包装物价值摊销采用五五摊销法。

收取押金时：

借：银行存款　8 000

　贷：其他应付款——存入保证金　8 000

发出包装物时：

借：周转材料——包装物（出租包装物）　6 000

　贷：周转材料——包装物（库存未用包装物）　6 000

按月收到租金时：

租金应计交的增值税=812÷（1+16%）×16%=112（元）

借：银行存款 812

贷：其他业务收入 700

应交税费——应交增值税（销项税额） 112

出租当月月末摊销包装物成本的50%时：

借：其他业务成本 3 000

贷：周转材料——包装物（包装物摊销） 3 000

3个月租期到期，如数收回出租包装物，验收入库：

借：周转材料——包装物（库存已用包装物） 6 000

贷：周转材料——包装物（出租包装物） 6 000

同时，退还收取的押金：

借：其他应付款——存入保证金 8 000

贷：银行存款 8 000

对于超过退还期限而购货单位仍未退回的包装物，企业可按合同规定没收其押金。企业没收押金时，应根据没收的押金数额，借记“其他应付款”科目；根据其中所含的增值税税额，贷记“应交税费——应交增值税（销项税额）”科目；根据全部押金扣除增值税后的余额，贷记“其他业务收入”科目。如果这部分没收的押金收入还应交消费税等税费的，则根据应交的税费，借记“税金及附加”科目，贷记“应交税费——应交消费税”等科目。对于逾期未退包装物加收的押金，应转作“营业外收入”处理，即企业应按加收的押金借记“其他应付款”科目，按加收的押金应缴纳的增值税等税费贷记“应交税费——应交增值税（销项税额）”科目，按其差额贷记“营业外收入——逾期包装物押金没收收入”科目。

【做中学4-22】沿用【做中学4-21】的资料，假设承租单位退回包装物80个，退还押金6 400元（80×80）。结转包装物库存成本4 800元（80×60）。

借：其他应付款——存入保证金 6 400

贷：银行存款 6 400

同时：

借：周转材料——包装物（库存已用包装物） 4 800

贷：周转材料——包装物（出租包装物） 4 800

对逾期未退回的20个包装物，没收其押金1 600元（其中增值税220.69元），编制会计分录如下：

借：其他应付款——存入保证金 1 600

贷：其他业务收入 1 379.31

应交税费——应交增值税（销项税额） 220.69

同时，逾期未退回的20个包装物应视同报废，摊销其成本的另一半（50%），共600元（20×60×50%），编制会计分录如下：

借：其他业务成本 600

贷：周转材料——包装物（包装物摊销） 600

借：周转材料——包装物（包装物摊销） 1 200

贷：周转材料——包装物（出租包装物） 1 200

【做中学4-23】沿用【做中学4-21】的资料，假设因入库收回的出租包装物多次出租，已无法使用，批准报废。报废时收回残料作为修理用材料使用，估计价值200元。应摊销其成本的50%，共2 400元（80×60×50%）。注销已报废包装物成本及其已摊销价值共计4 800元（80×60）。

收回材料作为修理用材料，编制会计分录如下：

借：原材料　200

　　贷：其他业务成本　200

摊销报废的80个包装物成本的另一半（50%），编制会计分录如下：

借：其他业务成本　2 400

　　贷：周转材料——包装物（包装物摊销）　2 400

注销已报废包装物成本及其已摊销价值，编制会计分录如下：

借：周转材料——包装物（包装物摊销）　4 800

　　贷：周转材料——包装物（库存已用包装物）　4 800

【提示】包装物不多的企业，一般采用实际成本对包装物进行核算，如果企业条件具备，也可以采用计划成本核算。在采用计划成本核算时，“材料成本差异”科目中应将包装物的成本差异同原材料等成本差异分别反映；月份终了，结转生产领用、出售，以及出租、出借所领用新包装物应分摊的成本差异时，借记“生产成本”“其他业务成本”“销售费用”“长期待摊费用”等科目，贷记“材料成本差异”科目（实际成本小于计划成本的差异，用红字登记）。

任务举例

【工作实例4-4】周转材料核算

某企业2018年7月发生如下业务：

（1）将新购入的A包装物用于出租，收到对方交来的押金3 600元和租金3 480元，该批包装物的成本为3 000元。

（2）管理部门报废工具一批，该批工具实际成本1 000元，收回残料价值60元。

（3）领用新的C包装物1 800元用于出借，出借时收到押金3 000元。

假设该企业包装物采用一次摊销法，低值易耗品采用五五摊销法核算。

要求：编制上述业务的会计分录。

【工作过程】

第一步，核算收到出租包装物的押金和租金，并结转发出包装物的成本。

租金收入应计交的增值税=3 480÷（1+16%）×16%=480（元）

借：银行存款　7 080

　　贷：其他应付款——存入保证金　3 600

　　　　其他业务收入——出租包装物收入　3 000

　　　　应交税费——应交增值税（销项税额）　480

借：其他业务成本　3 000

　　贷：周转材料——包装物（A包装物）　3 000

第二步，核算管理部门领用和报废的工具。

①管理部门领用工具时：

借：周转材料——低值易耗品（在用）　1 000
　贷：周转材料——低值易耗品（在库）　1 000

借：管理费用——低值易耗品摊销　500
　贷：周转材料——低值易耗品（摊销）　500

②管理部门使用的工具报废，摊销剩余的50%，并转销低值易耗品各明细科目：

借：原材料　60
　管理费用——低值易耗品摊销　440
　贷：周转材料——低值易耗品（摊销）　500

借：周转材料——低值易耗品（摊销）　1 000
　贷：周转材料——低值易耗品（在用）　1 000

第三步，核算出借的包装物，并结转发出包装物的成本：

借：银行存款　3 000
　贷：其他应付款——存入保证金　3000

借：销售费用——包装费　1 800
　贷：周转材料——包装物（C包装物）　1 800

任务4　委托加工物资核算

任务描述

1.明确委托加工物资的核算内容；

2.确定委托加工物资的实际成本；

3.设置相关账户，组织对委托加工物资业务各环节的核算。

知识准备

一、委托加工物资的核算内容

委托加工物资，是指企业发给外单位委托其加工的物资。委托加工物资的会计处理主要包括拨付加工物资、支付加工费及相关税费、收回加工物资等业务。

二、委托加工物资的核算

企业发生的委托加工业务，应设置“委托加工物资”科目，并按加工物资的名称开设明细账。

“委托加工物资”科目，借方登记拨付加工物资的实际成本，支付的加工费、相关税费和往返的运杂费等；贷方登记验收入库委托加工物资的实际成本；期末借方余额表示尚未收回委托加工物资的实际成本。

（一）拨付加工物资

企业根据拨付给受托方的物资的实际成本，借记“委托加工物资”科目，贷记“原材料”“库存商品”等科目。

【做中学4-24】A公司委托B公司加工应税消费品。拨付甲材料实际成本80 000元，受托方开具增值税专用发票所列加工费10 000元，增值税1 600元；该商品适用的消费税税率为10%。A公司开出一张支票支付加工费及税费。委托加工物资收回后立即销售。

拨付原材料时：

借：委托加工物资——甲材料　　80 000
　　贷：原材料——甲材料　　80 000

（二）支付加工费及相关税费

根据委托方开具的增值税专用发票所列加工费和增值税，借记“委托加工物资”“应交税费——应交增值税（进项税额）”账户，贷记“银行存款”等账户。

如果委托加工物资是属于消费税应税项目，应交消费税由受托方代收代缴。应交的消费税需要根据委托加工物资收回后是立即销售还是继续进行加工两种情况分别进行处理。

1.委托加工物资收回后立即销售

委托加工物资收回后立即销售，由受托方代收代缴的消费税计入委托加工物资的实际成本。

【做中学4-25】沿用【做中学4-24】的资料，支付加工费及税费时：

消费税计税组成价格=（80 000+10 000）÷（1-10%）=100 000（元）

支付代扣代缴的消费税=100 000×10%=10 000（元）

借：委托加工物资——甲材料　　20 000
　　应交税费——应交增值税（进项税额）　　1 600
　　贷：银行存款　　21 600

2.委托加工物资收回后还需继续进行加工

委托加工物资收回后还需继续进行加工，由受托方代收代缴的消费税先记入“应交税费——应交消费税”科目的借方，待最终消费品生产出来销售时，计算的消费税扣除由受托方代收代缴消费税后的差额，作为应交的消费税。

【做中学4-26】沿用【做中学4-24】的资料，假如A公司收回该项委托加工物资后，继续生产其他应税消费品，支付加工费及税费，验收入库的会计处理如下：

借：委托加工物资——甲材料　　10 000
　　应交税费——应交消费税　　10 000
　　　　——应交增值税（进项税额）　　1 600
　　贷：银行存款　　21 600

（三）收回加工物资

委托加工物资及剩余物资收回，按实际成本借记“原材料”“周转材料——低值易耗品”“周转材料——包装物”“库存商品”等科目，贷记“委托加工物资”科目。

【做中学4-27】沿用【做中学4-24】的资料，验收入库后分别以下两种情况进行会计处理：（1）用于直接出售；（2）用于连续生产其他应税消费品。

相关会计处理如下：

（1）用于直接出售：

委托加工物资实际成本=80 000+10 000+10 000=100 000（元）

借：库存商品　100 000

　　贷：委托加工物资——甲材料　100 000

（2）用于连续生产其他应税消费品：

委托加工物资实际成本=80 000+10 000=90 000（元）

借：原材料　90 000

　　贷：委托加工物资——甲材料　90 000

任务举例

【工作实例4-5】委托加工物资

甲企业（增值税一般纳税人）委托乙企业加工用于连续生产的应税消费品。甲、乙两企业均为增值税一般纳税人，适用消费税税率为5%，甲企业对材料采用计划成本进行核算。有关资料如下：

（1）甲企业发出A材料一批，计划成本为70 000元，材料成本差异率为2%。

（2）按合同规定，甲企业用银行存款支付乙企业加工费4 600元（不含增值税），以及相应的增值税和消费税。

（3）企业用银行存款支付往返运杂费600元，增值税60元。

（4）甲企业委托乙企业加工完成后的B材料计划成本为80 000元，该批材料已验收入库。

要求：

（1）计算甲企业应支付的增值税和消费税。

（2）编制甲企业委托加工材料发出、支付有关税费和入库有关的会计分录。

【工作过程】

第一步，核算发出的加工材料，计算并结转发出材料应负担的成本差异。

借：委托加工物资——A材料　71 400

　　贷：原材料——A材料　70 000

　　　　材料成本差异——A材料　1 400

第二步，计算并核算应支付的加工费、消费税与增值税。

消费税计税价格=（71 400+4 600）÷（1−5%）=80 000（元）

应交消费税=80 000×5%=4 000（元）

应交增值税=4 600×16%=736（元）

借：委托加工物资——A材料　4 600

　　应交税费——应交增值税（进项税额）　736

　　　　　　——应交消费税　4 000

　　贷：银行存款　9 336

第三步，核算支付的往返运费。

借：委托加工物资——A材料　600

　　应交税费——应交增值税（进项税额）　60

贷：银行存款　　660

第四步，加工完毕，收回加工物资，验收入库。

借：原材料——B材料　　80 000

　贷：委托加工物资——A材料　　76 600

　　材料成本差异——B材料　　3 400

任务5　库存商品核算

任务描述

1.完成工业企业完工产品入库、发出产品用于销售等业务的核算；

2.完成商品流通企业库存商品收发存的核算。

知识准备

库存商品，在工业企业中主要指产成品，在商品流通企业中主要指外购或委托加工并验收入库准备销售的各种商品。

一、工业企业库存商品的核算

（一）库存商品的内容

库存商品，是指企业已完成全部生产过程并已验收入库、合乎标准规格和技术条件，可以按照合同规定的条件送交订货单位或可以作为商品对外销售的产品，以及外购或委托加工完成验收入库用于销售的各种商品。库存商品具体包括库存产成品、外购商品、存放在门市部准备出售的商品、发出展览的商品、寄存在外的商品、接受来料加工制造的代制品和为外单位加工修理的代修品等。已完成销售手续、但购买单位在月末尚未提取的产品，不应作为企业的库存商品，而应作为代管商品处理，单独设置代管商品备查簿进行登记。库存商品可以采用实际成本核算，也可以采用计划成本核算，其方法与原材料相似。采用计划成本核算时，库存商品实际成本与计划成本的差异，可单独设置“产品成本差异”科目核算。

为了反映和监督库存商品的增减变动及其结存情况，企业应当设置“库存商品”科目，借方登记验收入库的库存商品成本，贷方登记发出的库存商品成本，期末余额在借方，反映各种库存商品的实际成本或计划成本。

（二）库存商品的核算

1.验收入库

对于库存商品采用实际成本核算的企业，当库存商品生产完成并验收入库时，应按实际成本，借记“库存商品”科目，贷记“生产成本——基本生产成本”科目。

【做中学4-28】甲公司“商品入库汇总表”记载，某月已验收入库Y产品1 000台，实际单位成本5 000元，计5 000 000元；Z产品2 000台，实际单位成本1 000元，计2 000 000元。甲公司应作会计处理如下：

借：库存商品——Y产品　　5 000 000
　　——Z产品　　2 000 000
　贷：生产成本——基本生产成本（Y产品）　　5 000 000
　　——基本生产成本（Z产品）　　2 000 000

2.销售商品

企业销售商品、确认收入时，应结转其销售成本，借记“主营业务成本”等科目，贷记“库存商品”等科目。

【做中学4-29】在甲公司月末汇总的发出商品中，当月已实现销售的Y产品有500台，Z产品有1 500台。该月Y产品实际单位成本5 000元，Z产品实际单位成本1 000元。在结转其销售成本时，甲公司应编制会计分录如下：

借：主营业务成本　　4 000 000
　贷：库存商品——Y产品　　2 500 000
　　——Z产品　　1 500 000

二、商品流通企业库存商品的核算

商品流通企业的业务经营分为购进和销售两大阶段。根据“库存商品”账户记录方法的不同，可以把商品核算方法分为数量金额核算法和金额核算法两类。数量金额核算法将商品的增减变动及结存情况，同时以实物量和价值量进行核算，包括数量进价金额核算法和数量售价金额核算法两种。金额核算法对商品的增减变动及结存情况只以价值量进行核算，一般不进行数量核算，包括进价金额核算法和售价金额核算法。

（一）进价金额核算法

商品流通企业销售库存商品的业务操作与工业企业相同，只是计算销售商品的成本在每一季度的前两个月可采用毛利率匡算，季末最后月份采用先进先出法、加权平均法等计算，保证商品销售成本最终计算的正确性。

毛利率法是根据计划毛利率和本期实际销售额（销售净额）匡算出本期销售毛利，并据以计算发出存货成本和期末存货成本的方法。其计算公式为：

本期商品销售成本=本期商品销售收入×［1-上期（本期）计划毛利率］

【做中学4-30】华为公司是一家商品批发企业，属于增值税一般纳税人，2018年5月7日从甲公司购进A商品一批，总进价50 000元，增值税8 000元，当日公司以银行存款支付货款，5月10日商品验收入库。本月销售A商品共获得收入696 000元，采用毛利率法计算并结转当月A商品销售成本，一季度A商品毛利率为20%。

（1）购进时：

借：在途物资——A商品　　50 000
　应交税费——应交增值税（进项税额）　　8 000
　贷：银行存款　　58 000

（2）商品入库时：

借：库存商品——A商品　　50 000
　贷：在途物资——A商品　　50 000

（3）对外销售时：

借：银行存款　　696 000

　　贷：主营业务收入　　600 000

　　　　应交税费——应交增值税（销项税额）　　96 000

（4）结转成本时：

已销商品成本=600 000×（1−20%）=480 000（元）

借：主营业务成本——A商品　　480 000

　　贷：库存商品——A商品　　480 000

（二）售价金额核算法

销售商品时，按含税售价借记“银行存款”科目，贷记“主营业务收入”科目。期末结转已销商品成本时，按含税售价借记“主营业务成本”科目，贷记“库存商品”科目。

月末应将当月的销售收入进行价税分离，将含税销售收入分解为不含税收入和销项税额，并将增值税部分从主营业务收入中转出，借记“主营业务收入”科目，贷记“应交税费——应交增值税（销项税额）”科目。价税分离公式为：

$$\text{不含税商品销售收入}=\frac{\text{当月含税销售收入}}{1+\text{增值税税率}}$$

由于销售商品已按售价结转成本，此时商品的售价中包含了商品的采购成本和进销差价。只有将商品进销差价从按售价结转的销售成本中剔除，才能反映真实的商品销售成本。为此，需要在月末计算商品进销差价率，确认已销商品实现的进销差价，已销商品实现的进销差价，据以调整商品销售成本，同时转销已实现的商品进销差价，借记“商品进销差价”科目，贷记“主营业务成本”科目。

$$\text{商品进销差价率}=\frac{\text{期初库存商品进销差价}+\text{本期购进商品进销差价}}{\text{期初库存商品售价}+\text{本期购进商品售价}}\times100\%$$

$$\text{本期已销商品应分摊的进销差价}=\text{本期商品销售收入}\times\text{商品进销差价率}$$

$$\text{本期已销商品的实际成本}=\text{本期商品销售收入}-\text{本期已销商品应分摊的进销差价}$$

$$\text{期末结存商品应保留的进销差价}=\text{期初库存商品进销差价}+\text{本期购进商品进销差价}-\text{本期已销商品应分摊的进销差价}$$

$$\text{期末结存商品的实际成本}=\text{期末结存商品售价}-\text{期末结存商品应保留的进销差价}$$

【做中学4-31】文化商场属于增值税一般纳税人，2018年小百货柜组6月初商品进销差价余额为31 360元，6月初库存商品余额为3 80 000元，6月25日购进小百货成本180 000元，增值税28 800元，以银行存款支付，商品已于当日收到，售价280 800元，本月小百货共计含税销售收入为185 600元。

（1）6月25日，根据增值税专用发票、入库单及支付结算凭证编制会计分录如下：

借：库存商品——小百货柜组　　280 800

　　应交税费——应交增值税（进项税额）　　28 800

　　贷：银行存款　　208 800

　　　　商品进销差价——小百货柜组　　100 800

（2）确认本月销售收入，编制会计分录如下：

借：银行存款　　185 600

贷：主营业务收入——小百货柜组 185 600

（3）月末进行价税分离，6月30日计算价税分离的数据及会计分录如下：

不含税商品销售收入=185 600÷（1+16%）=160 000（元）

销项税额=185 600-160 000=25 600（元）

借：主营业务收入——小百货柜组 25 600

贷：应交税费——应交增值税（销项税额） 25 600

（4）月末结转商品销售成本，按售价借记“主营业务成本”科目，贷记“库存商品”科目。再按已销商品应转销的进销差价，借记“商品进销差价”科目，贷记“主营业务成本”科目。

6月30日，结转销售成本：

借：主营业务成本——小百货柜组 160 000

贷：库存商品——小百货柜组 160 000

6月30日，计算并结转已销商品实现的进销差价及会计分录如下：

商品进销差价率=（31 360+100 800）÷（380 000+280 800）×100%=20%

已销商品应分摊的进销差价=160 000×20%=32 000（元）

借：商品进销差价——小百货柜组 32 000

贷：主营业务成本——小百货柜组 32 000

任务举例

【工作实例4-6】库存商品核算

某商场为增值税一般纳税人，采用售价金额核算法进行核算。该商场2018年5月份期初库存日用百货的进价成本为30万元，售价40万元。本期购入日用百货的进价成本为270万元，售价为360万元，本期不含税销售收入为340万元。

要求：

（1）计算该商场5月份商品的进销差价率。

（2）计算该商场5月份已销日用百货的实际成本。

（3）计算该商场5月月末库存日用百货的实际成本。

【工作过程】

第一步，计算商品进销差价率。

进销差价率=（10+90）÷（40+360）×100%=25%

第二步，计算已销商品的实际成本。

已销成本=340×（1-25%）=255（万元）

第三步，期末库存商品的实际成本。

库存成本=30+270-255=45（万元）

任务6　存货的期末计价与清查

任务描述

1.期末对存货减值迹象进行判断；

2.运用成本与可变现净值孰低法确定存货跌价损失，并完成相应的账务处理；

3.配合相关部门完成存货的清查盘点，查明原因，并对存货清查账实不符的结果进行账务处理。

知识准备

一、存货的期末计价

（一）成本与可变现净值孰低法

为了客观、真实、准确地反映期末存货的实际价值，企业在编制资产负债表时，要确定“存货”项目的金额，即要确定期末存货的价值。按照企业会计准则的规定，企业的存货应当在期末时按成本与可变现净值孰低法计量，对可变现净值低于存货成本的差额，计提存货跌价准备。

成本与可变现净值孰低法，是指对期末存货按照成本与可变现净值两者之中较低者计价的方法。当成本低于可变现净值时，存货按成本计价；当可变现净值低于成本时，存货按可变现净值计价。成本与可变现净值孰低法的理论基础主要是使存货符合资产的定义。当存货的可变现净值下跌至成本以下时，表明该存货给企业带来的未来经济利益低于账面价值，因而应将这部分损失从资产价值中扣除，计入当期损益。当存货的可变现净值低于其成本时，如果仍然以其历史成本计量，就会出现虚夸资产的现象。

【提示】可变现净值，是指在企业正常生产经营过程中，以估计售价减去估计完工成本和销售所必需的估计费用后的价值。

1.存货减值迹象的判断

存货存在以下情况之一的，通常表明存货的可变现净值低于成本：

（1）市价持续下跌，并且在可预见的未来无回升的希望；

（2）企业使用该项原材料生产的产品的成本大于产品的销售价格；

（3）企业因产品更新换代，原有库存原材料已经不适应新产品的需求，而该原材料的市场价格又低于其账面成本；

（4）因企业提供的商品或劳务过时或消费者偏好改变而使市场的需求发生变化，导致市场价格逐渐下跌；

（5）其他足以证明该项存货实质上已经发生减值的情形。

当存在以下一项或若干项情况时，通常表明存货的可变现净值为零：

（1）已霉烂变质的存货；

（2）已过期且无转让价值的存货；

（3）生产中已不再需要，并且已无使用价值和转让价值的存货；

（4）其他足以证明已无使用价值和转让价值的存货。

2.可变现净值的确定

企业在确定存货的可变现净值时，应当以取得的可靠证据为基础，并且考虑持有存货的目的、资产负债表日后事项的影响等因素。

（1）在对可变现净值加以确定时，应以取得的可靠证据为基础。所谓"可靠证据"，是指对确定存货的可变现净值有直接影响的确凿证明，如产品的市场销售价格、与企业产品相同或类似商品的市场销售价格、供货方提供的有关资料、生产成本资料等。

（2）应考虑持有存货的目的。由于企业持有存货的目的不同，确定存货可变现净值的计算方法也不同。例如，用于出售的存货和用于继续加工的存货，其可变现净值的计算就不相同。因此，企业在确定存货的可变现净值时，应考虑持有存货的目的。企业持有存货的目的，通常可以分为：一是持有以备出售，如商品、产成品，其中又分为有合同约定的存货和没有合同约定的存货；二是将在生产过程或提供劳务过程中耗用，如原材料等。

（二）存货期末计价的账务处理

1.存货期末计价的科目设置

企业应当设置"存货跌价准备"科目，核算计提的存货跌价准备。贷方登记计提的存货跌价准备金额；借方登记实际发生的存货跌价损失金额和冲减的存货跌价准备金额；期末余额一般在贷方，反映企业已计提但尚未转销的存货跌价准备。

2.存货期末计价的账务处理

（1）成本低于可变现净值。当期末存货的成本低于可变现净值时，不需做账务处理，资产负债表中的存货仍按期末账面价值列示。

（2）可变现净值低于成本。当期末存货的可变现净值低于成本时，则必须在当期确定存货跌价损失，计提存货跌价准备。按存货可变现净值低于成本的差额，借记"资产减值损失"科目，贷记"存货跌价准备"科目；冲回或转销存货跌价准备时，作相反会计分录。在计提存货跌价准备以后，存货的价值又得以恢复时，其冲回的存货跌价准备金额应以"存货跌价准备"科目的余额冲减至零为限。在资产负债表中，"存货跌价准备"列为存货项目的减项。

【做中学4-32】某企业采用成本与可变现净值孰低法进行存货的计价核算，并运用备抵法进行相应的账务处理。假设2016年年末存货的账面成本为100 000元，预计可变现净值为90 000元，应计提的存货跌价准备为10 000元，应作会计处理如下：

借：资产减值损失——计提的存货跌价准备　　10 000
　　贷：存货跌价准备　　10 000

假设2017年年末该存货的预计可变现净值为85 000元，则应计提的存货跌价准备为5 000元。

借：资产减值损失——计提的存货跌价准备　　5 000
　　贷：存货跌价准备　　5 000

2018年年末，该存货的可变现净值有所恢复，预计可变现净值为97 000元，则应冲减计提的存货跌价准备12 000元。

借：存货跌价准备　　12 000
　　贷：资产减值损失——计提的存货跌价准备　　12 000

2019年年末，该存货的可变现净值进一步恢复，预计可变现净值为105 000元，则应冲减计提的存货跌价准备为3 000元（以前期已计提的数额为限）。

借：存货跌价准备　3 000

　贷：资产减值损失——计提的存货跌价准备　3 000

【提示】企业结转存货销售成本时，对于已计提存货跌价准备的，借记“存货跌价准备”科目，贷记“主营业务成本”“其他业务成本”等科目。

二、存货的清查

（一）存货清查概述

存货清查，是指通过对存货的实地盘点，确定存货的实有数量，并与账面结存数核对，从而确定存货实存数与账面结存数是否相符的一种专门方法。

由于存货种类繁多、收发频繁，在日常收发过程中可能发生计量错误、计算错误、自然损耗、损坏变质，以及贪污、盗窃等情况，造成账实不符，形成存货的盘盈、盘亏。对于存货的盘盈、盘亏，应填写存货盘点报告（如实存账存对比表），及时查明原因，按照规定程序报批处理。

为了反映企业在财产清查中查明的各种存货的盘盈、盘亏和毁损情况，企业应当设置“待处理财产损溢”科目，借方登记存货的盘亏、毁损金额及盘盈的转销金额，贷方登记存货的盘盈金额及盘亏的转销金额。企业清查的各种存货损益，应在期末结账前处理完毕，期末处理后，本科目应无余额。

（二）财产清查结果的账务处理

1.存货盘盈的核算

企业发生存货盘盈时，借记“原材料”“库存商品”等科目，贷记“待处理财产损溢”科目。按管理权限报经批准后，借记“待处理财产损溢”科目，贷记“管理费用”科目。

【做中学4-33】甲公司在财产清查中盘盈甲材料100千克，实际单位成本60元，经查属于材料收发计量方面的错误。甲公司的账务处理如下：

批准前：

借：原材料——甲材料　6 000

　贷：待处理财产损溢——待处理流动资产损溢　6 000

批准后：

借：待处理财产损溢——待处理流动资产损溢　6 000

　贷：管理费用　6 000

2.存货盘亏及毁损的核算

企业发生存货盘亏及损毁时，借记“待处理财产损溢”科目，贷记“原材料”“库存商品”等科目。在按管理权限报经批准后应作如下会计处理：对于入库的残料价值，记入“原材料”等科目；对于应由保险公司和过失人的赔款，记入“其他应收款”科目；扣除残料价值和应由保险公司、过失人赔款后的净损失，属于一般经营损失的部分，记入“管理费用”科目，属于非常损失的部分，记入“营业外支出”科目。

【做中学4-34】甲公司在财产清查中发现盘亏甲材料50千克，实际单位成本200元，经查属于一般经营损失。甲公司应作会计处理如下：

批准处理前：

借：待处理财产损溢——待处理流动资产损溢　10 000

　　贷：原材料　10 000

批准处理后：

借：管理费用　10 000

　　贷：待处理财产损溢——待处理流动资产损溢　10 000

【做中学4-35】甲公司为增值税一般纳税人，在财产清查中发现毁损乙材料30千克，实际单位成本100元，经查是由于材料保管员王杰的过失所致，按规定由其个人赔偿2 000元，残料已办理入库手续，价值200元。甲公司应作会计处理如下：

（1）批准处理前：

借：待处理财产损溢——待处理流动资产损溢　3 480

　　贷：原材料——乙材料　3 000

　　　　应交税费——应交增值税（进项税额转出）　480

（2）批准处理后：

①由过失人赔款部分：

借：其他应收款——王杰　2 000

　　贷：待处理财产损溢——待处理流动资产损溢　2 000

②残料入库：

借：原材料——乙材料　200

　　贷：待处理财产损溢——待处理流动资产损溢　200

③材料毁损净损失由企业承担：

借：管理费用　1 280

　　贷：待处理财产损溢——待处理流动资产损溢　1 280

【做中学4-36】因台风造成乙公司一批库存丙材料毁损，实际成本70 000元，根据保险责任范围及保险合同的规定，应由保险公司赔偿50 000元。乙公司应作会计处理如下：

批准处理前：

借：待处理财产损溢——待处理流动资产损溢　70 000

　　贷：原材料——丙材料　70 000

批准处理后：

借：其他应收款——某保险公司　50 000

　　营业外支出——非常损失　20 000

　　贷：待处理财产损溢——待处理流动资产损溢　70 000

任务举例

【工作实例4-7】存货清查的核算

甲公司在财产清查中盘盈J材料100千克，实际单位成本50元，经查属于材料收发计量方面的错误。发现毁损L材料500千克，实际单位成本为100元，经查属于洪涝灾害所致，按规定保险公司赔偿40 000元，残料已办理入库手续，价值2 000元。假定不考虑相关税费。

要求：根据以上资料编制批准前后的相关会计分录。

【工作过程】

第一步，对批准前盘盈材料进行账务处理。

借：原材料——J材料　　5 000

　　贷：待处理财产损溢——待处理流动资产损溢　　5 000

第二步，对批准后盘盈材料进行账务处理。

借：待处理财产损溢——待处理流动资产损溢　　5 000

　　贷：管理费用　　5 000

第三步，对批准前盘亏材料进行账务处理。

借：待处理财产损溢——待处理流动资产损溢　　50 000

　　贷：原材料——L材料　　50 000

第四步，对批准后盘亏材料进行账务处理。

借：原材料——L材料　　2 000

　　营业外支出——非常损失　　8 000

　　其他应收款——某保险公司　　40 000

　　贷：待处理财产损溢——待处理流动资产损溢　　50 000

项目小结

存货是企业为经营活动而储存的各种物品和商品，是企业经济资源的重要组成部分。不同性质的企业具有不同类别的存货。判断存货是否属于企业，通常以所有权为依据。

存货取得时按照实际成本计价入账，存货发出时以实际成本原则为基础，按照各种成本流转程序的假设，对存货进行计价和核算。存货发出的计价方法主要有个别认定法、加权平均法、先进先出法等，企业可以根据自己实际情况选择恰当的方法。存货计价方法一经选定，不得随意变动，如需变动应加以披露。从企业管理的角度，制造业存货计价可以采用计划成本法计价，对存货进行核算；而商品流通企业则可采用毛利率法、售价金额核算法对存货进行核算。

从稳健性原则出发，期末存货应采用成本与可变现净值孰低法进行计价核算。

课后习题与实训

一、单项选择题

1. 某增值税一般纳税人企业购入材料一批，数量600千克，每千克单价50元（不含税），增值税专用发票注明的增值税税率为16%。发生运杂费2 000元，增值税200元，运输途中发生合理损耗10千克，入库前发生挑选整理费用450元，入库后发生挑选整理费用590元，则该批材料的每千克成本为（　　）元。

A.50　　B.55　　C.56　　D.54.24

2. 企业购买商品支付货款享受的现金折扣，应当（　　）。

A.冲减商品入账成本　　B.计入营业外收入

C.冲减财务费用　　D.冲减管理费用

3. A公司为增值税一般纳税人，委托B公司加工一批应交消费税的商品。A公司发出原材料实际成本为70 000元，完工收回时支付加工费2 000元、增值税320元、消费税8 000元，该加工材料收回后将直接用于销售。A公司已收回该材料，并取得增值税专用发票，则该委托加工材料收回后的入账价值是（　　）元。

A.80 340　　B.72 000　　C.72 340　　D.80 000

4.在实际成本法下，付款在先、收料在后的业务应该通过（　　）账户进行核算。

A.“材料采购”　　B.“原材料”　　C.“工程物资”　　D.“在途物资”

5.某企业对发出存货采用移动加权平均法计价：11月初甲材料的数量为5吨，单价为1 000元/吨；11月5日购入甲材料3吨，单价为800元/吨；11月10日发出甲材料3吨；11月20日又购入甲材料5吨，单价为1 100元/吨。11月10日发出材料的单价为（　　）元/吨。

A.900　　B.910　　C.920　　D.925

6.某企业对发出的存货采用全月一次加权平均法计价。本月初乙材料的数量为40吨，单价为3 100元/吨；本月一次购入乙材料60吨，单价为3 000元/吨。本月发出存货的单价为（　　）元/吨。

A.3 060　　B.3 040　　C.3 100　　D.3 050

7. 某企业月初结存材料的计划成本为250万元，材料成本差异为超支差45万元；当月入库材料的计划成本为550万元，材料成本差异为节约差85万元；当月生产车间领用材料的计划成本为600万元。该企业月末原材料的实际成本为（　　）万元。

A.210　　B.570　　C.190　　D.200

8. 某企业采用先进先出法计算发出存货成本，期初库存A产品数量为50件，单价为100元；本月购入A产品100件，单价105元；本月领用A产品100件，其领用总成本为（　　）元。

A.10 000　　B.10 250　　C.10 050　　D.10 500

9.下列各项不属于外购存货成本的是（　　）。

A.运杂费　　B.入库前的挑选整理费

C.运输途中的合理损耗　　D.入库后的保管费用

10. 某商场为增值税一般纳税人，采用售价金额法核算。该商场2018年7月份期初存货的进价为100万元，售价总额为200万元；本月购入的进价成本为500万元，售价总额为800万元，本期销售收入600万元。2018年7月期末存货的成本为（　　）万元。

A.100　　B.400　　C.240　　D.150

11. A、B公司均为增值税一般纳税人。A公司发出原材料实际成本210万元，委托B公司加工一批应交消费税的半成品，收回后用于连续生产应税消费品。支付加工费4万元、增值税0.64万元、消费税24万元。假定不考虑其他相关税费，A公司收回该半成品的入账价值为（　　）万元。

A.214　　B.214.68　　C.238　　D.238.68

12.某企业采用先进先出法计算发出甲材料的成本。2018年7月1日，结存甲材料200千克，每千克实际成本100元；7月10日购入甲材料300千克，每千克实际成本110元；7月15日发出甲材料400千克。7月末，库存甲材料的实际成本为（　　）元。

A.10 000　　B.10 500　　C.10 600　　D.11 000

13.某企业为增值税一般纳税人，购入材料一批，增值税专用发票上标明的价款为100万元、增值税为16万元，另支付材料的保险费2万元、包装物押金3万元。该批材料的采购成本为（　　）万元。

A.100　　B.102　　C.116　　D.105

14.A公司为增值税一般纳税人，采用实际成本法进行存货的日常核算。2018年5月8日购入一批原材料，取得的增值税专用发票上记载的货款是200万元、增值税为32万元，全部款项已用银行存款支付，材料已验收入库。下列有关购入材料的会计分录正确的是（　　）。

A.借：在途物资　232
　　贷：银行存款　232

B.借：原材料　200
　　应交税费——应交增值税（进项税额）　32
　　贷：银行存款　232

C.借：原材料　232
　　贷：银行存款　232

D.借：在途物资　200
　　应交税费——应交增值税（进项税额）　32
　　贷：银行存款　232

15.某企业材料采用计划成本法核算。月初结存材料计划成本为30万元，材料成本差异为节约2万元。当月购入材料一批，实际成本110万元，计划成本120万元，领用材料的计划成本为100万元。该企业当月月末结存材料的实际成本为（　　）万元。

A.48　　B.50　　C.62　　D.46

二、多项选择题

1.企业的库存材料发生盘亏或毁损，应先记入“待处理财产损溢”科目，待查明原因后按情况可分别记入的科目有（　　）。

A.“管理费用”　　B.“营业外支出”　　C.“财务费用”　　D.“其他应收款”

2.下列属于低值易耗品的有（　　）。

A.工具　　B.玻璃器皿

C.经营过程中周转使用的容器　　D.库存商品

3.关于原材料的核算，下列说法正确的有（　　）。

A.原材料总分类账采用三栏式账页

B.原材料明细账应该采用数量金额式账页

C.材料采购明细账应该采用横线式登记法

D.在实际成本法下，尚未验收入库的材料记入“在途物资”科目中

4.发出材料根据用途可能记入的科目有（　　）。

A.“生产成本”　B.“制造费用”　C.“管理费用”　D.“在建工程”

5.发出存货按照先进先出法计价，其特点有（　　）。

A.物价上涨时发出存货的成本比较接近其重置成本

B.物价上涨时避免虚增利润

C.物价上涨发出存货的成本与其重置成本差异较大

D.期末结存数额比较接近实际

6.下列属于存货发出计价方法的有（　　）。

A.实际成本法　B.先进先出法　C.加权平均法　D.个别计价法

7.下列项目中，不计入商品流通企业（增值税一般纳税人）购入商品成本的有（　　）。

A.买价　B.增值税

C.进口关税　D.入库后的挑选整理费

8.下列各项属于企业存货的有（　　）。

A.生产用原材料　B.包装材料　C.自制半成品　D.国外进口的商品

9.下列各项中，关于存货会计处理表述正确的有（　　）。

A.多次使用的低值易耗品，应根据使用次数分次进行摊销

B.金额较小的低值易耗品，可在领用时一次计入成本费用

C.随同商品销售出借的包装物的摊销额，应计入管理费用

D.随同商品出售的包装物取得的成本，应计入其他业务成本

10.某企业为增值税一般纳税人。因管理不善毁损库存原材料一批，其成本为100万元，经确认应转出的增值税为16万元；收回残料价值2万元，收到保险公司赔偿款112万元。假定不考虑其他因素，下列账务处理中正确的有（　　）。

A.批准处理前

借：待处理财产损溢　116

　　贷：原材料　116

B.残料入库

借：原材料　2

　　贷：待处理财产损溢　2

C.确认保险公司赔款

借：其他应收款　112

　　贷：待处理财产损溢　112

D.结转净损益

借：管理费用　2

　　贷：待处理财产损溢　2

11.下列各项中，构成企业委托加工物资成本的有（　　）。

A.加工中实际耗用材料的成本

B.支付的加工费用和往返运杂费

C.收回后直接销售物资的代收代缴消费税

D.收回后继续加工物资的代收代缴消费税

12. 企业通过“库存商品”科目核算的内容包括（　　）。

A.存放在门市部准备出售的商品

B.发出展览的商品

C.寄存在外的商品

D.接受来料加工制造的代制品和为外单位加工修理的代修品，在制造和修理完成后验收入库

13. 下列各项税金中，应计入材料成本的有（　　）。

A.材料委托加工收回后用于连续加工应税消费品已缴的消费税

B.材料委托加工收回后直接出售的已缴的消费税

C.小规模纳税企业购入低值易耗品的增值税

D.小规模纳税企业购入原材料的增值税

14. 下列各项中，属于存货采购成本的有（　　）。

A.采购价格　　B.购买时支付的运杂费

C.运输途中的合理损耗　　D.运输途中因遭受自然灾害发生的损耗

15. 某公司2018年5月31日库存甲材料账面余额为80 000元，预计可变现净值为75 000元，7月31日该批材料账面余额为80 000元，预计可变现净值为78 000元。在此期间，甲材料没有发生购销业务。下列会计分录正确的有（　　）。

A.5月31日：

借：管理费用　　5 000

　　贷：存货跌价准备　　5 000

B.5月31日：

借：资产减值损失——计提的存货跌价准备　　5 000

　　贷：存货跌价准备　　5 000

C.7月31日：

借：存货跌价准备　　3 000

　　贷：资产减值损失——计提的存货跌价准备　　3 000

D.7月31日：

借：资产减值损失——计提的存货跌价准备　　2 000

　　贷：存货跌价准备　　2 000

三、判断题

1.企业在采购材料时，收料在先、付款在后；若材料发票凭证都已收到，可通过“应收账款”科目核算。（　　）

2.对于材料已收到，但月末结算凭证仍未到的业务，不能记入“原材料”科目核算。（　　）

3.在存货的发出计价方法中，企业可以只选择其中的一种来计价，不能同时选择多种方法。（　　）

4.委托其他单位或个人代销的商品仍属于本企业的存货。（　　）

5.在盘存时，只有存放在本企业内的存货才视为企业的存货。（　　）

6.盘盈的存货冲减管理费用；盘亏及毁损的存货，按扣除残料价值和应由保险公司、

过失人赔款后的净损失，作为管理费用核算。（　）

7.移动加权平均法平时在存货明细账上无法反映发出和结存存货的实际成本，因此不利于存货成本的日常管理与控制。（　）

8.在物价持续上升时，采用先进先出法会使发出存货成本偏低，利润偏高。（　）

9.为工程项目储备的各种材料，作为原材料核算。（　）

10.期末存货减值测试中，如以后期间市价有所恢复，也不得转回原已计提的存货跌价准备。（　）

11.增值税一般纳税人企业进口原材料支付的关税、消费税计入存货成本，增值税不计入存货成本；小规模纳税人企业购进原材料支付的增值税计入存货成本。（　）

12.商品流通企业在采购商品过程中发生的运杂费等进货费用，一律计入存货采购成本。（　）

13.随同商品出售而不单独计价的包装物的实际成本记入“销售费用”科目。（　）

14.存货采购入库后发生的储存费用，应在发生时计入当期损益。但是，在生产过程中，为达到下一个生产阶段所必需的仓储费用应计入存货成本。（　）

15.企业领用的低值易耗品，在领用时均应记入“制造费用”科目。（　）

四、业务核算题

1.华立公司（制造企业）2018年6月A材料收发资料见表4-4。

表4-4　原材料明细账

材料名称：A材料　计量单位：千克/元

2018年		凭证		摘要	收入			发出			结存		
月	日		种类号数		数量	单价	金额	数量	单价	金额	数量	单价	金额
6	1			期初余额							500	10	5 000
	2			购入	2 000	12	24 000				2 500		
	10			领用				500			2 000		
	15			购入	1 000	11	11 000				3 000		
	21			领用				1 500			1 500		
	28			购入	1 000	10	10 000				2 500		
	29			领用				500			2 000		
	30			本月合计	4 000		45 000	2 500			2 000		

要求：采用先进先出法、月末一次加权平均法、移动加权平均法分别确定本月发出A材料的实际成本和月末库存材料的实际成本。

2.中西公司是一家制造企业，属增值税一般纳税人，存货采用实际成本法计价。2018年6月发生如下业务：

（1）6月1日收到上月采购的C材料，价款为3 000元，增值税为480元，未发生其他费用，款项上月已经支付，材料已验收入库。

（2）6月2日购入A材料一批，买价为10 000元，增值税为1 600元，途中发生运杂费为1 000元，增值税为100元，各种款项已通过银行转账支付，材料已经验收入库。

（3）6月10日购入B材料一批，买价为5 000元，增值税为800元，对方代垫运杂费500元，增值税为50元，签发一张面值为6 350元的商业汇票给对方，材料尚未收到。

（4）6月15日生产车间领用包装材料一批，实际成本为500元。

（5）6月25日根据本月“发料凭证汇总表”分配材料费用：基本生产车间生产产品领用A材料为5 000元，领用B材料为3 000元；基本生产车间一般消耗领用A材料500元；辅助机修车间领用B材料600元；行政管理部门领用A材料200元，领用B材料为300元；职工食堂领用C材料为1 000元。

（6）6月30日收到采购的C材料，但发票账单未到，款项未支付。企业暂估价为5 000元。

（7）6月30日进行存货清查，盘亏B材料10千克，单价为100元/千克。经查，盘亏是由于收发计量错误造成的。

要求：编制上述业务的会计分录。

3.光明公司是一家制造企业，属增值税一般纳税人，存货采用实际成本法计价。2018年7月发生如下业务：

（1）将上月暂估入账的甲材料20 000元予以冲回。

（2）7月2日收到上月暂估入账的甲材料发票账单，增值税专用发票上注明买价20 000元、增值税为3 200元；运输增值税专用发票上注明运杂费为1 000元、增值税为100元。各种款项已通过银行转账支付。

（3）7月10日向宇辉公司购入乙材料一批，买价为6 000元，增值税为960元；运杂费为600元，增值税为60元。签发面值为7 620元的商业承兑汇票一张，材料尚未收到。

（4）7月15日A产品加工完毕，验收入库，该批入库产品的成本为25 000元。

（5）7月20日售后维修部领用甲材料，计500元。

（6）7月30日结转本月已销A产品的实际成本，计23 680元。

（7）7月30日进行存货清查，盘盈乙材料10千克，单价为200元/千克。经查，盘盈是由于收发计量错误造成的。

要求：编制上述业务的会计分录。

4.西星公司是一家工业生产企业，为增值税一般纳税人，存货采用计划成本法计价，甲材料单位计划成本为每千克2元。2018年6月月初“原材料”“材料成本差异”账户借方余额分别为10 000元和1 600元。“原材料”账户余额中含上月月末暂估入账的甲材料4 000千克，金额为8 000元。2018年6月发生如下业务：

（1）将上月暂估入账的甲材料红字转回。

（2）6月1日收到上月采购的甲材料1 000千克，价款为2 200元，增值税为352元，未发生其他费用，款项上月已经支付，材料验收入库。

（3）6月2日购入甲材料3 000千克，买价为6 900元，增值税为1 104元；途中发生的运费和保险费为200元，增值税为20元。各种款项已经通过银行存款支付，材料已经验收入库。

（4）6月10日购入甲材料1 000千克，买价为2 000元，增值税为320元；对方代垫运杂费为300元，增值税为30元。款项已经通过银行存款支付，但材料尚未入库。

（5）6月15日收到上月入库的甲材料发票等账单，买价为8 400元，增值税为1 344元；途中发生运输费为300元，增值税为30元。开出商业汇票予以支付。

（6）6月25日根据本月“发料凭证汇总表”分配甲材料费用：基本生产车间领用6 000千克，行政管理部门领用1 000千克，在建工程领用1 000千克。

（7）6月30日收到采购的甲材料1 000千克，但是发票账单未到，款项尚未支付。企业暂估价为2 000元。

（8）6月30日进行存货清查，盘亏甲材料20千克。经查，盘亏是由于收发计量错误造成的。

要求：根据上述业务编制相关的会计分录，并计算本月材料成本差异率、本月发出材料应负担的成本差异。

5.乙企业为增值税一般纳税人，材料按计划成本法核算。A材料单位计划成本为每千克20元。该企业2018年8月有关资料如下：“原材料”账户月初借方余额50 000元，“材料成本差异”账户月初借方余额1 000元，“材料采购”账户月初借方余额23 200元（上述账户核算的均为A材料）。2018年8月乙企业发生如下业务：

（1）8月6日，企业上月已付款的A材料1 200千克如数收到，已验收入库。

（2）8月10日，从外地丙公司购入A材料5 000千克，增值税专用发票注明的材料价款为101 000元，增值税为16 160元，企业已用银行存款支付上述款项，材料尚未到达。

（3）8月18日，从丙公司购入的A材料到达，验收入库时发现短缺30千克，经查为途中定额内自然损耗。按实收数量验收入库。

（4）8月21日，从丁公司购入A材料3 000千克，货款为60 500元，保险费为200元，入库前的挑选整理费为300元，款项以银行存款支付。

（5）8月25日，收到从丁公司购入的A材料。

（6）8月30日，汇总本月发料凭证，共发出A材料8 000千克，全部用于产品生产。

要求：根据上述业务编制相关的会计分录，并计算本月材料成本差异率、本月发出材料应负担的成本差异。

6.星光公司周转材料包括低值易耗品和包装物两大类。其中：低值易耗品采用五五摊销法核算，包装物采用一次摊销法核算。2018年5月至7月发生如下业务：

（1）5月10日企业行政管理部门领用办公桌10张，每张办公桌实际成本560元，12月月末报废4张，收回残料100元。

（2）5月15日出租包装物一批，领出新包装物20件，成本2 000元，收取押金5 800元，已存入银行。每月每件包装物租金34.8元，在退回包装物时从押金中扣回。7月底收回包装物，其中：10件可继续使用，8件已损坏（残料估价80元，已验收入库），另2件丢失。按规定租金标准收取3个月的租金，损坏和丢失的没收押金，其余押金退回。

要求：根据上述业务编制相关会计分录。

7.甲企业发出实际成本为1 400 000元的原材料，委托乙企业加工成半成品，收回后用于连续生产应税消费品。甲企业和乙企业均为增值税一般纳税人，甲企业根据乙企业开具的增值税专用发票向乙企业支付加工费40 000元和增值税6 400元，另支付消费税160 000元。

要求：

（1）计算收回加工物资的实际成本。

（2）编制甲企业从发出加工材料、支付加工费及增值税等相关税费到收回加工物资的一系列会计分录。

8.北苑公司有A、B、C、D四种存货，按其性质的不同划分为甲、乙两大类。各种存货的成本与可变现净值见表4-5。

表4-5 各种存货的成本与可变现净值 单位：元

项目	成本	可变现净值
甲类存货		
A存货	3 000	2 800
B存货	3 600	3 800
甲类存货小计	6 600	6 600
乙类存货		
C存货	6 100	6 400
D存货	5 500	5 100
乙类存货小计	11 600	11,500
合计	18 200	18 100

要求：

（1）采用单项比较法和分类比较法分别确定期末存货价值及可变现净值低于账面成本的金额。

（2）假设A、B、C三种存货的“存货跌价准备”账户均无余额，D类存货“存货跌价准备”账户有期初贷方余额为100元，按单项计提存货跌价准备。

9.甲公司为增值税一般纳税人，增值税税率为16%。生产中所需W材料按实际成本核算，采用月末一次加权平均法计算和结转发出材料成本。2018年6月1日，W材料结存1 400千克，账面余额为3 850 000元，未计提存货跌价准备。甲公司2018年6月发生的与W材料有关的业务如下：

（1）6月3日，持银行汇票3 000 000元购入W材料800千克，增值税专用发票上注明的货款为2 160 000元、增值税为345 600元；对方代垫包装费18 000元。材料已验收入库，剩余票款退回并存入银行。

（2）6月6日，签发一张商业承兑汇票购入W材料590千克，增值税专用发票上注明的货款为1 630 000元、增值税为260 800元；对方代垫保险费4 000元。材料已验收入库。

（3）6月10日，收到乙公司作为资本投入的W材料5 000千克，并验收入库。投资合同约定该批原材料价值（不含可抵扣的增值税进项税额）为14 150 000元，增值税进项税额为2 264 000元，乙公司开具增值税专用发票。假定合同约定的价值与公允价值相等，未发生资本溢价。

（4）6月20日，销售W材料一批，开出增值税专用发票上注明的售价为1710 000元、增值税为273 600元，款项已由银行收妥。

（5）6月30日，因自然灾害毁损W材料50千克，成本为140 000元，该批材料购入时支付的增值税为22 400元。经保险公司核定应赔偿100 000元，款项尚未收到，其余损失已经有关部门批准处理。

（6）6月发出材料情况如下：

①生产车间领用W材料2 000千克，用于生产A产品20件、B产品10件；A产品每件消耗定额为24千克，B产品每件消耗定额为52千克，材料成本在A、B产品之间按照定额消耗量比例进行分配。车间管理部门领用700千克；企业行政管理部门领用450千克。

②委托加工一批零部件，发出W材料100千克。

③6月20日对外销售发出W材料600千克。

（7）6月30日，W材料的预计可变现净值为1 000万元。

假定除上述资料外，不考虑其他因素。

要求：

（1）编制甲公司第（1）至（4）项业务的会计分录。

（2）计算甲公司6月W材料的加权平均单位成本。

（3）①编制甲公司第（5）项业务的会计分录；②计算甲公司A产品、B产品应分配的W材料成本；③编制甲公司第（6）项结转发出材料成本的会计分录。

（4）计算甲公司6月30日W材料账面余额。

（5）计算甲公司6月30日W材料计提的存货跌价准备，并编制会计分录。

（6）计算甲公司6月30日W材料应计入资产负债表“存货”项目的金额。

项目五

固定资产核算

知识目标

1.掌握固定资产的确认标准和计价基础；
2.掌握不同取得方式下固定资产入账价值的构成及其会计处理；
3.掌握固定资产计提折旧的原则、计算方法和会计核算方法；
4.熟悉固定资产后续支出、固定资产减少、固定资产期末计价及固定资产减值准备的计提方法。

能力目标

1.能正确识别和审核固定资产采购发票、运输费用凭证、保险单据、安装费用凭证、工程验收报告、租赁协议等业务单据；
2.能根据固定资产取得、折旧计提、处置、清查、期末计价等业务所涉及的原始凭证准确编制记账凭证，并登记相应的固定资产卡片和总账。

项目导言

固定资产是企业重要的资产项目，本项目主要介绍固定资产业务的核算环节，相关的核算方法及其对会计报表信息的影响。

任务1 固定资产取得的核算

任务描述

1.根据固定资产确认条件，正确区分固定资产与低值易耗品等存货资产；
2.准确划分固定资产类别，为组织固定资产明细分类核算提供依据；
3.确定固定资产的入账价值；
4.运用固定资产等账户核算不同取得方式的固定资产业务；
5.设置固定资产明细账登记固定资产取得业务；
6.准确运用固定资产业务核算科目进行各类业务的账务处理。

知识准备

企业的经营性质不同，经营规模各异，对固定资产的确认标准不可能完全一致。《企业会计准则第4号——固定资产》要求企业按照固定资产的定义和确认条件，考虑企业的具体情形加以判断。通常，我国将不符合固定资产定义的耐用经营资料作为低值易耗品，列作存货管理。另外，由于我国在法律上不允许将土地作为商品买卖，因此企业无法取得土地的所有权，只能取得土地的使用权，因此在会计上，土地使用权应作为无形资产处理。

一、固定资产核算概述

（一）固定资产的定义与特点

1.固定资产的定义

固定资产，是指使用期限较长，单位价值比较高，并在其使用过程中保持原有实物形态的资产。固定资产是企业生产经营活动的主要劳动资料。企业的固定资产项目，如厂房、机器设备和生产工具等通常是企业资产中最重要的组成部分。企业在经营过程中通过运用这些资产项目，生产产品、销售商品和提供劳务，维持企业的日常经营活动，以赚取收益。

2.固定资产的特点

固定资产具有以下特点：

（1）为生产产品、销售商品、提供劳务、出租或者经营管理而持有，而非用于销售。无论是制造企业的厂房、仓库、机器设备，还是商品流通企业的销售场所、运输设施、计量设备，企业获取并持有固定资产的共同目的都是在经营过程中使用固定资产。所以，企业用于向客户运送商品的汽车是固定资产，汽车经销商准备销售的汽车则是存货。

（2）使用寿命超过一个会计期间。使用寿命，是指企业使用固定资产的预计期间，或者该固定资产所能生产产品或者提供劳务的数量。这一特征表明，企业为获得固定资产并把它投入生产经营而发生的支出，属于资本性支出而不是收益性支出。

（3）具有实物外部形态。固定资产是具有实物形态的长期资产，有别于如专利权等无形资产。固定资产的物质形态，不会由于使用和成本分摊而改变，不会成为企业商品或产品的组成部分，从而又有别于原材料等流动资产（经过生产加工，其价值和外部形态会发生转移和变化，成为在产品和产成品的组成部分）。

（二）固定资产的分类

企业可以根据自身的管理需要和核算要求，按不同的标准对固定资产进行分类。

1.按固定资产的经济用途分类

按固定资产的经济用途分类，可分为生产经营用固定资产和非生产经营用固定资产。

（1）生产经营用固定资产，是指直接服务于生产、经营过程的各种固定资产，如生产经营用的房屋、建筑物、机器、设备、器具、工具等。

（2）非生产经营用固定资产，是指不直接服务于生产、经营过程的各种固定资产，如职工宿舍、食堂、浴室、理发室等使用的房屋、设备和其他固定资产等。

2.按固定资产的使用情况分类

按固定资产的使用情况分类，可分为使用中固定资产、未使用固定资产和不需用固定资产。

（1）使用中固定资产，是指正在使用中的生产经营用和非生产经营用固定资产。由于季节性生产经营或修理等原因，暂时停止使用的固定资产仍属于企业使用中固定资产，企业出租（指经营性租赁）给其他单位使用的固定资产和内部替换使用的固定资产也属于使用中的固定资产。

（2）未使用固定资产，是指已完工或已购建的尚未正式使用的新增固定资产，以及因进行改建、扩建等原因暂停使用的固定资产。

（3）不需用固定资产，是指本企业多余或不适用的各种固定资产。

3.按固定资产的所有权分类

按固定资产的所有权分类，可分为自有固定资产和租入固定资产。

（1）自有固定资产，是指企业拥有的可供企业自由支配使用的固定资产，如厂房、生产经营用的机器等。

（2）租入固定资产，是指企业采用租赁方式从其他单位租入的固定资产，如企业从外单位租入的生产设备。企业对租入固定资产依照租赁合同拥有使用权，同时负有支付租金的义务，但资产的所有权仍属于出租单位。租入固定资产可分为经营性租入固定资产和融资性租入固定资产。

4.结合固定资产的经济用途和使用情况综合分类

采用综合标准分类，可把企业的固定资产分为七大类：

（1）生产经营用固定资产；

（2）非生产经营用固定资产；

（3）租出固定资产；

（4）不需用固定资产；

（5）未使用固定资产；

（6）土地；

（7）融资租入固定资产。

其中：租出固定资产，是指在经营租赁方式下出租给外单位使用的固定资产；土地，是指过去已经估价单独入账的土地，因征地而支付的补偿费应计入与土地有关的房屋、建筑物的价值内，不单独作为土地价值入账，企业取得的土地使用权不能作为固定资产管理；融资租入固定资产，是指企业以融资租赁方式租入的固定资产，在租赁期内，应视同自有固定资产进行管理。

二、固定资产核算的科目设置

为了反映和监督固定资产的取得、计提折旧和处置等情况，企业一般需要设置“固定资产”“累计折旧”“在建工程”“工程物资”“固定资产清理”“资产处置损益”等科目。

（一）“固定资产”科目

“固定资产”科目，核算企业持有的固定资产原价。该账户借方登记企业增加固定资产的原价，贷方登记企业减少固定资产的原价，期末借方余额，反映企业期末固定资产的账面原价。企业应当设置“固定资产登记簿”和“固定资产卡片”，按固定资产类别、使用部门和每项固定资产进行明细分类核算。

（二）“累计折旧”科目

“累计折旧”科目属于“固定资产”的调整科目，核算企业固定资产的累计折旧。该账户贷方登记企业计提的固定资产折旧，借方登记处置固定资产转出的累计折旧，期末贷方余额，反映企业固定资产的累计折旧额。

（三）“在建工程”科目

“在建工程”科目核算企业进行基建、更新改造等在建工程发生的支出。该账户属于资产类，借方登记工程发生的实际支出，贷方登记结转完工工程的实际成本，期末借方余额，反映企业尚未达到预定可使用状态的在建工程的成本。该账户可按“建筑工程”“安装工程”“在安装设备”“待摊支出”以及单项工程等进行明细分类核算。

（四）“工程物资”科目

“工程物资”科目核算企业为在建工程而准备的各种物资的实际成本。该账户借方登记企业购入工程物资的成本，贷方登记领用工程物资的成本，期末借方余额反映企业为在建工程准备的各种物资的成本。

（五）“固定资产清理”科目

“固定资产清理”科目核算企业因出售、报废、毁损、对外投资、非货币性资产交换、债务重组等原因转出的固定资产价值，以及在清理过程中发生的费用等。该账户借方登记转出的固定资产账面价值、清理过程中应支付的相关税费及其他费用，贷方登记固定资产清理完成的处理以及收到的固定资产处置价款或赔偿款。如果期末为借方余额，则反映企业尚未清理完毕的固定资产清理净损失；如果期末为贷方余额，则反映企业尚未清理完毕的固定资产清理净收益。企业应当按照被清理的固定资产项目设置明细账，进行明细分类核算。

(六)“资产处置损益”科目

“资产处置损益”科目核算企业出售划分为持有待售的非流动资产（金融工具、长期股权投资和投资性房地产除外）或处置组时确认的处置利得或损失，以及处置未划分为持有待售的固定资产、在建工程、生产性生物资产及无形资产而产生的处置利得或损失。债务重组中因处置非流动资产产生的利得或损失和非货币性资产交换产生的利得或损失也在本科目的核算范围之内。该账户属于损益类，借方登记从“固定资产清理”账户中结转形成的资产处置损失，贷方登记从“固定资产清理”账户中结转形成的资产处置利得。期末，应将其借方或贷方余额转入“本年利润”科目的借方或贷方，结转后该科目无余额。

此外，企业固定资产、在建工程、工程物资发生减值的，还应当设置“固定资产减值准备”“在建工程减值准备”“工程物资减值准备”等科目进行核算。

三、固定资产取得的核算

固定资产取得的主要来源是购买和建造，接受投资者投入、捐赠、盘盈也会导致固定资产增加。

(一) 固定资产取得成本的确定

由于固定资产的来源渠道不同，其取得成本的构成也就有所不同。

1.企业外购固定资产的成本

企业外购的固定资产，应按实际支付的购买价款、相关税费、使固定资产达到预定可使用状态前所发生的可归属于该项资产的运输费、装卸费、安装费和专业人员服务费等，作为固定资产的取得成本。

企业购入不需安装的固定资产，应按实际支付的购买价款、相关税费、使固定资产达到预定可使用状态前所发生的可归属于该项资产的运输费、装卸费和专业人员服务费等，作为固定资产的取得成本。

企业购入需要安装的固定资产，应在购入的固定资产取得成本的基础上加上安装调试成本等，作为固定资产的取得成本。

企业以一笔款项购入多项没有单独标价的固定资产，应将各项资产单独确认为固定资产，并按各项固定资产公允价值的比例对总成本进行分配，分别确定各项固定资产的成本。

2.自行建造固定资产的成本

自行建造固定资产的成本，应当按照建造该项资产达到预定可使用状态前所发生的必要支出，作为固定资产的成本。

3.投资者投入固定资产的成本

投资者投入固定资产的成本，应当按照投资合同或协议约定的价值来确定，但合同或协议约定价值不公允的除外。

4.非货币性资产交换、债务重组、企业合并和融资租赁所取得的固定资产成本

非货币性资产交换、债务重组、企业合并和融资租赁所取得的固定资产成本，应当分别按照《企业会计准则第7号——非货币性资产交换》《企业会计准则第12号——债务重组》《企业会计准则第20号——企业合并》《企业会计准则第21号——租赁》确定。

5.固定资产的后续支出

固定资产的后续支出，是指固定资产在使用过程中所发生的更新改造支出、修理费用等。固定资产的更新改造等后续支出，满足以下条件的，应当计入固定资产成本：

（1）与该固定资产有关的经济利益很可能流入企业；

（2）该固定资产的成本能够可靠地计量。

如有被替换的部分，应扣除其账面价值；不满足上述条件的固定资产修理费用等，应当在发生时计入当期损益。

6.盘盈的固定资产

盘盈的固定资产，按以下规定确定其入账价值：

（1）同类或类似固定资产存在活跃市场的，按同类或类似固定资产的市场价格，减去按该项资产的新旧程度估计的价值损耗后的余额，作为入账价值；

（2）同类或类似固定资产不存在活跃市场的，按该项固定资产的预计未来现金流量现值作为入账价值。

（二）外购固定资产的核算

1.购入不需要安装的固定资产

购入不需要安装的固定资产，企业可以立即投入使用，因此，会计处理比较简单，只按照确定的取得成本借记“固定资产”科目，支付的增值税符合抵扣条件的，借记“应交税费——应交增值税（进项税额）”科目，贷记“银行存款”等科目。

【做中学5-1】黄河实业股份有限公司2018年7月8日购入一台不需要安装的设备，发票上注明设备价款30 000元，增值税4 800元。支付运杂费1 200元，增值税120元。全部款项通过银行转账支付。该公司编制会计分录如下：

借：固定资产	31 200	
应交税费——应交增值税（进项税额）	4 920	
贷：银行存款		36 120

2.购入需要安装的固定资产

购入需要安装的固定资产，先通过“在建工程”科目进行核算，待安装完毕达到预定可使用状态时，再由“在建工程”科目转入“固定资产”科目。

【做中学5-2】黄河实业股份有限公司2018年7月10日购入一台需要安装的设备，取得的增值税专用发票上注明的设备买价为20 000元、增值税为3 200元。支付运杂费400元，增值税40元。安装设备时，领用库存材料价值600元，购进该批材料时支付增值税96元，支付工资1 000元。该公司编制会计分录如下：

（1）支付设备价税和运杂费时：

借：在建工程——安装工程	20 400	
应交税费——应交增值税（进项税额）	3 240	
贷：银行存款		23 640

（2）领用安装材料和支付工资等费用时：

借：在建工程——安装工程	1 600	
贷：原材料		600
应付职工薪酬		1 000

（3）设备安装完毕交付使用时：

借：固定资产 22 000

贷：在建工程——安装工程 22 000

（三）自行建造固定资产的核算

自行建造的固定资产分为自营工程和出包工程两种方式，企业应通过“在建工程”账户分别核算。

1. 自营工程

自营工程，是指企业自行组织工程物资采购、自行组织施工人员施工的建筑工程和安装工程。购入工程物资时，借记“工程物资”科目，贷记“银行存款”等科目。领用工程物资、原材料或库存商品的，借记“在建工程”科目，贷记“工程物资”“原材料”“库存商品”等科目。涉及增值税的，还应进行相应的处理。采用计划成本核算的，需同时结转应分摊的成本差异。自营工程发生的其他费用（如分配工程人员工资等），借记“在建工程”科目，贷记“应付职工薪酬”“银行存款”等科目。自营工程达到预定可使用状态时，按其成本，借记“固定资产”科目，贷记“在建工程”科目。

【提示】增值税一般纳税人2016年5月1日后取得并在会计制度上按固定资产核算的不动产以及2016年5月1日后发生的不动产在建工程，其进项税额应按照有关规定分两年从销项税额中抵扣，第一年抵扣比例为60%，第二年抵扣比例为40%。

【做中学5-3】黄河实业股份有限公司（增值税一般纳税人）决定自2018年6月1日起历时半年自行建造一座仓库。6月2日购入为工程准备的各种物资80 000元，支付增值税12 800元，全部用于仓库建造。此外，在建造过程中先后领用企业生产用的原材料一批，实际成本12 000元，增值税1 920元（已抵扣）；领用企业自产的水泥一批，实际成本18 000元，其耗用的原材料对应的进项税额为2 400元（已抵扣）；建造期间应支付工程人员工资20 000元，企业辅助生产车间为工程提供有关劳务支出4 000元，2018年12月工程完工交付使用。

该公司编制会计分录如下：

（1）购入为工程准备的物资时：

借：工程物资 80 000

应交税费——应交增值税（进项税额） 7 680

——待抵扣进项税额 5 120

贷：银行存款 92 800

（2）工程领用物资时：

借：在建工程——仓库 80 000

贷：工程物资 80 000

（3）工程领用原材料时：

借：在建工程——仓库 12 000

应交税费——待抵扣进项税额 768

贷：原材料 12 000

应交税费——应交增值税（进项税额转出） 768

【提示】购进时已全额抵扣进项税额的货物和服务，转用于不动产在建工程的，其已抵扣进项税额的40%部分，应于转用当期从进项税额中扣减，计入待抵扣进项税额，并于转用的当月起第13个月从销项税额中抵扣。

（4）工程领用企业自产的产品时：

借：在建工程——仓库　18 000

　　贷：库存商品　18 000

同时，根据现行增值税制度的规定，核算领用的水泥的进项税额中以后期间可抵扣的部分（40%）。

借：应交税费——待抵扣进项税额　（2 400×40%）960

　　贷：应交税费——应交增值税（进项税额转出）　960

（5）计提应支付给工程人员工资时：

借：在建工程——仓库　20 000

　　贷：应付职工薪酬——工资　20 000

（6）辅助生产车间为工程提供劳务支出时：

借：在建工程——仓库　4 000

　　贷：生产成本——辅助生产成本　4 000

（7）工程完工交付使用时：

借：固定资产——仓库　134 000

　　贷：在建工程——仓库　134 000

2.出包工程

出包工程，是指企业通过招标方式将工程项目发包给建造承包商，由建造承包商组织施工的建筑工程和安装工程。企业采用出包方式进行的固定资产工程，其工程的具体支出主要由建造承包商核算。在这种方式下，“在建工程”科目主要是反映企业与建造承包商办理工程价款结算的情况，企业支付给建造承包商的工程价款作为工程成本，通过“在建工程”科目核算。企业按合理估计的发包工程进度和合同规定向建造承包商结算的进度款，借记“在建工程”科目，贷记“银行存款”等科目；工程完成时，按合同补付的工程款，借记“在建工程”科目，贷记“银行存款”等科目；工程达到预定可使用状态时，按其成本，借记“固定资产”科目，贷记“在建工程”科目。

【做中学5-4】2018年6月黄河实业股份有限公司以出包方式建造一座仓库，合同总金额1 500 000元，按照与承包单位签订的承包合同的规定，公司需预先支付工程款1 000 000元，增值税100 000元，剩余工程款及增值税于工程完工决算时补付。

（1）按合同规定时间预付工程款时：

借：在建工程——仓库　1 000 000

　　应交税费——应交增值税（进项税额）——仓库　60 000

　　　　　　——待抵扣进项税额——仓库　40 000

　　贷：银行存款　1 100 000

一年后，结转待抵扣进项税额时：

借：应交税费——应交增值税（进项税额）——仓库　40 000

　　贷：应交税费——待抵扣进项税额——仓库　40 000

（2）工程完工补付剩余工程款时：

借：在建工程——仓库　500 000
　　应交税费——应交增值税（进项税额）——仓库　30 000
　　　　　　——待抵扣进项税额——仓库　20 000
　　贷：银行存款　550 000
一年后，结转待抵扣进项税额时：
借：应交税费——应交增值税（进项税额）——仓库　20 000
　　贷：应交税费——待抵扣进项税额——仓库　20 000
（3）工程完工达到预定可使用状态，计算并结转工程成本时：
借：固定资产——仓库　1 500 000
　　贷：在建工程——仓库　1 500 000

任务举例

【工作实例5-1】取得固定资产核算

甲企业为增值税一般纳税人。2018年8月，甲企业因生产需要，决定采用自营方式建造一座材料仓库。相关资料如下：

（1）2018年8月5日，购入工程用专项物资200 000元，增值税32 000元，该批专项物资已验收入库，款项用银行存款付讫。

（2）领用上述专项物资，用于建造仓库。

（3）领用本单位生产的水泥一批用于工程建设，该批水泥成本为20 000元，其耗用的原材料对应的进项税额为3 200元（已抵扣）。

（4）领用本单位外购原材料一批用于仓库建造工程，原材料实际成本10 000元，增值税1 600元（已抵扣）。

（5）2018年8月至10月，应付工程人员工资20 000元，用银行存款支付其他费用9 200元。

要求：计算该仓库的入账价值并编制甲企业2018年度与上述业务相关的会计分录。

【工作过程】

第一步，核算购入的工程物资。

借：工程物资　200 000
　　应交税费——应交增值税（进项税额）　19 200
　　　　　　——待抵扣进项税额　12 800
　　贷：银行存款　232 000
一年后，结转待抵扣进项税额：
借：应交税费——应交增值税（进项税额）——仓库　12 800
　　贷：应交税费——待抵扣进项税额——仓库　12 800

第二步，核算领用的工程物资。

借：在建工程——仓库　200 000
　　贷：工程物资　200 000

第三步，核算工程领用企业自产的产品。

借：在建工程——仓库　20 000

贷：库存商品　20 000

同时，根据现行增值税制度的规定，核算领用水泥的进项税额中以后期间可抵扣的部分（40%）。

借：应交税费——待抵扣进项税额——仓库　（3 200×40%）1 280

　贷：应交税费——应交增值税（进项税额转出）　1 280

一年后，结转待抵扣进项税额：

借：应交税费——应交增值税（进项税额）——仓库　1 280

　贷：应交税费——待抵扣进项税额——仓库　1 280

第四步，核算工程领用生产用的原材料（原材料改变用途，原抵扣的进项税额需转出其中的40%作为不动产在建工程的待抵扣进项税额）。

借：在建工程——仓库　10 000

　应交税费——待抵扣进项税额——仓库　640

　贷：原材料　10 000

　　应交税费——应交增值税（进项税额转出）　640

一年后，结转待抵扣进项税额：

借：应交税费——应交增值税（进项税额）——仓库　640

　贷：应交税费——待抵扣进项税额——仓库　640

第五步，核算应支付的工程人员工资及其他费用。

借：在建工程——仓库　29 200

　贷：应付职工薪酬　20 000

　　银行存款　9 200

第六步，工程完工达到预定可使用状态，计算并结转工程成本。

固定资产入账价值=200 000+20 000+10 000+29 200=259 200（元）

借：固定资产——仓库　259 200

　贷：在建工程——仓库　259 200

任务2　固定资产折旧核算

任务描述

1. 确定固定资产折旧的范围；
2. 根据规定选用适当的折旧方法按月计算确定各类固定资产的折旧额；
3. 编制固定资产折旧计提表；
4. 完成固定资产折旧的账务处理。

知识准备

固定资产会在连续多个经营周期内参与企业的生产经营活动。在这个过程中，固定资产一方面会为企业带来收益，另一方面其价值因为使用或技术等原因而逐渐损耗和贬值。

这部分损耗应当在固定资产的有效使用年限内逐期进行合理、系统的分摊，从而形成折旧费用，计入各期成本和费用，并从各期的收益中得到补偿，转化为货币资金。

一、固定资产折旧概述

（一）折旧的性质

尽管固定资产在为企业提供服务、带来利益的过程中不会改变它的实物形态，但是在这一过程中会使固定资产发生磨损，降低其自身的价值，直至固定资产报废。因此，按权责发生制的记账基础，同时也为了使收入与费用合理配比，应该根据固定资产在各个会计期间的使用程度，将其成本分摊到各个使用期间，转化为各个会计期间的费用。由于固定资产的磨损程度很难进行精确的衡量，因此只能人为地制定出一些相对合理的方法，将固定资产的成本系统地分配到各个会计期间。这就是折旧的过程，各期分配的成本称为折旧费用。

（二）影响折旧的因素

企业应当在固定资产的使用寿命内，按照确定的方法对应计折旧额进行系统分摊。所谓应计折旧额，是指该项固定资产在整个使用期间将会转移到成本费用中的总金额，即应当计提折旧的固定资产原价扣除其预计净残值后的金额，已计提减值准备的固定资产，还应当扣除已计提的固定资产减值准备累计金额。它是计算各期应计固定资产折旧额的基础。一般而言，影响计提折旧的因素主要有以下几个方面：

1.固定资产原价

固定资产原价，是指固定资产的成本。

2.固定资产预计净残值

固定资产预计净残值，是指假定固定资产预计使用寿命已满并处于使用寿命终了时的预期状态，企业目前从该项资产处置中获得的扣除处置费用后的金额。预计净残值估计的准确与否直接影响各期折旧额的高低，从而进一步影响各期利润计算的准确性。

3.固定资产的使用寿命

固定资产的使用寿命，是指企业使用固定资产的预计期间，或者该固定资产所能生产产品或提供劳务的数量。企业确定固定资产使用寿命时，要考虑以下情况：该资产的预计生产能力或实物产量；该项资产预计的有形损耗，如设备使用中的磨损等；该项资产预计的无形损耗，如新技术出现使现有的资产技术水平相对陈旧等；法律或类似规定对该项资产使用的限制。

4.固定资产减值准备

固定资产减值准备，是指固定资产已计提的固定资产减值准备累计金额。企业应当根据固定资产的性质和使用情况，合理确定固定资产的使用寿命和预计净残值。在报经股东大会或董事会、经理（厂长）会议或类似机构批准后，作为计提折旧的依据，并按照法律、行政法规的规定报送有关各方备案。固定资产的使用寿命、预计净残值一经确定，不得随意变更。如需变更，应当按照一定程序，经批准后报送有关各方备案，并在会计报表附注中予以说明。

（三）固定资产计提折旧的范围

1.计提折旧的固定资产

计提折旧的固定资产主要包括以下各项：

（1）房屋和建筑物。

（2）机器设备、仪器仪表、运输车辆、工具器具（在使用、未使用、不需用的均需计提折旧，其中未使用、不需用的固定资产的折旧费计入管理费用）。

（3）季节性停用和大修理停用的固定资产。

（4）融资租入和以经营租赁方式租出的固定资产。

（5）已达到预定可使用状态的固定资产，如果在年度内尚未办理竣工决算，应当按照估计价值暂估入账，并计提折旧；待办理了竣工决算手续后，再按照实际成本调整原来的暂估价值，同时调整原已计提的折旧额。

2.不计提折旧的固定资产

下列固定资产不计提折旧：

（1）已提足折旧仍继续使用的固定资产；提前报废的固定资产，不再补提折旧。

（2）按规定单独估价作为固定资产入账的土地。

（四）固定资产折旧计提时间的规定

企业一般按月计提折旧，如果当月发生固定资产增减变动，相关折旧计提的起始和终止时间采用“下月原则”，即当月增加的固定资产，当月不提折旧，从下月开始计提；当月减少的固定资产，当月照提折旧，从下月起停止计提折旧。

【提示】企业至少应当于每年年度终了，对固定资产的使用寿命、预计净残值和折旧方法进行复核。使用寿命预计数和预计净残值预计数与原先估计数有差异的，应当调整固定资产使用寿命和预计净残值。与固定资产有关的经济利益预期实现方式有重大改变的，应当改变固定资产折旧方法。固定资产使用寿命、预计净残值和折旧方法的改变应当作为会计估计变更进行会计处理。

二、固定资产的折旧方法

固定资产的折旧方法，是指将固定资产成本在其使用期限内合理、系统地进行分配的方法。企业应当根据与固定资产有关的经济利益的预期实现方式，合理选择固定资产的折旧方法。按企业会计准则的规定，目前可选用的折旧方法主要有两大类：平均折旧法和加速折旧法。

（一）平均折旧法

平均折旧法，是指特定单位所分摊的折旧数额是相等的。这个特定单位可以是一个会计期间，也可以是一个单位工作量。按会计期间进行平均分配的方法就叫年限平均法；按工作量进行平均分配的方法叫工作量法。

1.年限平均法

年限平均法也叫直线法，是一种将固定资产的应计折旧成本平均分配于预期使用年限的一种折旧方法。在年限平均法下，每一会计期间分摊的固定资产折旧额相等，形成一条直线函数，所以又称直线法。其计算公式为：

年折旧额=（固定资产原价-预计净残值）÷预计使用寿命（年）

年折旧率=（1-预计净残值率）÷预计使用寿命（年）

月折旧率=年折旧率÷12

月折旧额=固定资产原值×月折旧率=固定资产年折旧额÷12

微课：年限平均法

【做中学5-5】西沙企业有一幢厂房，原值为1 200 000元，预计使用20年，预计净残值率为4%。该厂房的年折旧率、月折旧率和月折旧额计算如下：

年折旧率=（1−4%）÷20=4.8%

月折旧率=4.8%÷12=0.4%

年折旧额=1 200 000×4.8%=57 600（元）

月折旧额=1 200 000×0.4%=4 800（元）

年限平均法是应用最广泛的一种折旧方法。其优点是直观、计算简单。但这种折旧方法也存在着一定缺点：由于该方法侧重于时间因素，因而忽视了固定资产利用程度的影响，没有考虑各期磨损程度不同的事实。因此，不能充分反映有形损耗因素的影响。

2.工作量法

对于在各个会计期间使用程度很不均衡的固定资产，应考虑各期使用程度的大小计提折旧费用，这种以实际工作量为基础计提折旧的方法就是工作量法。工作量法弥补了年限平均法只重使用时间、不考虑使用强度的不足。

微课：工作量法

在工作量法下，按工作量平均分配固定资产应计折旧总额于各个受益期，即单位工作量分配的折旧额是相等的。但是各期分摊的折旧数会随着实际发生的工作量的不同而不同：如果某一期间的作业量大，计提的折旧额也就应该大；反之，计提的折旧额就小。这不仅符合这类固定资产的实物磨损假设，而且也符合收入费用配比的原则。因为当期的作业量大，也意味着当期创利贡献多。

工作量法的折旧计算公式为：

单位工作量折旧额=［固定资产原价×（1−预计的净残值率）］÷预计总工作量

某项固定资产月折旧额=该项固定资产当月工作量×单位工作量折旧额

【做中学5-6】黄河实业股份有限公司有货运卡车一辆，原值200 000元，预计净残值率为5%，预计行驶里程为800 000千米，当月行驶里程为5 000千米。

单位行驶里程折旧额=200 000×（1−5%）÷800 000=0. 2375（元/千米）

本月折旧额=5 000×0.2375=1 187.50（元）

工作量法比较适合那些以实物磨损为主的固定资产。但是，由于要计算单位作业量应分摊的折旧额，就必须预先估计出固定资产在预计使用期内所能提供的工作总量。而这一数额在现实中很难客观地加以估计，带有较大的主观随意性，因此这种方法并不常用。

（二）加速折旧法

加速折旧法也称为递减折旧法，采用加速折旧法会在固定资产使用的早期多提折旧，之后每期的折旧额逐期递减。加速折旧法主要包括双倍余额递减法和年数总和法。

1.双倍余额递减法

双倍余额递减法是在不考虑固定资产预计净残值的情况下，根据每期期初固定资产账面净值乘以两倍的直线法折旧率来计算固定资产折旧的一种方法。具体计算公式为：

年折旧率=2÷预计使用寿命（年）×100%

月折旧率=年折旧率÷12

年折旧额=每年年初固定资产账面净值×年折旧率

月折旧额=每月月初固定资产账面净值×月折旧率

【注意】在采用双倍余额递减法时，为了避免固定资产的账面净值降低到其预计净残值以下，通常在固定资产折旧年限到期前两年内，将固定资产净值扣除预计净残值后的余额平均摊销，即最后两年改用直线法。

【做中学5-7】黄河实业股份有限公司某项固定资产原值为60 000元，预计净残值为2 000元，预计使用年限为5年，采用双倍余额递减法计提折旧。

微课：双倍余额递减法

年折旧率及各年折旧额的计算见表5-1。

表5-1 双倍余额递减法折旧额的计算 金额单位：元

年份 （1）	年初账面价值 （2）=上年（6）	年折旧率（3）	年折旧额 （4）=（2）×（3）	累计折旧额 （5）=上年（5）+（4）	年末账面价值 （6）=（2）－（4）
1	60 000	40%	24 000	24 000	36 000
2	36 000	40%	14 400	38 400	21 600
3	21 600	40%	8 640	47 040	12 960
4	12 960		5 480	52 520	7 480
5	7 480		5 480	58 000	2 000

在实务中，采用双倍余额递减法计提折旧时，在固定资产使用寿命的最后两年里，将扣除预计净残值后的固定资产净值平均摊销。在本例中，最后两年的折旧额为5 480元（（12 960−2 000）÷2）。

可见，与前两种平均折旧法不同，使用双倍余额递减法计算折旧时采用了递减的折旧基数和固定的折旧率，因此每期的折旧额是递减的。

2.年数总和法

年数总和法是将固定资产的应计折旧总额，即原值减去预计净残值后的净额，乘以一个逐年递减的折旧率计算每年折旧额的一种方法。具体计算公式为：

年折旧率=（预计使用寿命−已使用年限）÷［预计使用寿命×（预计使用寿命+1）÷2］

=尚可使用年限÷预计使用年限的年数总和

年折旧额=（固定资产原价−预计净残值）×年折旧率

月折旧额=（固定资产原价−预计净残值）×月折旧率

【做中学5-8】沿用【做中学5-7】的资料，若采用年数总和法计算每年应计提的折旧，则：

年数总和=5×（1+5）÷2=15（年）

折旧率和折旧额计算见表5-2。

微课：年数总和法

表5-2 年数总和法折旧计算表 金额单位：元

年份 （1）	应计提折旧总额 （2）=原价－净残值	年折旧率 （3）	年折旧额 （4）=（2）×（3）	累计折旧额 （5）=上年（5）+（4）	年末账面价值 （6）=原价－（5）
1	58 000	5/15	19 333	19 333	40 667
2	58 000	4/15	15 467	34 800	25 200
3	58 000	3/15	11 600	46 400	13 600
4	58 000	2/15	7 733	54 133	5 867
5	58 000	1/15	3 867	58 000	2 000

总之，年数总和法具有不同于双倍余额递减法的特征，它在计提折旧时，折旧基数（固定资产原值减预计净残值）不变，而折旧率逐渐变小；双倍余额递减法则是在计提折旧时不考虑固定资产净残值，并以每期期初的固定资产账面价值为折旧基数，它呈逐渐变小的趋势，而折旧率不变。这两种方法的共同点是计提的折旧额逐年减少。

可见，年数总和法使用了固定的折旧基数和递减的折旧率，每期的折旧额因此而递减。概括说来，采用加速折旧法会在固定资产使用的早期多提折旧，而后期少提折旧，从而达到固定资产成本在预计使用年限内加快得到补偿的目的。从理论上讲，加速折旧法符合经济效用递减的规律，在其预计使用年限的早期多提折旧并与早期创造的较高的收益相配比，遵循了稳健原则和配比原则。在实践中，只要税法允许使用加速折旧法，企业就可以因使用折旧方法而达到推迟纳税的目的。

三、固定资产折旧的账务处理

固定资产计提折旧时，应以月初可提取折旧的固定资产账面原价为依据。在会计实务中，为简化起见，企业各月计算提取折旧时，可以在上月计提折旧的基础上，对上月固定资产的增减情况进行调整后计算当月应计提的折旧额。其计算公式为：

$$\text{当月固定资产应计提的折旧额}=\text{上月固定资产应计提的折旧额}+\text{上月增加的固定资产应计提的折旧额}-\text{上月减少的固定资产应计提的折旧额}$$

各月计提折旧的工作一般是通过编制“固定资产折旧计算表”来完成的。企业按月计提固定资产折旧时，应借记“制造费用”“销售费用”“管理费用”“其他业务成本”“在建工程”等科目，贷记“累计折旧”科目。

【做中学5-9】乙公司2018年6月固定资产计提折旧情况如下：生产车间厂房计提折旧380 000元，机器设备计提折旧450 000元；管理部门房屋建筑物计提折旧650 000元，运输工具计提折旧240 000元；销售部门房屋建筑物计提折旧320 000元，运输工具计提折旧263 000元。当月新购置机器设备一台，价值为5 400 000元，预计使用寿命为10年，该企业同类设备计提折旧采用年限平均法。

本例中，新购置的机器设备本月不计提折旧。本月计提的折旧费用中，车间使用的固定资产计提的折旧费用计入制造费用，管理部门使用的固定资产计提的折旧费用计入管理费用，销售部门使用的固定资产计提的折旧费用计入销售费用。乙公司应编制会计分录如下：

借：制造费用	830 000	
管理费用	890 000	
销售费用	583 000	
贷：累计折旧		2 303 000

任务举例

【工作实例5-2】固定资产折旧核算

甲企业为增值税一般纳税人，增值税税率为16%。2018年发生固定资产业务如下：

（1）5月20日，甲企业生产车间购入一台不需要安装的A设备，取得的增值税专用发票上注明的设备价款为6 400 000元、增值税为1 024 000元。运费等相关费用为80 000

元，增值税为8 000元。款项均以银行存款支付。

（2）A设备经过调试后，于5月22日投入使用，预计使用年限为10年，预计净残值为350 000元，甲企业决定采用双倍余额递减法计提折旧。

（3）7月15日，企业管理部门购入需要安装的B设备，取得的增值税专用发票上注明的设备价款为7 000 000元、增值税为1 120 000元，款项均以银行存款支付。

（4）8月19日，将B设备投入安装，以银行存款支付安装费30 000元，增值税4 800元。B设备8月25日达到预定可使用状态，并投入使用。

（5）B设备采用工作量法计提折旧，预计净残值为356 500元，预计总工时为5万小时。9月，B设备实际使用工时为720小时。假设除上述资料外，不考虑其他因素。

要求：

（1）编制甲企业2018年5月20日购入A设备的会计分录。

（2）计算甲企业2018年6月A设备的折旧额并编制会计分录。

（3）编制甲企业2018年7月15日购入B设备的会计分录。

（4）编制甲企业2018年8月安装B设备及其投入使用的会计分录。

（5）计算甲企业2018年9月B设备的折旧额并编制会计分录。

【工作过程】

第一步，5月20日核算购入的A设备。

借：固定资产　　6 480 000

　　应交税费——应交增值税（进项税额）　　1 032 000

　　贷：银行存款　　7 512 000

第二步，6月30日采用双倍余额递减法计提A设备折旧额。

年折旧率=2÷10×100%=20%

月折旧额=6 480 000×20%÷12=108 000（元）

借：制造费用　　108 000

　　贷：累计折旧　　108 000

第三步，7月15日核算购入并安装的B设备。

借：在建工程——安装工程　　7 000 000

　　应交税费——应交增值税（进项税额）　　700 000

　　贷：银行存款　　7 700 000

第四步，8月19日核算支付安装费。

借：在建工程——安装工程　　30 000

　　应交税费——应交增值税（进项税额）　　3 000

　　贷：银行存款　　33 000

第五步，8月25日核算设备投入使用。

借：固定资产——B设备　　7 030 000

　　贷：在建工程——安装工程　　7 030 000

第六步，9月30日采用工作量法计提B设备的月折旧额。

B设备月折旧额=（7 030 000−356 500）÷50 000×720=96 098.40（元）

借：管理费用　　96 098.40

贷：累计折旧 96 098.40

任务3 固定资产后续支出核算

任务描述

1.准确区分固定资产资本化后续支出与费用化后续支出的界限；
2.分别对费用化支出与资本化支出进行核算。

知识准备

企业的固定资产投入使用后，由于各个组成部分的耐用程度不同或者使用条件不同，往往会发生固定资产的局部损坏。为了保持固定资产的正常运转和使用，充分发挥其使用效能，就必须对其进行必要的后续支出。

一、固定资产后续支出概述

固定资产后续支出，是指固定资产在使用过程中发生的更新改造支出、修理费用等。企业的固定资产在投入使用后，为了适应新技术发展的需要，或者为维护或提高固定资产的使用效能，往往需要对现有固定资产进行维护、改建、扩建或者改良。固定资产的更新改造等后续支出，满足固定资产确认条件的，应当计入固定资产成本，如有被替换的部分，应同时将被替换部分的账面价值从该固定资产原账面价值中扣除。不满足固定资产确认条件的固定资产修理费用等，应当在发生时计入当期损益。

二、资本化后续支出的核算

固定资产发生可资本化的后续支出时，企业一般应将该固定资产的原价、已计提的累计折旧和减值准备转销，将其账面价值转入“在建工程”科目，并停止计提折旧。发生的可资本化的后续支出，通过“在建工程”科目核算。在固定资产发生的后续支出完工并达到预定可使用状态时，再从“在建工程”科目转入“固定资产”科目，并按重新确定的使用寿命、预计净残值和折旧方法计提折旧。

【做中学5-10】甲公司是一家饮料生产企业，有关业务资料如下：

（1）2016年12月，该公司自行建成了一条饮料生产线并投入使用，建造成本6 00 000元；采用年限平均法计提折旧；预计净残值率为固定资产原价的3%，预计使用年限为6年。

（2）2017年12月31日，由于生产的产品适销对路，该饮料生产线的生产能力已难以满足公司生产发展的需要，但新建生产线成本过高，周期过长，于是公司决定对现有生产线进行改扩建，以提高其生产能力。假定该生产线未发生过减值。

（3）至2018年6月30日，该公司完成了对这条生产线的改扩建工程，达到预定可使用状态。改扩建过程中发生以下支出：5月10日用银行存款购买工程物资一批，增值税专用发票上注明的价款为210 000元、增值税为33 600元，已全部用于改扩建工程；发生有关人员薪酬84 000元。

（4）该生产线改扩建工程达到预定可使用状态后，大大提高了生产能力，预计尚可使用年限为7年。假定改扩建后的生产线的预计净残值率为改扩建后其账面价值的4%；折旧方法仍为年限平均法。

假定甲公司按年度计提固定资产折旧，为简化计算过程，整个过程不考虑其他相关税费。甲公司的账务处理如下：

（1）本业务中，饮料生产线改扩建后生产能力大大提高，能够为企业带来更大的经济利益，改扩建的支出金额也能可靠计量，因此该后续支出符合固定资产的确认条件，应计入固定资产的成本。

固定资产后续支出发生前，该条饮料生产线的应计折旧额为582 000元（600 000×（1−3%）），年折旧额为97 000元（582 000÷6）。

2017年1月1日至2018年12月31日，各年计提固定资产折旧：

借：制造费用　97 000

　　贷：累计折旧　97 000

（2）2018年12月31日，将该生产线的账面价值406 000元（600 000−97 000×2）转入在建工程。

借：在建工程——饮料生产线　406 000

　　累计折旧　194 000

　　贷：固定资产——饮料生产线　600 000

（3）2019年发生改扩建工程支出。

借：工程物资　210 000

　　应交税费——应交增值税（进项税额）　33 600

　　贷：银行存款　243 600

借：在建工程——饮料生产线　294 000

　　贷：工程物资　210 000

　　　　应付职工薪酬　84 000

（4）2019年6月30日，生产线改扩建工程达到预定可使用状态，转为固定资产。

借：固定资产——饮料生产线　700 000

　　贷：在建工程——饮料生产线　700 000

（5）2019年6月30日转为固定资产后，按重新确定的使用寿命、预计净残值和折旧方法从2019年7月开始重新计提折旧。

应计折旧额=700 000×（1−4%）=672 000（元）

月折旧额=672 000÷（7×12）=8 000（元）

2019年7月至12月每月应计提的折旧额为8 000元，会计分录为：

借：制造费用　8 000

　　贷：累计折旧　8 000

2019年至2024年每年应计提的折旧额为96 000元（8 000×12），会计分录为：

借：制造费用　96 000

　　贷：累计折旧　96 000

2025年应计提的折旧额为48 000元（8 000×6），会计分录为：

借：制造费用　48 000

　贷：累计折旧　48 000

三、费用化后续支出的核算

企业生产车间和行政管理部门等发生的日常固定资产维护修理费用等后续支出通常不满足固定资产确认条件，因此发生时直接计入当期的管理费用；企业专设销售机构的，其发生的与专设销售机构相关的固定资产修理费用等后续支出，则计入销售费用。

【做中学5-11】2018年6月1日，甲公司机修车间将一辆货运卡车委托汽车修理厂进行经常性修理，支付修理费3 000元，增值税480元，通过银行转账支付。甲公司编制会计分录如下：

借：管理费用——修理费　3 000

　应交税费——应交增值税（进项税额）　480

　贷：银行存款　3 480

任务举例

【工作实例5-3】固定资产后续支出的核算

A企业2014年12月购入一项固定资产，原价为6 000 000元，采用年限平均法计提折旧，使用寿命为10年，预计净残值为零。2017年12月该企业对该项固定资产的某一主要部件进行更换，被更换的部件的原价为3 000 000元，取得残料价值1 000 000元。2018年1月发生支出合计4 000 000元，均为领用工程物资，符合固定资产确认条件，2018年2月达到预定可使用状态。

要求：根据上述资料编制会计分录。

【工作过程】

第一步，计算2015年至2017年累计年折旧额为1 800 000元（6 000 000÷10×3），固定资产的账面净值为4 200 000元（6 000 000−1 800 000），将其转入在建工程。

借：在建工程　4 200 000

　累计折旧　1 800 000

　贷：固定资产　6 000 000

第二步，核算领用的工程物资。

借：在建工程　4 000 000

　贷：工程物资　4 000 000

第三步，确定被更换的部件的账面净值为2 100 000元（3 000 000−3 000 000÷10×3），残料价值1 000 000元，被更换部件的净损失为1 100 000元（2 100 000−1 000 000），并进行相应的账务处理。

借：营业外支出　1 100 000

　原材料　1 000 000

　贷：在建工程　2 100 000

第四步，达到预定可使用状态，结转在建工程成本，确定固定资产价值为6 100 000

元（4 200 000+4 000 000−2 100 000）。

借：固定资产　　6 100 000

　贷：在建工程　　6 100 000

任务 4　固定资产处置与清查核算

任务描述

1. 按照固定资产处置的审批程序，组织固定资产的处置；
2. 取得或填制固定资产处置的相关原始凭证；
3. 根据固定资产处置业务凭证进行账务处理。

知识准备

企业在生产经营过程中，可能将不适用或不需用的固定资产对外转让，或者因磨损或技术进步等原因对固定资产进行报废，或因遭受自然灾害而对毁损的固定资产进行处理。对于上述事项在进行会计核算时，应按规定程序办理有关手续，结转固定资产账面价值，计算有关的清理收入、清理费用及残料价值等。

一、固定资产处置的核算

（一）固定资产处置核算概述

固定资产处置包括固定资产的出售、报废、毁损、对外投资、非货币性资产交换和债务重组等。处置固定资产应通过“固定资产清理”科目核算。具体包括以下环节：

1. 固定资产转入清理

固定资产转入清理时，按固定资产账面价值，借记“固定资产清理”科目，按已计提的累计折旧，借记“累计折旧”科目，按已计提的减值准备，借记“固定资产减值准备”科目，按固定资产账面余额，贷记“固定资产”科目。

2. 发生的清理费用等

固定资产清理过程中发生的有关费用以及应支付的相关税费，借记“固定资产清理”科目，贷记“银行存款”“应交税费”等科目。

3. 收回出售固定资产价款、残料价值和变价收入等

企业收回出售固定资产的价款、残料价值和变价收入等，应冲减清理支出。按实际收到的出售价款和残料变价收入等，借记“银行存款”“原材料”等科目，贷记“固定资产清理”科目。

4. 保险赔偿等的处理

企业计算或收到的应由保险公司或过失人赔偿损失，应冲减清理支出，借记“其他应收款”“银行存款”等科目，贷记“固定资产清理”科目。

5. 清理净损益的处理

固定资产清理完成后的净损失的处理：属于生产经营期间正常的处置损失的，借记

“资产处置损益——处置非流动资产损失”账户，贷记“固定资产清理”账户；属于毁损报废损失的，借记“营业外支出——非常损失”账户，贷记“固定资产清理”账户。固定资产清理完成后处置的净收益，借记“固定资产清理”账户，贷记“资产处置损益——处理非流动资产利得”账户。

【提示】增值税一般纳税人销售自己使用过的固定资产，应区分下列不同情形征收增值税：

（1）销售自己使用过的2009年1月1日以后购进或者自制的固定资产，按照适用税率征收增值税，其计算公式为：

应纳税额=含税销售额÷（1+17%）×17%

注：自2018年5月1日起，增值税一般纳税人销售自己使用过的固定资产增值税税率由17%调整为16%。

（2）销售2009年1月1日前购买的固定资产，征收增值税的计算公式为：

应纳税额=含税销售额÷（1+4%）×4%÷2

（3）对于企业转让固定资产中的不动产，增值税的缴纳方法分为企业2016年4月30日前拥有和2016年5月1日后拥有的不动产转让两种情况。

①2016年4月30日前拥有的不动产转让。

A.一般纳税人转让其2016年4月30日前取得（不含自建）的不动产，可以选择采用简易计税方法计税，以取得的全部价款加价外费用扣除不动产原价或者取得不动产时的作价后的余额为销售额，按照5%的征收率计算应纳税额。

B.一般纳税人转让其2016年4月30日前自建的不动产，可以选择采用简易计税方法计税，以取得的全部价款加价外费用为销售额，按照5%的征收率计算应纳税额。

C.一般纳税人转让其2016年4月30日前取得（不含自建）的不动产，选择采用一般计税方法计税的，以取得的全部价款加价外费用为销售额，按照11%的税率计算应纳税额。纳税人应以取得的全部价款加价外费用扣除不动产原价或者取得不动产时的作价后的余额，按照5%的预征率预缴税款。

D.一般纳税人转让其2016年4月30日前自建的不动产，选择采用一般计税方法计税的，以取得的全部价款加价外费用为销售额，按照11%的税率计算应纳税额。纳税人应以取得的全部价款加价外费用，按照5%的预征率预缴税款。

②2016年5月1日后拥有的不动产转让。

A.一般纳税人转让其2016年5月1日后取得（不含自建）的不动产，适用一般计税方法，以取得的全部价款加价外费用为销售额，按照11%的税率计算应纳税额。纳税人应以取得的全部价款加价外费用扣除不动产原价或者取得不动产时的作价后的余额，按照5%的预征率预缴税款。

B.一般纳税人转让其2016年5月1日后自建的不动产，适用一般计税方法，以取得的全部价款加价外费用为销售额，按照11%的税率计算应纳税额。纳税人应以取得的全部价款加价外费用，按照5%的预征率预缴税款。

注：自2018年5月1日起，增值税一般纳税人转让不动产的增值税税率由11%调整为10%。

小规模纳税人，不需考虑购买时间，直接按照下列公式计算应交增值税：

应纳税额=售价÷（1+3%）×2%

（二）固定资产出售的核算

【做中学5-12】甲公司于2018年6月出售一台不需要的旧设备（2009年以后购入），原价为2 000 000元，已计提折旧1 000 000元，未计提减值准备，实际出售价格为1 200 000元（不含增值税），增值税税率为16%，已通过银行收回价款。甲公司应作会计处理如下：

（1）将出售固定资产转入清理时：

借：固定资产清理　　1 000 000
　　累计折旧　　1 000 000
　　贷：固定资产　　2 000 000

（2）收回出售固定资产的价款时：

借：银行存款　　1 392 000
　　贷：固定资产清理　　1 200 000
　　　　应交税费——应交增值税（销项税额）　　192 000

（3）结转出售固定资产实现的利得时：

借：固定资产清理　　200 000
　　贷：资产处置损益——非流动资产处置利得　　200 000

【做中学5-13】乙公司于2018年7月出售一台生产设备（2009年以前购入），该设备原价1 000 000元，累计已提取折旧700 000元，取得价款收入83 200元（含增值税），款项已收到存入银行，该设备购入时进项税额未作抵扣。乙公司账务处理如下：

（1）将出售固定资产转入清理时：

借：固定资产清理　　300 000
　　累计折旧　　700 000
　　贷：固定资产　　1 000 000

（2）收回出售固定资产的价款时：

借：银行存款　　83 200
　　贷：固定资产清理　　83 200

（3）计算应交增值税。

应交增值税=83 200÷（1+4%）×4%÷2=1 600（元）

借：固定资产清理　　1 600
　　贷：应交税费——应交增值税（销项税额）　　1 600

（4）结转出售固定资产实现的利得时：

借：资产处置损益——非流动资产处置损失　　218 400
　　贷：固定资产清理　　218 400

【做中学5-14】丙公司于2018年8月出售一栋自建厂房，厂房原价8 600 000元，已提取折旧3 600 000元，出售价款6 050 000元，发生清理费用5 600元，款项已收到存入银行。丙公司账务处理如下：

（1）注销固定资产原价及累计折旧。

借：固定资产清理　　5 000 000
　　累计折旧　　3 600 000

贷：固定资产　8 600 000

（2）支付清理费用。

借：固定资产清理　5 600

贷：银行存款　5 600

（3）收到出售价款。

应交增值税=6 050 000÷（1+10%）×10%=550 000（元）

借：银行存款　6 050 000

贷：固定资产清理　5 500 000

应交税费——应交增值税（销项税额）　550 000

预交增值税=6 050 000÷（1+10%）×5%=275 000（元）

借：应交税费——应交增值税（已交税金）　275 000

贷：银行存款　275 000

（4）结转净损益。

借：固定资产清理　494 400

贷：资产处置损益——非流动资产处置利得　494 400

（三）固定资产的报废与毁损

固定资产报废有两种情况：一是使用期满报废；二是技术进步而发生的提前报废。在实际工作中，固定资产报废清理必须有严格的审批手续，由固定资产管理部门或使用部门按报废清理的对象填制清理凭证，说明固定资产的技术状况和清理原因，经审查鉴定并按批准程序批准后，组织清理工作。

固定资产毁损，是指由于自然灾害或责任事故而造成的固定资产的毁坏和损失。固定资产发生毁损时，必须查明原因、明确责任，并办理有关的清理手续。其会计处理方法与固定资产报废的处理基本相同，但由于责任事故或非正常原因造成的损失而应由个人赔款或应由保险公司赔款的部分，视同固定资产清理收入。

【做中学5-15】2016年3月10日，丙公司购入一台生产用机器设备，取得的增值税专用发票上注明的价款为100 000，增值税进项税额为17 000元，该机器采用平均年限法计提折旧，折旧年限为5年，预计净残值为零。2018年3月20日，因遭受火灾导致机器被毁损，公司决定进行处置，支付清理费用5 000元，取得残料变价收入30 000元，获得保险公司赔偿款20 000元，款项已收到存入银行。丙公司应作会计处理如下：

（1）将毁损的机器转入清理时：

借：固定资产清理　60 000

累计折旧　40 000

贷：固定资产　100 000

（2）转出不得抵扣的进项税额时：

借：固定资产清理　10 200

贷：应交税费——应交增值税（进项税额转出）　10 200

不得抵扣的进项税额=固定资产净值×适用税率

=（100 000−40 000）×17%=10 200（元）

（3）取得残料变价收入时：

借：银行存款　　30 000

　　贷：固定资产清理　　30 000

（4）支付清理费用时：

借：固定资产清理　　5 000

　　贷：银行存款　　5 000

（5）收到保险公司理赔款时：

借：银行存款　　20 000

　　贷：固定资产清理　　20 000

（6）结转毁损固定资产发生的损失时：

借：营业外支出——非常损失　　25 200

　　贷：固定资产清理　　25 200

【提示】已抵扣进项税额的不动产发生非正常损失，或者改变用途，专用于简易计税方法计税项目、免征增值税项目、集体福利或者个人消费时，应将不得抵扣的进行税额转出。

（四）持有待售的固定资产

持有待售的固定资产是指在当前状况下仅根据出售同类固定资产的惯例就可以直接出售且极可能出售的固定资产。企业将固定资产列为持有待售的固定资产，必须同时满足下列三个条件：一是企业已经就处置该固定资产作出决议；二是企业已经与受让方签订了不可撤销的转让协议；三是该项转让将在一年内完成。

对已经划分为持有待售固定资产的，企业应当调整该项固定资产的预计净残值，使该项固定资产的预计净残值能够反映其公允价值减去处置费用后的净额，但不得超过符合持有待售条件时该项固定资产的原账面价值，原账面价值高于预计净残值的差额，应作为资产减值损失计入当期损益。

持有待售的固定资产从划归持有待售之日起停止计提折旧和减值测试。在编制资产负债表时，应当在资产项下“存货”项目和“一年内到期的非流动资产”项目之间增设的“持有待售资产”项目中列报，反映资产负债表日划分为持有待售的固定资产的期末余额。

二、固定资产清查的核算

企业应定期或者至少于每年年末对固定资产进行清查盘点，以保证固定资产核算的真实性，充分挖掘企业现有固定资产的潜力。在固定资产清查过程中，如果发现盘盈、盘亏的固定资产，应填制固定资产盘盈、盘亏报告表。清查固定资产的损益，应及时查明原因，并按照规定程序报批处理。

（一）固定资产盘盈的核算

企业出现的固定资产盘盈一般是以前会计期间少计、漏计而产生的，因此，根据企业会计准则规定，将盘盈的固定资产作为会计差错更正进行会计处理。

盘盈的固定资产应通过“以前年度损益调整”科目进行核算。发现盘盈的固定资产，按公允价值（或重置完全价值扣除新旧程度后的净值）计价入账，记入“以前年度损益调整——固定资产盘盈”科目；期末转入“利润分配——未分配利润”科目。

【做中学5-16】甲公司盘盈机器设备一台，重置价值为100 000元，六成新，估计已提折旧为40 000元，净值60 000元。假设该公司适用的所得税税率为25%。甲公司编制会计分录如下：

（1）盘盈固定资产时：

借：固定资产　　60 000

　　贷：以前年度损益调整——固定资产盘盈　　60 000

（2）补提所得税费用时：

借：以前年度损益调整——固定资产盘盈　　（60 000×25%）15 000

　　贷：应交税费——应交企业所得税　　15 000

（3）计提法定盈余公积，并将剩余的净利润转入未分配利润时：

借：以前年度损益调整——固定资产盘盈　　45 000

　　贷：盈余公积——法定盈余公积　　4 500

　　　　利润分配——未分配利润　　40 500

（二）固定资产盘亏的核算

为了保证固定资产的安全完整，企业应定期对固定资产进行清查，清查后如果发现盘亏，应填写固定资产盘亏报告表，查明原因并按规定程序报请审批处理。在处理前，应按其账面价值和不得抵扣的增值税进项税额，借记“待处理财产损溢——待处理固定资产损溢”科目，按已提折旧，借记“累计折旧”科目，按该项固定资产已计提的减值准备，借记“固定资产减值准备”科目，按固定资产原价，贷记“固定资产”科目，同时贷记“应交税费——应交增值税（进项税额转出）”科目；按规定程序报经批准后，将固定资产的净损失转入“营业外支出——固定资产盘亏”科目。

【做中学5-17】企业盘点发现盘亏一台设备，其原值为50 000元，应分摊的增值税为8 000元，已提折旧24 000元。该企业编制会计分录如下：

借：待处理财产损溢——待处理固定资产损溢　　34 000

　　累计折旧　　24 000

　　贷：固定资产　　50 000

　　　　应交税费——应交增值税（进项税额转出）　　8 000

报经批准后转账：

借：营业外支出——固定资产盘亏　　34 000

　　贷：待处理财产损溢——待处理固定资产损溢　　34 000

任务举例

【工作实例5-4】固定资产清查的核算

甲企业为增值税一般纳税人。2018年7月31日，该企业于2014年3月建成并投入使用的材料仓库突遭火灾焚毁，其原值为300 000元，已提折旧66 500元，未计提减值准备。经测定仓库回收残料估计价值50 000元，验收入库；用银行存款支付清理费用20 000元；经保险公司核定的应赔偿损失70 000元，尚未收到赔款。甲企业确认了该仓库的毁损损失。

要求：编制甲企业2018年7月31日清理该仓库的会计分录。

【工作过程】

第一步，将固定资产净值转入固定资产清理。

借：固定资产清理　233 500

　　累计折旧　66 500

　　贷：固定资产　300 000

第二步，核算转出不得抵扣的进项税额。（假设按最新的不动产转让的增值税税率10%计算）

本例中不得抵扣的进项税额=（300 000−66 500）×10%=23 350（元）

借：固定资产清理　23 350

　　贷：应交税费——应交增值税（进项税额转出）　23 350

第三步，核算收到的残值价值。

借：原材料　50 000

　　贷：固定资产清理　50 000

第四步，核算支付的清理费用。

借：固定资产清理　20 000

　　贷：银行存款　20 000

第五步，核算应收的保险公司赔偿款。

借：其他应收款　70 000

　　贷：固定资产清理　70 000

第六步，结转毁损的净损失。

借：营业外支出——非常损失　156 850

　　贷：固定资产清理　156 850

任务5　固定资产减值核算

任务描述

1.判断固定资产是否减值，计算确定固定资产减值数额；

2.编制固定资产减值计提表，进行账务处理。

知识准备

由于固定资产市价持续下跌，或技术陈旧、长期闲置等原因导致其可收回金额低于其账面价值，称为固定资产减值。其中：可收回金额，是指资产的销售净价（销售价格减去处置时发生的相关税费）与预期从该资产的持续使用和寿命期结束时的处置中形成的现金流量的现值，两者之中的较高者。

一、固定资产减值核算概述

固定资产的初始入账价值是历史成本，由于固定资产使用年限较长，市场条件和经营环境变化、科学技术的进步以及企业经营管理不善等原因，都可能导致固定资产创造未来经济利益的能力大大下降。因此，固定资产的真实价值有可能低于账面价值，在期末必须对固定资产减值损失进行确认。

固定资产在资产负债表日存在可能发生减值的迹象时，其可收回金额低于账面价值的，企业应当将该固定资产的账面价值减至可收回金额，减记的金额确认为减值损失，计入当期损益，同时计提相应的固定资产减值准备，固定资产减值损失一经确认，在以后会计期间不得转回。

（一）固定资产减值的判断

对于已经发生的固定资产价值的减值如果不予以确认，必然导致虚夸资产的价值，这既不符合真实性的原则，也有悖于稳健原则。因此，企业应于资产负债表日对固定资产逐项进行检查，如发现存在下列情况，应当计算固定资产的可收回金额，以确定是否发生减值：

（1）固定资产市价大幅度下跌，其跌幅大大高于因时间推移或正常使用而预计的下跌，并且预计在近期内不可能恢复；

（2）企业所处经营环境，如技术、市场、经济和法律环境等，在当期或近期发生重大变化，并对企业产生负面影响；

（3）同期市场利率大幅度提高，进而很可能影响固定资产可收回金额的折现率，并导致资产可收回金额大幅度降低；

（4）固定资产陈旧或发生实体损坏等；

（5）固定资产预计使用方式发生重大不利变化，如企业计划终止或重组该资产所属的经济业务、提前处置资产等情形，从而对企业产生负面影响；

（6）其他有可能表明资产已发生减值的情况。

（二）全额计提固定资产减值准备的五种情况

当存在下列情况之一时，应当按照固定资产的账面价值全额计提固定资产的减值准备，而不再计提折旧：

（1）长期闲置不用，在可预见的未来也不会再使用，且已无转让价值的固定资产；

（2）由于技术进步等原因，已不可使用的固定资产；

（3）虽然固定资产尚可使用，但使用后会产生大量不合格品的固定资产；

（4）已遭毁损，以至于不再具有使用价值和转让价值的固定资产；

（5）其他实质上已经不能再给企业带来经济利益的固定资产。

二、固定资产减值的核算

企业应设置“固定资产减值准备”科目，核算提取的固定资产减值准备。该科目是固定资产的备抵科目，其贷方登记固定资产减值准备的提取，借方登记处置固定资产时转销的减值准备，期末贷方余额反映企业已提取的固定资产减值准备累计金额。

企业于资产负债表日应将固定资产的可收回金额与其账面价值逐项比较，如果其可收回金额大于其账面价值，不作任何处理，如果其可收回金额小于账面价值，意味着固定资产发生减值，应按单项固定资产计提减值准备，编制会计分录如下：

借：资产减值损失——计提的固定资产减值准备

　　贷：固定资产减值准备

【做中学5-18】 2018年8月31日，某公司的生产线存在可能发生减值的迹象。经计算，该生产线的可收回金额为1 300 000元（其中生产线预计处置的净收入为1 200 000元，生产线预计未来现金流量的现值为1 300 000元），账面价值为1 450 000元，以前年度未对该生产线计提过减值准备。可收回金额低于账面价值150 000元，应计提固定资产减值准备。编制会计分录如下：

借：资产减值损失——计提的固定资产减值准备　　150 000

　　贷：固定资产减值准备　　150 000

已经计提减值准备的固定资产，应当按照固定资产的账面价值以及尚可使用的寿命重新计算确定折旧率和折旧额。因减值准备而调整固定资产折旧额时，对此前已计提的累计折旧不作调整。

任务举例

【工作实例5-5】固定资产减值的核算

2015年12月31日，丁公司购入一套机器设备，原价为2 000 000元，预计使用年限10年，预计净残值为零，采用年限平均法计提折旧。2018年12月31日，公司组织有关人员对固定资产进行减值测试，这套机器设备由于所生产的产品不符合市场需求，产品定价较低，经测算，该套机器设备的可收回金额为1 230 000元（其中设备预计处置的净收入为1 230 000元，生产线预计未来现金流量的现值为1 180 000元），预计尚可使用5年。以前年度对该套机器设备未计提过减值准备。

要求：确定该套机器设备的减值损失和2019年度的折旧额并进行相应的账务处理。

【工作过程】

第一步，确定该套机器设备的减值损失。

账面价值=2 000 000−2 000 000÷10 ×3=2 000 000−600 000=1 400 000（元）

可收回金额=1 230 000元

可收回金额低于账面价值，减值损失为170 000元（1 400 000−1 230 000）。

第二步，根据确定的减值损失，计提相应的减值准备。

丁公司应编制会计分录如下：

借：资产减值损失——计提的固定资产减值准备　　170 000

　　贷：固定资产减值准备　　170 000

第三步，计算2019年度的折旧额（应在账面价值中扣除已计提的减值准备）。

年折旧额=（1 400 000−170 000）÷5=1 230 000÷5=246 000（元）

第四步，根据计提的折旧额进行账务处理。

借：制造费用　　246 000

　　贷：累计折旧　　246 000

项目小结

（1）固定资产的确认。由于企业的经营内容、经营规模等各不相同，固定资产的标准也不能强求绝对一致，企业在对固定资产进行确认时，应当按照固定资产的定义和确认条件，考虑企业的具体情形加以判断，确定符合本企业实际情况的固定资产目录、分类方法、每类或每项固定资产的折旧年限、折旧方法，作为固定资产核算的依据。

（2）固定资产的增减变动。企业固定资产的取得，主要有外购的固定资产、自行建造的固定资产、投资者投入的固定资产、租入的固定资产、接受捐赠的固定资产、盘盈的固定资产等渠道。企业固定资产的处置包括投资、捐赠、调拨、出售、报废和毁损等原因而减少的固定资产，应及时转入清理处置。不论何种原因引起的固定资产的增减变动，都必须按照企业会计准则的规定进行相应的账务处理。

（3）折旧。折旧即固定资产发生的价值损耗，也是对固定资产成本进行系统合理的分摊。企业应及时足额地提取固定资产折旧，使固定资产在生产中的损耗得到补偿，保证固定资产再生产的顺利进行；及时、正确地计提折旧，才能确保企业产品成本和损益核算的准确性。企业应根据企业会计准则的相关规定选用年限平均法、工作量法、双倍余额递减法和年数总和法提取折旧。

（4）固定资产减值。固定资产作为企业的长期资产，其价值受市场价格的影响比较大。长期按历史成本进行计价，会影响会计信息的真实性。企业应当在每年年度终了，对固定资产进行逐项检查，以判定固定资产是否发生减值，如发生减值应及时处理。

课后习题与实训

一、单项选择题

1.下列各项不计入固定资产成本的是（　　）。

A.契税　　B.车辆购置税　　C.耕地占用税　　D.可抵扣的增值税

2.下列各项中，本月应计提折旧的是（　　）。

A.本月季节性停用的设备　　B.当月购入的设备

C.未提足折旧上月提前报废的设备　　D.已提足折旧继续使用的设备

3.下列各项通过“固定资产清理”科目贷方核算的是（　　）。

A.转入清理的固定资产的净值　　B.发生的清理费用

C.结转的固定资产清理净损失　　D.结转的固定资产清理净收益

4.某企业为增值税一般纳税人，自建厂房一幢，购入工程物资100万元，增值税16万元，已全部用于建造厂房；耗用库存材料50万元，应负担的增值税8万元；支付建筑工人工资30万元。该厂房的入账价值为（　　）万元。

A.130　　B.158.5　　C.180　　D.204

5.2017年12月31日，甲公司购入一台设备并投入使用，其成本为25万元，预计使用工时为100 000小时，预计净残值1万元，采用工作量法计提折旧。假定不考虑其他因素，2018年度的工时为20 000工时，则该设备2018年应计提的折旧为（　　）万元。

A.4.8　　B.8　　C.9.6　　D.10

6.A公司对一座办公楼进行更新改造，该办公楼原值为1 000万元，已计提折旧500万元。更新改造过程中发生支出600万元，被替换部分账面原值为100万元，已计提折旧50

万元，出售价款为2万元。新办公楼的入账价值为（　　）万元。

A.1 100　　B.1 050　　C.1 048　　D.1 052

7.A公司转让一台旧设备，取得价款105万元，发生清理费用2万元。该设备原值为160万元，已提折旧50万元。假定不考虑其他因素，出售该设备影响当期损益的金额为（　　）万元。

A.4　　B.6　　C.55　　D.-7

8.A公司某生产设备在2018年12月31日存在减值迹象，该设备可收回金额为120万元，原值为150万元，已计提20万元的折旧，则该固定资产2018年12月31日的账面价值为（　　）万元。

A.120　　B.130　　C.150　　D.110

9.某项设备原值为90 000元，预计净残值为2 700元，预计使用15 000小时，实际使用12 000小时，其中第5年实际使用3 000小时，采用工作量法计提折旧，则第5年应计提折旧为（　　）元。

A.18 000　　B.17 460　　C.22 500　　D.21 825

10.某设备的账面原价为160 000元，预计使用年限为5年，预计净残值为10 000元，按年数总和法计提折旧。该设备在第3年应计提的折旧为（　　）元。

A.30 000　　B.60 000　　C.20 000　　D.10 000

11.某固定资产原值为250 000元，预计净残值为6 000元，预计可使用8年，按双倍余额递减法计提折旧，则第二年的折旧额为（　　）元。

A.46 875　　B.45 750　　C.61 000　　D.60 500

12.下列固定资产折旧方法中，期初不需要考虑固定资产净残值的方法是（　　）。

A.工作量法　　B.年限平均法

C.双倍余额递减法　　D.年数总和法

13.某企业为增值税一般纳税人，2018年1月15日购入一台不需要安装的生产用设备，设备的买价为10 000元，增值税为1 700元，采购过程中发生运费、保险费500元，采购人员差旅费900元。设备预计可以使用10年，预计净残值为零，采用年限平均法计提折旧。2018年应计提的折旧为（　　）元。

A.1 050　　B.962.5　　C.1 045　　D.1 118.3

14.大华公司于2018年8月6日购入一台需要安装的生产用设备，取得的增值税专用发票上注明的设备买价为100 000元、增值税为16 000元，支付的运输费为2 000元，增值税为200元，设备安装时领用工程用材料价值为10 000元，购入该批工程用材料的增值税为1 600元，设备安装时支付有关人员的工资为5 000元。该固定资产的成本为（　　）元。

A.117 000　　B.134 000　　C.135 700　　D.107 000

15.甲公司为增值税一般纳税人，2018年12月31日购入不需要安装的生产设备一台，当日投入使用。该设备价款为360万元，增值税为57.6万元，预计使用寿命为5年，预计净残值为零，采用年数总和法计提折旧。该设备2019年应计提的折旧为（　　）万元。

A.72　　B.120　　C.140.4　　D.168.48

二、多项选择题

1.固定资产按照使用情况可以分为（　　）。

A.生产经营用固定资产　　B.使用中固定资产

C.租入固定资产　　D.未使用固定资产

2.在固定资产报废会计处理中，最终的净损益应记入的科目有（　　）。

A.“资本公积”　　B.“营业外收入”

C.“其他业务收入”　　D.“营业外支出”

3.企业对固定资产清理进行核算时，可能涉及的会计科目有（　　）。

A.“累计折旧”　　B.“固定资产”　　C.“营业外收入”　　D.“营业外支出”

4.下列固定资产的后续性支出应该费用化的有（　　）。

A.使产品成本实质性降低的后续性支出

B.使产品质量实质性提高的后续性支出

C.固定资产的大修理支出

D.固定资产的中小修理支出

5.企业计提固定资产折旧时，可能涉及的科目有（　　）。

A.“制造费用”　　B.“管理费用”　　C.“销售费用”　　D.“其他业务成本”

6.关于双倍余额递减法和年数总和法，下列说法正确的有（　　）。

A.两者都属于加速折旧法

B.双倍余额递减法中各年的折旧率相同，年数总和法中各年的折旧率不相同

C.双倍余额递减法中各年计提基数不同，年数总和法中各年计提基数相同

D.双倍余额递减法和年数总和法的计提基数都已经扣除了预计净残值

7.能使企业在较短的时间内收回大部分固定资产投资的折旧方法有（　　）。

A.工作量法　　B.年限平均法　　C.年数总和法　　D.双倍余额递减法

8.按照现行企业会计准则的规定，企业可以采用的固定资产折旧方法有（　　）。

A.工作量法　　B.年限平均法　　C.年数总和法　　D.双倍余额递减法

9.下列各项中，影响固定资产折旧的因素有（　　）。

A.固定资产原价　　B.固定资产的预计使用寿命

C.固定资产预计净残值　　D.已计提的固定资产减值准备

10.下列说法正确的有（　　）。

A.固定资产提足折旧之后，不管能否继续使用，均不再提取折旧

B.提前报废的固定资产，也不再补提折旧

C.生产车间的固定资产的维修费用应计入管理费用

D.对于盘亏或毁损的固定资产的净损失计入当期营业外支出

11.下列各项中，应计提固定资产折旧的有（　　）。

A.经营租入长期使用的办公楼　　B.融资租入长期使用的设备

C.已投入使用但未办理竣工决算的厂房　　D.季节性停用的固定资产

12.下列各项中，应通过“固定资产清理”科目核算的有（　　）。

A.毁损的固定资产　　B.改扩建的固定资产

C.出售的固定资产　　D.报废的固定资产

13. 下列各项属于企业固定资产的有（　　）。

A. 经营租出的固定资产

B. 经营租入长期使用、价值较高的固定资产

C. 融资租入长期使用、价值较高的固定资产

D. 融资租出的固定资产

14. 下列各项说法正确的有（　　）。

A. 经营性出租的固定资产属于使用中的固定资产

B. 因季节性经营或大修理等原因，暂时停止使用的固定资产，属于使用中的固定资产

C. 因改建、扩建等原因暂停使用的固定资产，属于未使用的固定资产

D. 内部替换使用的固定资产，属于使用中的固定资产

15. 2017年12月31日，A公司支付200万元购入一台不需安装的机器设备，采用年限平均法摊销，预计净残值为零，预计使用年限为10年。2018年12月31日，该机器设备的可收回金额为150万元。2019年12月31日，该机器设备的可收回金额为160万元。下列关于该机器设备的说法中，不正确的有（　　）。

A. 2018年12月31日，该机器设备的账面净值为150万元

B. 2018年12月31日，该机器设备考虑减值后的账面价值为180万元

C. 2019年12月31日，该机器设备的账面净值为160万元

D. 2019年12月31日，该机器设备考虑减值后的账面价值为160万元

三、判断题

1. 固定资产折旧方法的选用应当遵循一致性原则。（　　）

2. 企业因大修理停用的固定资产也要计提折旧。（　　）

3. 固定资产出售、报废、毁损以及盘亏，均应通过“固定资产清理”科目，计算出处置固定资产的净损益后，再转入本年利润。（　　）

4. 投资者投入固定资产成本，应当按照投资合同或协议约定的价值确定，但合同或协议约定价值不公允的除外。（　　）

5. “固定资产”科目的期末借方余额，反映期末实有固定资产的净值。（　　）

6. 固定资产毁损报废的净损失，应记入“资产处置损益”科目。（　　）

7. 生产车间用的固定资产发生的日常修理费用，应记入“制造费用”科目。（　　）

8. 固定资产的后续支出有可能资本化，也有可能费用化。（　　）

9. 实行双倍余额递减法计提折旧的固定资产，应当在该固定资产折旧年限到期以前两年内，将该固定资产净值（扣除净残值）平均摊销。（　　）

10. 以融资租赁方式长期租入的固定资产不计提折旧，以融资租赁方式租出的固定资产要计提折旧。（　　）

11. 企业以出包方式建造固定资产时，按合理估计的发包工程进度和合同规定向建造承包商结算的进度款在资产负债表上列示为“预付款项”。（　　）

12. 按年数总和法计提的折旧额，一直都大于按照年限平均法计提的折旧额。（　　）

13. 盘亏的固定资产，通过“固定资产清理”科目核算。（　　）

14. 盘盈的固定资产，通过“待处理财产损溢”科目核算。（　　）

15.固定资产计提减值准备后，如果以后期间减值因素消失，那么可以转回之前计提的固定资产减值准备。（　）

四、简答题

1.不同方式下固定资产入账价值的构成有何差异？

2.影响固定资产折旧的因素有哪些？固定资产折旧方法有哪几种？如何进行折旧的会计处理？

3.固定资产期末计价的原则是什么？固定资产减值准备如何计提？

五、业务核算题

1.A公司2016年6月购进一台设备，当即投入使用，原价20万元，预计使用8年，预计净残值率为3%，该设备每年平均工作4 000小时，2018年实际工作4 100小时。

要求：分别采用工作量法、年限平均法、年数总和法和双倍余额递减法计算该设备2018年的折旧额。

2.中天公司为增值税一般纳税人，2018年9月发生下列有关业务：

（1）9月2日，向星辉公司购入电动机一台，买价为11 000元，增值税为1 760元；运杂费为500元，增值税为50元；全部款项通过银行转账支付。电动机验收后交车间使用。

（2）9月10日向康乐公司一次购进了三台不同型号且具有不同生产能力的设备A、设备B和设备C，增值税专用发票上注明支付的款项为10 000 000元、增值税为1 600 000元，包装费为75 000元，全部以银行存款转账支付。假设设备A、设备B和设备C的公允价值分别为4 500 000元、3 850 000元和1 650 000元。不考虑其他相关税费，购进设备的增值税可抵扣。

（3）与A有限责任公司联营，接受其投入汽车一辆，账面原值为210 000元，合同约定的价值为200 000元。

（4）接受捐赠的全新设备一台，根据其发票等单据确认其完全重置价值为200 000元。

要求：根据上述业务编制相应的会计分录。

3.甲企业为增值税一般纳税人，2018年6月发生如下经济业务：

（1）企业购入一台需要安装的设备，价款20 000元，增值税3 200元，支付运杂费4 000元，增值税400元。所有款项以银行存款支付。

（2）自行建造厂房一栋，领用工程物资1 000 000元，应付在建工程人员工资50 000元，领用生产用原材料50 000元（增值税税率为16%），以银行存款支付其他费用20 000元。半年后厂房达到预定可使用状态。

（3）投资者投入汽车一辆，双方确认的价值为250 000元。

（4）接受某企业捐赠设备一台，根据捐出方提供的增值税专用发票确定其入账价值为50 000元，增值税税率为16%。

（5）计提本月固定资产折旧：基本生产车间为5 000元，行政管理部门为2 000元，专设销售机构为3 000元。

（6）报废设备一台，设备原值为50 000元，已计提折旧40000元。清理中以银行存款支付清理费用200元，残值收入3 000元，款项存入银行。

（7）对管理用固定资产进行维修，以现金支付维修费用1 000元，增值税160元。

（8）收取仓库租金15 000元，增值税1 500元，款项已存入银行。

（9）盘亏设备一台，原值为20 000元，已计提折旧为5 000元。经查明盘亏是由于保管员管理不善所致，应由保管员赔偿的金额为500元（假定不考虑增值税）。

要求：根据上述业务编制甲企业的会计分录。

4.A公司为增值税一般纳税人，适用的企业所得税税率为25%，发生的有关固定资产业务如下：

（1）2018年12月20日，A公司从B公司一次购进三台不同型号且具有不同生产能力的X设备、Y设备和Z设备，共支付价款3 000万元，适用的增值税税率为16%。支付包装费10万元、运杂费20万元和差旅费等相关费用5万元。另支付X设备安装费10万元，Y设备和Z设备不需要安装。X设备在安装过程中，领用原材料20万元，相应的增值税进项税额3.2万元，发生职工薪酬5万元，全部款项已由银行存款支付。

（2）2018年12月31日三台设备均达到预定可使用状态，三台设备的公允价值分别为2 000万元、600万元和430万元。该公司按每台设备公允价值的比例对支付的价款进行分配，并分别确定其入账价值。

（3）X设备预计使用年限为20年，预计净残值率为2%，采用年限平均法计提折旧。Y设备预计使用年限为10年，预计净残值率为3%，采用双倍余额递减法计提折旧。Z设备预计使用年限为5年，预计净残值率为4%，使用年数总和法计提折旧。

（4）2019年度支付生产车间、管理部门、销售部门日常维修费用分别为12万元、5万元、3万元，增值税3.2万元。

（5）2019年12月31日，对固定资产进行减值测试，发现Z设备存在减值迹象，预计可收回金额为250万元，其他各项固定资产未发生减值迹象。

要求：根据上述资料进行相应的账务处理。

项目六

无形资产、投资性房地产及其他资产核算

知识目标

1. 熟悉无形资产的定义、特征和种类；
2. 掌握无形资产的初始计量方法，掌握无形资产的摊销范围与摊销方法，以及无形资产处置、计提减值准备的会计处理方法；
3. 熟悉投资性房地产的定义、范围；
4. 掌握投资性房地产的初始计量方法及后续计量的两种方法（成本模式、公允价值模式）；
5. 掌握投资性房地产在成本模式、公允价值模式下的转换和处置；
6. 了解其他资产的定义及会计处理方法。

能力目标

1. 能进行无形资产取得、摊销、减值测试与处置的会计核算；
2. 能进行投资性房地产取得、后续计量、转换、处置的会计核算。

项目导言

无形资产，是指企业拥有或者控制的没有实物形态的可辨认非货币性资产。无形资产不具有实物形态，但它具有一种综合能力，通过与其他资产相结合能在超过一个经营周期内为企业创造经济利益，但它又存在较大的不确定性。因此，其核算任务与其他资产不同。投资性房地产，是指为赚取租金或资本增值，或两者兼有而持有的房地产。

任务1 无形资产核算

任务描述

1.根据无形资产的确认条件和特点正确划分无形资产与商誉；

2.按照企业会计准则的规定正确计量无形资产的取得成本，核算无形资产的取得业务；

3.选择适用的摊销方法正确计算无形资产的月摊销额，核算无形资产的摊销业务；

4.期末按照规定进行无形资产的减值测试，核算无形资产的减值损失；

5.计算确定无形资产的处置损益，核算无形资产的处置业务。

知识准备

一、无形资产的定义和特征

（一）无形资产的定义

无形资产，是指企业拥有或者控制的没有实物形态的可辨认非货币性资产。资产满足下列条件之一的，符合无形资产定义中的可辨认性标准：

（1）能够从企业中分离或者划分出来，并能够单独或者与相关合同、资产或负债一起，用于出售、转移、授予许可、租赁或者交换；

（2）源自合同性权利或其他法定权利，无论这些权利是否可以从企业或其他权利和义务中转移或者分离。

【提示】商誉的存在无法与企业自身分离，不具有可辨认性，不属于无形资产。商誉是与无形资产平行的非流动资产。

（二）无形资产的特征

1.无形资产不具有实物形态

无形资产通常表现为某种权利、某项技术或某种获取超额利润的综合能力。例如，土地使用权、非专利技术等。无形资产没有实物形态，却有价值，能提高企业的经济效益，或使企业获取超额收益。不具有实物形态是无形资产区别于其他资产的特征之一。需要指出的是，某些无形资产的存在有赖于实物载体，如计算机软件需要存储在磁盘中。但这并没有改变无形资产本身不具有实物形态的特性。

2.无形资产属于非货币性长期资产

属于非货币性资产，且不是流动资产，是无形资产的又一特征。无形资产区别于货币性资产的特征，就在于它属于非货币性资产。无形资产没有实物形态，货币性资产也没有实物形态，如应收款项、银行存款等。因此，仅仅以无实物形态将无形资产与其他资产加以区分是不够的。无形资产属于长期资产，主要是因为其能在超过企业的一个经营周期内为企业创造经济利益。那些虽然具有无形资产的其他特性却不能在超过一个经营周期内为企业服务的资产，不能作为企业的无形资产核算。

3.无形资产是为企业使用而非出售的资产

企业持有无形资产的目的不是为了出售而是为了生产经营，即利用无形资产来提供商品、提供劳务、出租给他人或为企业经营管理服务。软件公司开发的、用于对外销售的计算机软件，对于购买方而言属于无形资产，而对于开发商而言却是存货。无形资产为企业创造经济利益的方式，具体表现为销售产品或提供劳务取得的收入、让渡无形资产的使用权给他人取得的租金收入，也可能表现为因使用无形资产而改进了生产工艺、节约了生产成本等。

4.无形资产在创造经济利益方面存在较大不确定性

无形资产必须与企业的其他资产结合，才能为企业创造经济利益。其他资产包括足够的人力资源、高素质的管理队伍、相关的硬件设备和相关的原材料等。此外，无形资产创造经济利益的能力还较多地受外界因素的影响，如相关新技术更新换代的速度、利用无形资产所生产产品的市场接受程度等。无形资产在创造经济利益方面存在较大的不确定性，要求在对无形资产进行核算时持更为谨慎的态度。

二、无形资产的内容

无形资产主要包括专利权、非专利技术、商标权、著作权、土地使用权和特许权等。

（一）专利权

专利权，是指国家专利主管机关依法授予发明创造专利申请人对其发明创造在法定期限内所享有的专有权利，包括发明专利权、实用新型专利权和外观设计专利权。

【提示】一般而言，只有从外单位购入的专利或者自行开发并按法律程序申请取得的专利，才能作为无形资产管理和核算。使用这种专利可以降低成本，或者提高产品质量，也可以将其转让出去获得转让收入。

（二）非专利技术

非专利技术也称专有技术，是指不为外界所知，在生产经营活动中已采用了的、不享有法律保护的、可以带来经济效益的各种技术和诀窍。其主要内容包括：一是工业专有技术，即在生产上已经采用，仅限于少数人知道，不享有专利权或发明权的生产、装配、修理、工艺或加工方法的技术知识；二是商业（贸易）专有技术，即具有保密性质的市场情报、原材料价格情报，以及用户、竞争对象的情况和有关知识；三是管理专有技术，即生产组织的经营方式、管理方式和培训职工方法等保密知识。非专利技术并不是专利法的保护对象，其所有人依靠自我保密的方式来维持其独占权，可以用于转让和投资。

【提示】企业的非专利技术，有些是自己开发研究的，有些是根据合同规定从外部购入的。如果是企业自己开发研究的，应将符合《企业会计准则第6号——无形资产》规定的开发支出资本化条件的，确认为无形资产。对于从外部购入的非专利技术，应将实际发生的支出予以资本化，作为无形资产入账。

（三）商标权

商标权，是指专门在某类指定的商品或产品上使用特定的名称或图案的权利。

【提示】企业自创的商标并将其注册登记，所花费用一般不大，是否将其资本化并不重要。能够给拥有者带来获利能力的商标，往往是通过多年广告宣传、客户信赖等方式树立起来的。广告费一般不作为商标权的成本，而是在发生时直接计入当期损益。如果企业购买他人的商标，一次性支出费用较大的，可以将其资本化，作为无形资产管理。这时，应根据购入商标的价款、支付的手续费及有关费用计算商标的成本。

（四）著作权

著作权又称版权，是指制作者对其创作的文学、科学和艺术作品依法享有的某种特殊权利。著作权包括两个方面的权利，即精神权利（人身权利）和经济权利（财产权利）。前者指作品署名权、发表作品、确认作者身份、保护作品完整性、修改已经发表的作品等各项权利，包括发表权、署名权、修改权和保护作品完整权；后者指以出版、表演、广播、展览、录制唱片、摄制影片等方式使用作品以及因授权他人使用作品而获得经济利益的权利。

（五）土地使用权

土地使用权，是指国家准许某企业在一定期间对国有土地享有开发、利用和经营的权利。

【提示】企业取得土地使用权，应将取得时发生的支出资本化，作为土地使用权的成本，记入“无形资产”科目核算。

（六）特许权

特许权又称经营特许权、专营权，是指企业在某一地区经营或销售某种特定商品的权利或是一家企业接受另一家企业使用其商标、商号、技术秘密等的权利。前者一般是指政府机关授权、准许企业使用或在一定地区享有经营某种业务的特权，如水、电、邮电通信等专营权，烟草专卖权等；后者指企业间依照签订的合同，有期限或无期限使用另一家企业的某些权利，如连锁企业的分店使用总店的名称等。

三、无形资产的核算

（一）无形资产的科目设置

为了核算企业无形资产的取得和摊销，应设置“无形资产”“研发支出”“累计摊销”等科目。

“无形资产”科目属于资产类，借方登记企业购入、自行创造并按法律程序申请取得的、投资者投入的，以及捐赠的各种无形资产价值等；贷方登记企业向外单位投资转出、出售无形资产的价值，以及分期摊销的无形资产价值；期末借方余额反映企业已入账但尚未摊销的无形资产价值。该账户应按无形资产的类别设置明细科目，进行明细分类核算。

“研发支出”科目属于成本类，核算企业进行研究与开发无形资产过程中发生的各项支出。借方登记企业在研发无形资产过程中所发生的相应支出；贷方登记期末转出至当期损益的费用化支出，以及无形资产研发成功后应转入无形资产成本的资本化支出；期末借方余额，反映企业正在进行无形资产研究开发项目满足资本化条件的支出。该科目可按研究开发阶段，分设“费用化支出”“资本化支出”明细科目进行明细分类核算。

“累计摊销”科目属于“无形资产”的调整科目，核算企业对使用寿命有限的无形资产计提的累计摊销。贷方登记企业计提的无形资产摊销；借方登记处置无形资产转出的累计摊销；期末贷方余额，反映企业无形资产的累计摊销额。

此外，企业无形资产发生减值的，还应当设置“无形资产减值准备”科目进行核算。

（二）无形资产取得核算

1.外购无形资产的核算

外购无形资产的成本，包括购买价款、相关税费及直接归属于使该项资产达到预定用途所发生的其他支出。

【做中学6-1】甲公司（增值税一般纳税人）购入一项非专利技术，支付的买价和有关费用合计900 000元，增值税54 000元，价税款以银行存款付讫。甲公司应作会计分录如下：

借：无形资产——非专利技术	900 000	
应交税费——应交增值税（进项税额）	54 000	
贷：银行存款		954 000

2.自行研发无形资产的核算

企业内部研究开发项目所发生的支出应区分研究阶段支出和开发阶段支出。企业自行开发无形资产发生的研发支出，不满足资本化条件的，借记“研发支出——费用化支出”科目，满足资本化条件的，借记“研发支出——资本化支出”科目，贷记“原材料”“银行存款”“应付职工薪酬”等科目。

研究开发项目达到预定用途形成无形资产的，应按“研发支出——资本化支出”科目的余额，借记“无形资产”科目，贷记“研发支出——资本化支出”科目。期（月）末，应将“研发支出——费用化支出”科目归集的金额转入“管理费用”科目，借记“管理费用”科目，贷记“研发支出——费用化支出”科目。

【做中学6-2】甲公司自行研究、开发一项技术，截至2017年12月31日，发生研发支出合计2 000 000元，增值税为340 000元。经测试该项研发活动完成了研究阶段，从2018年1月1日开始进入开发阶段，2018年发生开发支出300 000元（假定均为5月1日后发生的支出），增值税为48 000元，假定符合开发支出资本化的条件。2018年6月30日，该项研发活动结束，最终开发出一项非专利技术。甲公司应作会计分录如下：

（1）2017年发生研发支出时：

借：研发支出——费用化支出	2 000 000	
应交税费——应交增值税（进项税额）	340 000	
贷：银行存款		2 340 000

（2）2017年12月31日，发生的研发支出全部属于研究阶段的支出，转入当期损益：

借：管理费用——研究开发费	2 000 000	
贷：研发支出——费用化支出		2 000 000

（3）2018年，发生开发支出并满足资本化确认条件：

借：研发支出——资本化支出	300 000	
应交税费——应交增值税（进项税额）	48 000	

贷：银行存款　　348 000

（4）2018年6月30日，该技术研发完成并形成无形资产：

借：无形资产——非专利技术　　300 000

贷：研发支出——资本化支出　　300 000

（三）无形资产摊销

企业应当于取得无形资产时分析判断其使用寿命。使用寿命有限的无形资产应进行摊销，使用寿命不确定的无形资产不应摊销。使用寿命有限的无形资产，其残值应当视为零。对于使用寿命有限的无形资产应当自可供使用（即达到预定用途）当月起开始摊销，处置当月不再摊销。

微课：无形资产摊销的核算

【提示】当月增加的无形资产当月开始摊销，当月减少的无形资产当月不摊销。

无形资产摊销方法包括直线法、生产总量法等。企业选择的无形资产的摊销方法，应当反映与该项无形资产有关的经济利益的预期实现方式。无法可靠确定预期实现方式的，应当采用直线法摊销。

企业应当按月对无形资产进行摊销。无形资产的摊销额一般应当计入当期损益：企业自用的无形资产，其摊销金额计入管理费用；出租的无形资产，其摊销金额计入其他业务成本；某项无形资产包含的经济利益通过所生产的产品或其他资产实现的，其摊销金额应当计入相关资产成本。

【做中学6-3】2018年1月1日，甲公司购买了一项特许权，成本为4 800 000元，合同规定受益年限为10年，甲公司每月应摊销40 000元（4 800 000÷10÷12）。每月摊销时，甲公司应作会计处理如下：

借：管理费用——无形资产摊销　　40 000

贷：累计摊销　　40 000

【做中学6-4】2018年1月1日，甲公司将其自行开发完成的非专利技术出租给丁公司，该非专利技术成本为3 600 000元，双方约定的租赁期限为10年，甲公司每月应摊销30 000元（3 600 000÷10÷12）。每月摊销时，甲公司应作会计处理如下：

借：其他业务成本　　30 000

贷：累计摊销　　30 000

（四）无形资产的处置

1.无形资产出租（一般是转让无形资产的使用权）

企业让渡无形资产使用权形成的租金收入和发生的相关费用，分别确认为其他业务收入和其他业务成本。除了符合法律规定的免征增值税项目外，无形资产出租（如出租商标权）应计算缴纳增值税，增值税税率为6%。

【做中学6-5】乙公司属于增值税一般纳税人，将一项商标权出租给丁公司使用，收取含税使用费26 500元，存入银行。该商标权账面余额为10万元，摊销期限10年。另外，以现金支付相关费用400元。

应交增值税=26 500÷（1+6%）×6%=1 500（元）

乙公司应作会计分录如下：

（1）取得该项商标权的使用费时：

借：银行存款 26 500
　　贷：其他业务收入 25 000
　　　　应交税费——应交增值税（销项税额） 1 500

（2）支付相关费用时：

借：其他业务成本 400
　　贷：库存现金 400

（3）按年对该商标权进行摊销：

借：其他业务成本 10 000
　　贷：累计摊销 10 000

2.无形资产出售（即转让无形资产所有权）

应当将取得的价款与该无形资产账面价值（成本减去累计摊销和已计提的减值准备）的差额，确认为处置非流动资产的利得或损失，计入当期资产处置损益。

【做中学6-6】甲企业出售一项商标权，所得价款为1 272 000元，应缴纳的增值税为72 000元（不考虑其他税费）。该商标权成本为3 000 000元，出售时已摊销金额为1 800 000元，已计提的减值准备为300 000元。甲公司应作会计分录如下：

借：银行存款 1 272 000
　　累计摊销 1 800 000
　　无形资产减值准备——商标权 300 000
　　贷：无形资产——商标权 3 000 000
　　　　应交税费——应交增值税（销项税额） 72 000
　　　　资产处置损益——非流动资产处置利得 300 000

3.无形资产报废

如果无形资产预期不能为企业带来经济利益（如该无形资产已被其他新技术所替代），则应将其报废并予转销，其账面价值转作当期损益。

转销时，应按已计提的累计摊销，借记“累计摊销”科目；按其账面原值，贷记“无形资产”科目；按其差额，借记“营业外支出”科目。已计提减值准备的，还应同时结转减值准备。

【提示】转销就是将其账面净值转入“营业外支出”科目。

【做中学6-7】甲企业原拥有一项非专利技术，采用直线法进行摊销，预计使用期限为10年。现该项非专利技术已被内部研发成功的新技术所替代，并且根据市场调查，用该非专利技术生产的产品已没有市场，预期不能再为企业带来任何经济利益，故应当予以转销。转销时，该项非专利技术的成本为9 000 000元，已摊销6年，累计计提减值准备2 400 000元，该项非专利技术的残值为零。甲公司应作会计分录如下：

借：累计摊销 5 400 000
　　无形资产减值准备——非专利技术 2 400 000
　　营业外支出 1 200 000
　　贷：无形资产——非专利技术 9 000 000

（五）无形资产减值核算

无形资产在资产负债表日存在可能发生减值的迹象时，其可收回金额低于账面价值的，企业应当将该无形资产的账面价值减记至可收回金额，减记的金额确认为减值损失，计入当期损益，同时计提相应的资产减值准备，按应减记的金额，借记“资产减值损失——计提的无形资产减值准备”科目，贷记“无形资产减值准备”科目。

【提示】无形资产减值损失一经确认，在以后会计期间不得转回。

【做中学6-8】2017年12月31日，市场上某项新技术生产的产品销售势头较好，已对甲公司产品的销售产生重大不利影响。甲公司外购的类似专利技术的账面价值为800 000元，剩余摊销年限为4年，经减值测试，该专利技术的可收回金额为750 000元。

由于甲公司该专利技术在资产负债表日的账面价值为800 000元，可收回金额为750 000元，可收回金额低于账面价值。应按其差额50 000元（800 000-750 000）来计提减值准备。甲公司应作会计分录如下：

借：资产减值损失——计提的无形资产减值准备	50 000	
贷：无形资产减值准备		50 000

任务举例

【工作实例6-1】无形资产的核算

甲公司有关无形资产的业务如下：

（1）甲公司2015年年初开始自行研究开发一项无形资产，在研究开发过程中发生人工工资900万元、其他费用700万元，共计1 600万元。其中：符合资本化条件的支出为1 200万元。2015年10月无形资产研发获得成功，达到预定可使用状态。假定不考虑相关税费。

（2）甲公司根据获得的相关信息，无法可靠预计这一非专利技术未来为企业带来经济利益的期限。

（3）2015年12月31日，经减值测试，预计该项无形资产的可收回金额为1 000万元。

（4）2016年年末，经减值测试，预计该项无形资产的可收回金额为800万元。同时有证据表明其使用寿命是有限的，预计尚可使用5年。

（5）2017年年末，由于新技术发展迅速，经减值测试，预计其可收回金额为540万元，预计使用寿命和摊销方法不变。

（6）2018年年末，该项无形资产的相关产品已没有市场，该无形资产预期不能再为企业带来经济利益。

要求：编制甲公司2015年度至2018年度的有关会计分录（假定不考虑相关税费）。

【工作过程】

第一步，核算2015年度无形资产事项。

借：研发支出——费用化支出	4 000 000	
——资本化支出	12 000 000	
贷：应付职工薪酬		9 000 000
银行存款		7 000 000
借：管理费用——研究费用	4 000 000	
贷：研发支出——费用化支出		4 000 000
借：无形资产	12 000 000	
贷：研发支出——资本化支出		12 000 000

无形资产的账面价值为1 200万元，可收回金额为1 000万元，账面价值高于可收回金额，所以应计提减值准备为200万元（1 200-1 000）。

借：资产减值损失——计提的无形资产减值准备 2 000 000
　　贷：无形资产减值准备 2 000 000

第二步，核算2016年度无形资产事项。

2016年12月31日应计提的减值准备=1 000-800=200（万元）

借：资产减值损失——计提的无形资产减值准备 2 000 000
　　贷：无形资产减值准备 2 000 000

第三步，核算2017年度无形资产事项。

2017年度的摊销额=800÷5=160（万元）

2017年12月31日应计提无形资产减值准备=（800-160）-540=100（万元）

借：管理费用 1 600 000
　　贷：累计摊销 1 600 000

借：资产减值损失——计提的无形资产减值准备 1 000 000
　　贷：无形资产减值准备 1 000 000

第四步，核算2018年度无形资产事项。

借：管理费用 1 350 000
　　贷：累计摊销 1 350 000

借：累计摊销（1 600 000+1 350 000） 2 950 000
　　无形资产减值准备（2 000 000+2 000 000+1 000 000） 5 000 000
　　营业外支出 4 050 000
　　贷：无形资产 12 000 000

任务2　投资性房地产核算

任务描述

1.理解投资性房地产的定义，正确判断投资性房地产的范围；
2.正确核算投资性房地产的取得业务；
3.正确核算投资性房地产的两种后续计量（成本模式、公允价值模式）业务；
4.正确核算投资性房地产在成本模式、公允价值模式下的转换业务；
5.正确核算投资性房地产在成本模式、公允价值模式下的处置业务。

知识准备

一、投资性房地产概述

（一）投资性房地产的定义

投资性房地产，是指为赚取租金或资本增值，或两者兼有而持有的房地产，包括已出租的土地使用权、持有并准备增值后转让的土地使用权、已出租的建筑物。

【提示】房地产，是对土地和房屋及其权属的总称。

（二）投资性房地产的范围

1.已出租的土地使用权

已出租的土地使用权，是指企业通过出让或转让方式取得的，并以经营租赁方式出租的土地使用权。企业计划用于出租但尚未出租的土地使用权，不属于此类。

2.已出租的建筑物

已出租的建筑物，是指企业拥有产权并以经营租赁方式出租的房屋等建筑物。企业计划用于出租但尚未出租的建筑物，不属于此类。

3.持有并准备增值后转让的土地使用权（非房地产开发企业）

这类投资性房地产比较特殊，是由管理者的持有意图决定的。

（三）确认投资性房地产需要注意的问题

（1）必须是企业拥有产权的、能够单独计量和出售的房地产，不包括经营租入或不能单独计量的房地产。

（2）出租，是指经营租赁方式出租，不包括融资租赁方式出租。

【提示】企业以经营方式租入的建筑物或土地使用权再转租给其他单位或个人的，不属于投资性房地产，也不能确认为企业的资产。另外，融资租入的建筑物再通过经营租赁的方式转租的，也作为本企业的投资性房地产核算。

（3）企业已经与其他方签订了租赁协议的建筑物，一般应自租赁协议规定的租赁期开始日起，确认为投资性房地产。对企业持有以备经营出租的空置建筑物，只要企业管理当局（董事会或类似机构）作出正式书面决议，明确表明将其用于经营出租且持有意图短期内不再发生变化的，即使尚未签订租赁协议，也可视为投资性房地产。

【提示】如果建筑物自用一段时间后打算出租的，则在自用期间不能作为投资性房地产核算，应作为固定资产核算，在租赁期开始日才能作为投资性房地产核算。

（4）作为存货的房地产，如房地产公司的商品房以及房地产开发企业持有并准备增值后出售的土地使用权，不属于投资性房地产。

（5）企业自用房地产、企业出租给本企业职工居住的宿舍、企业拥有并自行经营的旅馆饭店，均不确认为投资性房地产。

（6）某项房地产，部分用于赚取租金或资本增值，部分用于生产商品、提供劳务或经营管理，能够单独计量和出售的、用于赚取租金或资本增值的部分，应当确认为投资性房地产；不能够单独计量和出售的、用于赚取租金或资本增值的部分，不确认为投资性房地产。

（7）企业将建筑物出租，按租赁协议向承租人提供的相关辅助服务在整个协议中不重大的，应当将该建筑物确认为投资性房地产，否则仍应作为固定资产核算。

（四）投资性房地产的科目设置

为了核算投资性房地产的取得、持有期间期末的计价和处置等业务，需设置“投资性房地产”科目，该科目属于资产类。借方登记购入、自行建造或转换形成的投资性房地产的实际成本或公允价值，贷方登记投资性房地产转出或处置中应结转的实际成本或公允价值，期末借方余额反映企业持有的投资性房地产的实际成本或期末的公允价值。此外，根据后续计量模式的不同，还需分别设置“投资性房地产累计折旧”“投资性房地产累计摊销”“投资性房地产减值准备”等科目或在“投资性房地产”科目下设置相应的明细科目进行核算。

二、投资性房地产取得的核算

（一）外购投资性房地产

对于企业外购的房地产，只有在购入房地产的同时就意图对外出租或用于资本增值，才能称之为外购的投资性房地产。外购投资性房地产的成本，包括购买价款、相关税费和可直接归属于该资产的其他支出。

【做中学6-9】2018年6月1日，甲公司计划购入一栋写字楼用于对外出租。6月10日，甲公司与乙公司签订了经营租赁合同，约定自写字楼购买日起将其出租给乙公司，租赁期为10年。8月1日，甲公司实际购入写字楼，支付价款90 000 000元，增值税9 000 000元，价税款以银行存款支付。假定不考虑其他因素，甲公司采用成本模式进行后续计量。甲公司应作会计分录如下：

借：投资性房地产——写字楼	90 000 000	
应交税费——应交增值税（进项税额）	5 400 000	
——待抵扣进项税额	3 600 000	
贷：银行存款		99 000 000

（二）自行建造投资性房地产

企业自行建造的房地产，只有在自行建造活动完成（即达到预定可使用状态）的同时开始对外出租或用于资本增值，才能将自行建造的房地产确认为投资性房地产。自行建造投资性房地产的成本，由建造该项房地产达到预定可使用状态前发生的必要支出构成。

【做中学6-10】2017年2月，甲公司从其他单位购入一块土地，并在这块土地上开始自行建造两栋厂房。2017年11月，甲公司预计厂房即将完工，与乙公司签订了经营租赁合同，将其中的一栋厂房租赁给乙公司使用。租赁合同约定，该厂房于完工时开始起租。2017年12月5日，两栋厂房同时完工。该块土地使用权的成本为9 000 000元，两栋厂房的实际造价均为12 000 000元，能够单独出售，假设甲公司采用成本模式进行后续计量。

首先，应分离土地使用权中分属于固定资产和投资性房地产的对应金额。其中：属于投资性房地产的土地使用权为4 500 000元（9 000 000×（12 000 000÷24 000 000））。

据此，甲公司应作会计分录如下：

借：固定资产——厂房	12 000 000	
投资性房地产——厂房	12 000 000	
贷：在建工程——厂房		24 000 000
借：投资性房地产——已出租土地使用权	4 500 000	
贷：无形资产——土地使用权		4 500 000

三、投资性房地产的后续计量

投资性房地产的后续计量有成本模式和公允价值模式两种计量模式，企业可在两者中选择其一进行计量，但采用公允价值模式计量应满足一定的条件。成本模式在符合条件的情况下可以转为公允价值模式，但公允价值模式不得转为成本模式。

【提示】同一企业只能采用一种模式对所有投资性房地产进行后续计量，不得同时采用两种计量模式，即不得对一部分投资性房地产采用成本模式进行后续计量、对另一部分投资性房地产采用公允价值模式进行后续计量。

（一）采用成本模式进行后续计量的投资性房地产

在成本模式下，投资性房地产的后续计量与固定资产或无形资产一致，也需要计提折旧或摊销、计提资产减值准备等。但投资性房地产转让属于其他业务，不计入营业外收支。采用成本模式进行后续计量的核算要点如下：

（1）设置“投资性房地产”科目进行核算。

（2）要按期（月）计提折旧或进行摊销，设置“投资性房地产累计折旧”或“投资性房地产累计摊销”科目进行核算。确认的租金收入通过“其他业务收入”科目进行核算；计提的折旧或摊销的金额通过“其他业务成本”科目进行核算。

（3）应比照固定资产、无形资产来计提减值准备。借记“资产减值损失”科目，贷记“投资性房地产减值准备”科目。

【做中学6-11】甲公司将一栋写字楼出租给乙公司使用，确认为投资性房地产，采用成本模式进行后续计量，假设这栋办公楼的成本为72 000 000元，按照年限平均法计提折旧，使用寿命为20年，预计净残值为零。经营租赁合同约定，乙公司每月等额支付甲公司租金400 000元，增值税40 000元。甲公司应作会计分录如下：

每月计提折旧时：

每月计提的折旧=（72 000 000÷20）÷12=300 000（元）

借：其他业务成本——出租写字楼折旧	300 000	
贷：投资性房地产累计折旧		300 000

每月收到租金收入时：

借：银行存款	440 000	
贷：其他业务收入——出租写字楼租金收入		400 000
应交税费——应交增值税（销项税额）		40 000

（二）采用公允价值模式进行后续计量的投资性房地产

采用公允价值模式进行后续计量必须同时满足两个条件：投资性房地产所在地有活跃的房地产交易市场；企业能够从活跃的房地产交易市场上取得同类或类似房地产的市场价格及其他相关信息，从而对投资性房地产的公允价值作出合理的估计。采用公允价值模式进行后续计量的核算要点如下：

（1）同样要设置“投资性房地产”科目进行核算，明细科目为“成本”“公允价值变动”。

（2）与采用成本模式计量的区别是：采用公允价值模式计量的投资性房地产不再计提折旧，不再进行摊销，也不需要计提减值准备。

（3）设置“公允价值变动损益”科目核算期末投资性房地产公允价值变动的影响。资产负债表日，投资性房地产的公允价值高于原账面价值的差额，借记“投资性房地产——公允价值变动”科目，贷记“公允价值变动损益”科目；公允价值低于原账面价值的差额，作相反的会计分录。

【提示】待处置该投资性房地产时，将其持有期间累计产生的“公允价值变动损益”转入“其他业务成本”科目。

（4）取得租金收入，借记“银行存款”等科目，贷记“其他业务收入”等科目。

【做中学6-12】2018年9月，甲公司与乙公司签订租赁协议，约定将甲公司新建造的一栋写字楼租赁给乙公司使用，租赁期为10年。2018年12月1日，该写字楼开始起租，写字楼的工程造价为80 000 000元，公允价值也为相同金额。该写字楼所在区域有活跃的房地产交易市场，而且能够从房地产交易市场上取得同类房地产的市场报价，甲公司决定采用公允价值模式对该项出租的房地产进行后续计量。2018年12月31日，该写字楼的公允价值为84 000 000元。甲公司应作会计分录如下：

2018年12月1日，甲公司出租写字楼时：

借：投资性房地产——成本　　80 000 000

　　贷：固定资产　　80 000 000

2018年12月31日，按照公允价值调整其账面价值，公允价值与原账面价值之间的差额计入当期损益时：

借：投资性房地产——公允价值变动　　4 000 000

　　贷：公允价值变动损益　　4 000 000

四、投资性房地产后续计量模式的变更

企业对投资性房地产的计量模式一经确定，不得随意变更。存在确凿证据表明投资性房地产的公允价值能够持续可靠取得且能够满足采用公允价值模式条件的情况下，才允许企业从成本模式变更为公允价值模式。由成本模式转为公允价值模式，应当作为会计政策变更处理，要进行追溯调整，将计量模式变更时公允价值与账面价值的差额，调整期初留存收益（盈余公积、利润分配——未分配利润）。

【提示】已采用公允价值模式计量的投资性房地产，不得从公允价值模式转为成本模式。

五、投资性房地产转换的核算

（一）成本模式下的转换

无论是投资性房地产转换为非投资性房地产（如自用房地产、存货），还是非投资性房地产转换为投资性房地产，应将相应的科目对应结转。但流动资产与非流动资产之间的减值准备通常不能对应结转。

【做中学6-13】甲公司2018年7月末将出租在外的厂房收回，8月1日开始用于本企业的商品生产，该厂房相应由投资性房地产转换为自用房地产。该项房地产在转换前采用成本模式计量，截至2018年7月31日，账面价值为37 650 000元。其中：原价为50 000 000元，累计已计提折旧为12 350 000元。甲公司应作会计分录如下：

借：固定资产　　50 000 000

　　投资性房地产累计折旧　　12 350 000

　　贷：投资性房地产——厂房　　50 000 000

　　　　累计折旧　　12 350 000

（二）公允价值模式下的转换

1.投资性房地产转换为非投资性房地产

在公允价值模式下的转换，通常转换时的公允价值和账面价值不一致，会产生差额。投资性房地产转换为非投资性房地产（如自用房地产、存货）时，无论公允价值高或低，公允价值与原账面价值的差额都记入“公允价值变动损益”科目。

【做中学6–14】2018年10月15日，甲企业因租赁期满，将出租的写字楼收回，准备作为办公楼用于本企业的行政管理。2018年12月1日，该写字楼正式开始自用，相应由投资性房地产转换为自用房地产，当日的公允价值为48 000 000元。该项房地产在转换前采用公允价值模式计量，原账面价值为47 500 000元，其中：成本为45 000 000元，公允价值变动为2 500 000元。甲公司应作会计分录如下：

借：固定资产	48 000 000	
贷：投资性房地产——成本		45 000 000
——公允价值变动		2 500 000
公允价值变动损益		500 000

2.非投资性房地产转换为投资性房地产

非投资性房地产转换为投资性房地产（如自用土地使用权、固定资产和存货等转换为投资性房地产）时，按转换日的公允价值记入“投资性房地产——成本”科目，并转销该固定资产、无形资产或存货的账面价值，公允价值大于账面价值的差额，记入“其他综合收益”科目；公允价值小于账面价值的差额，记入“公允价值变动损益”科目。

【做中学6–15】2017年12月，甲企业与乙企业签订了租赁协议，将其原办公楼租赁给乙企业使用，租赁期开始日为2018年1月1日，租赁期限为3年。由于该办公楼处于商业区，房地产交易活跃，该企业能够从市场上取得同类或类似房地产的市场价格及其他相关信息，假设甲企业对出租的办公楼采用公允价值模式计量。2018年1月1日，该办公楼的公允价值为350 000 000元，其原价为500 000 000元，已提折旧为142 500 000元。甲企业应作会计分录如下：

（1）当日的账面价值为357 500 000元（500 000 000–142 500 000），公允价值为350 000 000元，公允价值小于账面价值的差额为7 500 000元。

借：投资性房地产——成本	350 000 000	
公允价值变动损益	7 500 000	
累计折旧	142 500 000	
贷：固定资产		500 000 000

（2）假设上例中转换日办公楼的公允价值为360 000 000元。甲公司应作会计分录如下：

借：投资性房地产——成本	360 000 000	
累计折旧	142 500 000	
贷：固定资产		500 000 000
其他综合收益		2 500 000

六、投资性房地产处置的核算

（一）采用成本模式计量的投资性房地产的处置

采用成本模式计量的投资性房地产处置时，应按实际收到的处置金额，借记“银行存款”等科目，贷记“其他业务收入”科目。按该项投资性房地产的账面余额，借记“其他业务成本”科目；按其成本，贷记“投资性房地产”科目；按已经计提的折旧或摊销，借记“投资性房地产累计折旧（摊销）”科目；按已经计提的减值准备，借记“投资性房地产减值准备”科目。

【提示】投资性房地产不是投资，所以它的处置损益不计入投资收益，同时它也不是非日常经营活动，所以处置损益也不计入营业外收支。

【做中学6-16】甲公司将其出租的一栋写字楼确认为投资性房地产。租赁期届满后，甲公司将该栋写字楼出售给乙公司，合同价款为20 000 000元（假定不考虑相关税费），乙公司已用银行存款付清。假设该栋写字楼原采用成本模式计量。出售时，该栋写字楼的成本为18 000 000元，已计提折旧为2 000 000元。甲公司应作会计分录如下：

借：银行存款	20 000 000	
贷：其他业务收入		20 000 000
借：其他业务成本	16 000 000	
投资性房地产累计折旧	2 000 000	
贷：投资性房地产		18 000 000

（二）采用公允价值模式计量的投资性房地产的处置

按公允价值模式进行后续计量的投资性房地产在处置时，应当按实际收到的处置收入金额，借记“银行存款”等科目，贷记“其他业务收入”等科目。按该项投资性房地产的账面余额，借记“其他业务成本”科目；按其成本，贷记“投资性房地产——成本”科目；按其累计公允价值变动，贷记或借记“投资性房地产——公允价值变动”科目。同时，持有过程中产生的公允价值变动损益累计额，在处置时应转入“其他业务成本”科目；若存在原转换日记入“其他综合收益”科目的金额，则处置时还应将“其他综合收益”科目的金额转入“其他业务成本”科目。

【做中学6-17】甲企业（增值税一般纳税人）是从事房地产开发业务的企业。2017年3月10日，甲企业与乙企业签订了租赁协议，将其开发的一栋写字楼整体出租给乙企业使用，租赁期开始日为2017年4月15日。2017年4月15日，该写字楼的账面余额为450 000 000元，未计提存货跌价准备，转换后采用公允价值模式计量。2017年4月15日该写字楼的公允价值为470 000 000元。2017年12月31日，该项投资性房地产的公允价值为480 000 000元。2018年4月租赁期届满，甲企业收回该项投资性房地产，并于2018年6月以550 000 000元（含税）出售，价税款项已收讫。

甲企业应作会计分录如下：

（1）2017年4月15日：

借：投资性房地产——成本	470 000 000	
贷：开发产品		450 000 000
其他综合收益		20 000 000

注意："开发产品"科目相当于房地产企业的存货类科目。

（2）2017年12月31日：

借：投资性房地产——公允价值变动　　10 000 000

　　贷：公允价值变动损益　　10 000 000

（3）2018年6月出售时

借：银行存款　　550 000 000

　　贷：其他业务收入　　500 000 000

　　　　应交税费——应交增值税（销项税额）　　50 000 000

借：其他业务成本　　480 000 000

　　贷：投资性房地产——成本　　470 000 000

　　　　　　　　　　——公允价值变动　　10 000 000

将投资性房地产累计的"公允价值变动损益"转入"其他业务成本"：

借：公允价值变动损益　　10 000 000

　　贷：其他业务成本　　10 000 000

将转换时原记入"其他综合收益"的部分转入"其他业务成本"：

借：其他综合收益　　20 000 000

　　贷：其他业务成本　　20 000 000

任务举例

【工作实例6-2】投资性房地产的核算

甲公司为增值税一般纳税人，不考虑除增值税以外的其他相关税费。甲公司对投资性房地产采用公允价值模式计量，有关房地产的相关业务资料如下：

（1）2017年1月，甲公司自行建造一栋厂房。在建设期间，甲公司购进为工程准备的一批物资，价款为1 400万元，增值税为238万元。该批物资已验收入库，款项以银行存款支付。该批物资全部用于厂房建造项目。当月甲公司为厂房建造工程，领用本企业生产用原材料一批，成本为180万元，对应进项税额为30.6万元（已抵扣），另支付在建工程人员薪酬为362万元。

（2）2017年8月，该厂房建设达到了预定可使用状态并投入使用。厂房预计使用寿命为20年，预计净残值为36万元，采用直线法计提折旧。

（3）2018年12月，甲公司与丙公司签订了租赁协议，将该厂房经营租赁给丙公司，租赁期为10年，含税年租金为220万元，租金于每年年末结清。租赁期开始日为2018年12月31日。

（4）甲公司对租赁后的厂房采用公允价值模式计量。经测算，该厂房2018年年末的公允价值为2 200万元，2019年年末的公允价值为2 400万元。

（5）2020年1月，甲公司与丙公司达成协议并办理过户手续，以2 500万元的不含税价格将该厂房转让给丙公司，全部款项已收到并存入银行。

要求：

（1）编制甲公司自行建造厂房的有关会计分录。

（2）计算甲公司该厂房2018年年末累计折旧的金额。

（3）编制甲公司将该厂房停止自用改为出租的有关会计分录。

（4）编制甲公司该厂房有关2019年年末后续计量的有关会计分录。

（5）编制甲公司该厂房有关2019年租金收入的会计分录。

（6）编制甲公司2020年处置该厂房的有关会计分录。

【工作过程】

第一步，甲公司自行建造厂房的处理。

①借：工程物资　14 000 000
　　应交税费——应交增值税（进项税额）　1 428 000
　　　　　　——待抵扣进项税额　952 000
　　贷：银行存款　16 380 000

②借：在建工程　14 000 000
　　贷：工程物资　14 000 000

③借：在建工程　5 420 000
　　贷：原材料　1 800 000
　　　　应付职工薪酬　3 620 000

借：应交税费——待抵扣进项税额　122 400
　　贷：应交税费——应交增值税（进项税额转出）　122 400

借：应付职工薪酬　3 620 000
　　贷：银行存款　3 620 000

④借：固定资产　19 420 000
　　贷：在建工程　19 420 000

第二步，2018年年末累计折旧金额的计算。

2018年年末累计折旧=（19 420 000−360 000）÷20÷12×（4+12）=1 270 666.67（元）

第三步，投资性房地产转换的处理。

借：投资性房地产——成本　22 000 000
　　累计折旧　1 270 666.67
　　贷：固定资产　19 420 000
　　　　其他综合收益　3 850 666.67

第四步，确认投资性房地产公允价值变动。

借：投资性房地产——公允价值变动　2 000 000
　　贷：公允价值变动损益　2 000 000

第五步，确认租金收入。

销项税额=2 200 000÷（1+10%）×10%=200 000（元）

借：银行存款　2 200 000
　　贷：其他业务收入　2 000 000
　　　　应交税费——应交增值税（销项税额）　200 000

第六步，投资性房地产的处置。

借：银行存款　27 500 000
　　贷：其他业务收入　25 000 000

贷：应交税费——应交增值税（销项税额） 2 500 000

借：其他业务成本 24 000 000

贷：投资性房地产——成本 22 000 000

——公允价值变动 2 000 000

借：其他综合收益 3 850 666.67

贷：其他业务成本 3 850 666.67

借：公允价值变动损益 2 000 000

贷：其他业务成本 2 000 000

任务3 其他资产核算

任务描述

1. 理解其他资产的定义；

2. 正确核算长期待摊费用，了解融资租赁业务的账务处理。

知识准备

一、其他资产概述

其他资产，是指除货币资金、交易性金融资产、应收及预付款项、存货、长期股权投资、固定资产、无形资产等以外的资产，如长期待摊费用和其他长期资产。其他长期资产一般包括特种物资、银行冻结存款以及诉讼中的财产等，它可以根据资产性质和特点单独设置明细科目核算。

二、其他资产核算

长期待摊费用，是指企业已经发生但应由本期和以后各期负担的、分摊期限在1年以上的各项费用，如以经营租赁方式租入的固定资产发生的改良支出等。企业应设置“长期待摊费用”科目对此类项目进行核算。企业发生的长期待摊费用，借记“长期待摊费用”等科目，贷记“原材料”“银行存款”等科目；摊销长期待摊费用，借记“管理费用”“销售费用”等科目，贷记“长期待摊费用”科目；期末借方余额，反映企业尚未摊销完毕的长期待摊费用。“长期待摊费用”科目可按费用项目进行明细分类核算。

【做中学6-18】A公司采用经营租赁方式租入一间办公用房。租赁合同规定，租期为5年，房屋装修及修理费由租入方负责。A公司租入后开始装修，用银行存款支付装修费120 000元，增值税12 000元，在租赁期间平均摊销，每月摊销2 000元。A公司应作会计分录如下：

（1）支付装修费时：

借：长期待摊费用——租入固定资产改良支出 120 000

应交税费——应交增值税（进项税额） 7 200

——待抵扣进项税额 4 800

贷：银行存款 132 000

（2）各月分期摊销时：

借：管理费用 2 000

贷：长期待摊费用——租入固定资产改良支出 2 000

项目小结

本项目主要介绍了无形资产、投资性房地产和其他资产等非流动资产项目的核算。

无形资产的核算主要包括无形资产研发、无形资产摊销和无形资产处置三个阶段的核算。

对于投资性房地产的核算：首先，应明确投资性房地产的核算范围；其次，应明确投资性房地产的成本和公允价值两种计量模式，并掌握不同计量模式下的核算差异；最后，应掌握投资性房地产与非投资性房地产的相互转换的核算。

其他资产主要包括长期待摊费用和其他长期资产。其他长期资产一般包括特种物资、银行冻结存款以及诉讼中的财产等，它可以根据资产性质和特点单独设置明细科目核算。

课后习题与实训

一、单项选择题

1.下列各项不属于投资性房地产的是（ ）。

A.企业已出租给子公司的建筑物

B.已出租的房屋租赁期届满，收回后继续用于出租但暂时空置

C.房地产开发企业持有并准备增值后出售的建筑物

D.企业持有并准备增值后转让的土地使用权

2.关于企业内部研究开发项目的支出，下列说法错误的是（ ）。

A.企业内部研究开发项目的支出，应当区分研究阶段支出与开发阶段支出

B.企业内部研究开发项目研究阶段的支出，应当于发生时计入当期损益

C.企业内部研究开发项目开发阶段的支出，应确认为无形资产

D.企业内部研究开发项目开发阶段的支出，可能确认为无形资产，也可能确认为费用

3. A公司为增值税一般纳税人，2018年6月5日以2 700万元购入一项专利权，另支付增值税162万元，专利转让过程中的费用120万元。为推广由该专利权生产的产品，A公司发生的广告宣传费为60万元。该专利权预计使用5年，预计净残值为零，采用直线法摊销。假设不考虑其他因素，该专利权的入账价值为（ ）万元。

A.2 820　　B.2 982　　C.2 860　　D.2 700

4.A公司自2017年12月1日开始自行研发新技术，2018年4月1日研发成功达到预定可使用状态。研究阶段的支出为200万元，开发阶段的支出为300万元（其中满足资本化条件的支出为250万元）。假定不考虑其他事项，该无形资产的入账价值为（ ）万元。

A.300　　B.200　　C.250　　D.500

5.某企业自2017年3月开始自行研发一项非专利技术，至2017年12月31日研发成功并达到预定可使用状态，累计研究支出为100万元，累计开发支出为600万元（其中满足资本化条件的支出为500万元）。该非专利技术使用寿命不能合理确定。假定不考虑其他因素，该业务导致企业2017年度利润总额减少（　　）万元。

A.100　　B.200　　C.500　　D.600

6.A公司购买了一项专利权，成本为200万元，预计净残值为零，预计使用年限为10年，采用直线法摊销，每月的摊销金额为（　　）万元。

A.10　　B.20　　C.1.55　　D.1.67

7. 2018年1月1日，A公司将其一项专利技术出租，每月租金10万元，租赁期2年。该无形资产是2015年3月31日研发成功并达到预定可使用状态，成本为200万元，预计使用年限为10年，预计净残值为零。该项业务对A公司2018年度损益的影响为（　　）万元。

A.120　　B.100　　C.150　　D.200

8.企业出售无形资产的净收益，应记入的科目是（　　）。

A.其他业务收入　　B.营业外收入

C.投资收益　　D.递延收益

9.某企业转让一项专利权，与此有关的资料如下：该专利权的原值为100万元，累计摊销为30万元，计提减值准备为5万元，取得转让价款为50万元，应交增值税为3万元。假设不考虑其他因素，该企业应确认的转让无形资产净收益为（　　）万元。

A.17.5　　B.-17.5　　C.-20　　D.20

10. 2015年1月1日，A公司购入一项专利权，购买价款230万元，预计使用5年，预计净残值为零。2017年12月31日计提了20万元的减值准备，其他年限没有计提减值准备。2018年12月31日，该无形资产的可收回金额为40万元，则应计提的无形资产减值准备为（　　）万元。

A.0　　B.6　　C.-4　　D.20

11. 2018年1月1日，甲公司购入一幢建筑物用于出租，取得发票上注明的含税价款为100万元，款项以银行存款支付。购入该建筑物发生的谈判费用为0.2万元，差旅费为0.3万元。该投资性房地产的入账价值为（　　）万元。

A.100　　B.117　　C.117.5　　D.100.5

12. 甲公司将一栋写字楼转换为采用成本模式计量的投资性房地产，该写字楼的账面原值为2 500万元，已计提的累计折旧为50万元，已计提的固定资产减值准备为150万元，转换日的公允价值为3 000万元。不考虑其他因素，则转换日记入“投资性房地产”科目的金额是（　　）万元。

A.3 000　　B.2 300　　C.2 500　　D.2 800

13. 某公司将2015年12月31日达到预定可使用状态的自行建造的建筑物对外出租，并采用公允价值计量模式进行后续计量，租期5年，每年租金为100万元。建造成本为1 200万元，预计使用年限为20年，预计净残值为零。2016年12月31日，该建筑物的公允价值为1 250万元。2017年12月31日，该建筑物的公允价值为1 500万元。关于该建筑物的会计处理的说法中，不正确的是（　　）。

A.收到的租金收入，要确认为其他业务收入

B.2016年12月31日，投资性房地产的账面价值为1 250万元

C.2017年12月31日，投资性房地产的账面价值为1 500万元

D.2017年12月31日，累计确认300万元的投资收益

14.下列关于出售投资性房地产核算的说法中，正确的是（　　）。

A.原计入公允价值变动损益的金额转入投资收益

B.原计入资本公积的金额转入投资收益

C.原计入投资性房地产的账面价值转入其他业务成本

D.收到的出售价款计入营业外收入

15.甲公司为一家房地产开发企业。2018年3月5日，甲公司将一栋刚刚开发完成的商品房对外出租，该商品房的成本为2 300万元，当日公允价值为2 500万元。甲公司拟对其采用公允价值模式进行后续计量，下列账务处理中正确的是（　　）。

A.借：投资性房地产	2 300	
贷：开发产品		2 300
B.借：投资性房地产——成本	2 300	
——公允价值变动	200	
贷：开发产品		2 300
资本公积		200
C.借：投资性房地产——成本	2 500	
贷：开发产品		2 300
公允价值变动损益		200
D.借：投资性房地产——成本	2 500	
贷：开发产品		2 300
其他综合收益		200

二、多项选择题

1.下列各项可以确认为无形资产的有（　　）。

A.计算机公司购入为客户开发的软件

B.高级专业技术人才

C.企业通过行政划拨无偿取得的土地使用权

D.有偿取得一项为期15年的高速公路收费权

2.下列各项中，属于无形资产特征的有（　　）。

A.不具有实物形态　　B.具有不可辨认性

C.具有可辨认性　　D.属于非货币性长期资产

3.下列各项中，属于投资性房地产的有（　　）。

A.房地产企业持有的待售商品房

B.以经营租赁方式出租的商品房

C.以经营租赁方式出租的土地使用权

D.以经营租赁方式租入后再转租的建筑物

4.关于无形资产后续计量的说法中，正确的有（　　）。

A.对使用寿命有限的无形资产，应摊销金额为其成本扣除残值后的金额

B.对于使用寿命不确定的无形资产，不存在减值问题

C.每年年末要对使用寿命不确定的无形资产的可收回金额复核，看是否存在减值迹象

D.无形资产减值准备已经计提，不得转回

5.下列有关无形资产会计处理的表述中，正确的有（　　）。

A.无形资产后续支出应该在发生时计入当期损益

B.企业自用、使用寿命确定的无形资产的摊销金额，应该全部计入当期管理费用

C.不能为企业带来经济利益的无形资产摊余价值，应该全部转入当期的管理费用

D.使用寿命有限的无形资产应当在取得当月起开始摊销

6.关于采用成本模式计量的投资性房地产，下列表述中不正确的有（　　）。

A.如果是建筑物，应自取得该投资性房地产的当月开始计提折旧

B.如果是建筑物，应自取得该投资性房地产的次月开始计提折旧

C.如果是土地使用权，应自取得该投资性房地产的当月开始摊销

D.如果是土地使用权，应自取得该投资性房地产的次月开始摊销

7.下列关于无形资产会计处理的表述中，不正确的有（　　）。

A.使用寿命有限的无形资产，按照10年时间进行摊销

B.有偿取得的自用土地使用权应确认为无形资产

C.内部研发项目开发阶段支出应全部确认为无形资产

D.无形资产减值损失一经确认，在以后会计期间不得转回

8.在下列各项中，可能会引起无形资产账面价值发生增减变动的有（　　）。

A.发生减值

B.企业自行研发无形资产的，研究阶段发生的支出

C.摊销无形资产

D.企业自行研发无形资产的，开发阶段发生的支出

9.下列说法中，符合现行企业会计准则的有（　　）。

A.按照谨慎性要求，研究开发支出应在发生时直接计入当期损益

B.出租的无形资产，其摊销费用应计入管理费用

C.若预计某项无形资产已经不能给企业带来未来经济利益，应当将该项无形资产的账面价值予以转销，记入营业外支出账户

D.广告费作为无形资产的后续支出，虽然能提高商标价值，但一般不计入商标权的成本

10.下列有关投资性房地产的会计处理方法中，不正确的有（　　）。

A.非投资性房地产转换为采用公允价值模式计量的投资性房地产的，公允价值与原账面价值的差额计入资本公积

B.无论是采用公允价值模式，还是采用成本模式对投资性房地产进行后续计量，取得的租金收入，均应计入其他业务收入

C.将采用公允价值模式计量的投资性房地产转为自用时，其在转换日的公允价值与

原账面价值的差额，应计入投资收益

D.投资性房地产的处置损益应计入营业外收入或营业外支出

11.下列各项属于自行建造的投资性房地产成本的有（　　）。

A.土地开发费　　B.建造过程中发生的非正常损失

C.应资本化的利息　　D.达到预定可使用状态后发生的必要支出

12.下列有关投资性房地产计量的各种说法中，错误的有（　　）。

A.不同企业可以分别采用成本或公允价值模式

B.同一企业可以采用两种模式对投资性房地产进行后续计量

C.满足特定条件时，可以采用公允价值模式

D.对于采用成本模式进行后续计量的投资性房地产，不可以转化为公允价值模式计量

13.下列有关投资性房地产核算的表述中，正确的有（　　）。

A.采用成本模式进行后续计量的投资性房地产，期末需要考虑减值问题

B.采用公允价值模式计量的投资性房地产，可以转换为成本模式计量

C.采用公允价值模式计量的投资性房地产，公允价值的变动金额计入资本公积

D.后续计量模式的转换，属于会计政策变更

14.下列各项构成外购无形资产入账价值的有（　　）。

A.购买价款　　B.契税　　C.广告宣传费　　D.差旅费

15.下列有关自行研究开发的无形资产的说法中，不正确的有（　　）。

A.研究阶段的支出，应当资本化，确认为无形资产

B.研究阶段的支出，应当费用化，月末转入当期损益

C.研发支出，应当区分研究阶段支出与开发阶段支出

D.开发阶段的支出，应当资本化，确认为无形资产

三、判断题

1.对于自行建造的投资性房地产的成本，包含土地开发费、建筑成本、安装成本、应资本化的借款费用、支付的其他费用和分摊的间接费用等。（　　）

2.企业持有以备经营出租的空置建筑物（如董事会或类似机构作出书面决议，明确表示将其用于经营出租且持有意图短期内不再发生变化的），对于尚未签订租赁协议的，不能作为投资性房地产核算；对于签订租赁协议的，作为投资性房地产核算。（　　）

3.采用公允价值模式进行后续计量的投资性房地产，应根据其预计使用寿命计提折旧或进行摊销。（　　）

4.企业不论采用哪种后续计量模式对投资性房地产进行计量，收到的租金收入，均确认为其他业务收入。（　　）

5.无形资产包含商誉。（　　）

6.无形资产包含单独计价入账的土地和土地使用权。（　　）

7.企业无法可靠区分研究阶段和开发阶段支出的，应将其所发生的研发支出全部资本化计入无形资产成本。（　　）

8.自行研发无形资产获得成功申请专利权的，注册登记费要记入当期的“管理费用”科目。（　　）

9. 专门用于生产某产品的无形资产，其所包含的经济利益通过所生产的产品实现的，该无形资产的摊销额应计入产品成本。 （ ）

10. 使用寿命有限的无形资产，应当自达到预定用途的下月起开始摊销。 （ ）

11. 对使用寿命有限的无形资产，其摊销期限应当自无形资产可供使用时起，处置当月不再摊销。 （ ）

12. 不再能够为企业带来经济利益的资产，其剩余价值应当全部计入当期损益。 （ ）

13. 企业以经营租赁方式租入的固定资产发生的改良支出，应直接计入当期损益。 （ ）

14. 企业将某项房地产部分用于出租、部分自用，如果出租部分能单独计量和出售，企业应将该项房地产整体确认为投资性房地产。 （ ）

15. 已对外经营出租但仍由本企业提供日常维护的建筑物，不属于投资性房地产。 （ ）

四、业务核算题

1. 2017年1月1日，甲公司的董事会批准研发某项新型技术，该公司董事会认为，研发该项目具有可靠的技术和财务等资源的支持，并且一旦研发成功将降低该公司的生产成本。2018年1月31日，该项新型技术研发成功并已经达到预定用途。研发过程中所发生的直接相关的必要支出情况如下：

（1）2017年度发生的材料费用为9 000 000元，人工费用为4 500 000元，计提的专用设备折旧为750 000元，以银行存款支付其他费用为3 000 000元，总计为17 250 000元，其中符合资本化条件的支出为7 500 000元。

（2）2018年1月31日前发生的材料费用为800 000元，人工费用为500 000元，计提的专用设备折旧为50 000元，其他费用为20 000元，总计为1 370 000元，全部符合资本化条件。

要求：根据上述资料，编制甲公司相关的账务处理。

2. 长江股份有限公司2014年至2018年与无形资产业务有关的资料如下：

（1）2014年11月12日，以银行存款450万元购入一项无形资产，于当日达到预定用途并交付企业管理部门使用。该无形资产的预计使用年限为10年，净残值为零，采用直线法摊销。

（2）2017年12月31日，预计该无形资产的可收回金额为205万元。该无形资产发生减值后，原摊销方法、预计使用年限不变。

（3）2018年12月31日，预计该无形资产的可收回金额为100万元，计提无形资产减值准备后，原摊销方法不变，预计尚可使用年限为5年。

要求：

（1）编制2014年11月12日购入该无形资产的会计分录。

（2）编制2014年12月31日计提无形资产摊销额的会计分录。

（3）计算并编制2017年12月31日计提无形资产摊销额和无形资产减值准备的会计分录。

（4）计算并编制2018年12月31日计提无形资产摊销额和无形资产减值准备的会计

分录。

3.甲企业拥有一栋办公楼，用于本企业总部办公。2018年3月10日，甲企业与乙企业签订了经营租赁协议，将该栋办公楼整体出租给乙企业使用，租赁期开始日为2018年4月15日，为期5年。2018年4月15日，该栋办公楼的账面余额为45 000万元，已计提折旧为300万元。假设甲企业采用成本计量模式。

要求：根据上述资料，编制甲企业的相关会计分录。

4.甲企业是一家房地产开发企业（增值税一般纳税人）。2018年5月10日，甲企业与乙企业签订了租赁协议，将其开发的一栋写字楼出租给乙企业使用，租赁期开始日为2018年5月15日。2018年5月15日，该写字楼的账面余额为45 000万元，公允价值为47 000万元。2018年12月31日，该项投资性房地产的公允价值为48 000万元。2019年6月租赁期届满，企业收回该项投资性房地产，并以55 000万元出售，出售款项已收讫。甲企业采用公允价值模式计量，适用的增值税税率为10%。

要求：根据上述资料，编制相关会计分录。

项目七

投资核算

知识目标

1. 熟悉《企业会计准则第22号——金融工具确认和计量》《企业会计准则第2号——长期股权投资》；
2. 掌握企业以公允价值计量且其变动计入当期损益的金融资产、长期股权投资等项目的确认、计量、记录和报告方法；
3. 了解企业以摊余成本计量的金融资产、以公允价值计量且其变动计入其他综合收益的金融资产等项目的确认、计量、记录和报告方法。

能力目标

1. 基本会办理投资核算岗位的各项工作；
2. 能按照规范流程和方法进行以公允价值计量且其变动计入当期损益的金融资产及长期股权投资等对外投资业务的账务处理。

项目导言

企业除了从事自身的生产经营活动以外，还可以通过对外投资获得利益，以实现其经营目标。投资是企业为通过分配来增加财富，或为谋求其他利益，而将资产让渡给其他单位所获得的另一项资产。投资资产具有如下特征：一是企业在生产经营过程之外持有的资产；二是一种以权利为表现形式的资产；三是一种具有财务风险的资产。企业持有的对外投资，可以按不同的标准进行分类，如按照持有时间的长短，可以分为短期投资和长期投资；按照不同的投资对象，可以分为股票投资、债券投资和其他投资；按照不同的投资性质，可以分为股权性投资、债权性投资和混合性投资。企业会计准则根据管理金融资产的业务模式和金融资产的合同现金流量特征，以及投资方对被投资方的影响程度，可以分为以摊余成本计量的金融资产、以公允价值计量且其变动计入其他综合收益的金融资产、以公允价值计量且其变动计入当期损益的金融资产和长期股权投资，并设置相应的会计科目进行核算，在资产负债表中，各类投资分项单独列示。

任务1 以公允价值计量且其变动计入当期损益的金融资产的核算

任务描述

1.合理划分金融资产类别，确定以公允价值计量且其变动计入当期损益的金融资产的核算范围及核算账户；

2.确定以公允价值计量且其变动计入当期损益的金融资产的公允价值，核算以公允价值计量且其变动计入当期损益的金融资产的取得业务；

3.正确核算以公允价值计量且其变动计入当期损益的金融资产持有期间取得的现金股利、利息；

4.正确计量资产负债表日以公允价值计量且其变动计入当期损益的金融资产公允价值的变动，并进行账务处理；

5.计算确定以公允价值计量且其变动计入当期损益的金融资产的处置结果，核算以公允价值计量且其变动计入当期损益的金融资产的处置业务。

知识准备

一、金融资产概述

（一）金融资产的定义及分类

金融资产属于企业资产的重要组成部分。金融资产，是指企业持有的现金、其他方的权益工具以及符合下列条件之一的资产：（1）从其他方收取现金或其他金融资产的合同权利；（2）在潜在有利条件下，与其他方交换金融资产或金融负债的合同权利；（3）将来须用或可用企业自身权益工具进行结算的非衍生工具合同，且企业根据该合同将收到可变数量的自身权益工具；（4）将来须用或可用企业自身权益工具进行结算的衍生工具合同，但以固定数量的自身权益工具交换固定金额的现金或其他金融资产的衍生工具合同除外。由此定义，我们可以看出，金融资产的范围较广，主要包括：库存现金、银行存款、应收账款、应收票据、其他应收款项、股权投资、债权投资和衍生金融工具形成的资产等。但本知识点所述及的金融资产主要是指股权投资、债权投资以及衍生金融工具形成的资产等。

企业根据其管理金融资产的业务模式和金融资产的合同现金流量特征两个原则，将金融资产分为三类：以摊余成本计量的金融资产、以公允价值计量且其变动计入其他综合收益的金融资产和以公允价值计量且其变动计入当期损益的金融资产。

【提示】金融工具准则对金融资产初始分类环节规定了两大判定要素：

第一，合同现金流量特征。所谓金融资产的合同现金流量特征，是指金融工具合同约定的、反映相关金融资产经济特征的现金流量属性。依据合同现金流量的特征，可以将金融资产区分为债权投资和股权投资。

第二，业务管理模式。所谓企业管理金融资产的业务模式是指企业如何管理其金融资产以产生现金流量。业务模式决定企业所管理金融资产现金流量的来源是收取合同现金流量、出售金融资产还是两者兼有，即持有金融资产的目的区分为获取持有收益、获取转让收益或两者兼而有之。

由此，依据准则给出的两大判定要素，可以将金融资产的初始分类环节概括为“三个分类”。具体如下：

对于债权投资分两种情况：如果持有的目的是获取该项投资的合同本金和相应的利息，则应分类为“以摊余成本计量的金融资产”（简称为“第一类”）；如果其持有目的既以收取合同现金流量为目标，又以出售该金融资产为目标，则应分类为“以公允价值计量且其变动计入其他综合收益的金融资产”（简称为“第二类”）。

对于股权投资，由于不存在合同本金和利息要素，则应将其分类为“以公允价值计量且其变动计入当期损益的金融资产”（简称为“第三类”）。

总而言之，金融资产初始分类规则即为：债权投资要么分类为“第一类”，要么分类为“第二类”；股权投资则应分类为“第三类”。

金融资产的初始分类除了上述原则性规定外，还有例外性规定，主要指两种情况：（1）为了消除会计上的错配，债权投资可以指定为“第三类”；（2）符合规定情形的股权投资（指非交易性权益工具投资）可以指定为“第二类”。

（二）金融资产的确认

当企业成为金融工具合同的一方时，应当确认为一项金融资产或金融负债。

根据上述金融资产初始分类的规则，金融资产三大类别的确认条件分别如下：

1. 以摊余成本计量的金融资产的确认条件

以摊余成本计量的金融资产，需同时满足下列两个条件：

（1）企业管理该金融资产的业务模式是以收取合同现金流量为目标；

（2）该金融资产的合同条款规定，在特定日期产生的现金流量，仅为对本金和以未偿付本金金额为基础的利息的支付。

2. 以公允价值计量且其变动计入其他综合收益的金融资产的确认条件

以公允价值计量且其变动计入其他综合收益的金融资产，也需同时满足下列两个条件：

（1）企业管理该金融资产的业务模式既以收取合同现金流量为目标，又以出售该金融资产为目标；

（2）该金融资产的合同条款规定，在特定日期产生的现金流量，仅为对本金和以未偿付本金金额为基础的利息的支付。

3. 以公允价值计量且其变动计入当期损益的金融资产的确认条件

如果不满足上述两大类别的确认条件，则金融资产应确认为以公允价值计量且其变动计入当期损益的金融资产，也就是说以公允价值计量且其变动计入当期损益的金融资产属于金融资产的剩余分类。且如果金融资产满足下列条件之一的，表明企业持有该金融资产的目的是交易性的，可确认为以公允价值计量且其变动计入当期损益的金融资产：

（1）取得相关金融资产的目的，主要是为了近期出售或回购；

（2）相关金融资产在初始确认时属于集中管理的可辨认金融工具组合的一部分，且有客观证据表明近期实际存在短期获利模式；

（3）相关金融资产属于衍生工具，但符合财务担保合同定义的衍生工具以及被指定为有效套期工具的衍生工具除外。

（三）金融资产的计量

金融资产分类和金融资产计量密切相关。不同类别的金融资产，其初始计量和后续计量采用的基础也不完全相同。

1. 初始计量

在初始计量环节，按照企业会计准则规定，企业初始确认金融资产，应当按照公允价值计量。三类金融资产的初始计量，其公允价值的构成是不一样的。

（1）以公允价值计量且其变动计入当期损益的金融资产，其公允价值即为交易价格，发生的交易费用直接计入当期损益；

（2）以摊余成本计量的金融资产和以公允价值计量且其变动计入其他综合收益的金融资产，其公允价值包含交易费用，即交易费用计入初始确认金额。

2. 后续计量

在持有期间，三类金融资产的后续计量处理方式也不相同。

（1）以公允价值计量且其变动计入当期损益的金融资产，期末公允价值的变动计入当期损益；

（2）以摊余成本计量的金融资产，在初始确认金额的基础上，扣除已偿还的本金，加上或减去采用实际利率法将该初始确认金额与到期日金额之间的差额进行摊销形成的累计摊销额，扣除计提的累计信用减值准备，形成摊余成本，进行后续计量；

（3）以公允价值计量且其变动计入其他综合收益的金融资产，其公允价值的变动计入其他综合收益。

以摊余成本计量的金融资产和以公允价值计量且其变动计入其他综合收益的金融资产这两类金融资产，在期末，企业应以预期信用损失为基础，对部分金融资产进行减值会计处理并确认损失准备。

【提示】当企业改变其管理金融资产的业务模式时，应按规定对所有受影响的相关金融资产进行重分类，且三类金融资产相互之间均可进行重分类。

二、以公允价值计量且其变动计入当期损益的金融资产概述

（一）以公允价值计量且其变动计入当期损益的金融资产的确认

不符合以摊余成本计量的金融资产和以公允价值计量且其变动计入其他综合收益的金融资产确认标准之外的金融资产即为以公允价值计量且其变动计入当期损益的金融资产。

以公允价值计量且其变动计入当期损益的金融资产包括交易性金融资产和直接指定为以公允价值计量且其变动计入当期损益的金融资产两大类。

交易性金融资产，是指企业为了近期内出售而持有的金融资产，如企业以赚取差价为目的从二级市场购入的股票、债券和基金等。

（二）以公允价值计量且其变动计入当期损益的金融资产的计量

以公允价值计量且其变动计入当期损益的金融资产应当按照取得时的公允价值作为初始确认金额，支付的价款中如果包含的已到付息期但尚未领取的债券利息或已宣告但尚未发放的现金股利应当单独确认为应收项目。发生的相关交易费用（即可直接归属于购买、发行或处置金融工具的增量费用，包括支付给代理机构、咨询公司、券商、证券交易所、政府有关部门等的手续费、佣金、相关税费以及其他必要支出）则直接计入当期损益，同时支付的增值税税额凭增值税专用发票可作为进项税额予以抵扣。

【提示】增量费用是指企业没有发生购买、发行或处置相关金融工具的情形就不会发生的费用。

（三）以公允价值计量且其变动计入当期损益的金融资产的科目设置

为了核算以公允价值计量且其变动计入当期损益的金融资产的取得、现金股利或利息的收取、处置等业务，企业应当设置“交易性金融资产”“公允价值变动损益”“投资收益”等科目。

1.“交易性金融资产”科目

该科目属于资产类，核算企业为交易目的所持有的债券投资、股票投资、基金投资等交易性金融资产的公允价值。企业持有的直接指定为以公允价值计量且其变动计入当期损益的金融资产也在“交易性金融资产”科目核算。该科目借方登记交易性金融资产的取得成本、资产负债表日其公允价值高于账面余额的差额等；贷方登记资产负债表日其公允价值低于账面余额的差额，以及企业出售交易性金融资产时结转的成本和公允价值变动损益。“交易性金融资产”科目应当按照交易性金融资产的类别和品种，分别设置“成本”“公允价值变动”等明细科目进行明细分类核算。

2.“公允价值变动损益”科目

该科目属于损益类，核算企业交易性金融资产等因公允价值变动而形成的应计入当期损益的利得或损失。该科目贷方登记资产负债表日企业持有的交易性金融资产等的公允价值高于账面余额的差额；借方登记资产负债表日企业持有的交易性金融资产等的公允价值低于账面余额的差额。期末，应将该科目的余额转入“本年利润” 科目，结转后该科目无余额。

3.“投资收益”科目

该科目属于损益类，核算企业对外投资所发生的损益。该科目贷方登记在持有交易性金融资产等投资资产期间取得的投资收益以及处置交易性金融资产等投资资产实现的投资收益；借方登记在持有交易性金融资产等投资资产期间发生的投资损失，以及企业在对外投资活动

中发生的交易费用等。期末，应将该科目余额转入“本年利润”科目，结转后该科目无余额。

以公允价值计量且其变动计入当期损益的金融资产在本任务中主要介绍交易性金融资产的核算。

三、交易性金融资产核算

（一）交易性金融资产的取得

当企业购入交易性金融资产时，应按其公允价值（不含已宣告但尚未发放的现金股利或已到付息期但尚未领取的债券利息），借记“交易性金融资产——成本”科目，按已宣告但尚未发放的现金股利或已到付息期但尚未领取的债券利息，借记“应收股利”或“应收利息”科目，按支付的相关交易费用，借记“投资收益”科目；发生的交易费用取得增值税专用发票的，按其注明的增值税进项税额，借记“应交税费——应交增值税（进项税额）”科目，按企业实际支付的价款总额，贷记“其他货币资金——存出投资款”等科目。

【做中学7-1】2018年3月20日，甲公司从二级市场以存出投资款支付794 080元购入B公司股票50 000股短期持有，每股价格15.50元，其中含已宣告但尚未发放的现金股利0.50元。甲公司另发生交易费用18 000元，取得的增值税专用发票上注明的增值税为1 080元。甲公司将持有的B公司股票划分为交易性金融资产。甲公司应编制会计分录如下：

（1）甲公司购入B公司股票时：

借：交易性金融资产——B公司（成本）	750 000	
应收股利——B公司	25 000	
投资收益——B公司	18 000	
应交税费——应交增值税（进项税额）	1 080	
贷：其他货币资金——存出投资款		794 080

（2）甲公司收到B公司派发的现金股利时：

借：其他货币资金——存出投资款	25 000	
贷：应收股利——B公司		25 000

【做中学7-2】2018年1月1日，甲公司从二级市场以存出投资款支付1 030 000元（含已到付息期但尚未领取的利息为30 000元）购入C公司发行的债券，同时支付的交易费用为20 000元，取得的增值税专用发票上注明的增值税为1 200元。该债券面值为1 000 000元，剩余期限为2年，票面利率为6%，每半年付息一次，甲公司将其划分为交易性金融资产。甲公司应编制会计分录如下：

（1）甲公司购入C公司债券时：

借：交易性金融资产——C公司（成本）	1 000 000	
应收利息——C公司	30 000	
投资收益——C公司	20 000	
应交税费——应交增值税（进项税额）	1 200	
贷：其他货币资金——存出投资款		1 051 200

（2）甲公司收到C公司派发的2017年下半年债券利息时：

借：其他货币资金——存出投资款	30 000	
贷：应收利息——C公司		30 000

（二）交易性金融资产的现金股利或利息

企业持有交易性金融资产期间，对于被投资单位宣告发放的现金股利或企业在资产负债表日按分期付息、到期还本债券投资的票面利率计算的利息收入，应当确认为投资收益，按相应金额，借记"应收股利"或"应收利息"科目，贷记"投资收益"科目。

【做中学7-3】沿用【做中学7-1】的资料，8月15日B公司宣告上半年股利分配方案，每股支付的现金股利为0.50元，股利将于8月25日支付，假定不考虑相关税费。甲公司应编制会计分录如下：

（1）B公司8月15日宣告分派股利时：

借：应收股利——B公司　　25 000

　　贷：投资收益——B公司股票　　25 000

（2）8月25日收到现金股利时：

借：其他货币资金——存出投资款　　25 000

　　贷：应收股利——B公司　　25 000

【做中学7-4】沿用【做中学7-2】的资料，7月25日收到C公司派发的2018年上半年的债券利息。甲公司应编制会计分录如下：

（1）6月30日，计算应收取C公司上半年的债券利息收入：

借：应收利息——C公司　　30 000

　　贷：投资收益——C公司债券　　30 000

（2）7月25日实际收到时：

借：其他货币资金——存出投资款　　30 000

　　贷：应收利息——C公司　　30 000

（三）交易性金融资产的期末计量

资产负债表日，交易性金融资产应当按照公允价值计量，公允价值与账面余额之间的差额计入当期损益。当公允价值高于账面余额时，借记"交易性金融资产——公允价值变动"科目，贷记"公允价值变动损益"科目；若资产负债表日公允价值低于账面余额，则作相反会计分录。

微课：交易性金融资产期末计量

【做中学7-5】沿用【做中学7-1】的资料，甲公司持有的B公司股票6月30日每股市价为17元。甲公司6月30日应编制会计分录如下：

（1）确认该股票的公允价值变动损益：

借：交易性金融资产——公允价值变动　　100 000

　　贷：公允价值变动损益　　100 000

（2）将公允价值变动损益转入当期损益：

借：公允价值变动损益　　100 000

　　贷：本年利润　　100 000

【做中学7-6】沿用【做中学7-2】的资料，6月30日甲公司持有的C公司债券的市价为1 010 000（其中含上半年利息30 000元）。甲公司6月30日应编制会计分录如下：

（1）计算上半年利息收入：

借：应收利息——C公司　　30 000

　　贷：投资收益——C公司债券　　30 000

（2）确认该债券的公允价值变动损益：

借：公允价值变动损益　20 000

　　贷：交易性金融资产——公允价值变动　20 000

（3）将公允价值变动损益转入当期损益：

借：本年利润　20 000

　　贷：公允价值变动损益　20 000

（四）交易性金融资产的处置

企业出售交易性金融资产时，应将该金融资产出售时的公允价值与其初始入账价值金额之间的差额确认为投资收益，同时调整公允价值变动损益。企业应按出售交易性金融资产实际收到的金额，借记“银行存款”或“其他货币资金”科目，按该金融资产的账面余额，贷记“交易性金融资产——成本”科目，贷记或借记“交易性金融资产——公允价值变动”科目，按其差额，贷记或借记“投资收益”科目。同时，将原计入该金融资产的公允价值变动转出，借记或贷记“公允价值变动损益”科目，贷记或借记“投资收益”科目。

【做中学7-7】甲公司2018年1月1日以存出投资款购入D公司股票10 000股，每股市价为5元，发生的交易费用为800元，支付的增值税为48元；3月31日，每股市价为6元；6月30日，每股市价为4.50元；7月12日出售此股票，售价为每股7.50元，扣除交易费用，实际收到的款项为72 600元。甲公司应编制会计分录如下：

（1）2018年1月1日购入时：

借：交易性金融资产——成本　50 000

　　投资收益——D公司股票　800

　　应交税费——应交增值税（进项税额）　48

　　贷：其他货币资金——存出投资款　50 848

（2）2018年3月31日期末计量时：

借：交易性金融资产——公允价值变动　10 000

　　贷：公允价值变动损益　10 000

（3）2018年6月30日期末计量时：

借：公允价值变动损益　15 000

　　贷：交易性金融资产——公允价值变动　15 000

（4）2018年7月12日出售时：

借：其他货币资金——存出投资款　72 600

　　交易性金融资产——公允价值变动　5 000

　　贷：交易性金融资产——成本　50 000

　　　　投资收益——D公司股票　27 600

同时，结转已实现的公允价值变动损益：

借：投资收益——D公司股票　5 000

　　贷：公允价值变动损益　5 000

【提示】最后这笔将“公允价值变动损益”转入“投资收益”的分录不影响处置当期损益。之所以这样处理，是因为公允价值变动损益是持有期间的浮动损益，属于未实现的损益，因此在处置时，需要将“公允价值变动损益”转入“投资收益”，以便通过“投资收益”来集中反映该项投资的整体收益情况。

（五）转让金融商品应交增值税

金融商品转让按照卖出价扣除买入价（不需要扣除已宣告尚未发放的现金股利和已到付息期尚未领取的利息）后的余额作为销售额计算增值税，即转让金融商品按盈亏相抵后的余额为销售额。若相抵后出现负差，可结转下一纳税期与下期转让金融商品销售额互抵，但年末时仍出现负差的，不得转入下一会计年度。

转让金融资产当月月末，如产生转让收益，则按应纳税额，借记“投资收益”等科目，贷记“应交税费——转让金融商品应交增值税”科目；如产生转让损失，则按结转下月抵扣税额，借记“应交税费——转让金融商品应交增值税”科目，贷记“投资收益”等科目。

年末，如果“应交税费——转让金融商品应交增值税”科目有借方余额，说明本年度金融商品转让损失无法弥补，且本年度金融资产转让损失不可转入下一年度继续抵减金融资产转让的收益，因此，应借记“投资收益”等科目，贷记“应交税费——转让金融商品应交增值税”科目，将“应交税费——转让金融商品应交增值税”科目的借方余额转出。

【做中学7-8】沿用【做中学7-7】的资料，计算该项业务金融商品转让应交增值税。

转让金融商品应交增值税额=（75 000−50 000）÷（1+6%）×6%=1415.09（元）

借：投资收益　　1 415.09

　　贷：应交税费——转让金融商品应交增值税　　1 415.09

任务举例

【工作实例7-1】交易性金融资产的核算

2017年5月20日，甲公司以存出投资款从深圳证券交易所购入乙公司5%的股票1 000 000股，支付价款合计5 080 480元。其中：证券交易税等交易费用8 000元，增值税480元，买价中已宣告发放的现金股利72 000元，甲公司将其划分为交易性金融资产。

2017年6月20日，甲公司收到乙公司发放的2016年现金股利为72 000元。

2017年6月30日，乙公司股票收盘价为每股5.20元。

2017年12月31日，甲公司仍持有乙公司股票；当日，乙公司股票收盘价为每股4.90元。

2018年4月20日，乙公司宣告发放2017年现金股利为2 000 000元。

2018年5月10日，甲公司收到乙公司发放的2017年现金股利。

2018年5月17日，甲公司以每股4.50元的价格将所持乙公司股票全部转让，支付的证券交易费用为7 200元。

要求：根据上述资料，进行相关的账务处理。

【工作过程】

第一步，核算购入乙公司股票1 000 000股。

借：交易性金融资产——乙公司（成本）　　5 000 000

借：应收股利——乙公司　　72 000
　　投资收益——乙公司股票　　8 000
　　应交税费——应交增值税（进项税额）　　480
　　贷：其他货币资金——存出投资款　　5 080 480

第二步，核算收到乙公司发放的2016年现金股利72 000元。

借：其他货币资金——存出投资款　　72 000
　　贷：应收股利——乙公司　　72 000

第三步，2017年6月30日确认乙公司股票公允价值变动。

公允价值变动=（5.20−5.072）×1 000 000=128 000（元）

借：交易性金融资产——乙公司股票——公允价值变动　　128 000
　　贷：公允价值变动损益——乙公司股票　　128 000

第四步，2017年12月31日确认乙公司股票公允价值变动。

公允价值变动=（4.90−5.20）×1 000 000=−300 000（元）

借：公允价值变动损益——乙公司股票　　300 000
　　贷：交易性金融资产——乙公司股票——公允价值变动　　300 000

第五步，2018年4月20日确认乙公司发放的2017年现金股利中应享有的份额。

现金股利=2 000 000×5%=100 000（元）

借：应收股利——乙公司　　100 000
　　贷：投资收益——乙公司股票　　100 000

第六步，2018年5月10日收到乙公司发放的2017年现金股利。

借：其他货币资金——存出投资款　　100 000
　　贷：应收股利——乙公司　　100 000

第七步，2018年5月17日出售所持乙公司股票。

出售乙公司股票取得的价款=4 500 000−7 200=4 492 800（元）

出售乙公司股票时的账面余额=5 000 000+（−100 000）=4 900 000（元）

出售乙公司股票的损益=4 492 800−4 900 000=−407 200（元）

借：其他货币资金——存出投资款　　4 492 800
　　投资收益——乙公司股票　　407 200
　　交易性金融资产——乙公司股票——公允价值变动　　100 000
　　贷：交易性金融资产——乙公司股票——成本　　5 000 000

同时，

借：投资收益——乙公司股票　　172 000
　　贷：公允价值变动损益——乙公司股票　　172 000

第八步，计算该项业务金融商品转让应交增值税。

金融商品转让应交增值税额=（4 500 000−5 072 000）÷（1+6%）×6%=−32 377.36（元）

借：应交税费——转让金融商品应交增值税　　32 377.36
　　贷：投资收益——乙公司股票　　32 377.36

任务2　以摊余成本计量的金融资产核算

任务描述

1. 确定以摊余成本计量的金融资产的核算范围；

2. 计算确定以摊余成本计量的金融资产的入账价值，核算以摊余成本计量的金融资产的取得业务；

3. 计算并核算资产负债表日以摊余成本计量的金融资产的实际利息收益；

4. 确定以摊余成本计量的金融资产的处置损益，核算以摊余成本计量的金融资产的处置业务；

5. 在资产负债表日对以摊余成本计量的金融资产进行减值测试，核算以摊余成本计量的金融资产减值损失。

知识准备

一、以摊余成本计量的金融资产概述

（一）以摊余成本计量的金融资产的确认

以摊余成本计量的金融资产是指企业所购入的债务工具。它应同时符合下列两个条件：

（1）企业管理该金融资产的业务模式是以收取合同现金流量为目标；

（2）该金融资产的合同条款规定，在特定日期产生的现金流量，仅为对本金和以未偿付本金金额为基础的利息的支付。

【提示】股票等权益工具投资一定不能划分为以摊余成本计量的金融资产，购入的债券等债务工具投资才有可能划分为以摊余成本计量的金融资产。

（二）以摊余成本计量的金融资产的计量

企业取得以摊余成本计量的金融资产时，应当以取得时的公允价值（含相关交易费用）作为初始确认金额，支付的价款中如果包含已到付息期尚未领取的债券利息，应单独确认为应收项目。

在持有以摊余成本计量的金融资产期间则应当采用实际利率法，按摊余成本对该金融资产进行后续计量。

1. 实际利率法

实际利率法，是指按照金融资产（含一组金融资产，下同）的实际利率计算其摊余成本及各期利息收入的方法。其中：实际利率是指将金融资产在预期存续期间或适用的更短期间的未来现金流量折现为该金融资产当前账面价值所使用的利率。

【做中学7-9】甲公司2018年1月1日支付价款1 000万元（含交易费用）从活跃市场上购入某公司5年期债券，面值为1 250万元，票面利率为4.72%，按年支付利息（即每年利息为59万元），本金最后一次支付。

计算实际利率i：

$59\times(1+i)^{-1}+59\times(1+i)^{-2}+59\times(1+i)^{-3}+59\times(1+i)^{-4}+(59+1\,250)\times(1+i)^{-5}=1\,000$

由此得出 i=10%。

2.摊余成本

企业在初始确认以摊余成本计量的金融资产时，应当计算确定实际利率，并在相关金融资产预期存续期间或适用的更短期间保持不变。

金融资产的摊余成本，是指该金融资产的初始确认金额经下列调整后的结果：①扣除已偿还的本金；②加上或减去采用实际利率将该初始确认金额与到期金额之间的差额进行摊销形成的累计摊销额；③扣除已发生的减值损失。

（三）以摊余成本计量的金融资产的科目设置

企业核算以摊余成本计量的金融资产，应设置“债权投资”科目。该科目属于资产类，借方登记以摊余成本计量的金融资产的取得成本、到期一次还本付息债券投资在资产负债表日按照票面利率计算确定的应收未收利息等，贷方登记企业出售以摊余成本计量的金融资产时结转的成本等，期末借方余额反映企业以摊余成本计量的金融资产的摊余成本。该科目应当按照以摊余成本计量的金融资产的类别和品种，分别“成本”“利息调整”“应计利息”等明细科目进行明细分类核算。

【提示】未执行新金融工具准则的企业对“以摊余成本计量的金融资产”核算设置的科目是“持有至到期投资”，其核算内容和账户结构与“债权投资”科目相同。

二、以摊余成本计量的金融资产核算

（一）以摊余成本计量的金融资产的取得

企业取得债权投资时，按该债券的面值，借记“债权投资——成本”科目；按支付的价款中包含的已到付息期但尚未领取的债券利息，借记“应收利息”科目；按实际支付的金额，贷记“银行存款”等科目；按其差额，借记或贷记“债权投资——利息调整”科目。

【提示】交易费用记入“债权投资——利息调整”明细科目。

【做中学7-10】2018年1月5日，甲公司购买了乙公司2017年1月1日发行的5年期债券1 000张，该债券剩余年限为4年，划分为以摊余成本计量的金融资产。该债券的面值为每张100元，票面利率为12%，按年付息，付息日为每年的1月10日。成交价为每张115元，其中12元为已到付息期但尚未领取的利息；另发生交易费用2 500元。假定不考虑增值税等相关税费。

甲公司应编制会计分录如下：

（1）取得该金融资产时：

借：债权投资——成本	100 000	
应收利息——乙公司	12 000	
债权投资——利息调整	5 500	
贷：银行存款		117 500

（2）收到买价中已包含的债券利息时：

借：银行存款	12 000	
贷：应收利息——乙公司		12 000

（二）以摊余成本计量的金融资产的期末计量

在资产负债表日，以摊余成本计量的金融资产为分期付息、到期还本债券投资的，应按票面利率计算确定应收未收的利息，借记“应收利息”科目，按以摊余成本计量的金融资产摊余成本和实际利率计算确定利息收入，贷记“投资收益”科目，按其差额，借记或贷记“债权投资——利息调整”科目。

以摊余成本计量的金融资产为到期一次还本付息债券投资的，应于资产负债表日按票面利率计算确定应收未收的利息，借记“债权投资——应计利息”科目，按以摊余成本计量的金融资产摊余成本和实际利率计算确定利息收入，贷记“投资收益”科目，按其差额，借记或贷记“债权投资——利息调整”科目。

【做中学7-11】甲公司2018年1月1日支付价款1 000万元（含交易费用）从活跃市场上购入B公司发行的5年期债券，面值为1 250万元，票面利率为4.72%，按年支付利息，本金到期一次支付。合同约定，该债券的发行方在遇到特定情况时可将债券赎回，且不需要为提前赎回支付额外款项。甲公司在购买该债券时，预计发行方不会提前赎回。假定不考虑增值税等相关税费。

计算实际利率i：

$$59\times(1+i)^{-1}+59\times(1+i)^{-2}+59\times(1+i)^{-3}+59\times(1+i)^{-4}+(59+1\ 250)\times(1+i)^{-5}=1\ 000$$

由此得出i=10%。

不考虑其他相关因素，采用实际利率和摊余成本计算确定利息收入见表7-1。

表7-1 采用实际利率和摊余成本计算确定利息收入表 单位：万元

年份	期初摊余成本（A）	实际利息（B）（按10%计算）	现金流入（C）	期末摊余成本（D=A+B-C）
2018	1 000	100	59	1 041
2019	1 041	104	59	1 086
2020	1 086	109	59	1 136
2021	1 136	114	59	1 191
2022	1 191	118*	1 309	0

注：*尾数调整1 250+59-1 191=118。

根据上述数据，甲公司的账务处理如下：

（1）2018年1月1日购入时：

借：债权投资——成本　　12 500 000
　贷：银行存款　　10 000 000
　　债权投资——利息调整　　2 500 000

（2）2018年12月31日，确认实际利息收入，收到票面利息时：

借：应收利息　　590 000
　债权投资——利息调整　　410 000
　贷：投资收益　　1 000 000

借：银行存款　　590 000
　贷：应收利息——B公司　　590 000

（3）2019年12月31日，确认实际利息收入，收到票面利息时：

借：应收利息　　590 000

借：债权投资——利息调整　　450 000
　　贷：投资收益　　1 040 000
借：银行存款　　590 000
　　贷：应收利息——B公司　　590 000
（4）2020年12月31日，确认实际利息收入，收到票面利息时：
借：应收利息——B公司　　590 000
　　债权投资——利息调整　　500 000
　　贷：投资收益　　1 090 000
借：银行存款　　590 000
　　贷：应收利息——B公司　　590 000
（5）2021年12月31日，确认实际利息收入，收到票面利息时：
借：应收利息——B公司　　590 000
　　债权投资——利息调整　　540 000
　　贷：投资收益　　1 130 000
借：银行存款　　590 000
　　贷：应收利息——B公司　　590 000
（6）2022年12月31日，确认实际利息收入，收到票面利息时：
借：应收利息——B公司　　590 000
　　债权投资——利息调整　　600 000
　　贷：投资收益　　1 190 000
借：银行存款　　590 000
　　贷：应收利息——B公司　　590 000
借：银行存款　　12 500 000
　　贷：债权投资——成本　　12 500 000

【做中学7-12】沿用【做中学7-11】的资料，若上例中甲公司购买的B公司债券不是分期付息、到期还本债券，而是到期一次还本付息，且利息不以复利计算，则甲公司所购买的债券的实际利率i的计算如下：

$(59+59+59+59+59+1250)\times(1+i)^{-5}=1\ 000$

由此得出i=9.09%。

据此，调整表7-1中相关数据后见表7-2：

表7-2　采用实际利率和摊余成本计算确定利息收入表　单位：万元

年份	期初摊余成本（A）	实际利息（B）（按9.09%计算）	现金流入（C）	期末摊余成本（D=A+B−C）
2018	1 000	90.90	0	1 090.90
2019	1 090.90	99.16	0	1 190.06
2020	1 190.06	108.18	0	1 298.24
2021	1 298.24	118.01	0	1 416.25
2022	1 416.25	128.75*	1 545	0

注：表中标*的数字考虑了计算过程中出现的尾差0.01万元。

注意：如果是到期一次还本付息债券，按票面利率与面值计算的利息计入应计利息，在计算期末摊余成本时，不需要减去现金流入的金额。因为应计利息属于债权投资的明细科目，在持有期间不产生现金流量。

根据上述数据，甲公司的账务处理如下：

（1）2018年1月1日购入时：

借：债权投资——成本　　12 500 000

　贷：银行存款　　10 000 000

　　债权投资——利息调整　　2 500 000

（2）2018年12月31日，确认实际利息收入：

借：债权投资——应计利息　　590 000

　　——利息调整　　319 000

　贷：投资收益　　909 000

（3）2019年12月31日，确认实际利息收入：

借：债权投资——应计利息　　590 000

　　——利息调整　　401 600

　贷：投资收益　　991 600

（4）2020年12月31日，确认实际利息收入：

借：债权投资——应计利息　　590 000

　　——利息调整　　491 800

　贷：投资收益　　1 081 800

（5）2021年12月31日，确认实际利息收入：

借：债权投资——应计利息　　590 000

　　——利息调整　　590 100

　贷：投资收益　　1 180 100

（6）2022年12月31日，确认实际利息收入：

借：债权投资——应计利息　　590 000

　　——利息调整　　697 500

　贷：投资收益　　1 287 500

借：银行存款　　15 450 000

　贷：债权投资——成本　　12 500 000

　　——应计利息　　2 950 000

（三）以摊余成本计量的金融资产的处置

出售以摊余成本计量的金融资产，应按实际收到的金额，借记“银行存款”等科目，按其账面余额，贷记“债权投资——成本”“债权投资——应计利息”科目，借记或贷记“债权投资——利息调整”科目，按其差额，贷记或借记“投资收益”科目。如已计提减值准备的，还应同时结转减值准备，借记“债权投资减值准备”科目。

【做中学7-13】沿用【做中学7-11】的资料，假如2020年1月1日，甲公司将债权投资（B公司债券）全部出售，取得价款1 200万元。假定不考虑增值税等相关税费。甲公司的账务处理如下：

借：银行存款 12 000 000

债权投资——利息调整 1 640 000

贷：债权投资——成本 12 500 000

投资收益 1 140 000

（四）债权投资的减值

根据《企业会计准则第22号——金融工具确认与计量》规定，企业对债权投资应于资产负债表日进行减值测试。当对债权投资预期未来现金流量具有不利影响的一项或多项事件发生时，该债权投资成为已发生信用减值的金融资产。债权投资已发生信用减值的证据包括下列可观察信息：

（1）发行方或债务人发生重大财务困难；

（2）债务人违反合同，如偿付利息或本金违约或逾期等；

（3）债权人出于与债务人财务困难有关的经济或合同考虑，给予债务人在任何其他情况下都不会作出的让步；

（4）债务人很可能破产或进行其他财务重组；

（5）发行方或债务人财务困难导致该金融资产的活跃市场消失；

（6）以大幅折扣购买或源生一项金融资产，该折扣反映了发生信用损失的事实。

期末，如果债权投资出现上述信用减值迹象，则需估计出预期信用损失，并确认减值准备；以后期间如果预期信用损失减少甚至消失，则需将原确认的减值准备予以转回。与其他资产减值核算相类似，对债券投资的减值，需要设置“债权投资减值准备”科目予以核算。

【做中学7-14】2018年12月31日，皇明公司持有永惠公司面值总额为1 000万元、年利率为10%、期限为5年、到期一次还本付息的债券，分类为以摊余成本计量的金融资产，该年年末其未确认减值损失的账面价值为1 200万元。因永惠公司出现严重财务困难，皇明公司根据所掌握的资料，预期永惠公司债券信用风险显著增加，对该债券投资未来现金流量重新作了估计，预期信用损失为380万元。

2018年12月31日，皇明公司确认以摊余成本计量的金融资产减值损失为180万元，据此甲公司应编制会计分录如下：

借：资产减值损失 1 800 000

贷：债权投资减值准备 1 800 000

（五）以摊余成本计量的金融资产的重分类

企业因持有意图或能力发生改变，使某项投资不再适合划分为债权投资，企业应当将其重分类。

任务举例

【工作实例7-2】以摊余成本计量的金融资产的核算

甲股份有限公司为上市公司（以下简称甲公司），有关购入、持有和出售乙公司发行的不可赎回债券的资料如下：

（1）2018年1月1日，甲公司支付价款1 100万元（含交易费用），从活跃市场购入乙公司当日发行的面值为1 000万元、5年期的不可赎回债券。该债券票面年利率为10%，利息按单利计算，到期一次还本付息，实际年利率为6.4%。当日，甲公司将其划分为以摊余成本计量的金融资产，按年确认投资收益。2018年12月31日，该债券未出现减值迹象。

（2）2019年1月1日，该债券市价总额为1 200万元。当日，为筹集生产线扩建所需资金，甲公司出售债券的80%，将扣除手续费后的款项955万元存入银行，并将该债券剩余的20%重分类为其他债权投资（以公允价值计量且其变动计入其他综合收益的金融资产）。

要求：

（1）编制2018年1月1日甲公司购入该债券的会计分录。

（2）计算2018年12月31日甲公司该债券投资收益、应计利息和利息调整摊销额，并编制相应的会计分录。

（3）计算2019年1月1日甲公司出售该债券的损益，并编制相应的会计分录。

（4）计算2019年1月1日甲公司该债券剩余部分的摊余成本，并编制将该债券剩余部分重分类为其他权益工具投资的会计分录。

假定不考虑增值税等相关税费。

【工作过程】

第一步，编制2018年1月1日甲公司购入该债券的会计分录。

借：债权投资——成本　　10 000 000

　　　　　——利息调整　　1 000 000

　　贷：银行存款　　11 000 000

第二步，计算2018年12月31日甲公司该债券投资收益、应计利息和利息调整摊销额。

2018年12月31日甲公司该债券投资收益=1 100×6.4%=70.4（万元）

2018年12月31日甲公司该债券应计利息=1 000×10%=100（万元）

2018年12月31日甲公司该债券利息调整摊销额=100−70.4=29.6（万元）

借：债权投资——应计利息　　1 000 000

　　贷：投资收益　　704 000

　　　　债权投资——利息调整　　296 000

第三步，计算2019年1月1日甲公司出售该债券的损益。

2019年1月1日甲公司出售该债券的损益=955−（800+56.32+80）=18.68（万元）

借：银行存款　　9 550 000

　　贷：债权投资——成本　　8 000 000

　　　　　　　　——利息调整（（1 000 000−296 000）×80%）　　563 200

　　　　　　　　——应计利息　　800 000

　　　　投资收益　　186 800

第四步，计算2019年1月1日甲公司该债券剩余部分的摊余成本，将剩余债权投资重分类为其他债权投资。

2019年1月1日甲公司该债券剩余部分的摊余成本=1 100+100−29.6−800−56.32−80

=234.08（万元）

借：其他债权投资（12 000 000×20%） 2 400 000
　　贷：债权投资——成本 2 000 000
　　　　　　　　——利息调整 140 800
　　　　　　　　——应计利息 200 000
　　　　其他综合收益 59 200

任务3　以公允价值计量且其变动计入其他综合收益的金融资产的核算

任务描述

1.明确以公允价值计量且其变动计入其他综合收益的金融资产的核算范围；

2.确定以公允价值计量且其变动计入其他综合收益的金融资产的入账价值，核算取得业务；

3.核算以公允价值计量且其变动计入其他综合收益的金融资产在持有期间的现金股利和债券利息；

4.计算以公允价值计量且其变动计入其他综合收益的金融资产的处置损益，核算处置业务；

5.对以公允价值计量且其变动计入其他综合收益的金融资产进行期末计量，核算公允价值变动或减值损失。

知识准备

一、以公允价值计量且其变动计入其他综合收益的金融资产概述

（一）以公允价值计量且其变动计入其他综合收益的金融资产的确认

以公允价值计量且其变动计入其他综合收益的金融资产，是指企业购入的债务工具或权益工具。它必须同时符合两个条件：

（1）企业管理该金融资产的业务模式，既以收取合同现金流量为目标，又以出售该金融资产为目标；

（2）该金融资产的合同条款规定，在特定日期产生的现金流量，仅为对本金和以未偿付本金金额为基础的利息的支付。

【提示】可以将非交易性权益工具投资指定为以公允价值计量且其变动计入其他综合收益的金融资产。该指定一经作出，不得撤销。

（二）以公允价值计量且其变动计入其他综合收益的金融资产的初始计量

企业取得以公允价值计量且其变动计入其他综合收益的金融资产时，按取得时的公允价值（含相关交易费用）作为初始确认金额。支付的价款中如果包含已到付息期但尚未领取的债券利息以及已宣告但尚未发放的现金股利应单独确认为应收项目。

（三）以公允价值计量且其变动计入其他综合收益的金融资产的科目设置

为了核算以公允价值计量且其变动计入其他综合收益的金融资产的取得、现金股利或

利息的收取、处置等业务，企业应设置“其他权益工具投资”“其他债权投资”“其他综合收益”“投资收益”等科目进行核算。

“其他权益工具投资”科目属于资产类，核算企业持有的以公允价值计量且其变动计入其他综合收益的金融资产的公允价值，包括划分为可供出售的股票投资等金融资产。该科目借方登记其他权益工具投资取得时的公允价值、资产负债表日其公允价值高于账面余额的差额、转回的减值损失等，贷方登记资产负债表日其公允价值低于账面余额的差额、出售其他权益工具投资时结转的成本和公允价值变动。该科目期末借方余额反映企业持有的其他权益工具投资的公允价值。该科目按其他权益工具投资的类别和品种，分别设置“成本”“公允价值变动”等明细科目进行明细分类核算。

“其他债权投资”科目属于资产类，核算企业持有的以公允价值计量且其变动计入其他综合收益的金融资产的公允价值，包括划分为可供出售的债券投资等金融资产。该科目借方登记其他债权投资取得时的公允价值、转回的减值损失等，贷方登记资产负债表日确认的减值损失、出售其他债权投资时结转的成本。该科目期末借方余额反映企业持有的其他债权投资的公允价值。该科目按其他债权投资的类别和品种，分别设置“成本”“利息调整”“应计利息”等明细科目进行明细分类核算。

“其他综合收益”科目核算企业以公允价值计量且其变动计入其他综合收益的金融资产公允价值变动而形成的应计入所有者权益的利得或损失等。“其他综合收益”科目的借方登记资产负债表日企业持有的以公允价值计量且其变动计入其他综合收益的金融资产的公允价值低于账面余额的差额等，贷方登记资产负债表日企业持有的以公允价值计量且其变动计入其他综合收益的金融资产的公允价值高于账面余额的差额等。

其他债权投资发生减值的，也可以单独设置“其他债权投资减值准备”科目。

【提示】未执行新金融工具准则的企业，对“以公允价值计量且其变动计入其他综合收益的金融资产”进行核算的科目是“可供出售金融资产”，其核算的内容和账户结构与“其他权益工具投资”“其他债权投资”科目基本相同。

二、以公允价值计量且其变动计入其他综合收益的金融资产取得的核算

（一）债务工具

企业按购入债券的面值，借记“其他债权投资——成本”科目，买价中包含已到付息期但尚未领取的债券利息，借记“应收利息”科目，按实际支付的金额，贷记“银行存款”等科目，按其差额，借记或贷记“其他债权投资——利息调整”科目。

【做中学7-15】2018年1月1日，A公司支付价款4 783 526元购入D公司于当日发行的5年期、分期付息、到期还本的公司债券50 000张，每张票面金额为100元，票面年利率为4%，实际年利率为5%。A公司将该公司债券划分为以公允价值计量且其变动计入其他综合收益的金融资产。假定不考虑增值税等相关税费。A公司应编制会计分录如下：

借：其他债权投资——成本	5 000 000	
贷：银行存款		4 783 526
其他债权投资——利息调整		216 474

（二）权益工具

企业按购入时的公允价值（含相关交易费用），借记“其他权益工具投资——成本”

科目，买价中包含已宣告但尚未发放的现金股利，借记“应收股利”科目，按企业所支付的价款总额，贷记“银行存款”等科目。

【做中学7-16】2018年1月15日，B公司从二级市场购入C公司股票100 000股，每股价格为10元，另支付相关交易费用800元。B公司将持有的C公司股票划分为以公允价值计量且其变动计入其他综合收益的金融资产。假定不考虑增值税等相关税费。B公司应编制会计分录如下：

借：其他权益工具投资——成本　　1 000 800

　　贷：银行存款　　1 000 800

三、以公允价值计量且其变动计入其他综合收益的金融资产的期末计量

（一）以公允价值计量且其变动计入其他综合收益的金融资产的后续计量方法

1.债务工具

对于债务工具，首先采用实际利率法，按摊余成本计量利息收入；资产负债表日，再按公允价值计量。

2.权益工具

对于权益工具，持有期间，被投资方宣告分派现金股利时，按实际应收取的金额确认为投资收益；资产负债表日再按公允价值计量。

（二）以公允价值计量且其变动计入其他综合收益的金融资产期末的核算

1.债权性以公允价值计量且其变动计入其他综合收益的金融资产期末的账务处理

（1）债权性利息收入。

①到期一次还本付息。在资产负债表日，企业应按票面利率计算确定应收未收利息，借记“其他债权投资——应计利息”科目，按其他债权投资摊余成本和实际利率计算确定利息收入，贷记“投资收益”科目，按其差额，借记或贷记“其他债权投资——利息调整”科目。

②分期付息，到期一次还本。在资产负债表日，企业应按票面利率计算确定应收未收利息，借记“应收利息”科目，按其他债权投资摊余成本和实际利率计算确定利息收入，贷记“投资收益”科目，按其差额，借记或贷记“其他债权投资——利息调整”科目。

【做中学7-17】沿用【做中学7-15】资料，2018年12月31日，A公司对D公司债券投资计提利息收入并收到利息时：

利息收入=4 783 526×5%=239 176.3（元）

应收利息=5 000 000×4%=200 000（元）

利息调整摊销额=239 176.3−200 000=39 176.3（元）

借：应收利息——D公司　　200 000

　　其他债权投资——利息调整　　39 176.3

　　贷：投资收益　　239 176.3

借：银行存款　　200 000

　　贷：应收利息——D公司　　200 000

（2）期末公允价值的变动。

资产负债表日，债权性以公允价值计量且其变动计入其他综合收益的金融资产应当以公允价值计量，期末公允价值与期初账面余额的差额计入其他综合收益。如果期末公允价

值增加，借记“其他债权投资——公允价值变动”科目，贷记“其他综合收益”科目，如果期末公允价值减少，则作相反的会计分录。

【做中学7-18】沿用【做中学7-15】资料，2018年12月31日，A公司对D公司债券投资的公允价值为5 010 000元。

A公司应作会计分录如下：

借：其他债权投资——公允价值变动　　226 474

　贷：其他综合收益　　226 474

2.权益性以公允价值计量且其变动计入其他综合收益的金融资产期末的核算

（1）权益性现金股利收入。

以公允价值计量且其变动计入其他综合收益的金融资产持有期间取得的现金股利，应当计入投资收益。被投资单位宣告发放现金股利时，按相应金额，借记“应收股利”科目，贷记“投资收益”科目。

【做中学7-19】沿用【做中学7-16】资料，2018年9月27日，C公司宣告发放半年度现金股利为0.10元/股。B公司应编制会计分录如下：

借：应收股利——C公司　　10 000

　贷：投资收益　　10 000

（2）期末公允价值变动。

资产负债表日，权益性以公允价值计量且其变动计入其他综合收益的金融资产应当以公允价值计量，期末公允价值与期初账面余额的差额计入其他综合收益。如果期末公允价值增加，借记“其他权益工具投资——公允价值变动”科目，贷记“其他综合收益”科目，如果期末公允价值减少，则作相反分录。

【做中学7-20】沿用【做中学7-16】资料，2018年12月31日，B公司仍持有C公司股票，该股票当日的公允价值为每股9.5元。B公司应编制会计分录如下：

借：其他综合收益　　50 000

　贷：其他权益工具投资——公允价值变动　　50 000

（三）以公允价值计量且其变动计入其他综合收益的金融资产减值的核算

与以摊余成本计量的金融资产减值一样，债权性以公允价值计量且其变动计入其他综合收益的金融资产的减值，应以金融工具的预期信用损失为基础，进行减值会计处理并确认损失准备。计提减值准备时，借记“资产减值损失”科目，贷记“其他综合收益”科目，转回原多提的减值准备时，作相反的会计分录。

四、以公允价值计量且其变动计入其他综合收益的金融资产的处置

（一）债权性以公允价值计量且其变动计入其他综合收益的金融资产处置的核算

处置债权性以公允价值计量且其变动计入其他综合收益的金融资产时，应将取得的价款与该金融资产账面价值之间的差额，计入投资收益；同时，将原计入其他综合收益对应处置部分的金额转出，计入投资收益。企业按实际收到的金额，借记“银行存款”等科目，按其账面余额，贷记“其他债权投资——成本”“其他债权投资——应计利息”科目，借记或贷记“其他债权投资——公允价值变动”“其他债权投资——利息调整”科目，按应从其他综合收益中转出的公允价值累计变动额，借记或贷记“其他综合收益”科

目，按其差额，贷记或借记“投资收益”科目。

【做中学7-21】沿用【做中学7-15】、【做中学7-17】、【做中学7-18】资料，2019年1月5日，A公司将所持的D公司债券全部出售，取得价款5 012 000元。假定不考虑其他因素。

A公司应做会计分录如下：

借：银行存款　　5 012 000
　　其他综合收益　　226 474
　　其他债券投资——利息调整　　22 702.3
　　贷：其他债券投资——成本　　5 000 000
　　　　投资收益　　261 176.3

（二）权益性以公允价值计量且其变动计入其他综合收益的金融资产处置的核算

处置权益性以公允价值计量且其变动计入其他综合收益的金融资产时，应将取得的价款与该金融资产账面价值之间的差额，计入未分配利润；同时，将原计入其他综合收益对应处置部分的金额转出，计入未分配利润。处置时，企业按实际收到的金额，借记“银行存款”等科目，按其账面余额，贷记“其他权益工具投资——成本”科目，借记或贷记“其他权益工具投资——公允价值变动”，差额借记或贷记“利润分配——未分配利润”科目。同时，按应从其他综合收益中转出的公允价值累计变动额，借记或贷记“其他综合收益”科目，按其差额，贷记或借记“利润分配——未分配利润”科目。

【做中学7-22】C公司将所持有乙公司股票划分为其他权益工具投资，该股票初始入账成本为1 601 200元，累计公允价值变动为48 800元（借方）。2018年9月8日，C公司将该股票全部售出，取得价款1 635 000元。假定不考虑增值税等相关税费。

2018年9月8日C公司出售股票时，应编制会计分录如下：

借：银行存款　　1 635 000
　　利润分配——未分配利润　　15 000
　　贷：其他权益工具投资——成本　　1 601 200
　　　　　　　　　　　　——公允价值变动　　48 800

同时，将原计入其他综合收益的公允价值变动转入未分配利润：

借：其他综合收益　　48 800
　　贷：利润分配——未分配利润　　48 800

任务举例

【工作实例7-3】以公允价值计量且其变动计入其他综合收益的金融资产的核算

华兴公司于2018年1月1日支付价款4 827 811元，购入某公司发行的3年期、到期一次还本付息的公司债券，该债券面值为5 000 000元，票面年利率为5%，实际利率为6%。华兴公司将购入的该债券划分为以公允价值计量且其变动计入其他综合收益的金融资产。2018年12月31日，该债券公允价值为5 120 000元。2019年1月15日，华兴公司将该债券全部出售，取得价款5 119 600元。假定不考虑增值税等相关税费。

要求：根据上述资料编制相应会计分录。

【工作过程】

第一步，对2018年1月1日购入的债券进行会计处理。

借：其他债权投资——成本　5 000 000
　贷：其他债权投资——利息调整　172 189
　　银行存款　4 827 811

第二步，2018年12月31日确认利息收入及公允价值变动。

应计利息=面值×票面利率=5 000 000×5%=250 000（元）

利息收入=期初摊余成本×实际利率=4 827 811×6%=289 668.66（元）

借：其他债权投资——应计利息　250 000
　　　　　　——利息调整　39 668.66
　贷：投资收益　289 668.66

期末摊余成本=4 827 811+250 000+39 668.66=5 117 479.66（元）

公允价值变动=5 120 000−5 117 479.66=2 520.34（元）

借：其他债权投资——公允价值变动　2 520.34
　贷：其他综合收益　2 520.34

第三步，对2019年1月15日出售的债券进行会计处理。

借：银行存款　5 119 600
　其他债权投资——利息调整　132 520.34
　其他综合收益　2 520.34
　贷：其他债权投资——成本　5 000 000
　　　　　　——应计利息　250 000
　　　　　　——公允价值变动　2 520.34
　　投资收益　2 120.34

任务4　长期股权投资核算

任务描述

1.明确长期股权投资的核算范围；
2.确定长期股权投资的初始成本；
3.明确长期股权投资成本法的核算范围，并组织成本法下的具体核算；
4.明确长期股权投资权益法的核算范围，并组织权益法下的具体核算；
5.计算长期股权投资的处置损益，核算长期股权投资的处置业务；
6.对长期股权投资进行期末计量，核算长期股权投资减值损失。

知识准备

一、长期股权投资概述

（一）长期股权投资的定义

长期股权投资，是指投资方对被投资单位实施控制、重大影响的权益性投资，以及对其合营企业的权益性投资。

长期股权投资的期限一般较长，不准备随时出售。长期股权投资既可以通过企业合并方式取得，也可以通过支付现金、发行权益性证券、接受投资者投入、非货币性资产交换、债务重组等企业合并以外的其他方式取得。

（二）长期股权投资的类型

《企业会计准则第2号——长期股权投资》所指的长期股权投资主要包括以下几类：

（1）投资企业能够对被投资单位实施控制的权益性投资，即对子公司投资；

（2）投资企业与其他合营方一同对被投资单位实施共同控制的权益性投资，即对合营企业投资；

（3）投资企业对被投资单位具有重大影响的权益性投资，即对联营企业投资。

【提示】除上述情况以外，企业持有的其他权益性投资，应当按照《企业会计准则第22号——金融工具确认和计量》的规定处理。如企业对被投资单位不具有控制、共同控制或重大影响，并且活跃市场中有报价，公允价值能可靠计量的股权投资，可按照《企业会计准则第22号——金融工具确认和计量》直接指定为以公允价值计量且其变动计入当期损益的金融资产等。

（三）长期股权投资的核算方法

长期股权投资的核算方法有两种：一是成本法；二是权益法。

1.成本法概述

成本法，是指长期股权投资按投资成本计价核算的方法。在成本法下，取得长期股权投资时按其初始投资成本计价。在持有期间，除了投资企业追加投资或收回投资外，长期股权投资的账面价值应当保持不变，即长期股权投资的价值一经入账，无论被投资单位的生产经营情况如何，是盈利还是亏损，净资产是增加还是减少，投资企业均不改变其长期股权投资的账面价值，仍以初始投资成本反映企业的长期股权投资，长期股权投资发生减值的情况除外。

按照《企业会计准则第2号——长期股权投资》的规定，企业对被投资单位具有控制关系（即对子公司）的长期股权投资应当采用成本法核算。对子公司的长期股权投资采用成本法核算，主要是为了避免在子公司实际发放现金股利或利润之前，母公司垫付资金发放现金股利或利润等情况，解决原采用权益法下投资收益不能足额收回导致超分配的问题。

2.权益法概述

权益法，是指企业取得投资时以初始投资成本计价后，持有期间则根据所享有的被投资单位所有者权益份额的变动对投资的账面价值进行调整的一种核算方法。在权益法下，长期股权投资的账面价值反映的不是企业的初始投资成本，而是企业占被投资单位所有者权益的份额。

按照《企业会计准则第2号——长期股权投资》的规定，企业对被投资单位具有共同控制或重大影响时，长期股权投资应当采用权益法核算。企业对被投资单位具有共同控制关系的长期股权投资，即企业对合营企业的长期股权投资；企业对被投资单位具有重大影响关系的长期股权投资，即企业对联营企业的长期股权投资。

投资企业对联营企业的权益性投资，其中一部分通过风险投资机构、共同基金、信托公司或包括投连险基金在内的类似主体间接持有的，无论以上主体是否对这部分投资具有重大影响，投资企业都可以按照《企业会计准则第22号——金融工具确认和计量》的有关规定，对间接持有的该部分投资选择以公允价值计量且将其变动计入当期损益，并对其余部分采用权益法核算。

二、采用成本法核算的长期股权投资

（一）成本法核算概述

1.长期股权投资初始投资成本的确定

除企业合并形成的长期股权投资以外，以支付现金取得的长期股权投资，应当按照实际支付的购买价款（含已宣告尚未发放的现金股利）作为初始投资成本。投资企业所发生的与取得长期股权投资直接相关的费用、税金及其他必要支出应计入初始投资成本。

2.成本法的核算要点

（1）采用成本法核算的长期股权投资，初始投资或追加投资时，按照初始投资或追加投资的成本增加长期股权投资的账面价值；

（2）投资以后被投资单位宣告分派的现金股利或利润应当确认为当期投资收益。

3.成本法下核算的科目设置

对采用成本法核算的长期股权投资，企业应当设置“长期股权投资”“应收股利”“投资收益”“长期股权投资减值准备”等科目。

“长期股权投资”科目属于资产类，该科目可按被投资单位进行明细分类核算。在按成本法核算的情况下，该科目借方登记长期股权投资取得时的成本；贷方登记收回长期股权投资的成本；期末借方余额反映企业持有的长期股权投资的成本。

（二）成本法下长期股权投资的核算

1.以支付现金取得的长期股权投资

以支付现金取得的长期股权投资，按照实际支付的价款（含已宣告但尚未发放的现金股利）及与取得长期股权投资直接相关的手续费、佣金等，作为长期股权投资的初始投资成本，借记“长期股权投资”科目，贷记“银行存款”等科目。

【做中学7-23】2018年6月5日，甲公司以银行存款购入B公司股票20万股作为长期投资，占B公司60%的股份，实际支付价款144万元，其中每股价格包含0.20元的已宣告但尚未发放的现金股利，另支付相关税费6 500元。假定甲公司在取得B公司股权后，对B公司具有控制关系。假定不考虑增值税等相关税费。甲公司应编制会计分录如下：

借：长期股权投资——B公司	1 446 500	
贷：银行存款		1 446 500

2.接受投资者投入形成的长期股权投资

接受投资者投入的长期股权投资，企业应当按照投资合同或协议约定的价值以及相关税费，借记“长期股权投资”科目，按照投资者出资形成实收资本或股本的部分，贷记“实收资本”或“股本”科目，按照支付的相关税费，贷记“银行存款”等科目，按照上述借贷方之间的差额，贷记“资本公积”科目。

【做中学7-24】A公司以其持有的对B公司的长期股权投资作为出资，在C公司增资扩股的过程中投入C公司，取得C公司10 000 000股普通股（每股面值为1元）。根据C公司股票增资扩股后的价格，该项作为出资的长期股权投资的公允价值为40 000 000元。C

公司取得B公司股权后，能够对B公司实施控制。假定不考虑增值税等相关税费。C公司应编制会计分录如下：

借：长期股权投资——B公司　40 000 000
　贷：股本——A公司　10 000 000
　　资本公积——股本溢价　30 000 000

3.持有期间的现金股利或利润

长期股权投资持有期间被投资单位宣告分派现金股利或利润时，企业应将按持股比例计算的利润或现金股利确认为当期收益，借记“应收股利”科目，贷记“投资收益”科目。

【做中学7-25】2017年1月1日，甲公司以银行存款购入C公司70%的股份，并准备长期持有，实际投资成本为9 000 000元。C公司于2017年4月18日宣告分派2016年度的现金股利2 000 000元。2018年4月25日，C公司宣告分派2017年度的现金股利为3 000 000元。假定不考虑增值税等相关税费。甲公司应编制会计分录如下：

（1）2017年1月1日，购入C公司股票时：

借：长期股权投资——C公司　9 000 000
　贷：银行存款　9 000 000

（2）2017年4月18日，C公司宣告分派现金股利时：

借：应收股利——C公司　140 000
　贷：投资收益　140 000

（3）2018年4月25日，C公司宣告分派现金股利时：

借：应收股利——C公司　2 100 000
　贷：投资收益　2 100 000

4.长期股权投资的处置

长期股权投资处置时，按实际收到的价款，借记“银行存款”等科目；如果长期股权投资已计提减值准备，则按原已计提的减值准备，借记“长期股权投资减值准备”科目；按该长期股权投资的账面余额，贷记“长期股权投资”科目；按已确认但尚未领取的现金股利或利润，贷记“应收股利”科目；按其差额，贷记或借记“投资收益”科目。

【做中学7-26】甲公司把对B公司的长期股权投资转让，扣除相关税费后，实际取得款项6 000 000元，该长期股权投资的账面余额为4 800 000元。甲公司对该长期股权投资采用成本法核算，并未对其计提减值准备。假定不考虑增值税等相关税费。甲公司转让时应编制会计分录如下：

借：银行存款　6 000 000
　贷：长期股权投资——B公司　4 800 000
　　投资收益　1 200 000

三、采用权益法核算的长期股权投资

（一）权益法核算概述

1.权益法的核算要点

（1）初始投资或追加投资时长期股权投资入账价值的确定。初始投资或追加投资时，按照初始投资或追加投资的投资成本，增加长期股权投资的账面价值。具体应区分两种情况分别处理：①初始投资成本大于取得投资时应享有被投资单位可辨认净资产公允价值份额的，应按初始投资成本计价入账；②初始投资成本小于应享有被投资单位可辨认净资产公允价值份额的，应对长期股权投资的账面价值进行调整，将两者之间的差额计入取得投资当期的损益。

（2）持有期间长期股权投资账面价值的调整。在持有期间，随着被投资单位所有者权益的变动应相应调整增加或减少长期股权投资的账面价值，并分别情况处理：

①对属于因被投资单位实现净损益产生的所有者权益的变动，投资企业按照持股比例计算应享有的份额，增加或减少长期股权投资的账面价值，同时确认为当期投资损益；

②对被投资单位除净损益以外的其他综合收益等因素导致的所有者权益变动，在持股比例不变的情况下，按照持股比例计算应享有的份额或应分担的份额，增加或减少长期股权投资的账面价值，同时确认为其他综合收益或资本公积（其他资本公积）。

【提示】《企业会计准则解释第9号——关于权益法下有关投资净损失的会计处理》规定，投资方按权益法确认应分担被投资单位的净亏损或被投资单位其他综合收益减少净额，将有关长期股权投资冲减至零并产生了未确认投资净损失的，被投资单位在以后期间实现净利润或其他综合收益增加净额时，投资方应当按照以前确认或登记有关投资净损失时的相反顺序进行会计处理，即依次减记未确认投资净损失金额、恢复其他长期权益和恢复长期股权投资的账面价值，同时，投资方还应当重新复核预计负债的账面价值。

（3）被投资单位宣告分派现金股利或利润时的处理。被投资单位宣告分派现金股利或利润时，投资企业按持股比例计算应分得的部分，应冲减长期股权投资的账面价值。

2.权益法下核算的科目设置

对采用权益法核算的长期股权投资，其科目设置与成本法相类似，企业也应当设置“长期股权投资”“应收股利”“投资收益”“长期股权投资减值准备”等科目。但与成本法不同的是，采用权益法核算时，“长期股权投资” 科目下还应设置“成本”“损益调整”“其他综合收益”“其他权益变动”等明细科目。其中：“成本”明细科目反映购入股权时应享有被投资单位可辨认净资产公允价值的份额；“损益调整”明细科目反映购入股权以后随着被投资单位留存收益的增减变动而享有份额的调整数；“其他综合收益” 明细科目反映购入股权以后随着被投资单位其他综合收益的增减变动而享有份额的调整数；“其他权益变动” 明细科目反映购入股权以后随着被投资单位除净损益、其他综合收益和利润分配以外的所有者权益的其他变动而享有份额的调整数。

【提示】这里所讲的“其他综合收益”，是指企业根据其他会计准则规定未在当期损益中确认的各项利得和损失。

（二）权益法下长期股权投资的核算

1.长期股权投资的取得

取得长期股权投资，其初始投资成本大于投资时应享有被投资单位可辨认净资产公允价值份额的，不需进行调整，直接借记“长期股权投资——成本”科目，贷记“银行存款”等科目；长期股权投资的初始投资成本小于投资时应享有被投资单位可辨认净资产公允价值份额的，借记“长期股权投资——成本”科目，贷记“银行存款”等科目，按其差额，贷记“营业外收入”科目（非同一控制下企业合并形成的长期股权投资）或“资本公积”科目（同一控制下企业合并形成的长期股权投资）。

【做中学7-27】2018年1月1日，甲公司支付价款1 500万元，取得D公司25%的股权。取得投资时，D公司可辨认净资产公允价值为5 000万元。甲公司取得该项股权后，能够对D公司的生产经营决策施加重大影响，甲公司对该项投资采用权益法核算。甲公司应编制会计分录如下：

借：长期股权投资——D公司——成本　　15 000 000

　贷：银行存款　　15 000 000

【做中学7-28】2018年4月8日，甲公司以银行存款1 200万元投资E公司，占E公司有表决权股份的25%。甲公司取得该项股权后，能够对E公司的生产经营决策施加重大影响，甲公司对该项投资采用权益法核算。当日，E公司可辨认净资产公允价值为6 000万元。假定不考虑增值税等其他因素。甲公司应编制会计分录如下：

借：长期股权投资——E公司——成本　　15 000 000

　贷：银行存款　　12 000 000

　　营业外收入　　3 000 000

2.持有期间被投资单位实现的净损益

投资企业应根据被投资单位实现的净利润计算应享有的份额，借记“长期股权投资——损益调整”科目，贷记“投资收益”科目。被投资单位发生净亏损的，作相反会计分录，但以“长期股权投资”科目的账面价值减记至零为限。

被投资单位以后宣告发放现金股利或利润时，投资企业计算应分得的部分，借记“应收股利”科目，贷记“长期股权投资——损益调整”科目。收到被投资单位宣告发放的股票股利时，不进行会计处理，但应在备查簿中登记。

【做中学7-29】2017年1月1日，甲公司取得F公司40%的股权。甲公司取得该项股权后，能够对F公司的生产经营决策施加重大影响，甲公司对该项投资采用权益法核算。2017年，F公司实现净利润为600万元。2018年4月30日，F公司宣告分派2017年度的现金股利为400万元。假定不考虑增值税等相关税费。甲公司应编制会计分录如下：

（1）2017年12月31日，确认投资收益时：

借：长期股权投资——损益调整　　2 400 000

　贷：投资收益　　2 400 000

（2）2018年4月30日，F公司宣告分派现金股利时：

借：应收股利——F公司　　1 600 000

　贷：长期股权投资——损益调整　　1 600 000

【提示】权益法核算的理念其实是将投资企业和被投资单位看成是一个整体，所以当被投资单位所有者权益发生变动的时候，投资企业要相应地按照持股比例调整长期股权投资的价值，体现“被投资方与投资方是一个整体”的理念。被投资单位实现盈利，相当于投资企业也实现盈利，故投资企业应按比例增加投资收益。

3.持有期间被投资单位其他综合收益的变动

对于被投资单位其他综合收益的变动，在持股比例不变的情况下，企业按照持股比例计算应享有或承担的部分，调整长期股权投资的账面价值，借记或贷记“长期股权投资——其他综合收益”科目，同时计入所有者权益，贷记或借记“其他综合收益”

科目。

【做中学7-30】2017年1月1日，甲公司支付价款8 000万元，取得H公司25%的股权，H公司可辨认净资产公允价值为28 000万元。甲公司取得该项股权后，能够对H公司的生产经营决策施加重大影响，甲公司对该项投资采用权益法核算。2017年，H公司实现净利润2 000万元，该年度中H公司因其他权益工具投资公允价值上升而增加其他综合收益300万元。假定不考虑增值税等相关税费。甲公司应编制会计分录如下：

（1）2018年1月1日取得长期股权投资时：

借：长期股权投资——H公司——成本　　80 000 000

　　贷：银行存款　　80 000 000

（2）确认投资收益和其他综合收益变动时：

借：长期股权投资——损益调整　　5 000 000

　　　　　　　　——其他综合收益　　750 000

　　贷：投资收益　　5 000 000

　　　　其他综合收益　　750 000

4.持有期间被投资单位所有者权益的其他变动

投资企业对于被投资单位除净损益、其他综合收益和利润分配外所有者权益的其他变动，应当按照持股比例计算应享有的份额，借记或贷记“长期股权投资——其他权益变动”科目，贷记或借记“资本公积——其他资本公积”科目。

5.长期股权投资的处置

投资企业将所持有的对被投资单位的股权全部或部分对外出售时，应相应结转与所售股权对应的长期股权投资的账面价值，出售所得价款与其账面价值之间的差额，应确认为处置损益。

企业处置长期股权投资时，应按实际收到的金额，借记“银行存款”等科目；按原已计提的减值准备，借记“长期股权投资减值准备”科目；按长期股权投资账面余额，贷记“长期股权投资”科目；按已确认但尚未领取的现金股利或利润，贷记“应收股利”科目；按其差额，贷记或借记“投资收益”科目。同时，还应按比例结转原计入其他综合收益和资本公积的金额，借记或贷记“其他综合收益”“资本公积——其他资本公积”科目，贷记或借记“投资收益”科目。

【做中学7-31】沿用【做中学7-30】的资料，2018年6月12日，甲公司将所持有的H公司股份全部出售，取得价款10 000万元，假定不考虑增值税等相关税费。甲公司应编制会计分录如下：

借：银行存款　　100 000 000

　　贷：长期股权投资——H公司——成本　　80 000 000

　　　　　　　　　　——损益调整　　5 000 000

　　　　　　　　　　——其他综合收益　　750 000

投资收益　　14 250 000

同时，将其他综合收益转入当期损益：

借：其他综合收益　　750 000

　　贷：投资收益　　750 000

6. 长期股权投资的减值

长期股权投资在按照规定进行核算确定其账面价值的基础上，如果资产负债表日存在减值迹象的，应当按照相关企业会计准则的规定计提减值准备。其中：对子公司、联营企业及合营企业的投资，应当按照其可收回金额低于账面价值的差额确认为减值损失，计提减值准备。

【提示】长期股权投资减值准备一经提取，在以后会计期间不得转回。

企业计提长期股权投资减值准备，应通过“长期股权投资减值准备”科目核算。企业应按长期股权投资可收回金额小于其账面价值的差额，借记“资产减值损失——计提的长期股权投资减值准备”科目，贷记“长期股权投资减值准备”科目。

【做中学7-32】2018年12月31日，甲公司持有的B公司股权，账面价值为105万元，甲公司作为长期股权投资并采用权益法进行核算。由于经营不善，B公司资金周转发生困难，其股票市价跌至90万元，短期内难以恢复。假定甲公司本年度首次对其计提长期股权投资减值准备。甲公司应编制会计分录如下：

借：资产减值损失——计提的长期股权投资减值准备　150 000
　　贷：长期股权投资减值准备——B公司　150 000

任务举例

【工作实例7-4】长期股权投资成本法的核算

甲企业2017年10月10日购入A公司的股票100 000股，占A公司股权的70%，准备长期持有。A公司股票每股发行价为3元，每股价格中包含0.2元已经宣告分派但尚未发放的现金股利。另外，甲企业购买该股票时发生的有关税费为2 000元，款项已由银行存款支付。2017年12月25日收到A公司分派的2016年度现金股利为20 000元。A公司2017年实现净利润800 000元，2017年12月31日宣告发放现金股利200 000元；2018年2月1日，甲企业收到A公司分派的现金股利。

要求：编制甲公司相关会计分录。

【工作过程】

第一步，2017年10月10日甲公司购入A公司股票的会计处理。

借：长期股权投资——A公司　302 000
　　贷：银行存款　302 000

第二步，2017年12月25日收到A公司分派的现金股利的会计处理。

借：银行存款　20 000
　　贷：投资收益　20 000

第三步，2017年12月31日A公司宣告分派2016年现金股利的会计处理。

借：应收股利——A公司　140 000
　　贷：投资收益　140 000

第四步，2018年2月1日甲企业收到A公司分派的现金股利的会计处理。

借：银行存款　140 000
　　贷：应收股利——A公司　140 000

【工作实例7-5】长期股权投资权益法的核算

甲股份有限公司（简称甲公司）2016年至2018年投资业务的有关资料如下：

（1）2016年1月1日，甲公司以银行存款6 000万元购入乙股份有限公司（简称乙公司）股票，占乙公司有表决权股份的25%，能够对乙公司的生产经营决策施加重大影响，采用权益法进行核算，不考虑相关费用。2016年1月1日，乙公司可辨认净资产公允价值为24 200万元。

（2）2016年5月2日，乙公司宣告发放2015年度的现金股利为600万元，并于2016年5月26日实际发放。

（3）2016年度，乙公司实现净利润3 800万元。

（4）2017年度，乙公司发生净亏损1 900万元。

（5）2018年6月30日，乙公司所持有的其他权益工具投资公允价值上升了1 000万元。

（6）2018年9月3日，甲公司与丙股份有限公司（简称丙公司）签订协议，将其所持有乙公司的25%的股权全部转让给丙公司，股权转让价款总额为6 000万元。股权转让的过户手续已办理完毕，10月31日，款项收回。

要求：编制甲公司2016年至2018年投资业务相关会计分录（假定不考虑增值税等相关税费）。

【工作过程】

第一步，2016年1月1日甲公司购入乙公司股票的会计处理。

借：长期股权投资——成本　　60 500 000

　　贷：银行存款　　60 000 000

　　　　营业外收入　　500 000

第二步，2016年5月2日乙公司宣告发放2015年度现金股利的会计处理。

借：应收股利——乙公司　　1 500 000

　　贷：投资收益　　1 500 000

2016年5月26日实际发放时：

借：银行存款　　1 500 000

　　贷：应收股利——乙公司　　1 500 000

第三步，2016年度乙公司实现净利润3 800万元的会计处理。

借：长期股权投资——损益调整　　9 500 000

　　贷：投资收益　　9 500 000

第四步，2017年度乙公司发生净亏损1 900万元的会计处理。

借：投资收益　　4 750 000

　　贷：长期股权投资——损益调整　　4 750 000

第五步，2018年6月30日乙公司持有的其他权益工具投资公允价值上升了1 000万元的会计处理。

借：长期股权投资——其他综合收益　　2 500 000

　　贷：其他综合收益　　2 500 000

第六步，2018年10月31日甲公司收到丙公司支付的股权转让价款的会计处理。

借：银行存款　　60 000 000
　　投资收益　　7 750 000
　　贷：长期股权投资——成本　　60 500 000
　　　　　　　　　——损益调整　　4 750 000
　　　　　　　　　——其他综合收益　　2 500 000
借：其他综合收益　　2 500 000
　　贷：投资收益　　2 500 000

项目小结

本项目主要介绍的是企业开展的对外投资业务中形成的资产项目，包括以公允价值计量且其变动计入当期损益的金融资产、以摊余成本计量的金融资产、以公允价值计量且其变动计入其他综合收益的金融资产和长期股权投资。其中：前三项资产通过《企业会计准则第22号——金融工具确认和计量》等予以规范，长期股权投资则通过《企业会计准则第2号——长期股权投资》予以规范。

在学习中，应严格按照各项金融资产确认的条件划分清楚以公允价值计量且其变动计入当期损益的金融资产、以摊余成本计量的金融资产、以公允价值计量且其变动计入其他综合收益的金融资产的核算范围，并明确以公允价值计量且其变动计入当期损益的金融资产和以公允价值计量且其变动计入其他综合收益的金融资产公允价值计量的细微差别、长期股权投资成本法和权益法各自的核算范围和核算方法。

课后习题与实训

一、单项选择题

1. 下列金融资产中，应按公允价值进行初始计量，且交易费用计入当期损益的是（　　）。

A. 交易性金融资产　　B. 债权投资
C. 应收款项　　D. 其他权益工具投资

2. 企业能够对被投资单位实施控制，被投资单位为本企业的（　　）。

A. 联营企业　　B. 合营企业　　C. 子公司　　D. 分公司

3. 长期股权投资权益法核算下，初始投资成本小于应享有被投资单位可辨认净资产公允价值份额的差额记入的科目是（　　）。

A. “资本公积”　　B. “其他综合收益”　　C. “营业外收入”　　D. “投资收益”

4. 根据《企业会计准则第2号——长期股权投资》的规定，长期股权投资采用权益法核算时，下列各项不会引起长期股权投资账面价值减少的是（　　）。

A. 期末被投资单位对外捐赠　　B. 被投资单位发生净亏损
C. 被投资单位计提盈余公积　　D. 被投资单位宣告发放现金股利

5. 2018年1月1日，A公司支付800万元的价款购入乙公司的股票作为交易性金融资产，支付的价款中包含已宣告但尚未发放的现金股利20万元和交易费用4万元，则A公司该交易性金融资产的入账价值是（　　）万元。

A.800　　B.824　　C.820　　D.796

6.某企业将其持有的交易性金融资产全部出售，售价为1 000万元；该金融资产的账面价值为800万元（其中成本500万元，公允价值变动300万元）。假定不考虑其他因素，出售时对该交易应确认的投资收益为（　　）万元。

A.200　　B.-200　　C.500　　D.-500

7. 2018年1月1日，A公司支付800万元的价款购入乙公司的股票作为交易性金融资产，另支付交易费用4万元。2018年1月31日，这部分股票的公允价值为850万元，则A公司应确认（　　）。

A.投资收益50万元　　B.公允价值变动损益50万元

C.投资收益46万元　　D.公允价值变动损益46万元

8. 2018年1月11日，甲公司自证券市场上购入乙公司到期一次还本付息、面值300万元、票面年利率为5%的债券，实际支付价款310万元，另支付交易费用2万元。该债券发行日为2018年1月1日，实际年利率为4%。甲公司将该债券作为债权投资核算。该债券的入账价值为（　　）万元。

A.312　　B.310　　C.300　　D.302

9. 2018年1月10日，甲公司自证券市场上购入面值总额为1 000万元的乙公司分期付息、到期还本债券，期限为5年，票面年利率为5%。购入时实际支付价款1 050万元，包含交易费用10万元。该债券发行日为2018年1月1日，实际年利率为4%，每年的12月31日支付当年利息。甲公司将该债券作为债权投资核算。假定不考虑其他因素，该债权投资2018年12月31日的账面价值为（　　）万元。

A.1 000　　B.1 042　　C.1 050　　D.1 010

10.A公司2018年1月1日购入B公司60%的股份，以银行存款支付价款500万元，同时支付相关税费5万元。A公司对购入B公司的股份准备长期持有，当日B公司所有者权益的公允价值为5 000万元，则该长期股权投资的初始投资成本为（　　）万元。

A.500　　B.505　　C.495　　D.510

11.A公司长期持有B公司30%的股权，采用权益法核算。2018年1月1日，该项投资账面价值为1 300万元。2017年度B公司实现净利润2 000万元，宣告发放现金股利1 200万元。假定不考虑其他因素，2018年12月31日，A公司该项投资账面价值为（　　）万元。

A.1 300　　B.1 380　　C.1 500　　D.1 540

12. 2018年1月5日，甲公司从证券市场上购入乙公司发行在外的股票100万股作为其他权益工具投资，每股支付价款4元（含已宣告但尚未发放的现金股利0.5元），另支付相关交易费用2万元，A公司其他权益工具投资取得时的入账价值为（　　）万元。

A.400　　B.405　　C.352　　D.402

13. 2018年1月15日，甲公司从证券市场上购入乙公司发行在外的股票200万股作为其他权益工具投资，支付价款1 000万元，其中包含相关费用10万元。2018年12月31日，该其他权益工具投资的每股公允价值为8元。不考虑其他因素，2018年12月31日该其他权益工具投资的公允价值为（　　）万元。

A.1 010　　B.1 600　　C.1 000　　D.2 010

14.长江公司以500万元取得甲公司20%的股权，取得投资时甲公司可辨认净资产公允价值为2 400万元。如果长江公司能够对甲公司施加重大影响，则长江公司计入长期股权投资的金额为（　　）万元。

A.480　　B.500　　C.2 400　　D.2 500

15. 2017年年初，甲公司购入乙公司60%的股权，成本为100万元。2017年年末，该项长期股权投资的可收回金额为80万元，故计提了长期股权投资减值准备20万元。2018年年末，该项长期股权投资的可收回金额为90万元，则2018年年末甲公司应恢复长期股权投资减值准备（　　）万元。

A.30　　B.20　　C.10　　D.0

二、多项选择题

1.“交易性金融资产”科目借方登记的内容有（　　）。

A.取得交易性金融资产时，实际支付的价款中包含已宣告尚未发放的现金股利

B.资产负债表日，公允价值高于账面价值的差额

C.持有期间，被投资单位宣告发放的现金股利或应享有的应收利息

D.资产负债表日，公允价值低于账面价值的差额

2.下列关于金融资产后续计量的表述中，正确的有（　　）。

A.债权投资初始确认时发生的交易费用应不计入其初始确认金额

B.债权投资应采用实际利率法，按摊余成本计量

C.交易性金融资产应按公允价值计量，确认时发生的交易费用应计入交易性金融资产的初始确认金额

D.债权初始确认时买价中包含的已到付息期但尚未收到的利息应计入债权投资的初始确认成本金额

3.下列关于债权投资核算的说法中，不正确的有（　　）。

A.“债权投资”科目核算企业债权投资的初始确认金额

B.企业取得债权投资应当按照公允价值计量，取得债权投资所发生的交易费用记入“投资收益”科目

C.债权投资核算衍生金融工具

D. 企业债权投资资产应当按照摊余成本计量

4.下列关于长期股权投资会计处理的表述中，不正确的有（　　）。

A.对合营企业的长期股权投资，采用成本法核算

B.处置长期股权投资时，应结转其已计提的长期股权投资减值准备

C.成本法下，按被投资单位实现净利润应享有的份额确认投资收益

D.权益法下，按被投资单位宣告发放现金股利应享有的份额确认投资收益

5.采用成本法核算长期股权投资时，下列各项中不会导致长期股权投资账面价值发生增减变动的有（　　）。

A.长期股权投资发生减值损失

B.长期股权投资持有期间被投资单位实现净利润

C.被投资单位宣告分派属于投资企业投资前实现的净利润

D.被投资单位宣告分派属于投资企业投资后实现的净利润

6.下列关于其他权益工具投资核算的说法中，正确的有（　　）。

A.“其他权益工具投资”科目核算企业持有的其他权益工具投资的公允价值

B.其他权益工具投资发生减值的，要计提资产减值准备

C.其他权益工具投资一旦计提减值准备，不得转回

D.出售其他权益工具投资时，要结转其他权益工具投资的账面余额、原计入其他综合收益的金额

7.下列关于其他债权投资持有期间核算的说法中，不正确的有（　　）。

A.其他债权投资为分期付息、到期还本债券的，在资产负债表日，企业应当按照债券面值和票面利率计算确定应收未收利息，借记“应收利息”科目

B.其他债权投资为分期付息、到期还本债券的，在资产负债表日，企业应当按照债券面值和实际利率计算确定应收未收利息，贷记“投资收益”科目

C.其他债权投资为到期一次还本付息债券的，在资产负债表日，企业应当按照债券面值和票面利率计算确定应收未收利息，借记“应收利息”科目

D.在资产负债表日，其他债权投资应当按照公允价值计量，公允价值变动计入当期损益

8.下列各项中，影响当期损益的事项有（　　）。

A. 交易性金融资产在持有期间获得的债券利息

B. 交易性金融资产在资产负债表日的公允价值小于账面价值的差额

C. 债权投资发生的减值损失

D. 其他权益工具投资在资产负债表日的公允价值小于账面价值的差额

9.除企业合并形成的长期股权投资以外，以支付现金取得的长期股权投资，其初始投资成本包括（　　）。

A. 实际支付的购买价款　　B.支付的相关手续费

C.已宣告但尚未发放的现金股利　　D.支付的相关印花税

10.根据《企业会计准则第2号——长期股权投资》的规定，长期股权投资采用成本法核算时，下列各项可能会引起长期股权投资账面价值变动的有（　　）。

A.追加投资　　B.减少投资

C.被投资单位实现净利润　　D.被投资单位宣告发放现金股利

11.长期股权投资采用成本法核算，在被投资单位宣告分配现金股利时，投资企业有可能做的会计处理有（　　）。

A.借记“应收股利”科目，贷记“投资收益”科目

B.借记“应收股利”科目，贷记“长期股权投资”科目

C.借记“应收股利”科目，贷记“银行存款”科目

D.借记“银行存款”科目，贷记“应收股利”科目

12.下列各项中，投资企业应确认为投资收益的有（　　）。

A.采用成本法核算的长期股权投资，被投资单位宣告发放的现金股利

B.采用权益法核算的长期股权投资，初始投资成本小于应享有被投资单位可辨认净

资产公允价值份额的差额

C. 出售长期股权投资时，实际收到的金额与其账面余额及尚未领取的现金股利或利润的差额

D. 出售采用权益法核算的长期股权投资时，结转原记入“其他综合收益”科目的金额

13. 采用权益法核算长期股权投资时，不会引起长期股权投资账面价值增减变动的事项有（　　）。

A. 被投资单位实际发放股票股利

B. 被投资单位因增资扩股等原因而增加资本（或股本）溢价

C. 计提长期股权投资减值准备

D. 实际收到已宣告的现金股利

14. 长期股权投资的权益法的适用范围有（　　）。

A. 投资企业能够对被投资单位实施控制的长期股权投资

B. 投资企业对被投资单位具有共同控制的长期股权投资

C. 投资企业对被投资单位不具有共同控制或重大影响，并且在活跃市场中没有报价、公允价值不能可靠计量的长期股权投资

D. 投资企业对被投资单位具有重大影响的长期股权投资

15. 对长期股权投资采用权益法核算时，被投资单位发生的下列事项中，投资企业应当调整长期股权投资账面价值的有（　　）。

A. 被投资单位实现净利润　　B. 被投资单位宣告分配现金股利

C. 被投资单位购买固定资产　　D. 被投资单位计提盈余公积

三、判断题

1. 企业无论以何种方式取得长期股权投资，实际支付的价款或对价中包含的已宣告但尚未发放的现金股利或利润，应作为取得的长期股权投资的成本。（　　）

2. 投资企业无论采用成本法还是权益法核算长期股权投资，均要在被投资单位宣告分派现金股利或利润时，按照应享有的部分确认为当期投资收益。（　　）

3. 企业的长期股权投资采用权益法核算的，初始投资成本大于投资时应享有被投资单位可辨认净资产公允价值份额的，不调整已确认的初始投资成本。（　　）

4. 在成本法下，当被投资单位发生盈亏时，投资企业并不进行会计处理；当被投资单位宣告分配现金股利时，投资方应将分得的现金股利确认为投资收益。（　　）

5. 收到被投资单位发放的股票股利，不进行账务处理，但应在备查簿中登记。（　　）

6. 在采用成本法核算长期股权投资的情况下，被投资单位发生亏损时，投资企业应当贷记“长期股权投资”科目。（　　）

7. 处置长期股权投资时，不同时结转已计提的长期股权投资减值准备，待期末一并调整。（　　）

8. 金融商品转让应按照卖出价与买入价的差额作为不含税销售额计交增值税。（　　）

9. 现金股利和股票股利都是被投资单位给投资企业的报酬，因此，投资企业均应确认投资收益。（　　）

10. 长期股权投资减值损失，在以后会计期间可以在原已计提的范围内转回。（　　）

11. 金融商品转让计税时，如果卖出价与买入价相抵后出现负差，可结转至下一期间（含下一年度）抵扣应交增值税税额。（　　）

12. 企业在债权投资期间，应当按照公允价值对债权投资进行计量。（　　）

13. 企业持有的对被投资单位不具有控制、共同控制或重大影响，且在活跃市场中有报价、公允价值能可靠计量的权益性投资，属于长期股权投资核算的内容。（　　）

14. 成本法下，如果企业收到的现金股利属于投资前被投资单位实现的净利润，应冲减长期股权投资成本。（　　）

15. 其他权益工具投资在资产负债表日反映的是其摊余成本。（　　）

四、业务核算题

1.A公司2018年1月1日购入股票2 250股作为交易性金融资产，每股市价为4.80元，相关税费1 125元；1月31日，每股市价为5元；3月31日，每股市价为4.70元；4月21日，出售此股票，售价为每股4.90元。

要求：编制买入股票、期末计量、处置股票以及缴纳增值税等环节的会计分录。

2.A公司2018年1月1日购入B公司同日发行的5年期到期一次还本付息的债券，票面年利率8%，债券面值900 000元，实际支付价款975 000元，不考虑增值税等其他相关税费。假定发行时的市场利率为6%。

要求：编制有关会计分录。

3. 2018年7月1日，甲公司购入B公司发行的公司债券，该笔债券于2018年1月1日发行，面值为25 000 000元，票面利率为4%。上年的债券利息于下年年初支付。甲公司将其划分为其他债权投资，支付价款26 000 000元（其中包含已到付息期但尚未领取的债券利息500 000元），另支付交易费用300 000元。2018年7月8日，甲公司收到该笔债券利息500 000元。2018年12月31日，甲公司购买的B公司债券的公允价值为27 800 000元；2019年12月31日，该债券的公允价值为25 600 000元。2020年年初，甲公司又收到债券利息1 000 000元。2020年3月28日，甲公司将持有的B公司债券全部出售，收到价款共计27 500 000元。假定不考虑增值税等相关税费

要求：编制甲公司买入债券、期末计量和处置债券等环节的会计分录。

4. 2017年1月1日，A公司与B公司进行非同一控制下的企业合并，A公司以银行存款500万元取得B公司80%的股份。B公司可辨认净资产公允价值为700万元。2017年5月2日，B公司宣告分配2016年度现金股利100万元，2017年度B公司实现利润200万元。2018年5月2日，B公司宣告分配2017年度现金股利300万元，2018年度B公司实现利润300万元。2019年5月2日，B公司宣告分配2018年度现金股利200万元。

要求：编制A公司上述长期股权投资的会计分录（假定不考虑增值税等相关税费）。

5. 甲公司购入M公司的股票进行长期股权投资，采用成本法进行核算。有关资料如下：

（1）2017年1月8日，以每股10元的价格购入M公司股票200万股，支付相关税费20万元，占被投资单位股份的60%。

（2）2017年2月20日，M公司宣告分配2015年度股利，每股分配现金股利0.2元。

（3）2017年3月15日，收到2016年度现金股利。

（4）2017年，M公司实现净利润800万元。

（5）2018年1月10日，M公司宣布分配2017年度股利，每股分配现金股利0.2元。

（6）2018年1月25日，收到2017年度现金股利。

要求：编制甲公司长期股权投资的会计分录（假定不考虑增值税等相关税费）。

6. 甲股份有限公司（简称甲公司）2016年至2018年投资业务的有关资料如下：

（1）2016年1月1日，甲公司以银行存款6 000万元，购入乙股份有限公司（简称乙公司）股票，占乙公司有表决权股份的25%，能够对乙公司的生产经营决策施加重大影响，采用权益法进行核算，不考虑相关费用。2016年1月1日，乙公司可辨认净资产公允价值为24 200万元。

（2）2016年5月2日，乙公司宣告发放2015年度现金股利600万元，并于2016年5月26日实际发放。

（3）2016年度，乙公司实现净利润3 800万元。

（4）2017年度，乙公司发生净亏损1 900万元。

（5）2018年6月8日，乙公司将一幢办公楼对外出租，转换为投资性房地产，按公允价值计量，转换当日，办公楼公允价值为2 000万元，账面价值为1 000万元。

（6）2018年9月3日，甲公司与丙股份有限公司（简称丙公司）签订协议，将其所持有乙公司的25%的股权全部转让给丙公司，股权转让价款总额为6 000万元，股权转让的过户手续已办理完毕，款项已收回。

要求：编制甲公司2016年至2018年投资业务相关会计分录（假定不考虑增值税等相关税费）。

项目八

流动负债核算

知识目标

1. 了解负债以及流动负债的含义、特点以及范围；
2. 熟悉短期借款、应付及预收账款、应付票据、应付职工薪酬、应交税费等会计事项的核算内容；
3. 理解短期借款、应付及预收账款、应付票据、应付职工薪酬、应交税费等会计科目的性质及设置；
4. 掌握短期借款、应付及预收账款、应付票据、应付职工薪酬、应交税费等事项的账务处理。

能力目标

1. 会对短期借款的取得及本息偿还业务进行账务处理；
2. 能完成应付票据的签发、承兑、到期付款等环节的业务操作与账务处理；
3. 能熟练完成应付及预收账款业务的账务处理；
4. 能准确完成职工薪酬的内容、确认、计量以及职工薪酬的账务处理；
5. 会计算增值税、消费税及其他税费的应纳税额，并完成计提缴纳的账务处理；
6. 能理解和制订股利或利息支付方案，并完成应付股利、应付利息的账务处理；
7. 能熟练完成其他应付款的账务处理。

项目导言

负债，是指企业过去的交易或者事项形成的、预期会导致经济利益流出企业的现时义务。现时义务，是指企业在现行条件下已承担的义务。未来发生的交易或者事项形成的义务不属于现时义务，不应当确认为负债。负债具有以下特征：

（1）负债是企业承担的现时义务；

（2）负债的清偿预期会导致经济利益流出企业；

（3）负债是由过去的交易或事项形成的。

负债一般按其偿还时间的长短划分为流动负债和非流动负债两类。

流动负债是将在1年或超过1年的一个营业周期内偿还的债务，主要包括短期借款、应付票据、应付账款、预收账款、应付职工薪酬、应交税费、应付股利、应付利息、其他应付款等。

非流动负债是偿还期在1年或超过1年的一个营业周期以上的债务，包括长期借款、应付债券、长期应付款等。

任务1　短期借款核算

任务描述

1.理解短期借款的含义；

2.熟练运用“短期借款”会计科目完成短期借款业务的核算；

3.计算短期借款利息，并完成短期借款取得和偿还本息的会计处理。

知识准备

一、短期借款概述

短期借款，是指企业向银行或其他金融机构等借入的期限在1年以下（含1年）的各种借款，通常是为了满足正常生产经营的需要。无论借入款项的来源如何，企业均需要向债权人按期偿还借款的本金及利息。在会计核算上，企业要及时如实地反映短期借款的借入、利息的发生，以及本金和利息的偿还情况。

二、短期借款的账务处理

（一）短期借款的科目设置

企业应通过“短期借款”科目核算短期借款的取得及偿还情况。该科目贷方登记取得借款的本金数额，借方登记偿还借款的本金数额，期末贷方余额反映尚未偿还的短期借款。本科目应按照贷款人设置明细科目，并按借款种类和币种进行明细分类核算。

（二）短期借款的账务处理

企业从银行或其他金融机构取得短期借款时，借记“银行存款”科目，贷记“短期借款”科目。企业应当在资产负债表日按照计算确定的短期借款利息费用，借记“财务费用”科目，贷记“应付利息”科目。企业在实际支付利息时，根据已预提的利息，借记“应付利息”科目；根据应计利息，借记“财务费用”科目；根据应付利息总额，贷记“银行存款”科目。

企业短期借款到期偿还本金时，借记“短期借款”科目，贷记“银行存款”科目。

【提示】在实际工作中，银行一般于每季度末收取短期借款利息。为此，企业的短期借款利息一般采用月末预提的方式进行核算，计算出的短期借款利息直接计入当期财务费用。

【做中学8-1】某企业（增值税一般纳税人）于2018年1月1日向银行借入短期借款10万元，期限为3个月，年利率为6%。利息按月预提，借款本金到期后一次归还。根据上述经济业务，企业的账务处理如下：

（1）1月1日借入款项时：

借：银行存款	100 000	
贷：短期借款		100 000

（2）1月末预提利息时：

1月末预提利息=100 000×6%÷12=500（元）

借：财务费用——利息支出	500	
贷：应付利息		500

（3）2月末预提当月利息的会计处理与1月末相同。

（4）3月末支付本息时：

借：短期借款	100 000	
财务费用——利息支出	500	
应付利息	1 000	
贷：银行存款		101 500

任务举例

【工作实例8-1】短期借款核算

A股份有限公司于2018年1月1日向银行借入一笔生产经营用短期借款，共计120 000元，期限为9个月，年利率为8%。根据与银行签署的借款协议，该项借款的本金到期后一次归还；利息分月预提，按季支付。

要求：完成A股份有限公司的有关会计处理。

【工作过程】

第一步，1月1日取得短期借款时确认负债。

借：银行存款	120 000	
贷：短期借款		120 000

第二步，计算第一季度借款利息并进行会计处理。

①1月末，预提1月份应计利息800元（120 000×8%÷12）。

借：财务费用——利息支出	800	
贷：应付利息		800

②2月末预提当月利息费用的会计处理与1月末相同。

③3月末支付第一季度银行借款利息时：

借：财务费用——利息支出　　800
　　应付利息　　1 600
　　贷：银行存款　　2 400

第二、三季度的会计处理同上。

第三步，10月1日借款到期，归还本金。

借：短期借款　　120 000
　　贷：银行存款　　120 000

如果上述借款期限是8个月，则到期日为9月1日，8月末之前的会计处理与上述相同。9月1日偿还银行借款本金，同时支付7月和8月已提未付利息，账务处理如下：

借：短期借款　　120 000
　　应付利息　　1 600
　　贷：银行存款　　121 600

任务2　应付及预收账款核算

任务描述

1.查阅《中华人民共和国票据法》了解商业汇票的票据知识；
2.熟悉“应付票据”“应付账款”“预收账款”会计科目的核算内容；
3.进行应付票据的签发、承兑、到期付款的账务处理；
4.进行应付及预收账款的账务处理。

知识准备

一、应付票据核算

（一）应付票据概述

应付票据是企业购买材料、商品和接受劳务等而开出、承兑的商业汇票。商业汇票是出票人签发的，委托付款人在指定日期无条件支付确定的金额给收款人或者持票人的票据。商业汇票按承兑人不同分为商业承兑汇票和银行承兑汇票，商业承兑汇票是由银行以外的付款人承兑，银行承兑汇票由银行承兑；按票据是否计息分为带息应付票据和不带息应付票据两种。

商业汇票的付款期限，最长不得超过6个月。因此在会计上应作为流动负债管理和核算。同时，由于应付票据的偿付时间较短，在会计实务中，一般均按照开出、承兑的应付票据的面值入账。

企业应当设置“应付票据备查簿”，详细登记商业汇票的种类、号数和出票日期、到期日、票面余额、交易合同号和收款人姓名或单位名称，以及付款日期和金额等资料。应付票据到期结清时，应当在备查簿内予以注销。

【提示】按照《支付结算办法》的规定，在银行开立存款账户的法人以及其他组织之间，必须具有真实的交易关系或债权债务关系，才能使用商业汇票。

（二）应付票据的账务处理

1.会计科目的设置

企业应通过“应付票据”科目核算应付票据的发生、偿付等情况。该科目贷方登记开出、承兑汇票的面值及带息票据的预提利息，借方登记支付票据的金额，余额在贷方，表示企业尚未到期的商业汇票的票面金额和应计未付的利息。

2.账务处理

企业因购买材料、商品和接受劳务等而开出、承兑的商业汇票，应当按其票面金额作为应付票据的入账金额，借记“材料采购”“库存商品”“应付账款”“应交税费——应交增值税（进项税额）”等科目，贷记“应付票据”科目。企业支付的银行承兑汇票手续费应当计入财务费用，借记“财务费用”科目，贷记“银行存款”科目。

企业开出、承兑的带息票据，应于期末计算应付利息，计入当期财务费用，借记“财务费用”科目，贷记“应付票据”科目。

应付票据到期支付票款时，应按票面金额予以结转，借记“应付票据”科目，贷记“银行存款”科目。应付商业承兑汇票到期，如企业无力支付票款，应将应付票据按票面金额转入应付账款，借记“应付票据”科目，贷记“应付账款”科目。应付银行承兑汇票到期，如企业无力支付票款，应将应付票据的票面金额转入短期借款，借记“应付票据”科目，贷记“短期借款”科目。

【提示】银行在办理商业承兑汇票划款时，付款人存款账户不足支付的，应填制付款人未付票款通知书，连同商业承兑汇票邮寄持票人开户银行转交持票人。银行承兑汇票的出票人于汇票到期日未能足额交存票款时，承兑银行除凭票向持票人无条件付款外，对出票人尚未支付的汇票金额按照每天万分之五计收利息。

【做中学8-2】甲企业为增值税一般纳税人，该企业于2018年5月6日开出一张面值为58 000元、期限为5个月的不带息商业承兑汇票，用以向乙公司采购一批A材料。增值税专用发票上注明的A材料价款为50 000元、增值税为8 000元。原材料按计划成本计价核算。该企业的有关会计分录如下：

（1）签发并承兑票据时：

借：材料采购——A材料	50 000	
应交税费——应交增值税（进项税额）	8 000	
贷：应付票据——乙公司		58 000

（2）到期支付票款时：

借：应付票据——乙公司	58 000	
贷：银行存款		58 000

二、应付账款核算

（一）应付账款概述

应付账款是企业因购买材料、商品或接受劳务等经营活动应支付的款项。这是买卖双方在购销活动中由于取得物资与支付货款在时间上不一致而产生的负债。

应付账款入账时间的确定，一般应在与所购买物资所有权相关的主要风险和报酬已经转移，或者所购买的劳务已经接受为标志。但在实际工作中，应分情况处理：在物资和发票账单同时到达的情况下，一般在所购物资验收入库后，再根据发票账单登记入账，确认应付账款；在所购物资已经验收入库，但是发票账单未能同时到达的情况下，由于企业应付物资供应单位的债务已经成立，为了客观反映企业的负债情况，通常在月份终了需要将所购物资和相关的应付账款暂估入账，待下月初再用红字予以冲回。

（二）应付账款的账务处理

1.会计科目的设置

企业应通过“应付账款”科目核算应付账款的发生、偿还、转销等情况。该科目贷方登记企业购买材料、商品和接受劳务等而发生的应付账款；借方登记偿还的应付账款，或开出商业汇票抵付应付账款的款项，或已冲销的无法支付的应付账款。该科目余额一般在贷方，反映企业尚未支付的应付账款余额。企业应该按照债权人设置明细科目进行明细分类核算。

2.账务处理

应付账款一般按应付金额入账，而不按到期应付金额的现值入账。如果应付账款是带有现金折扣的，应按照扣除现金折扣前的应付款总额入账。因在折扣期限内付款获得的现金折扣，应在偿付应付账款时冲减财务费用。购入的材料、商品等验收入库，但货款尚未支付时，根据有关凭证（发票账单、随货同行发票上记载的实际价款或暂估价值）借记“材料采购”“在途物资”等科目；按可抵扣的增值税税额，借记“应交税费——应交增值税（进项税额）”科目；按应付的价款，贷记“应付账款”科目。企业接受供应单位提供劳务而发生的应付未付款项，根据供应单位的发票账单，借记“生产成本”“管理费用”等科目，贷记“应付账款”科目。

企业偿还应付账款或开出商业汇票抵付应付账款时，借记“应付账款”科目，贷记“银行存款”“应付票据”等科目。

【提示】企业转销确实无法支付的应付账款（如因债权人撤销等原因而产生无法支付的应付账款），应按其账A面余额计入营业外收入，借记“应付账款”科目，贷记“营业外收入”科目。

【做中学8-3】甲企业为增值税一般纳税人。2018年6月1日，甲企业从乙公司购入一批A材料，货款为100 000元，增值税为16 000元，对方代垫运杂费1 000元，增值税为100元。材料已运到并验收入库（该企业材料按实际成本计价核算），款项尚未支付。甲企业的有关会计分录如下：

借：原材料——A材料	101 000	
应交税费——应交增值税（进项税额）	16 100	
贷：应付账款——乙公司		117 100

【做中学8-4】沿用【做中学8-3】的资料，6月28日，甲企业用银行存款支付上述应付账款。该企业的有关会计分录如下：

借：应付账款——乙公司	117 100	
贷：银行存款		117 100

【做中学8-5】2018年6月16日，丁企业确定一笔欠华蓥公司的应付账款4 000元为无

法支付的款项，应予转销。该企业的有关会计分录如下：

借：应付账款——华蓥公司　　4 000

　贷：营业外收入——其他　　4 000

三、预收账款核算

（一）预收账款的含义

预收账款是买卖双方协议商定，由供应方向购货单位预先收取的一部分货款而发生的一项负债。与应付账款不同，预收账款所形成的负债不是以货币偿付，而是以货物偿付。

（二）预收账款的账务处理

1.会计科目的设置

企业应通过"预收账款"科目核算预收账款的取得、偿付等情况。该科目贷方登记发生的预收账款的数额和购货单位补付账款的数额，借方登记企业向购货方发货后冲销的预收账款数额和退回购货方多付账款的数额。该科目余额一般在贷方，反映企业向购货单位预收的款项但尚未向购货方发货的数额；如为借方余额，反映企业尚未转销的款项。企业应当按照购货单位设置明细科目进行明细分类核算。

在期末列报时，如果截至期末"预收账款"科目为借方余额，则应列入"应收账款"项目；如为贷方余额，则应列入"预收款项"项目。

【提示】在预收账款核算中值得注意的是，企业预收账款情况不多的，也可不设"预收账款"科目，将预收的款项直接记入"应收账款"科目的贷方。

2.账务处理

企业向购货单位预收款项时，借记"银行存款"科目，贷记"预收账款"科目。企业实现销售时，按实现的收入和应交的增值税销项税额，借记"预收账款"科目；按照实现的营业收入，贷记"主营业务收入"科目；按照增值税专用发票上注明的增值税税额，贷记"应交税费——应交增值税（销项税额）"等科目。企业收到购货单位补付的款项时，借记"银行存款"科目，贷记"预收账款"科目。企业向购货单位退回其多付的款项时，借记"预收账款"科目，贷记"银行存款"科目。

【做中学8-6】D公司为增值税一般纳税人。2018年6月3日，D公司与甲企业签订供货合同，向其出售一批设备，货款金额共计100 000元，增值税16 000元。根据购货合同规定，甲企业在购货合同签订一周内，应当向D公司预付货款60 000元，剩余货款在交货后付清。2018年6月8日，D公司收到甲企业交来的预付款60 000元，并存入银行。6月18日D公司将货物发到甲企业并开出增值税发票，甲企业验收合格后付清了剩余货款。D公司的有关会计处理如下：

（1）6月8日收到甲企业交来的预付款60 000元：

借：银行存款　　60 000

　贷：预收账款——甲企业　　60 000

（2）6月18日D公司发货后收到甲企业剩余货款：

甲企业补付的货款=116 000−60 000=56 000（元）

借：预收账款——甲企业　　116 000

　贷：主营业务收入　　100 000

应交税费——应交增值税（销项税额） 16 000

借：银行存款 56 000

贷：预收账款——甲企业 56 000

本业务中，假若D公司只能向甲企业供货40 000元，则D公司应退回预收账款13 600元，有关会计分录如下：

借：预收账款——甲企业 60 000

贷：主营业务收入 40 000

应交税费——应交增值税（销项税额） 6 400

银行存款 13 600

【做中学8-7】沿用【做中学8-6】的资料，假设D公司不设置“预收账款”科目，通过“应收账款”科目核算有关业务。D公司的有关会计处理如下：

（1）6月8日收到甲企业交来预付款60 000元：

借：银行存款 60 000

贷：应收账款——甲企业 60 000

（2）6月18日D公司发货后收到甲企业剩余货款：

借：应收账款——甲企业 116 000

贷：主营业务收入 100 000

应交税费——应交增值税（销项税额） 16 000

借：银行存款 56 000

贷：应收账款——甲企业 56 000

任务举例

【工作实例8-2】应付账款核算

乙百货商场于2018年5月2日从A公司购入一批家电产品，并已验收入库。增值税专用发票上列明该批家电的价款为100万元、增值税为16万元。按照购货协议的规定，乙百货商场如在15天内付清货款，将获得1%的现金折扣（假定计算现金折扣时需考虑增值税）。乙百货商场于2018年5月10日，按照扣除现金折扣后的金额，用银行存款付清了所欠A公司货款。

要求：完成乙百货商场的有关会计处理。

【工作过程】

第一步，采购商品，确认负债。

在本业务中，乙百货商场对A公司的应付账款附有现金折扣，应按照扣除现金折扣前的应付款总额1 160 000元记入“应付账款”科目。

借：库存商品 1 000 000

应交税费——应交增值税（进项税额） 160 000

贷：应付账款——A公司 1 160 000

第二步，计算现金折扣并归还欠款。

乙百货商场在5月10日（即购货后的第8天）付清所欠A公司的货款，按照购货协议可以获得现金折扣。乙百货商场获得的现金折扣为11 600元（1 160 000×1%），实际支付的货款为1 148 400元（1 160 000−1 160 000×1%），获得的现金折扣应冲减财务费用。

借：应付账款——A公司　　1 160 000

　贷：银行存款　　1 148 400

　　财务费用——利息收入　　11 600

任务3　应付职工薪酬核算

任务描述

1. 了解应付职工薪酬的具体内容；
2. 明确货币性薪酬和非货币性福利的确认和计量原则；
3. 熟悉“应付职工薪酬”各明细科目的设置使用；
4. 根据业务资料能进行货币性薪酬和非货币性福利的会计处理。

知识准备

一、应付职工薪酬的确认

职工薪酬，是指企业为获得职工提供服务或解除劳动关系而给予的各种形式的报酬或补偿。职工薪酬包括短期薪酬、离职后福利、辞退福利和其他长期职工薪酬。企业提供给职工配偶、子女、受赡养人、已故员工遗属及其他受益人等的福利，也属于职工薪酬。

这里所指的“职工”，主要包括三类人员：一是与企业订立劳动合同的所有人员，包括全职、兼职和临时职工；二是未与企业订立劳动合同，但由企业正式任命的企业治理层和管理层人员，如董事会成员、监事会成员等；三是在企业的计划和控制下，虽未与企业订立劳动合同或未由其正式任命，但向企业所提供服务与职工提供服务类似的人员，也属于职工范畴，包括提供企业与中介公司签订用工合同而向企业提供服务的人员。

职工薪酬主要包括以下内容：

（一）短期薪酬

短期薪酬，是指企业在职工提供相关服务的年度报告期间结束后12个月内需要全部予以支付的职工薪酬，因解除与职工的劳动关系给予的补偿除外。短期薪酬具体包括：

1. 职工工资、奖金、津贴和补贴

职工工资、奖金、津贴和补贴，是指按照国家统计局《关于职工工资总额组成的规定》，构成工资总额的计时工资、计件工资、支付给职工的超额劳动报酬和增收节支的劳动报酬、为补偿职工特殊或额外的劳动消耗和因其他特殊原因支付给职工的津贴，以及为保证职工工资水平不受物价影响支付给职工的物价补贴等。其中：企业按照短期奖金计划向职工发放的奖金属于短期薪酬，按照长期奖金计划向职工发放的奖金属于其他长期职工福利。

微课：短期薪酬——货币性职工薪酬的核算

2. 职工福利费

职工福利费，是指企业向职工提供的生活困难补助费、丧葬补助费、抚恤费、职工异

地安家费、防暑降温费等职工福利支出。

3.社会保险费

医疗保险费、工伤保险费和生育保险费等社会保险费，是指企业按照国家规定的基准和比例计算，向社会保险经办机构缴纳的医疗保险费、工伤保险费和生育保险费。

【提示】我国养老保险主要分为三个层次：第一层次是社会统筹与职工个人账户相结合的基本养老保险；第二层次是企业补充养老保险；第三层次是个人储蓄性养老保险，属于职工个人的行为，与企业无关，不属于职工薪酬准则规范的范畴。

4.住房公积金

住房公积金，是指企业按照国家《住房公积金管理条例》规定的基准和比例计算，向住房公积金管理机构缴存的住房公积金。

5.工会经费和职工教育经费

工会经费和职工教育经费，是指企业为了改善职工文化生活、为职工学习先进技术和提高文化水平和业务素质，用于开展工会活动和职工教育及职业技能培训等相关支出。

6.短期带薪缺勤

短期带薪缺勤，是指职工虽然缺勤但企业仍向其支付报酬的安排，包括年休假、病假、婚假、产假、丧假、探亲假等。长期带薪缺勤属于其他长期职工福利。

7.短期利润分享计划

短期利润分享计划，是指因职工提供服务而与职工达成的基于利润或其他经营成果提供报酬的协议。长期利润分享计划属于其他长期职工福利。

8.其他短期薪酬

其他短期薪酬，是指除上述薪酬以外的其他为获得职工提供的服务而给予的短期薪酬。

（二）离职后福利

离职后福利，是指企业为获得职工提供的服务而在职工退休或与企业解除劳动关系后，提供的各种形式的报酬和福利，短期薪酬和辞退福利除外。企业应当将离职后福利计划分类为设定提存计划和设定受益计划。离职后福利计划，是指企业与职工就离职后福利达成的协议，或者企业为向职工提供离职后福利制定的规章或办法等。其中：设定提存计划，是指向独立的基金缴存固定费用后，企业不再承担进一步支付义务的离职后福利计划；设定受益计划，是指除设定提存计划以外的离职后福利计划。

（三）辞退福利

辞退福利，是指企业在在职工劳动合同到期之前解除与职工的劳动关系，或者为鼓励职工自愿接受裁减而给予职工的补偿。

（四）其他长期职工福利

其他长期职工福利，是指除短期薪酬、离职后福利、辞退福利之外所有的职工薪酬，包括长期带薪缺勤、长期残疾福利、长期利润分享计划等。

【提示】从薪酬的涵盖时间和支付对象来看，职工薪酬包括职工在职期间和离职后提供给职工的所有货币性薪酬和非货币性福利；从薪酬支付的对象来看，职工薪酬包括提供给职工本人及其配偶、子女或其他被赡养人的福利等，如支付给因公伤亡职工的配偶、子女或其他被赡养人的抚恤金。

二、应付职工薪酬的科目设置

企业应当通过“应付职工薪酬”科目，核算应付职工薪酬的提取、结算、使用等情况。该科目贷方登记已分配计入有关成本费用项目的职工薪酬的数额，借方登记实际发放职工薪酬的数额；该科目期末余额在贷方，反映企业应付未付的职工薪酬。“应付职工薪酬”科目应当按照“工资”“职工福利费”“社会保险费”“住房公积金”“工会经费和职工教育经费”“非货币性福利”“带薪缺勤”“利润分享计划”“设定提存计划”“设定受益计划”“辞退福利”等职工薪酬项目设置明细科目进行明细分类核算。外商投资企业按规定从净利润中提取的职工奖励及福利基金，也通过本科目核算。

三、短期职工薪酬的核算

企业应当在职工为其提供服务的会计期间，将实际发生的短期薪酬确认为负债，根据职工提供服务的受益对象，计入当期损益，其他企业会计准则要求或允许计入资产成本的除外。

（一）货币性职工薪酬的核算

1.职工工资、奖金、津贴和补贴

对于职工工资、奖金、津贴和补贴等货币性职工薪酬，企业应当在职工为其提供服务的会计期间，将实际发生的工资、奖金、津贴和补贴等，根据职工提供服务的受益对象，将应确认的职工薪酬，借记“生产成本”“制造费用”“劳务成本”“管理费用”“销售费用”等科目，贷记“应付职工薪酬——工资、奖金、津贴和补贴”科目。

【提示】从广义上讲，职工薪酬是企业必须付出的人力成本，是吸引和激励职工的重要手段，也就是说，职工薪酬既是职工对企业投入劳动获得的报酬，也是企业的成本费用。

【做中学8-8】乙企业2018年8月份应付工资总额为462 000元，“工资费用分配汇总表”中列示的产品生产人员工资为320 000元，车间管理人员工资为70 000元，企业行政管理人员工资为60 400元，专设销售机构人员工资为11 600元。乙企业的有关会计分录如下：

借：生产成本——基本生产成本	320 000	
制造费用	70 000	
管理费用	60 400	
销售费用	11 600	
贷：应付职工薪酬——工资		462 000

【提示】在实务中，企业一般在每月发放工资前，根据“工资费用分配汇总表”中“实发金额”栏的合计数，通过开户银行支付给职工，或从开户银行提取现金，然后再向职工发放。

企业按照有关规定向职工支付工资、奖金、津贴和补贴等，借记“应付职工薪酬——工资、奖金、津贴和补贴”科目，贷记“银行存款”“库存现金”等科目；企业从应付职工薪酬中扣还的各种款项（代垫的家属药费、个人所得税等），借记“应付职工薪酬——

工资”科目，贷记“银行存款”“库存现金”“其他应收款”“应交税费——应交个人所得税”等科目。

【做中学8-9】沿用【做中学8-8】的资料，2018年8月10日，乙企业根据“工资结算汇总表”结算本月应付职工工资总额为462 000元，代扣职工房租30 000元，企业代扣代缴个人所得税12 000元，实发工资420 000元。乙企业的有关会计处理如下：

（1）向开户银行提取现金时：

借：库存现金　　420 000

　　贷：银行存款　　420 000

（2）发放工资，支付现金时：

借：应付职工薪酬——工资　　420 000

　　贷：库存现金　　420 000

（3）代扣款项时：

借：应付职工薪酬——工资　　42 000

　　贷：其他应收款——职工房租　　30 000

　　　　应交税费——应交个人所得税　　12 000

2.职工福利费

对于职工福利费，企业应当在实际发生时根据实际发生额计入当期损益或相关资产成本，借记“生产成本”“制造费用”“劳务成本”“管理费用”“销售费用”等科目，贷记“应付职工薪酬——职工福利费”科目。

【做中学8-10】丙企业下设一职工食堂，每月根据在岗职工数量及岗位分布情况、相关历史经验数据等计算需要补贴职工食堂的金额，从而确定企业每期因职工食堂而需要承担的福利费金额。2018年10月，企业在岗职工共计100人，其中：管理部门20人，生产车间80人。企业的历史经验数据表明：对于每个职工，企业每月需补贴职工食堂120元。丙企业的有关会计处理如下：

丙企业应当提取的职工福利费=120×100=12 000（元）

借：生产成本——基本生产成本　　9 600

　　管理费用——职工薪酬　　2 400

　　贷：应付职工薪酬——职工福利费　　12 000

【做中学8-11】沿用【做中学8-10】的资料，2018年11月，丙企业支付12 000元补贴给食堂。丙企业的有关会计处理如下：

借：应付职工薪酬——职工福利费　　12 000

　　贷：银行存款　　12 000

3.国家规定计提标准的职工薪酬

国家规定了计提基础和计提比例的医疗保险费、工伤保险费、生育保险费等社会保险费和住房公积金，以及按规定提取的工会经费和职工教育经费，企业应当在职工为其提供服务的会计期间，按照规定的计提基础和计提比例计算确定相应的职工薪酬金额，并确认相关负债，按照受益对象计入当期损益或相关资产成本，借记“生产成本”“制造费用”“劳务成本”“管理费用”“销售费用”等科目，贷记“应付职工薪酬”科目。

【做中学8-12】2018年9月，根据国家规定的计提标准计算，甲企业本月应向社会保险经办机构缴纳职工医疗保险费共计64 680元。其中：应计入基本生产车间生产成本的金额为44 800元，应计入制造费用的金额为9 800元，应计入管理费用的金额为10 080元。甲企业的有关会计处理如下：

借：生产成本——基本生产成本　44 800
　　制造费用——社会保险费　9 800
　　管理费用——社会保险费　10 080
　贷：应付职工薪酬——社会保险费——医疗保险费　64 680

企业支付工会经费和职工教育经费用于工会运作和职工培训，或按照国家有关规定缴纳社会保险费或住房公积金时，借记“应付职工薪酬——工会经费（或职工教育经费、社会保险费、住房公积金）”科目；代支付个人承担的社会保险费、住房公积金时，借记“其他应收款”，贷记“银行存款”“库存现金”等科目。

【提示】根据国家有关规定，企业拨缴的工会经费，不超过工资薪金总额的2%的部分准予扣除；从2018年1月1日起，国家将一般企业的职工教育经费税前扣除限额与高新技术企业的限额统一，从2.5%提高至8%。

【做中学8-13】沿用【做中学8-12】的资料，2018年10月，甲企业以银行存款缴纳职工社会保险费100 000元。其中：企业负担64 680元，个人负担35 320元。甲企业的有关会计分录如下：

借：应付职工薪酬——社会保险费　64 680
　　其他应收款——代付社会保险费　35 320
　贷：银行存款　100 000

4.短期带薪缺勤

根据《中华人民共和国劳动法》和《职工带薪年休假条例》的规定，我国职工可以享受年休假、病假、短期伤残假、婚假、产假、丧假、探亲假等休假权利，企业在职工法定缺勤期间，应给予职工一定的缺勤补偿。《企业会计准则第9号——职工薪酬》根据带薪权利能否结转下期使用，将带薪缺勤分为累积带薪缺勤和非累积带薪缺勤两类。企业应当对累积带薪缺勤和非累积带薪缺勤分别进行会计处理。如果带薪缺勤属于长期带薪缺勤，企业应当作为其他长期职工福利。

（1）累积带薪缺勤，是指带薪权利可以结转下期的带薪缺勤，如果本期的权利没有用完，可以在未来期间使用。当职工提供了服务从而增加了其未来享有的带薪缺勤的权利时，企业就产生了一项义务，确认与累积带薪缺勤相关的职工薪酬，并以累积未行使权利而增加的预期支付金额计量。确认累积带薪缺勤时，借记“管理费用”等科目，贷记“应付职工薪酬——带薪缺勤——短期带薪缺勤——累积带薪缺勤”科目。

【做中学8-14】甲企业共有100名职工，从2017年1月1日起，该企业实行累积带薪缺勤制度。该制度规定，每个职工每年可享受5个工作日带薪年休假，未使用的年休假只能向后结转一个公历年度，超过1年未使用的权利作废，在职工离开企业时也无权获得现金支付；职工年休假时，首先使用当年可享受的权利，再从上年结转的带薪年休假中扣除。

2017年12月31日，甲企业预计2018年有90名职工将享受不超过5天的带薪年休假，剩余10名职工每人将平均享受6天半年休假，假定这10名职工全部为总部各部门经理，该企业平均每名职工每个工作日工资为300元。不考虑其他相关因素。2017年12月31日，甲企业的会计处理如下：

借：管理费用——职工薪酬 4 500

贷：应付职工薪酬——带薪缺勤——短期带薪缺勤——累积带薪缺勤 4 500

甲企业在2017年12月31日应当预计由于职工累积未使用的带薪年休假权利而导致的预期支付的金额，即相当于15天（10×1.5）的年休假工资金额4 500元（15×300）。

（2）非累积带薪缺勤，是指带薪权利不能结转下期的带薪缺勤，即如果当期权利没有全部行使就予以取消，并且职工在离开企业时对未使用的权利无权获得现金支付。我国企业职工休婚假、产假、丧假、探亲假、病假期间的工资通常属于非累积带薪缺勤。由于职工提供服务本身不能增加其能够享受的福利金额，企业在职工未缺勤时不应当计提相关费用和负债。为此，企业应当在职工实际发生缺勤的会计期间确认与非累积带薪缺勤相关的职工薪酬。

企业确认职工享有的与非累积带薪缺勤权利相关的薪酬，视同职工出勤计入当期损益或相关资产成本。在通常情况下，与非累积带薪缺勤相关的职工薪酬已经包括在企业每月向职工发放的工资等薪酬中，不必额外作相应的账务处理。

（二）非货币性职工薪酬的核算

企业以其自产产品作为非货币性福利发放给职工的，应按照该产品的公允价值确认主营业务收入，借记“应付职工薪酬——非货币性福利”科目，贷记“主营业务收入”科目；同时结转相关成本；涉及增值税销项税额的，还应进行相应的处理。企业还应当根据受益对象，借记“管理费用”“生产成本”“制造费用”等科目，贷记“应付职工薪酬——非货币性福利”科目。

企业将拥有的房屋等资产无偿提供给职工使用的，应当根据受益对象，将该住房每期应计提的折旧计入相关资产成本或当期损益，并确认应付职工薪酬，借记“管理费用”“生产成本”“制造费用”等科目，贷记“应付职工薪酬——非货币性福利”科目；同时借记“应付职工薪酬——非货币性福利”科目，贷记“累计折旧”科目。

企业租赁房屋等资产供职工无偿使用的，应当根据受益对象，将每期应付的租金计入相关资产成本或当期损益，并确认应付职工薪酬，借记“管理费用”“生产成本”“制造费用”等科目，贷记“应付职工薪酬——非货币性福利”科目。企业支付租赁房屋等资产供职工无偿使用所发生的租金，借记“应付职工薪酬——非货币性福利”科目，贷记“银行存款”等科目。

【提示】难以认定受益对象的非货币性福利，直接计入当期损益和应付职工薪酬。

【做中学8-15】甲公司为增值税一般纳税人，适用的增值税税率为16%。2018年7月，甲公司董事会决定将本公司生产的50件A产品作为福利发放给公司管理人员。该批产品的单件成本为1.2万元，市场销售价格为每件2万元（不含增值税）。不考虑其他相关税费。甲公司的有关会计处理如下：

应确认的应付职工薪酬=50×20 000×16%+50×20 000=1 160 000（元）

（1）确认非货币性职工薪酬时：

借：管理费用——职工薪酬 1 160 000

贷：应付职工薪酬——非货币性福利 1 160 000

（2）发放产品给职工，视同销售确认收入时：

借：应付职工薪酬——非货币性福利　　1 160 000

　　贷：主营业务收入　　1 000 000

　　　　应交税费——应交增值税（销项税额）　　160 000

（3）结转成本时：

借：主营业务成本　　600 000

　　贷：库存商品——A产品　　600 000

【做中学8-16】C公司为总部各部门经理级别以上职工提供汽车免费使用，同时为副总裁以上高级管理人员每人租赁一套住房。C公司总部共有部门经理以上职工20名，公司为每人提供一辆桑塔纳汽车免费使用，假定每辆桑塔纳汽车每月计提折旧1 000元；该公司共有副总裁以上高级管理人员5名，公司为每人租赁一套面积为200平方米带有家具和电器的公寓使用，月租金为每套8 000元。C公司的有关会计处理如下：

（1）确认非货币性职工薪酬时：

借：管理费用——职工薪酬　　60 000

　　贷：应付职工薪酬——非货币性福利　　60 000

（2）计提折旧时：

借：应付职工薪酬——非货币性福利　　20 000

　　贷：累计折旧　　20 000

（3）支付租金时：

借：应付职工薪酬——非货币性福利　　40 000

　　贷：银行存款　　40 000

C公司为总部各部门经理级别以上职工提供汽车免费使用，同时为副总裁以上高级管理人员租赁住房使用，根据受益对象，确认的应付职工薪酬应当计入管理费用。应确认的应付职工薪酬为60 000元（20×1 000+5×8 000）。其中：提供企业拥有的汽车供职工使用的非货币性福利为20 000元（20×1 000）；租赁住房供职工使用的非货币性福利为40 000元（5×8 000）。此外，C公司将其拥有的汽车无偿提供给职工使用，还应当按照该部分非货币性福利20 000元，借记“应付职工薪酬——非货币性福利”科目，贷记“累计折旧”科目。

（三）辞退福利的核算

每个企业在生产经营中都会由于各种原因遇到辞退职员的情况。企业在职工劳动合同到期之前解除与职工的劳动关系，或者为鼓励职工自愿接受裁减而支付给职工的解除劳动合同的一次性补偿支出，借记“管理费用”科目，贷记“应付职工薪酬——辞退福利”科目。对于满足负债确认条件的所有辞退福利，不管属于哪个部门，均应当计入管理费用，而不计入资产成本。

（四）设定提存计划的核算

对于设定提存计划，企业应当将在资产负债表日为换取职工在会计期间提供的服务而应向单独主体缴存的提存金，确认为应付职工薪酬，并计入当期损益或相关资产成本，借记“生产成本”“制造费用”“劳务成本”“管理费用”“销售费用”等科目，贷记“应付职工薪酬——设定提存计划”科目。

【做中学8-17】沿用【做中学8-12】的资料，甲企业根据所在地政府规定，按照职工工资总额的12%计提基本养老保险费，缴存当地社会保险经办机构。2018年9月，甲企业应缴存的基本养老保险费应计入生产成本的金额为57 600元，应计入制造费用的金额为12 600元，应计入管理费用的金额为10 872元，应计入销售费用的金额为2 088元。甲企业的会计处理如下：

借：生产成本——基本生产成本	57 600	
制造费用	12 600	
管理费用	10 872	
销售费用	2 088	
贷：应付职工薪酬——设定提存计划——养老保险费		83 160

【提示】失业保险费和养老保险费均属于设定提存计划核算的范围，因此，其账务处理与养老保险费相似。

任务举例

【工作实例8-3】应付职工薪酬核算

2018年6月，东方公司根据“工资结算汇总表”确认当月应发工资200万元，其中：生产部门直接生产人员工资100万元；生产部门管理人员工资20万元；公司管理部门人员工资36万元；公司专设产品销售机构人员工资10万元；建造厂房人员工资22万元；内部开发存货管理系统人员工资12万元。根据规定，东方公司分别按照职工工资总额的10%、12%、2%和10.5%计提医疗保险费、养老保险费、失业保险费和住房公积金，缴纳给当地社会保险经办机构和住房公积金管理机构。公司内设医务室，根据2017年实际发生的职工福利费情况，公司预计2018年应承担的职工福利费金额为职工工资总额的2%，职工福利的受益对象为上述所有人员。公司分别按照职工工资总额的2%和8%计提工会经费和职工教育经费。当月实发工资173万元，公司代扣代缴个人所得税6.3万元，其他代扣款项共计20.7万元。

要求：计提分配工资、医疗保险费、养老保险费、失业保险费、住房公积金和福利费，并进行工资分配、发放的会计处理。

【工作过程】

第一步，根据工资总额计提医疗保险费、养老保险费、失业保险费、住房公积金、职工福利费、工会经费和职工教育经费。

计提的医疗保险费=200×10%=20（万元）

计提的养老保险费=200×12%=24（万元）

计提的失业保险费=200×2%=4（万元）

计提的住房公积金=200×10.5%=21（万元）

计提的职工福利费=200×2%=4（万元）

计提的工会经费=200×2%=4（万元）

计提的职工教育经费=200×8%=16（万元）

第二步，计算职工薪酬金额并分配计入成本费用。

应计入生产成本的职工薪酬=100+100×（10%+12%+2%+10.5%+2%+2%+8%）

=146.5（万元）

应计入制造费用的职工薪酬=20+20×（10%+12%+2%+10.5%+2%+2%+8%）

=29.3（万元）

应计入管理费用的职工薪酬=36+36×（10%+12%+2%+10.5%+2%+2%+8%）

=52.74（万元）

应计入销售费用的职工薪酬=10+10×（10%+12%+2%+10.5%+2%+2%+8%）

=14.65（万元）

应计入在建工程的职工薪酬=22+22×（10%+12%+2%+10.5%+2%+2%+85%）

=32.23（万元）

应计入无形资产的职工薪酬=12+12×（10%+12%+2%+10.5%+2%+2%+8%）

=17.58（万元）

公司在分配工资、职工福利费、各种社会保险费、住房公积金、工会经费和职工教育经费等职工薪酬时，会计处理如下：

借：生产成本	1 465 000	
制造费用	293 000	
管理费用	527 400	
销售费用	146 500	
在建工程	322 300	
研发支出——资本化支出	175 800	
贷：应付职工薪酬——工资		2 000 000
——职工福利费		40 000
——社会保险费（医疗保险费）		200 000
——住房公积金		210 000
——工会经费		40 000
——职工教育经费		160 000
——设定提存计划（养老保险费）		240 000
——设定提存计划（失业保险费）		40 000

第三步，核算银行代发工资。

借：应付职工薪酬——工资	1 730 000	
贷：银行存款		1 730 000

第四步，核算企业代扣款项。

借：应付职工薪酬——工资	270 000	
贷：应交税费——应交个人所得税		63 000
其他应收款——代扣款项		207 000

任务4　应交税费核算

任务描述

1.根据企业经济业务判定应缴纳的税种；

2. 计算确定企业应交增值税、应交消费税等的应纳税额；
3. 进行相关涉税业务的会计处理；
4. 开设并登记应交税费明细账簿。

知识准备

根据我国税法规定，企业应缴纳的各种税费包括：增值税、消费税、城市维护建设税、资源税、所得税、土地增值税、房产税、车船税、城镇土地使用税、教育费附加、矿产资源补偿费、印花税、耕地占用税等。这些应交税费在尚未缴纳之前，形成企业的负债。

企业应通过"应交税费"科目，总括反映各种税费的缴纳情况，并按照应交税费项目进行明细分类核算。该科目贷方登记应缴纳的各种税费，借方登记实际缴纳的税费；期末余额一般在贷方，反映企业尚未缴纳的税费；期末余额如在借方，反映企业多交或尚未抵扣的税费。

企业缴纳的印花税、耕地占用税等不需要预计应交数的税费，应通过"税金及附加"科目核算，而不通过"应交税费"科目核算。

一、应交增值税的核算

增值税是对在我国境内销售货物、劳务、服务、无形资产和不动产，以及进口货物的单位和个人，就其销售货物、无形资产、不动产，以及提供应税劳务、服务的增值额和货物进口额为计税依据而课征的一种流转税。增值税实行价外税制度，是一种间接税，对在每一流通环节产生的增值部分都要征税。

增值税的纳税人是在我国境内销售或进口货物、提供应税劳务和应税服务、销售无形资产、不动产的单位和个人。按照纳税人的经营规模及会计核算的健全程度，增值税纳税人分为一般纳税人和小规模纳税人。由于增值税一般纳税人和小规模纳税人在增值税计算方法上存在差异，因此增值税的会计核算也不相同。

【提示】增值税税率与征收率见表8-1：

表8-1 增值税税率与征收率

纳税人	税率或征收率	适用范围
一般纳税人	基本税率16%	销售或进口货物、提供加工修理修配劳务 提供有形动产租赁服务
	低税率10%	销售或进口税法列举的20项货物
	零税率	出口货物 提供国际运输、港澳台运输、研发与设计服务
	税率6%	提供现代服务、增值电信服务、贷款服务、保险服务、金融商品转让、鉴证咨询服务、广播影视服务、商务辅助服务、其他现代服务、生活服务（文化体育服务、教育医疗服务、旅游娱乐服务、餐饮组数服务、居民日常服务、其他生活服务）、销售无形资产
	税率10%	提供交通运输服务、邮政服务、基础电信服务、销售不动产建筑物、销售不动产构筑物、转让土地使用权、工程服务、安装服务、修缮服务、装饰服务、其他建筑服务、租赁服务
小规模纳税人	征收率3%	

(一)一般纳税人增值税的核算

一般纳税人计算应纳增值税税额采用当期购进扣税法,即企业购入货物或接受应税劳务和应税服务支付的增值税(即进项税额),可从销售货物或提供应税劳务和应税服务按规定收取的增值税(即销项税额)中抵扣。

1.会计科目及专栏设置

增值税一般纳税人应当在"应交税费"科目下设置"应交增值税""未交增值税""预交增值税""待抵扣进项税额""待认证进项税额""待转销项税额""增值税留抵税额""简易计税""转让金融商品应交增值税""代扣代交增值税"等明细科目。

(1)增值税一般纳税人应在"应交增值税"明细账内设置"进项税额""销项税额抵减""已交税金""转出未交增值税""减免税款""销项税额""出口抵减内销产品应纳税额""出口退税""进项税额转出""转出多交增值税"等专栏。其中:

①"进项税额"专栏,记录一般纳税人购进货物、加工修理修配劳务、服务、无形资产或不动产而支付或负担的、准予从销项税额中抵扣的增值税额;

②"销项税额抵减"专栏,记录一般纳税人按照现行增值税制度规定因扣减销售额而减少的销项税额;

③"已交税金"专栏,记录一般纳税人已交纳的当月应交增值税额;

④"转出未交增值税"和"转出多交增值税"专栏,分别记录一般纳税人月度终了转出当月应交未交或多交的增值税额;

⑤"减免税款"专栏,记录一般纳税人按现行增值税制度规定准予减免的增值税额;

⑥"销项税额"专栏,记录一般纳税人销售货物、加工修理修配劳务、服务、无形资产或不动产应收取的增值税额,以及从境外单位或个人购进服务、无形资产或不动产应扣缴的增值税额;

⑦"出口抵减内销产品应纳税额"专栏,记录实行"免、抵、退"办法的一般纳税人按规定计算的出口货物的进项税额抵减内销产品的应纳税额;

⑧"出口退税"专栏,记录一般纳税人出口产品按规定退回的增值税额;

⑨"进项税额转出"专栏,记录一般纳税人购进货物、加工修理修配劳务、服务、无形资产或不动产等发生非正常损失以及其他原因而不应从销项税额中抵扣,按规定转出的进项税额。

(2)"未交增值税"明细科目,核算一般纳税人月度终了从"应交增值税"或"预交增值税"明细科目转入当月应交未交、多交或预缴的增值税额,以及当月交纳以前期间未交的增值税额。

(3)"预交增值税"明细科目,核算一般纳税人转让不动产、提供不动产经营租赁服务、提供建筑服务、采用预收款方式销售自行开发的房地产项目等,按现行增值税制度规定应预缴的增值税额。

(4)"待抵扣进项税额"明细科目,核算一般纳税人已取得增值税扣税凭证并经税务机关认证,按照现行增值税制度规定准予以后期间从销项税额中抵扣的进项税额。包括:一般纳税人自2016年5月1日后取得并按固定资产核算的不动产或者2016年5月1日后取得的不动产在建工程,按现行增值税制度规定准予以后期间从销项税额中抵扣的进项税额；实行纳税辅导期管理的一般纳税人取得的尚未交叉稽核比对的增值税扣税凭证上注明或计算的进项税额。

（5）“待认证进项税额”明细科目，核算一般纳税人由于未取得增值税扣税凭证或未经税务机关认证而不得从当期销项税额中抵扣的进项税额。包括：一般纳税人已取得增值税扣税凭证、按照现行增值税制度规定准予从销项税额中抵扣，但尚未经税务机关认证的进项税额；一般纳税人取得货物等已入账，但由于尚未收到相关增值税扣税凭证而不得从当期销项税额中抵扣的进项税额。

（6）“待转销项税额”明细科目，核算一般纳税人销售货物、加工修理修配劳务、服务、无形资产或不动产，已确认相关收入（或利得）但尚未发生增值税纳税义务而需于以后期间确认为销项税额的增值税额。

（7）“增值税留抵税额”明细科目，核算兼有销售服务、无形资产或者不动产的原增值税一般纳税人，截止到纳入营改增试点之日前的增值税期末留抵税额按照现行增值税制度规定不得从销售服务、无形资产或者不动产的销项税额中抵扣的增值税留抵税额。

（8）“简易计税”明细科目，核算一般纳税人采用简易计税方法发生的增值税计提、扣减、预缴、缴纳的增值税额。

（9）“转让金融商品应交增值税”明细科目，核算增值税纳税人转让金融商品发生的增值税额。

（10）“代扣代交增值税”明细科目，核算纳税人购进在境内未设经营机构的境外单位或个人在境内的应税行为代扣代交的增值税。

2.账务处理

（1）一般纳税人购进业务核算。

企业从国内采购物资或接受应税劳务和应税服务等，根据增值税专用发票上记载的应计入采购成本或应计入加工、修理修配等物资成本的金额，借记“材料采购”“在途物资”“原材料”“库存商品”“生产成本”“制造费用”“委托加工物资”“管理费用”等科目；根据专用发票上注明的可抵扣的增值税税额，借记“应交税费——应交增值税（进项税额）”科目；按照应付或实际支付的总额，贷记“应付账款”“应付票据”“银行存款”等科目。企业购入货物发生退货时，编制相反的会计分录。企业购入材料不能取得增值税专用发票时，发生的增值税应计入材料采购成本。

企业购入免税农产品，按照买价和规定的扣除率计算进项税额，借记“应交税费——应交增值税（进项税额）”科目；按买价扣除按规定计算的进项税额后的差额，借记“材料采购”“原材料”“库存商品”等科目；按照应付或实际支付的价款，贷记“应付账款”“银行存款”等科目。

企业购进生产用固定资产所支付的增值税税额，应计入增值税进项税额，可以从销项税额中抵扣，购进的货物用于非应税项目，其所支付的增值税税额应计入购入货物的成本。

【提示】并非所有外购固定资产均可抵扣进项税额。纳税人购进固定资产发生下列情形的，进项税额不得抵扣：将固定资产专用于非增值税应税项目；将固定资产专用于免征增值税项目；将固定资产专用于集体福利或者个人消费等。

企业购进的货物发生非常损失的，以及将购进货物改变用途的（如用于非应税项目、集体福利或个人消费等），其进项税额应通过“应交税费——应交增值税（进项税额转出）”科目转入有关科目，借记“待处理财产损溢”“在建工程”“应付职工薪酬”等科目，贷记“应交税费——应交增值税（进项税额转出）”科目；属于转入待处理财产损失的进项税额，应与遭受非常损失的购进货物、在产品或库存商品的成本一并处理。

【提示】准予从销项税额中抵扣的进项税额包括两类，具体见表8-2。

表8-2　准予从销项税额中抵扣的进项税额

凭票抵税	从销售方或者提供方取得的增值税专用发票（含税控机动车销售统一发票，下同）上注明的增值税税额；从海关取得的海关进口增值税专用缴款书上注明的增值税税额
计算抵税	购进农产品，按照农产品收购发票或者销售发票上注明的农产品买价和10%的扣除率计算的进项税额：进项税额=买价×扣除率。其中：收购农产品的买价，包括纳税人购进农产品在农产品收购发票或者销售发票上注明的价款和按照规定缴纳的烟叶税

【做中学8-18】2018年5月3日，甲企业购入原材料一批，增值税专用发票上注明的货款为60 000元、增值税为9 600元，货物尚未到达，货款和进项税额已用银行存款支付，原材料按计划成本计价核算。甲企业的有关会计分录如下：

借：材料采购　60 000
　　应交税费——应交增值税（进项税额）　9 600
　　贷：银行存款　69 600

【做中学8-19】2018年5月8日，D企业生产车间委托外单位修理机器设备，对方开具的专用发票上注明修理费用10 000元、增值税1 600元，款项已用银行存款支付。D企业的有关会计分录如下：

借：管理费用　10 000
　　应交税费——应交增值税（进项税额）　1 600
　　贷：银行存款　11 600

【做中学8-20】2018年5月11日，某食品加工厂从农业生产者手中购进免税农产品，收购凭证上注明货款为50 000元，支付运费2 000元（未取得增值税专用发票）。货物尚未到达，货款已用银行存款支付，原材料按实际成本计价核算。该食品加工厂的有关会计分录如下：

借：在途物资　47 000
　　应交税费——应交增值税（进项税额）　5 000
　　贷：银行存款　52 000

在本业务中：

可以抵扣的进项税额=50 000×10%=5 000（元）

农产品的实际采购成本=50 000×90%+2 000=47 000（元）

【做中学8-21】2018年5月14日，甲公司购入一台不需要安装的生产用设备，取得的增值税专用发票上注明的设备价款为100万元，另支付运费5 000元，取得运输公司开具的增值税专用发票，款项全部付清。假定不考虑其他相关税费。甲公司的有关账务处理如下：

借：固定资产——××设备　　1 005 000
　　应交税费——应交增值税（进项税额）　　160 500
　　贷：银行存款　　1 165 500

在本业务中：

可抵扣的进项税额=1 000 000×16%+5 000×10%=160 500（元）

甲公司购置设备的成本=1 000 000+5 000 =1 005 000（元）

【做中学 8-22】2018 年 7 月 19 日，F 企业因火灾毁损库存商品一批，其实际成本为 80 000元，经确认损失外购材料的增值税为 12 800元。F 企业的有关会计分录如下：

借：待处理财产损溢——待处理流动资产损溢　　92 800
　　贷：库存商品　　80 000
　　　　应交税费——应交增值税（进项税额转出）　　12 800

【做中学 8-23】某企业为增值税一般纳税人，本期购入一批材料，增值税专用发票上注明的增值税为 19.2 万元、材料价款为 120 万元。材料已入库，货款已经支付（假如该企业材料采用实际成本进行核算）。材料入库后，该企业将该批材料全部用于办公楼工程建设项目。根据该项经济业务，该企业的有关账务处理如下：

（1）材料入库时：

借：原材料　　1 200 000
　　应交税费——应交增值税（进项税额）　　192 000
　　贷：银行存款　　1 392 000

（2）工程领用材料时：

借：在建工程　　1 200 000
　　应交税费——待抵扣进项税额　　76 800
　　贷：原材料　　1 200 000
　　　　应交税费——应交增值税（进项税额转出）　　76 800

（2）一般纳税人销售业务核算。

企业销售货物或者提供应税劳务和应税服务，按照营业收入和应收取的增值税税额，借记“应收账款”“应收票据”“银行存款”等科目；按专用发票上注明的增值税税额，贷记“应交税费——应交增值税（销项税额）”科目；按照实现的营业收入，贷记“主营业务收入”“其他业务收入”等科目。企业发生销售退回时，编制相反的会计分录。

企业将自产或委托加工的货物用于非应税项目、集体福利或个人消费，将自产、委托加工或购买的货物作为投资、分配给股东、赠送他人等，应视同销售货物计算缴纳增值税，借记“在建工程”“长期股权投资”“营业外支出”等科目，贷记“应交税费——应交增值税（销项税额）”等科目。

【提示】9 种视同销售行为：（1）将货物交付他人代销；（2）销售代销货物；（3）总分机构（不在同一县市）之间移送货物用于销售的；（4）将自产或委托加工的货物用于非增值税应税项目；（5）将自产、委托加工的货物用于集体福利或个人消费；（6）将自产、委托加工或购买的货物作为投资，提供给其他单位或个体经营者；（7）将自产、委托加工或购买的货物分配给股东或投资者；（8）将自产、委托加工或购买的货物无偿赠送其他单位或者个人；（9）单位和个体工商户向其他单位或者个人无偿提供交通运输业和部分现代服务业服务，但以公益活动为目的或者以社会公众为对象的除外。

【做中学8-24】2018年5月18日，K企业销售产品一批，价款为500 000元，按规定应收取增值税80 000元，提货单和增值税专用发票已交给买方，款项尚未收到。K企业的有关会计分录如下：

借：应收账款	580 000	
贷：主营业务收入		500 000
应交税费——应交增值税（销项税额）		80 000

【做中学8-25】某公司为一家生产彩电的企业，共有职工100名。2018年6月，公司以其生产的成本为5 000元的液晶彩电作为春节福利发放给职工。该型号液晶彩电的售价为每台7 000元，该公司适用的增值税税率为16%。假定100名职工中有85名为直接参加生产的职工，15名为总部管理人员。

分析：企业以自己生产的产品作为福利发放给职工，应计入成本费用的职工薪酬以产品的公允价值计量，同时确认主营业务收入；产品按照成本结转，同时根据相关税收规定，视同销售计算增值税销项税额。

彩电的售价总额=7 000×85+7 000×15=595 000+105 000=700 000（元）

彩电的增值税销项税额=7 000×85×16%+7 000×15×16%=95 200+16 800=112 000（元）

（1）公司决定发放非货币性福利时，会计处理如下：

借：生产成本——基本生产成本	690 200	
管理费用	121 800	
贷：应付职工薪酬——非货币性福利		812 000

（2）实际发放非货币性福利时，会计处理如下：

借：应付职工薪酬——非货币性福利	812 000	
贷：主营业务收入		700 000
应交税费——应交增值税（销项税额）		112 000
借：主营业务成本	500 000	
贷：库存商品		500 000

【做中学8-26】甲公司为增值税一般纳税人，2018年6月28日，以自产产品对乙公司投资，双方协议按产品的售价作价。该批产品的成本为2 000 000元，假设售价和计税价格均为2 200 000元。该产品适用的增值税税率为16%。乙公司收到投入的产品作为原材料使用。根据上述经济业务，甲、乙公司应分别进行如下会计处理（假如乙公司原材料采用实际成本进行核算）：

甲公司：

对外投资转出计算的销项税额=2 200 000×16%=352 000（元）

借：长期股权投资	2 552 000	
贷：主营业务收入		2 200 000
应交税费——应交增值税（销项税额）		352 000

借：主营业务成本　　2 000 000
　　贷：库存商品　　2 000 000

乙公司：

收到投资时，视同购进处理：

借：原材料　　2 200 000
　　应交税费——应交增值税（进项税额）　　352 000
　　贷：实收资本　　2 552 000

（3）一般纳税人缴纳税额的核算。

企业缴纳的增值税，借记“应交税费——应交增值税（已交税金）”科目，贷记“银行存款”科目。

【做中学8-27】2018年6月，某企业以银行存款缴纳本月增值税100 000元。该企业的有关会计处理如下：

借：应交税费——应交增值税（已交税金）　　100 000
　　贷：银行存款　　100 000

（二）小规模纳税人增值税核算

根据税法规定，小规模纳税企业销售货物或提供应税劳务和应税服务，一般情况下，只能开具增值税普通发票，不能开具增值税专用发票。对小规模纳税人实行简易征收办法，按照销售额和征收率计算应纳增值税税额。

【提示】应纳增值税税额=不含税销售额×征收率；不含税销售额=含税销售额÷（1+征收率）。

小规模纳税人销售货物不享有进项税额的抵扣权，其购进货物或接受应税劳务和应税服务时，无论是否具有增值税专用发票，支付的增值税税额均不计入进项税额，应直接计入有关货物或劳务和服务的成本。小规模纳税企业只需在“应交税费”科目下设置“应交增值税”二级明细科目，不需要在“应交增值税”明细科目中设置专栏，“应交税费——应交增值税”科目贷方登记应缴纳的增值税，借方登记已缴纳的增值税；期末贷方余额为尚未缴纳的增值税，借方余额为多缴纳的增值税。

【做中学8-28】某小规模纳税企业购入材料一批，取得的专用发票中注明的货款为20 000元、增值税为3 200元，款项以银行存款支付，材料已验收入库（该企业按实际成本计价核算）。该企业的有关会计分录如下：

借：原材料　　23 200
　　贷：银行存款　　23 200

【做中学8-29】某小规模纳税企业销售产品一批，所开出的普通发票中注明的货款（含税）为20 600元，增值税征收率为3%，款项已存入银行。该企业的有关会计分录如下：

借：银行存款　　20 600
　　贷：主营业务收入　　20 000
　　　　应交税费——应交增值税　　600

在本业务中：

不含税销售额=含税销售额÷（1+征收率）=20 600÷（1+3%）=20 000（元）

应纳增值税=不含税销售额×征收率=20 000×3%=600（元）

【做中学8-30】某小规模纳税企业月末以银行存款上交增值税600元。该企业有关会计处理如下：

借：应交税费——应交增值税　　600

　　贷：银行存款　　600

二、应交消费税核算

为了正确引导消费方向，国家在普遍征收增值税的基础上，选择部分消费品再征收一道消费税。我国现行消费税是对在我国境内从事生产、委托加工和进口应税消费品的单位和个人就其应税消费品征收的一种税。目前，征收消费税的有烟、酒、化妆品、小汽车、高尔夫球及球具、高档手表、游艇、实木地板、电池和涂料等15个税目。

消费税的征收方式有从价定率、从量定额、从价定率和从量定额复合计税三种。实行从价定率方法征收的消费税，以不含增值税的销售额为税基，按照税法规定的税率计算。企业的销售收入包含增值税的，应将其换算为不含增值税的销售额。采取从量定额计征的消费税，应根据按税法确定的企业应税消费品的数量和单位应税消费品应缴纳的消费税计算确定。采取复合计征的则按从价和从量税额之和计征。

【提示】增值税是在货物所有的流转环节道道征收；而消费税征税环节单一，只在消费品的生产、委托加工和进口环节一次性征收，其他环节不再征收（金银首饰改为零售环节征收）。另外，从2015年5月10日起卷烟批发环节从价税税率由5%提高至11%，并按0.005元/支加征从量税。

（一）应交消费税的科目设置

企业应在“应交税费”科目下设置“应交消费税”明细科目，核算应交消费税的发生、缴纳情况。该科目的贷方登记应缴纳的消费税，借方登记已缴纳的消费税，期末贷方余额为尚未缴纳的消费税，借方余额为多交或待扣的消费税。

消费税是一种价内税，纳税人销售应税消费品的售价中含有应负担的消费税税额，因此应缴纳的消费税应记入“税金及附加”科目，从销售收入中得到补偿。此外，对税法规定的视同销售行为（如将应税消费品对外投资或用于在建工程、集体福利、捐赠或抵债等）应依法缴纳的消费税，还应设置与之相应的会计科目，如“应付职工薪酬”“在建工程”“营业外支出”“销售费用”“长期股权投资”“应付账款”等科目。

（二）应交消费税的会计处理

企业直接对外销售应税消费品应缴纳的消费税，借记“税金及附加”科目，贷记“应交税费——应交消费税”科目。

企业自产自用应税消费品，如将生产的应税消费品用于在建工程等非生产机构（不包括用于连续生产应税消费品），按规定应缴纳的消费税，借记“在建工程”等科目，贷记“应交税费——应交消费税”科目。

企业委托加工的应税消费品，应由受托方代收代缴消费税，受托方按照应交税款金额，借记“应收账款”“银行存款”等科目，贷记“应交税费——应交消费税”科目。委托加工物资收回后直接用于销售的，委托方应将受托方代收代缴的消费税计入委托加工应税消费品成本，借记“委托加工物资”等科目，贷记“应付账款”“银行存款”等科目，待委托加工应税消费品对外销售时不需再缴纳消费税；委托加工应税消费品收回后用于连续生产应税消费品，按规定准予抵扣的，委托方应按代收代缴的消费税，借记“应交税费——应交消费税”科目，贷记“应付账款”“银行存款”科目，待加工成最终应税消费品对外销售时，再按最终应税消费品的消费税税额贷记“应交税费——应交消费税”科目。

【提示】作为委托加工的应税消费品，必须具备两个条件：其一是由委托方提供原料和主要材料；其二是受托方只收取加工费和代垫部分辅助材料费。

企业进口应税消费品在进口环节应交的消费税，应计入该项物资的成本，借记“材料采购”“固定资产”“库存商品”等科目，贷记“银行存款”科目。

【做中学8-31】2018年8月16日某企业销售所生产的高档化妆品，价款为2 000 000元（不含增值税），适用的消费税税率为15%。该企业有关的会计分录如下：

借：税金及附加　　300 000

　　贷：应交税费——应交消费税　　300 000

三、其他应交税费核算

其他应交税费，是指除增值税和消费税以外的税费，包括资源税、城市维护建设税、土地增值税、房产税、城镇土地使用税、印花税、车船税、教育费附加、矿产资源补偿费、企业所得税和个人所得税等。关于矿产资源补偿费、土地增值税、企业所得税和个人所得税的内容本项目暂不涉及。

企业应当在“应交税费”科目下设置相应的明细科目进行核算，贷方登记应缴纳的有关税费，借方登记已缴纳的有关税费，期末贷方余额表示尚未缴纳的有关税费。

（一）应交资源税核算

资源税是对在我国境内开采矿产品或者生产盐的单位和个人征收的税。资源税按照应税产品的课税数量和规定的单位税额计算。开采或生产应税产品对外销售的，以销售数量为课税数量；开采或生产应税产品自用的，以自用数量为课税数量。

企业按规定应缴纳的资源税，在“应交税费”科目下设置“应交资源税”明细科目核算，借方登记企业已缴纳的或按规定允许抵扣的资源税，贷方登记应缴纳的资源税，期末借方余额反映多交或尚未抵扣的资源税，期末贷方余额反映尚未缴纳的资源税。

企业对外销售应税产品应缴纳的资源税应借记“税金及附加”科目，贷记“应交税费——应交资源税”科目；自产自用应税产品应缴纳的资源税应借记“生产成本”“制造费用”等科目，贷记“应交税费——应交资源税”科目；实际缴纳时，借记“应交税费——应交资源税”科目，贷记“银行存款”科目。

【做中学8-32】某企业对外销售某种资源税应税矿产品2 000吨，每吨应交资源税5元。该企业的有关会计处理如下：

借：税金及附加　　10 000

　　贷：应交税费——应交资源税　　10 000

【做中学8-33】某企业将自产的资源税应税矿产品500吨用于生产产品，每吨应交资源税5元。该企业的有关会计处理如下：

借：生产成本　　2 500

贷：应交税费——应交资源税　　2 500

(二) 应交城市维护建设税核算

为加强城市的维护建设，扩大城市维护建设资金的来源，国家开征了城市维护建设税。城市维护建设税是以缴纳增值税、消费税的单位和个人为纳税义务人，也就是说，企业只要缴纳了增值税和消费税，就必须缴纳城市维护建设税。城市维护建设税是一种具有附加税性质的税种，其计税依据是纳税人实际缴纳的增值税和消费税税额，设有三档差别税率，分别为1%、5%和7%。企业按规定应交的城市维护建设税，借记“税金及附加”等科目，贷记“应交税费——应交城市维护建设税”科目；实际缴纳时，借记“应交税费——应交城市维护建设税”科目，贷记“银行存款”科目。

【提示】为进一步统一税制、公平税负，创造平等竞争的外部环境，对外资企业2010年12月1日（含）之后发生纳税义务的增值税和消费税征收城市维护建设税和教育费附加；对外资企业2010年12月1日之前发生纳税义务的增值税和消费税不征收城市维护建设税和教育费附加。

【做中学8-34】某企业本期实际应上交增值税559 000元、消费税241 000元。该企业适用的城市维护建设税税率为7%。该企业的有关会计处理如下：

（1）计算应交的城市维护建设税时：

借：税金及附加　　56 000

　　贷：应交税费——应交城市维护建设税　　56 000

应交城市维护建设税=（559 000+241 000）×7%=56 000（元）

（2）用银行存款上缴城市维护建设税时：

借：应交税费——应交城市维护建设税　　56 000

　　贷：银行存款　　56 000

(三) 应交教育费附加核算

教育费附加是对缴纳增值税、消费税的单位和个人，就其实际缴纳的税额为计算依据征收的一种附加费，征收比率为3%。企业应交的教育费附加，借记“税金及附加”等科目，贷记“应交税费——应交教育费附加”科目；实际缴纳时，借记“应交税费——应交教育费附加”科目，贷记“银行存款”科目。

【做中学8-35】某企业按税法规定计算2018年第四季度应缴纳教育费附加300 000元，款项已经用银行存款支付。该企业的有关会计处理如下：

（1）计提时：

借：税金及附加　　300 000

　　贷：应交税费——应交教育费附加　　300 000

（2）缴纳时：

借：应交税费——应交教育费附加　　300 000

　　贷：银行存款　　300 000

(四) 应交房产税、城镇土地使用税、车船税和印花税的核算

1.应交房产税的核算

房产税是以房产为征税对象，依据房屋的计税余值或租金收入，向房产所有人或经营人征收的一种财产税。房产税的征税范围为城市、县城、建制镇和工矿区。税率有两种：

采用从价计征的税率为1.2%；采用从租计征的税率为12%。

房产税的会计核算应设置“应交税费——应交房产税”科目，该科目借方登记企业实际缴纳的房产税税额，贷方登记本期应缴纳的房产税税额，期末贷方余额表示企业应交而未交的房产税税额。企业按规定计算应交房产税时，借记“税金及附加”科目，贷记“应交税费——应交房产税”科目；实际缴纳时，借记“应交税费——应交房产税”科目，贷记“银行存款”科目。

2.应交城镇土地使用税的核算

城镇土地使用税是对城市、县城、建制镇和工矿区范围内使用土地的单位和个人，以实际占用的土地面积为计税依据，依照规定税额计算征收的一种税。该税是具有资源税性质的税种，有利于合理使用城镇土地，调节土地级差收入，提高土地使用效益。

城镇土地使用税的会计核算应设置“应交税费——应交城镇土地使用税”科目，该科目借方登记企业实际缴纳的城镇土地使用税税额，贷方登记本期应缴纳的城镇土地使用税税额，期末贷方余额表示企业应交而未交的城镇土地使用税税额。企业按规定计算应交城镇土地使用税时，借记“税金及附加”科目，贷记“应交税费——应交城镇土地使用税”科目；实际缴纳时，借记“应交税费——应交城镇土地使用税”科目，贷记“银行存款”科目。

3.应交车船税的核算

车船税由拥有并且使用车船的单位和个人按照适用税额计算缴纳。车船税的会计核算应设置“应交税费——应交车船税”科目，该科目借方登记企业实际缴纳的车船税税额，贷方登记本期应缴纳的车船税税额，期末贷方余额表示企业应交而未交的车船税税额。企业按规定计算应交车船税税额时，借记“税金及附加”科目，贷记“应交税费——应交车船税”科目；实际缴纳时，借记“应交税费——应交车船税”科目，贷记“银行存款”科目。

4.应交印花税的核算

印花税是以经济活动和经济交往中，书立、领受应税凭证的行为为征税对象征收的一种税。该税是具有行为税性质的税种，具有征税范围广、税负轻、自行贴花纳税、多缴不退不抵等特点。由于企业缴纳的印花税，不存在应付未付税款的情况，也不需要预计应缴税额，为简化核算，不通过“应交税费”科目核算，企业购买印花税票时，按实际支付的款项借记“税金及附加”科目，贷记“银行存款”科目。

任务举例

【工作实例8-4】增值税核算

某机械厂为增值税一般纳税人，购销货物增值税税率均为16%。采用直接收款结算方式销售货物，2018年7月发生下列经济业务：

（1）本月购进材料，取得增值税专用发票，价款为500 000元，进项税额为80 000元，款项已支付。

（2）向某商场销售产品50台，开具增值税专用发票，销售额为600 000元，发票已交与购货方。

（3）基本建设工程领用材料1 000千克，不含税单价为50元，合计50 000元。

（4）本月丢失材料8吨，不含税单价为2 000元，按待处理财产损失处理。

（5）将20台乙产品分配给投资者，单位成本为6 000元，没有同类产品销售价格。

（6）购置生产用设备，取得增值税专用发票，价款为250 000元，增值税为40 000元。

要求：根据上述业务资料完成该机械厂本月相关会计处理。

【工作过程】

第一步，根据购进的专用发票确认进项税额并进行会计处理。

借：原材料	500 000	
应交税费——应交增值税（进项税额）	80 000	
贷：银行存款		580 000

第二步，根据销售发票确认收入和销项税额。

借：银行存款	696 000	
贷：主营业务收入		600 000
应交税费——应交增值税（销项税额）		96 000

第三步，基本建设工程领用材料的进项税额8 000元（1 000×50×16%），前期已抵扣，按最新增值税会计处理规定，本期只能抵扣60%（即4800元），另40%（即3200元）待抵扣。

借：在建工程	50 000	
应交税费——待抵扣进项税额	3 200	
贷：原材料		50 000
应交税费——应交增值税（进项税额转出）		3 200

第四步，非正常损失的进项税额不得抵扣，应该转出2 560元（2 000×8×16%）。

借：待处理财产损溢——待处理流动资产损溢	18 560	
贷：原材料		16 000
应交税费——应交增值税（进项税额转出）		2 560

第五步，将乙产品分配给投资者视同销售，应确认收入和销项税额。

销项税额=6 000×（1+10%）×16%×20=21 120（元）

借：应付股利	153 120	
贷：主营业务收入		132 000
应交税费——应交增值税（销项税额）		21 120

第六步，购置生产用设备取得增值税专用发票，进项税额可以抵扣。

借：固定资产	250 000	
应交税费——应交增值税（进项税额）	40 000	
贷：银行存款		290 000

第七步，以银行存款缴纳增值税。

应纳税额=（96 000+21 120）－（80 000+40 000−3200−2 560）=2 880（元）

借：应交税费——应交增值税（已交税金）	2 880	
贷：银行存款		2 880

【工作实例8-5】销售不动产业务的核算

某企业（增值税一般纳税人）出售一栋办公楼，销售收入4 200 000元（含增值税）

已存入银行。该办公楼的账面原值为4 000 000元，已提折旧1 000 000元，未计提减值准备；出售过程中用银行存款支付清理费用5 000元。假设该公司选择简易计税。

要求：根据上述资料完成甲企业的有关账务处理。

【工作过程】

第一步，将该固定资产转入固定资产清理账户。

借：固定资产清理　　3 000 000
　　累计折旧　　1 000 000
　　贷：固定资产　　4 000 000

第二步，核算发生的清理费用。

借：固定资产清理　　5 000
　　贷：银行存款　　5 000

第三步，确认销售收入及应交增值税。

该公司应交增值税=（4 200 000−4 000 000）÷（1+5%）×5%=9523.81（元）

借：银行存款　　4 200 000
　　贷：固定资产清理　　4 190 476.19
　　　　应交税费——应交增值税（简易计税）　　9 523.81

第四步，计算并结转销售该固定资产的损益，结清固定资产清理账户。

净损益=4 200 000−4 000 000−5 000−9 523.81=185 476.19（元）

借：固定资产清理　　185 476.19
　　贷：资产处置损益——非流动资产处置利得　　185 476.19

【工作实例8-6】委托加工业务消费税的核算

2018年7月3日，甲企业委托乙企业代为加工一批应交消费税的材料（非金银首饰）。甲企业的材料成本为100 000元，加工费为20 000元，由乙企业代收代缴的消费税为8 000元。材料已经加工完成，并由甲企业收回验收入库，相关税费用银行存款支付。

要求：计算应交消费税并完成甲企业和乙企业的会计处理。

【工作过程】

甲企业的有关会计处理如下：

（1）如果甲企业收回的委托加工物资用于继续生产应税消费品，完工后最终应税消费品对外销售，销售额为250 000元，消费税为32 000元。

第一步，根据委托加工合同发出材料。

借：委托加工物资　　100 000
　　贷：原材料　　100 000

第二步，支付加工费及增值税。

借：委托加工物资　　20 000
　　应交税费——应交增值税（进项税额）　　3 200
　　贷：银行存款　　23 200

第三步，消费税由受托方代收代缴，且收回的委托加工物资用于继续生产应税消费品，消费税可以抵扣，因此支付消费税时记入“应交税费——应交消费税”科目的借方。

借：应交税费——应交消费税　8 000

　　贷：银行存款　8 000

第四步，加工完毕收回委托加工物资。

收回委托加工物资的成本=100 000+20 000=120 000（元）

借：原材料　120 000

　　贷：委托加工物资　120 000

第五步，销售产成品时确认收入并计提消费税。

借：银行存款　290 000

　　贷：主营业务收入　250 000

　　　　应交税费——应交增值税（销项税额）　40 000

借：税金及附加　32 000

　　贷：应交税费——应交消费税　32 000

第六步，计算应交消费税并进行会计处理。

应交消费税税额=32 000−8 000=24 000（元）

借：应交税费——应交消费税　24 000

　　贷：银行存款　24 000

（2）如果甲企业收回的委托加工物资直接用于对外销售，取得销售收入170 000元。

第一、第二步会计处理同（1）。

第三步，收回的委托加工物资直接用于对外销售，消费税税额应计入委托加工物资成本。

借：委托加工物资　8 000

　　贷：银行存款　8 000

第四步，收回委托加工物资。

收回委托加工物资的成本=100 000+20 000+8 000=128 000（元）

借：库存商品　128 000

　　贷：委托加工物资　128 000

第五步，确认销售收入，并不再缴纳消费税。

借：银行存款　197 200

　　贷：主营业务收入　170 000

　　　　应交税费——应交增值税（销项税额）　27 200

乙企业的账务处理如下：

第一步，收取加工费、代收代缴消费税。

借：银行存款　31 200

　　贷：主营业务收入　20 000

　　　　应交税费——应交增值税（销项税额）　3 200

　　　　　　　　——应交消费税　8 000

第二步，缴纳消费税。

借：应交税费——应交消费税　8 000

　　贷：银行存款　8 000

【工作实例8-7】城市维护建设税和教育费附加核算

某县城一企业（增值税一般纳税人）2018年7月份销售产品实际缴纳增值税400 000元、消费税241 000元，本月又出租门面房（系3年前购建完成）收到租金400 000元（简易计税）。

要求：计算该企业本月应交城市维护建设税和教育费附加，并进行有关会计处理。

【工作过程】

第一步，月末计算应交城市维护建设税和教育费附加。

本月出租门面房应交增值税=400 000÷（1+5%）×5%=19 047.62（元）

本月应交城市维护建设税=（400 000+241 000+19 047.62）×7%=46 203.33（元）

本月应交教育费附加=（400 000+241 000+19 047.62）×3%=19 801.43（元）

第二步，进行会计处理。

①月末计提有关税费时：

借：税金及附加	66 004.76	
贷：应交税费——应交城市维护建设税		46 203.33
——应交教育费附加		19 801.43

②用银行存款缴纳时：

借：应交税费——应交城市维护建设税	46 203.33	
——应交教育费附加	19 801.43	
贷：银行存款		66 004.76

【提示】一般纳税人出租其2016年4月30日前取得的不动产（不含住房），可以选择简易计税方法，按5%的征收率计算增值税应纳税额。

任务5　其他流动负债核算

任务描述

1.分别明确应付股利、应付利息和其他应付款的核算内容；

2.设置和运用应付股利、应付利息和其他应付款等会计科目进行相关会计处理。

知识准备

一、应付股利的核算

应付股利，是指企业根据股东大会或类似机构审议批准的利润分配方案确定分配给投资者的现金股利或利润。这部分应付给投资者的现金股利或利润，在未支付前形成一项负债。

企业通过“应付股利”科目核算企业确定或宣告支付但尚未实际支付的现金股利或利润。该科目贷方登记应支付的现金股利或利润，借方登记实际支付的现金股利或利润，期末贷方余额反映企业应付未付的现金股利或利润。该科目应按照投资者设置明细科目进行明细分类核算。

【提示】企业作为独立核算的经济实体，对其实现的经营成果除按税法及有关法规规定缴纳税费外，还必须对使用投资者投入的资金给予一定的回报，作为投资者应该分享的投资收益。

企业根据股东大会或类似机构审议批准的利润分配方案，确认应付给投资者的现金股利或利润时，借记“利润分配——应付现金股利或利润”科目，贷记“应付股利”科目；向投资者实际支付现金股利或利润时，借记“应付股利”科目，贷记“银行存款”等科目。

【做中学8-36】A有限责任公司2017年度实现净利润8 000 000元，经过董事会批准，决定2017年度分配现金股利5 000 000元，并于2018年3月6日提交股东大会审议通过。2018年4月20日股利已通过银行存款派发给股东。A有限责任公司的有关会计处理如下：

（1）2018年3月6日分配方案提交股东大会审议通过后：

借：利润分配——应付现金股利或利润　　5 000 000

　　贷：应付股利　　5 000 000

（2）2018年4月20日派发股利时：

借：应付股利　　5 000 000

　　贷：银行存款　　5 000 000

【提示】企业董事会或类似机构通过的利润分配方案中拟分配的现金股利或利润，不做账务处理，不做应付股利核算，但应在附注中披露。企业分配的股票股利不通过“应付股利”科目核算。

二、应付利息的核算

应付利息是指企业按照合同约定应支付的利息，包括吸收存款、分期付息到期还本的长期借款、企业债券等应支付的利息。企业应当设置“应付利息”科目，按照债权人设置明细科目进行明细分类核算，该科目期末贷方余额反映企业按照合同约定应支付但尚未支付的利息。

企业采用合同约定的名义利率计算确定利息费用时，应按合同约定的名义利率计算确定的应付利息的金额，记入“应付利息”科目；实际支付利息时，借记“应付利息”科目，贷记“银行存款”等科目。

【做中学8-37】某企业自2018年1月1日起借入5年期到期还本每年付息的长期借款5 000 000元，合同约定年利率为3.5%，假定不符合资本化条件。该企业的有关会计处理如下：

（1）每年计算确定利息费用时：

企业每年应支付的利息=5 000 000×3.5%=175 000（元）

借：财务费用——利息支出　　175 000

　　贷：应付利息　　175 000

（2）每年实际支付利息时：

借：应付利息　　175 000

贷：银行存款　　175 000

三、其他应付款的核算

企业除了应付票据、应付账款、预收账款、应付职工薪酬、应付利息、应付股利、应交税费等以外，还会发生一些应付、暂收其他单位或个人的款项。这些应付、暂收款项构成了企业的一项流动负债，我国会计核算中设置了“其他应付款”科目对其进行核算。其他应付款主要核算经营租赁租入固定资产和包装物的租金、存入保证金、应付及暂收其他单位款项、应付退休职工的统筹退休金等。

企业应通过“其他应付款”科目核算其他应付款的增减变动及其结存情况，并按照其他应付款的项目和对方单位（或个人）设置明细科目进行明细分类核算。该科目贷方登记发生的各种应付、暂收款项，借方登记偿还或转销的各种应付、暂收款项；该科目期末贷方余额反映企业应付未付的其他应付款项。

企业发生其他各种应付、暂收款项时，借记“管理费用”等科目，贷记“其他应付款”科目；支付或退回其他各种应付、暂收款项时，借记“其他应付款”科目，贷记“银行存款”等科目。

任务举例

【工作实例8-8】其他应付款核算

甲公司（增值税一般纳税人）从2018年5月1日起，以经营租赁方式租入管理用办公设备一批，租期为1年，每月租金为5 000元，按季支付。

要求：根据上述资料进行有关会计处理。

【工作过程】

第一步，登记备查账簿。

第二步，5月31日计提应付经营租入固定资产租金。

借：管理费用——租赁费　　5 000

　　贷：其他应付款——应付经营租赁租金　　5 000

其他月份计提应付经营租入固定资产租金的会计处理同上。

第三步，季度末以银行存款支付应付租金。

第二季度末6月30日，甲公司以银行存款支付应付租金，取得对方开具的增值税专用发票。

借：其他应付款——应付经营租赁租金　　10 000

　　应交税费——应交增值税（进项税额）　　1 600

　　贷：银行存款　　11 600

第二、三、四季度末会计处理同上。

项目小结

本项目对流动负债的核算内容进行了较为全面的介绍，知识点较多。通过学习，熟悉短期借款、应付及预收账款、应付职工薪酬、应付票据、应交税费、应付股利、应付利息和其他应付款的核算内容，理解相关科目的应用，重点掌握应付及预收账款、应付职工薪酬、应付票据、应交增值税、应交消费税以及其他应交税费等的核算。

课后习题与实训

一、单项选择题

1.下列各项不属于应付职工薪酬核算内容的是（　　）。

A.以商业保险形式提供给职工的各种保险待遇

B.提供给职工配偶、子女或其他被赡养人的福利

C.提供给职工以权益形式结算的认股权

D.应付租入包装物的租金

2.某饮料生产企业为增值税一般纳税人，年末将本企业生产的一批饮料发放给职工作为福利。该饮料市场售价为12万元（不含增值税），适用的增值税税率为16%，实际成本为10万元。假定不考虑其他因素，该企业应确认的应付职工薪酬为（　　）万元。

A.10　　B.11.6　　C.12　　D.13.92

3.甲公司本期应交房产税2万元、城镇土地使用税3万元、印花税1万元、耕地占用税8万元、契税6万元、车辆购置税0.6万元，则影响本期“应交税费”科目的金额为（　　）万元。

A.6　　B.5　　C.14　　D.20.6

4.某企业为增值税一般纳税人，本期收购农产品作为原材料，实际支付的价款为1 000万元，收购的农业产品已验收入库，款项已经支付，可以按照10%的税率抵扣增值税，则原材料的入账金额为（　　）万元。

A.1 000　　B.900　　C.1 100　　D.100

5.企业缴纳的下列税费中，不通过“税金及附加”科目核算的是（　　）。

A.城市维护建设税　　B.增值税　　C.城镇土地使用税　　D.教育费附加

6.企业从应付职工薪酬中扣除代垫的职工房租时，应贷记的会计科目是（　　）。

A.应付职工薪酬　　B.其他应收款　　C.管理费用　　D.其他应付款

7.一般纳税人委托其他单位加工材料收回后直接对外销售的，其发生的下列支出中，不应计入委托加工物资成本的是（　　）。

A.发出材料的实际成本　　B.支付给受托方的加工费

C.支付给受托方的增值税　　D.受托方代收代缴的消费税

8.下列各项不应通过“其他应付款”科目核算的是（　　）。

A.应付的租入包装物租金　　B.应付的社会保险费

C.应付的客户存入保证金　　D.应付的经营租入固定资产租金

9.下列各项不需要根据职工提供服务的受益对象来划分，而应于发生时直接计入企业管理费用的是（　　）。

A.工会经费　　B.养老保险费

C.工伤保险费 D.辞退福利

10.一般情况下，下列各项税金与企业损益无关的是（ ）。

A.城市维护建设税 B.消费税

C.一般纳税企业的增值税销项税额 D.所得税

11.下列各项属于离职后福利的是（ ）。

A.累积带薪缺勤 B.退休后养老保险

C.医疗保险费 D.辞退福利

12.甲企业为增值税一般纳税人，适用的增值税税率为16%。2018年5月因管理不善损耗库存原材料一批，该批原材料账面成本为150万元，市场售价为160万元，保险公司赔偿损失50万元。由于毁损原材料应转出的增值税进项税额为（ ）万元。

A.8.5 B.16 C.24 D.25.6

13.假设企业每月月末计提利息，企业每季度末收到银行寄来的短期借款利息付款通知时，应贷记的科目是（ ）。

A.库存现金 B.银行存款 C.财务费用 D.应付利息

14.甲公司为增值税一般纳税人，适用的增值税税率为16%。年末将20台本企业自产的空调作为福利发给职工，该空调的生产成本为1 000元/台，市场售价为2 000元/台（不含增值税）。甲公司实际发放时，应记入“应付职工薪酬”借方的金额为（ ）元。

A.40 000 B.23 200 C.43 200 D.46 400

15.甲公司为一家电生产企业，共有职工200名，其中：180名为生产车间工人，20名为管理人员。2018年7月，甲公司以其生产的洗衣机给每位职工发放春节福利，洗衣机的市场售价为每台1 500元，实际成本为每台1 000元。甲公司适用的增值税税率为16%。甲公司应确认的应付职工薪酬为（ ）元。

A.232 000 B.300 000 C.348 000 D.200 000

二、多项选择题

1.下列各项应在“应付职工薪酬”科目核算的有（ ）。

A.职工的奖金和津贴

B.为职工支付的医疗保险费

C.支付的住房公积金

D.因解除与职工的劳动关系给予的补偿

2.下列各项应计入存货成本的有（ ）。

A.由受托方代扣代缴的委托加工直接用于对外销售的商品负担的消费税

B.由受托方代扣代缴的委托加工继续用于生产应纳消费税的商品负担的消费税

C.进口原材料缴纳的进口关税

D.小规模纳税企业购买材料缴纳的增值税

3.下列各项属于职工薪酬的有（ ）。

A.工伤保险费 B.非货币性福利

C.职工津贴和补贴 D.因解除与职工的劳动关系给予的补偿

4.甲公司为增值税一般纳税人，适用的增值税税率为16%。2018年7月甲公司董事会决定将本公司生产的100件产品作为福利发放给100名管理人员，该批产品单件成本为1.2

万元，市场销售价格为每件2万元（不含增值税），不考虑其他相关税费。下列有关会计处理的表述中正确的有（　　）。

A.应计入管理费用的金额为232万元　B.应确认主营业务收入200万元

C.应确认主营业务成本120万元　D.不通过“应付职工薪酬”科目核算

5.下列各项说法正确的有（　　）。

A.预收账款业务不多的企业，可不单独设置“预收账款”科目，将预收的款项直接记入“应收账款”科目的贷方

B.将预收账款记入“应收账款”科目核算的，在期末编制资产负债表时也反映在应收账款项目中

C.将预收账款记入“应收账款”科目核算的，在期末编制资产负债表时应分析业务的性质将预收款项和应收账款分别列示

D.预付账款业务不多的企业，可不单独设置“预付账款”科目，将预付的款项直接记入“应付账款”科目的借方

6.下列各项职工薪酬，应该根据受益对象进行处理的有（　　）。

A.在职人员的职工工资　B.与职工解除劳务关系支付的补偿

C.离退休人员的工资、补贴　D.在职人员的非货币性福利

7.下列各项应通过“其他应付款”科目核算的有（　　）。

A.应付包装物的租金　B.应付职工工资

C.存入保证金　D.应付经营租入固定资产租金

8.甲企业为增值税一般纳税人，委托外单位加工一批材料（属于应税消费品，且为非金银首饰），该批原材料加工收回后用于连续生产应税消费品。甲企业发生的下列各项支出中，能增加收回委托加工材料实际成本的有（　　）。

A.支付的加工费　B.支付的增值税

C.负担的运杂费　D.支付的消费税

9.下列各项属于视同销售行为的有（　　）。

A.将自产的产品用于建造办公楼　B.将自产的产品分配给股东

C.将外购的材料用于建造厂房　D.将自产的产品用于集体福利

10.企业按规定计算缴纳的下列各项税金，不应计入相关资产成本的有（　　）。

A.房产税　B.城镇土地使用税

C.城市维护建设税　D.车辆购置税

11.核算短期借款利息时，可能涉及的会计科目有（　　）。

A.应付利息　B.财务费用　C.银行存款　D.短期借款

12.支付银行承兑汇票的手续费时，应（　　）。

A.借记“财务费用”科目　B.借记“管理费用”科目

C.贷记“银行存款”科目　D.贷记“应付票据”科目

13.下列各项应作为职工薪酬计入相关资产成本的有（　　）。

A.设备采购人员差旅费　B.公司总部管理人员的工资

C.生产职工的伙食补贴　D.材料入库前挑选整理人员的工资

14.下列各项属于增值税征税范围的有（　　）。

A.邮政业　　B.交通运输业

C.金融保险业　　D.销售不动产

15.增值税一般纳税人适用的税率有（　　）。

A.16%　　B.6%　　C.3%　　D.10%

三、判断题

1.负债是企业过去的交易或者事项形成的、预期会导致经济利益流出企业的现时义务。（　　）

2.通常短期借款利息直接计入当期财务费用。（　　）

3.企业确实无法支付的应付账款，应按其账面余额计入其他业务收入。（　　）

4.企业购进固定资产所支付的增值税税额，可以从销项税额中抵扣。（　　）

5.上市公司董事会通过股票股利分配方案时，财会部门应将拟分配的股票股利确认为负债。（　　）

6.企业的短期借款利息应在实际支付时计入当期财务费用。（　　）

7.预收账款属于流动负债，因此，如果企业不单设“预收账款”科目，可以将预收账款并入“应付账款”科目核算。（　　）

8.企业应付因解除与职工的劳务关系给予的补偿不应通过“应付职工薪酬”科目核算。（　　）

9.企业购进的生产用设备支付的增值税，应记入“应交税费——应交增值税（进项税额）”科目。（　　）

10.短期借款是指企业借入的期限在1年以内但不包括1年的各种借款。（　　）

11.有形动产租赁服务增值税税率为16%。（　　）

12.企业短期借款到期偿还本金时，应借记“短期借款”科目，贷记“银行存款”科目。（　　）

13.在期末列报时，如果期末“预收账款”科目为借方余额，则应列入应收账款项目；如为贷方余额，则应列入预收款项项目。（　　）

14.企业收取的包装物押金应记入“其他应付款”账户。（　　）

15.企业将外购货物用于集体福利，应视同销售计算销项税额。（　　）

四、业务核算题

1.某公司于2018年1月1日向银行借入一笔生产经营用短期借款，共计120 000元，期限为6个月，年利率为8%。根据与银行签署的借款协议，该项借款的本金到期后一次归还；利息分月预提，按季支付。

要求：根据上述经济业务，进行相应的会计处理。

2.某企业为增值税一般纳税人，本期购入一批材料，增值税专用发票上注明的增值税为19.2万元、材料价款为120万元。材料已入库，货款尚未支付（假如该企业材料采用实际成本进行核算）。材料入库后，该企业将该批材料全部用于办公楼工程建设项目。

要求：根据上述经济业务，进行相应的会计处理。

3.某工业生产企业核定为小规模纳税人，本期购入原材料，按照增值税专用发票上记载的原材料价款为100万元、增值税为16万元，企业开出承兑的商业汇票，材料已到达并验收入库（材料按实际成本核算）。该企业本期销售产品，销售总额为58万元（含税），假定符合收入确认条件，货款尚未收到。

要求：根据上述经济业务，进行相应的会计处理。

4. 甲企业委托乙企业代为加工一批应交消费税的材料（非金银首饰）。甲企业的材料成本100 000元，乙企业代垫辅助材料费4 000元，加工费36 000元，由乙企业代收代缴的消费税为9 000元。材料已经加工完成，并由甲企业收回验收入库，并直接对外出售，相关税费以银行存款支付。

要求：根据上述经济业务，进行相应的会计处理。

5. 甲公司生产车间王明3月份的工资为8 000元；企业应负担的养老保险500元，失业保险100元，医疗保险200元，住房公积金1 000元；个人应负担的养老保险280元，失业保险50元，医疗保险120元，住房公积金1 000元；个人应计交的所得税900元，其应享有的职工福利费1 120元。

要求：进行3月份计提各项职工薪酬及发放工资的会计处理。

6. 甲企业根据所在地政府规定，按照职工工资总额的12%计提基本养老保险费，缴存当地社会保险经办机构。2018年7月，甲企业缴存的基本养老保险费，应计入生产成本的金额为57 600元，应计入制造费用的金额为12 600元，应计入管理费用的金额为10 872元，应计入销售费用的金额为2 088元。

要求：根据上述经济业务，进行相应的会计处理。

7. 甲公司为增值税一般纳税人，适用的增值税税率为16%，商品销售价格不含增值税；确认销售收入时逐笔结转销售成本。2018年7月，甲公司发生如下经济业务：7月31日，将本公司生产的C产品150台作为福利发放给职工，其中生产车间工人100台，企业管理人员30台，销售人员20台，C产品市场销售价格每台为5 000元，每台实际成本为3 000元。

要求：根据上述经济业务，进行相应的会计处理。

8. 丁企业共有1 800名职工，从2017年1月1日起，该企业实行累积带薪缺勤制度。该制度规定：每个职工每年可享受5个工作日带薪年休假，未使用的年休假只能向后结转一个公历年度，超过1年未使用的权利作废，在职工离开企业时也无权获得现金支付；职工年休假时，首先使用当年可享受的权利，再从上年结转的带薪年休假中扣除。

2017年12月31日，每个职工当年平均未使用带薪年休假为3天，丁企业预计2018年有1 700名职工将享受不超过5天的带薪年休假，剩余100名职工每人将平均享受7天半年休假，假定这100名职工全部为总部各部门经理，该企业平均每名职工每个工作日工资为200元。不考虑其他相关因素。

要求：根据上述经济业务，进行相应的会计处理。

9. 东方公司实行累积带薪缺勤制度。该制度规定每名职工每年有权享受12个工作日的带薪年休假，带薪年休假权利可以向后结转至翌年末，休假以“后进先出”原则为基础，即首先从当年可享受的带薪年休假中扣除，再从上年结转的带薪年休假中扣除。在翌年末，公司将对职工未行使的带薪年休假权利支付现金。假定该公司管理人员月平均工资为4 350元，日工资收入为200元。

（1）假定2017年1月，该管理人员没有休年休假。

（2）假定2017年2月，该管理人员休假1天。

（3）假定2017年2月，该管理人员休假2天。

（4）若至翌年末，基于用人单位的原因该管理人员未能享用该年的带薪年休假12天。

要求：根据上述资料进行相应的会计处理。

项目九

非流动负债核算

知识目标

1. 了解非流动负债的含义、特点和内容；
2. 理解借款费用资本化和费用化的确认和计量标准；
3. 熟悉非流动负债会计科目的设置及运用；
4. 掌握非流动负债事项的账务处理。

能力目标

1. 能准确计算借款费用资本化额、长期借款利息、应付债券利息；
2. 能进行借款费用的确认、计量和资本化的账务处理；
3. 能进行长期借款本金借入、利息计提和本息偿还的账务处理；
4. 能进行应付债券的发行、利息调整摊销和到期偿还本息的账务处理；
5. 能进行应付融资租赁款和应付分期购入资产款的账务处理。

项目导言

非流动负债，是指偿还期在1年或超过1年的一个营业周期以上的债务，包括长期借款、应付债券、长期应付款等。非流动负债是企业举借长期资金的主要方式，是企业购置大型设备、房地产和对外投资等所需长期资金的主要来源之一。非流动负债除了具有一般负债的特点外，还具有偿还时间长、债务金额大、可以分期偿还等特点。

各项非流动负债应当分别进行核算，并在资产负债表中分项目反映。将于1年内到期的非流动负债，在资产负债表中应当作为一项流动负债单独反映。

任务1　借款费用核算

任务描述

1.明确借款费用的构成内容；

2.正确划分借款费用资本化和费用化的界限；

3.分析确定借款费用资本化时点并利用公式计算借款费用资本化金额；

4.完成借款费用相关账务处理。

知识准备

一、借款费用概述

借款费用，是指企业因借款而发生的利息及其他相关成本。对于企业发生的权益性融资费用，不应包括在借款费用中。但是，承租人根据《企业会计准则第21号——租赁》所确认的融资租赁发生的融资费用属于借款费用。

根据借款费用的定义，借款费用包括以下四个方面的内容：

（一）因借款而发生的借款利息

因借款而发生的利息，包括向银行或金融机构借款而发生的利息、发行公司债券发生的利息，以及购建或者生产符合资本化条件的资产而发生的带息债务所承担的利息。

（二）因借款而发生的折价或者溢价的摊销

因借款而发生的折价或者溢价主要是指发行公司债券所发生的折价或溢价。企业在每期摊销折价或溢价时，实质上是对债券利息的调整（即将债券名义利率调整为实际利率），因此，因借款而发生的折价或者溢价摊销属于借款费用的范畴。

（三）因借款而发生的辅助费用

因借款而发生的辅助费用，是指在借款过程中发生的手续费、佣金、印刷费等。由于这些费用是因为安排借款而发生的，属于借入资金所付出的代价，因而因借款而发生的辅助费用亦构成借款费用的组成部分。

（四）因外币借款而发生的汇兑差额

因外币借款而发生的汇兑差额，是指由于汇率变动导致市场汇率与账面汇率出现差异，从而对外币借款本金及其利息的记账本位币所产生的影响金额。

二、借款费用的确认

借款费用的确认主要解决的是将每期发生的借款费用计入相关资产的成本即借款费用资本化，还是计入当期损益即借款费用费用化的问题。

【提示】根据《企业会计准则第17号——借款费用》的规定，借款费用确认的基本原则是：企业发生的借款费用，可直接归属于符合资本化条件的资产的购建或者生产的，应当予以资本化，计入相关资产成本；其他借款费用，应当在发生时根据其发生额确认为费用，计入当期损益。

企业只有发生在资本化期间的有关借款费用才允许资本化，资本化期间的确定是借款费用确认和计量的重要前提。资本化期间，是指从借款费用开始资本化时点到停止资本化时点的期间，借款费用暂停资本化的期间不包括在内。

（一）借款费用开始资本化的时点

借款费用同时满足下列条件的，才能开始资本化：

1.资产支出已经发生

这里的资产支出只包括企业为购建或者生产符合资本化条件的资产而以支付现金、转移非现金资产或者承担带息债务形式发生的支出。如企业用现金、银行存款或其他货币资金购买工程用材料、用现金支付建造固定资产的职工工资等；将企业自产产品用于固定资产的建造、用银行存款支付工程进度款等；企业以赊购方式购买工程物资签发的带息应付票据等。

2.借款费用已经发生

借款费用已经发生，是指企业已经发生了因购建或者生产符合资本化条件的资产而专门借入款项的利息、折价或者溢价的摊销和汇兑差额等借款费用。例如，企业用发行债券的方式筹集资金来建造一项固定资产，在债券本身可能还没有开始计息时，就为发行债券向承销机构支付了一笔承销费，即发生了专门借款的辅助费用。此时，应当认为借款费用已经发生。

3.为使资产达到预定可使用或者可销售状态所必要的购建或者生产活动已经开始

这里所指的“为使资产达到预定可使用或者可销售状态所必要的购建或者生产活动”主要是指资产的实体建造活动。例如，主体设备的安装、厂房的实际建造等。它不包括仅仅持有资产但没用发生为改变资产状态而进行建造活动的情况。例如，企业购置了建筑用地，但尚未开工兴建房屋或发生有关房屋实体建造活动，即属于这种情况。

【提示】企业只有在上述三个条件同时满足的情况下，有关借款费用才可以开始资本化，只要其中有一个条件没有满足，借款费用就不能开始资本化。

【做中学9-1】甲上市公司股东大会于2015年1月4日作出决议，决定建造厂房。为此，甲公司于3月5日向银行专门借款5 000万元，年利率为6%，款项于当日划入甲公司银行存款账户。3月15日，厂房正式动工兴建。3月16日，甲公司购入建造厂房用水泥和钢材一批，价款为500万元，当日用银行存款支付。3月31日，计提当月专门借款利息。甲公司在3月份没有发生其他与厂房购建有关的支出。

根据以上资料可以确定，到3月16日专门借款利息开始资本化的三个条件都已具备，因此甲公司专门借款利息应开始资本化的时间为3月16日。

（二）借款费用暂停资本化的时间

符合资本化条件的资产在购建或者生产过程中发生非正常中断且中断时间连续超过3个月的，应当暂停借款费用的资本化。在中断期间所发生的借款费用，应当计入当期损益，直至购建或者生产活动重新开始。但是，如果中断是使所购建或者生产的符合资本化条件的资产达到预定可使用或者可销售状态必要的程序，所发生的借款费用应当继续资本化。

非正常中断通常是指由于企业管理决策上的原因或者其他不可预见的原因等所导致的中断。例如，企业因与施工方发生质量纠纷，或者工程、生产用料没有及时供应，或者资金周转发生困难，或者施工、生产发生安全事故，或者发生与资产购建、生产有关的劳动纠纷等原因，导致资产购建或者生产活动发生中断，均属于非正常中断。

【提示】非正常中断与正常中断显著不同。正常中断通常仅限于因使所购建或者生产符合资本化条件的资产达到预定可使用或者可销售状态所必要的程序，或者事先可预见的不可抗力因素导致的中断。

例如，某些工程建造到一定阶段必须暂停下来进行质量或者安全检查，检查通过后才可以继续下一阶段的建造工作，这类中断是在施工前可以预见的，而且是工程建造必须经过的程序，属于正常中断。某些地区的工程在建造过程中，由于可预见的不可抗力因素（如雨季或冰冻季节等原因）导致施工出现停顿，也属于正常中断。例如，某企业在北方某地建造某工程期间，正遇冰冻季节，工程施工因此中断，待冰冻季节过后方能继续施工。由于该地区在施工期间出现较长时间的冰冻为正常情况，由此导致的施工中断是可预见的不可抗力因素导致的中断，属于正常中断。

【做中学9-2】甲公司为建造一座办公楼于2018年1月1日借入500万元的借款，期限为2年，同日开工兴建。2月1日支付工程款200万元；从5月1日至8月31日工程因纠纷停工；9月1日重新开始施工，并于2018年12月31日达到预定可使用状态。

根据以上资料可以确定，资本化起点为2018年2月1日，终点为12月31日，暂停资本化期间为5、6、7、8四个月；实际资本化时间为2、3、4、9、10、11、12月，共7个月。

（三）借款费用停止资本化的时点

购建或者生产符合资本化条件的资产达到预定可使用或者可销售状态时，借款费用应当停止资本化。

购建或者生产符合资本化条件的资产达到预定可使用或者可销售状态，可从下列几个方面进行判断：

（1）符合资本化条件的资产的实体建造（包括安装）或者生产工作已经全部完成或者实质上已经完成。

（2）所购建或者生产的符合资本化条件的资产与设计要求、合同规定或者生产要求相符或者基本相符，即使有极个别与设计、合同或者生产要求不相符的地方，也不影响其正常使用或者销售。

（3）继续发生在所购建或者生产的符合资本化条件的资产上的支出金额很少或者几乎不再发生。

【提示】购建或者生产符合资本化条件的资产需要试生产或者试运行的，在试生产结果表明资产能够正常生产出合格产品，或者试运行结果表明资产能够正常运转或者营业时，应当认为该资产已经达到预定可使用或者可销售状态。

购建或者生产的符合资本化条件的资产的各部分分别完工，且每部分在其他部分继续建造过程中可供使用或者可对外销售，且为使该部分资产达到预定可使用或可销售状态所必要的购建或者生产活动实质上已经完成的，应当停止与该部分资产相关的借款费用的资本化。例如，某企业利用借入资金建造由若干幢厂房组成的生产车间，每幢厂房完工时间不一样，但每幢厂房在其他厂房继续建造期间均可单独使用。在这种情况下，当其中的一幢厂房完工并达到预定可使用状态时，企业应当停止该幢厂房相关借款费用的资本化。

购建或者生产的资产的各部分分别完工，但必须等到整体完工后才可使用或者可对外销售的，应当在该资产整体完工时停止借款费用的资本化。

借款费用的确认如图9-1所示。

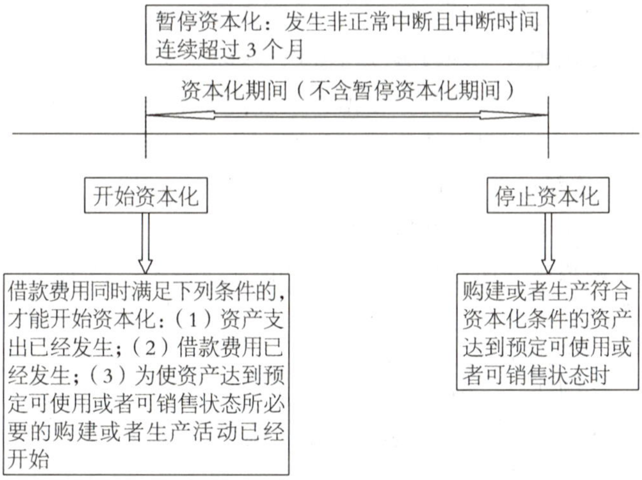

图9-1　借款费用的确认

三、借款费用的计量

企业在确定每期借款费用的资本化金额时，应当首先判断符合资本化条件的资产在购建或者生产过程中所占用的资金来源。如果所占用的资金是专门借款资金，则应当在资本化期间，根据每期实际发生的专门借款利息费用，确定应予资本化的金额。如果企业将闲置的专门借款资金存入银行取得利息收入或进行暂时性投资获得投资收益，还应当将这些相关的利息收入或投资收益从资本化金额中扣除，以切实反映符合资本化条件的资产的实际成本。企业在购建或者生产符合资本化条件的资产时，如果专门借款资金不足，占用了一般借款资金，或者企业为购建或者生产符合资本化条件资产并没有借入专门借款，而占用的都是一般借款资金，则利息资本化金额的计量方法又有所不同。

【提示】借款包括专门借款和一般借款。专门借款，是指为购建或者生产符合资本化条件的资产而专门借入的款项。专门借款通常应当有明确的用途，即为购建或者生产符合资本化条件的资产而专门借入的，并通常应当具有标明该用途的借款合同。例如，某房地产开发企业为开发某住宅小区向某银行专门贷款2亿元，某制造企业为了建造厂房向银行专门贷款1亿元，均属于专门借款，其使用目的明确，而且其使用受与银行签订的相关合同限制。一般借款，是指专门借款以外的借款。相对于专门借款而言，一般借款在借入时，其用途通常没有特指用于符合资本化条件的资产购建或生产。符合资本化条件的资产，是指需要经过相当长时间的购建或者生产活动才能达到预定可使用或者可销售状态的固定资产、投资性房地产和存货等资产。

在借款费用资本化期间，每一会计期间的利息（包括折价或溢价的摊销）资本化金额，应当按照下列方法确定：

（1）为购建或者生产符合资本化条件的资产而借入专门借款的，应当以专门借款当期实际发生的利息费用，减去将尚未动用的借款资金存入银行取得的利息收入或进行暂时性投资取得的投资收益后的金额，确定为专门借款利息费用的资本化金额，并应当在资本化期间，将其计入符合资本化条件的资产成本。

（2）为购建或者生产符合资本化条件的资产而占用了一般借款的，借款利息资本化金额受累计资产支出加权平均数和资本化率两个因素影响。企业应当根据累计资产支出超过专门借款部分的资产支出加权平均数乘以所占用一般借款的资本化率，计算确定一般借款应予资本化的利息金额。资本化率应当根据一般借款加权平均利率计算确定。

一般借款应予资本化的利息金额的计算公式为：

$$\text{一般借款利息费用资本化金额}=\text{累计资产支出超过专门借款部分的资产支出加权平均数}\times\text{所占用一般借款的资本化率}$$

式中：

$$\text{所占用一般借款的资本化率}=\text{所占用一般借款加权平均利率}=\text{所占用一般借款当期实际发生的利息之和}\div\text{所占用一般借款本金加权平均数}$$

$$\text{所占用一般借款本金加权平均数}=\sum\left(\text{所占用每笔一般借款本金}\times\text{每笔一般借款在当期所占用的天数}\div\text{当期天数}\right)$$

借款存在折价或者溢价的，应当按照实际利率法确定每一会计期间应摊销的折价或者溢价金额，调整每期利息金额。

【提示】**在资本化期间，每一会计期间的利息资本化金额不应当超过当期相关借款实际发生的利息金额。**

在资本化期间，外币专门借款本金及利息的汇兑差额，应当予以资本化，计入符合资本化条件的资产的成本。除外币专门借款之外的其他外币借款本金及其利息所产生的汇兑差额，应当作为财务费用计入当期损益。

专门借款发生的辅助费用，在所购建或者生产的符合资本化条件的资产达到预定可使用或者可销售状态之前发生的，应当在发生时根据其发生额予以资本化，计入符合资本化条件的资产的成本；在所购建或者生产的符合资本化条件的资产达到预定可使用或者可销售状态之后发生的，应当在发生时根据其发生额确认为费用，计入当期损益。

一般借款发生的辅助费用，应当在发生时根据其发生额确认为费用，计入当期损益。

四、借款费用的账务处理

（一）借款费用资本化

对于符合资本化条件的借款费用，应当计入相关资产的成本。企业在会计核算时涉及的主要会计科目有“在建工程”“固定资产”“开发成本”“投资性房地产”“生产成本”

“制造费用”“长期借款”“应付债券”等。

按规定在购建或者生产的资产达到预定可使用或者可销售状态前应予资本化的借款费用，视资产的不同分别借记“在建工程”“生产成本”“制造费用”“开发成本”等科目，贷记“银行存款”“长期借款”“应付债券”等科目；在固定资产、存货或投资性房地产达到预定可使用状态后，分别借记“固定资产”“库存商品”“投资性房地产”科目，贷记“在建工程”“生产成本”“开发成本”等科目。

微课：借款费用资本化的计量

【做中学9-3】某公司于2017年1月1日正式动工兴建一幢办公楼，工期预计为1年零6个月。工程采用出包方式，分别于2017年1月1日、2017年7月1日和2018年1月1日支付工程进度款。工程款项支出表见表9-1。

表9-1　工程款项支出表　单位：万元

日期	每期资产支出金额	累计资产支出金额	闲置借款资金用于短期投资金额
2017年1月1日	1 500	1 500	500
2017年7月1日	2 500	4 000	2 000
2018年1月1日	1 500	5 500	500
总计	5 500	—	—

公司为建造办公楼于2017年1月1日取得专门借款2 000万元，借款期限为3年，年利率为6%。另外，在2017年7月1日又取得专门借款4 000万元，借款期限为5年，年利率为7%。借款利息按年支付。

闲置借款资金均用于固定收益债券短期投资，该短期投资月收益率为0.5%。

办公楼于2018年6月30日完工，达到预定可使用状态。

由于该公司使用了专门借款建造办公楼，而且办公楼建造支出没有超过专门借款金额，因此该公司2017年、2018年为建造办公楼应予资本化的利息金额计算如下：

（1）确定借款费用资本化期间为2017年1月1日至2018年6月30日。

（2）计算在资本化期间专门借款实际发生的利息金额：

2017年专门借款发生的利息金额=2 000×6%+4 000×7%×6÷12=260（万元）

2018年1月1日至6月30日专门借款发生的利息金额=2 000×6%×6÷12+4 000×7%×6÷12=200（万元）

（3）计算在资本化期间利用闲置的专门借款资金进行短期投资的收益：

2017年短期投资收益=500×0.5%×6+2 000×0.5%×6=75（万元）

2018年1月1日至6月30日短期投资收益=500×0.5%×6=15（万元）

（4）由于在资本化期间，专门借款利息费用的资本化金额应当以其实际发生的利息费用减去以闲置的借款资金进行短期投资取得的投资收益后的金额确定，因此：

该公司2017年的利息资本化金额=260−75=185（万元）

该公司2018年的利息资本化金额=200−15=185（万元）

有关账务处理如下：

①2017年12月31日：

借：在建工程　　1 850 000
　　应收利息（或银行存款）　　750 000
　　贷：应付利息　　2 600 000

②2018年6月30日：

借：在建工程　　1 850 000
　　应收利息（或银行存款）　　150 000
　　贷：应付利息　　2 000 000

（二）借款费用费用化

对于其他借款费用企业应当区别情况进行会计处理：筹建期间不应计入相关资产价值的借款费用，计入管理费用；属于经营期间不应计入相关资产价值的借款费用，计入财务费用；购建或者生产符合资本化条件的资产达到预定可使用或可销售状态后所发生的借款费用，以及按规定不能予以资本化的借款费用，计入财务费用。

任务举例

【工作实例9-1】借款费用核算

甲公司于2018年1月1日从银行借入3年期借款1000万元用于生产线工程建设，年利率为8%，利息按年支付。其他有关资料如下：

（1）工程于2018年1月1日开工，甲公司于2018年1月1日支付给建筑承包商乙公司300万元。2018年1月1日至3月末，该借款闲置的资金取得的存款利息收入为4万元。

（2）2018年4月1日工程因纠纷停工，直到7月1日继续施工。第二季度取得的该笔借款闲置资金存款利息收入为4万元。

（3）2018年7月1日支付工程款400万元。第三季度甲公司用该借款的闲置资金300万元购入交易性证券，获得投资收益9万元，已存入银行。

（4）2018年10月1日，甲公司从银行借入流动资金借款500万元，期限为1年，年利率为6%。利息按季度支付。10月1日甲公司支付工程进度款500万元，工程占用了该笔流动资金。

（5）至2018年年末该工程尚未完工。

要求：计算甲公司2018年建造生产线工程应予资本化的借款利息金额。

【工作过程】

第一步，判断专门借款的资本化期间。

2018年资本化期间为2018年1月1日至12月31日，但4月1日至6月30日应暂停资本化。

第二步，按季计算2018年与工程有关的利息、利息资本化金额，并进行会计处理。

①第一季度：

专门借款利息=1 000×8%÷4=20（万元）

利息资本化金额=利息费用-闲置资金取得的利息收入=20-4=16（万元）

借：在建工程——生产线　　160 000
　　银行存款　　40 000

贷：应付利息　200 000

②第二季度（暂停资本化）：

专门借款利息=1 000×8%÷4=20（万元）

计入财务费用的金额=20-4=16（万元）

借：财务费用——利息支出　160 000

银行存款　40 000

贷：应付利息　200 000

③第三季度：

专门借款利息=1 000×8%÷4=20（万元）

利息资本化金额=20-9=11（万元）

借：在建工程——生产线　110 000

银行存款　90 000

贷：应付利息　200 000

④第四季度：

专门借款利息=1 000×8%÷4=20（万元），应全部资本化。

至10月1日，该工程累计支出已达1200万元，超过了专门借款200万元，应将超过部分占用一般借款的借款费用资本化。

累计资产支出加权平均数=200×3÷3=200（万元）

季度资本化率=6%÷4=1.5%

一般借款利息资本化金额=200×1.5%=3（万元）

专门借款利息的账务处理如下：

借：在建工程——生产线　200 000

贷：应付利息　200 000

一般借款利息的账务处理如下：

借：在建工程——生产线　30 000

财务费用——利息支出　45 000

贷：银行存款（5 000 000×6%÷4）　75 000

任务2　长期借款核算

任务描述

1.计算长期借款的利息；

2.判定长期借款利息资本化或费用化；

3.设置“长期借款”等会计科目完成长期借款借入、利息结算、偿还本息的账务处理。

知识准备

一、长期借款概述

长期借款，是指企业从银行或其他金融机构借入的期限在1年以上（不含1年）的各项借款。相对于短期借款而言，长期借款通常表现为借款时间长、借款金额大及具有既定用途等特点。长期借款一般用于固定资产的购建、改扩建工程、大修理工程、对外投资，以及为了保持长期经营能力等方面。它是企业长期负债的重要组成部分，必须加强管理与核算。

长期借款按其偿还方式，可分为定期偿还和分期偿还。定期偿还的长期借款，是指按规定的借款到期日一次还清全部本息。分期偿还的长期借款是指在借款期内，按规定分期偿还本息。

长期借款按计算利息的方法，可分为单息长期借款和复息长期借款。单息长期借款计算利息时，上期的利息并不计入本金之内，仅按本金计算利息；复息长期借款计算利息的方法是，上期利息计入本金，再行计息，俗称利滚利。

由于长期借款的使用关系到企业的生产经营规模和效益，企业除了要遵守有关的贷款规定、编制借款计划并要有不同形式的担保外，还应监督借款的使用、按期支付长期借款的利息，以及按规定的期限归还借款本金等。

【提示】长期借款会计处理的基本要求是反映和监督企业长期借款的借入、借款利息的结算和借款本息的归还情况，促使企业遵守信贷纪律、提高信用等级，同时也要确保长期借款发挥效益。

二、长期借款的核算

（一）长期借款的科目设置

企业应设置“长期借款”科目核算长期借款的借入、归还等情况。该科目可按照贷款单位和贷款种类设置明细账，分别按照“本金”“应计利息”“利息调整”等进行明细分类核算。该科目的贷方登记长期借款本息的增加额，借方登记本息的减少额，贷方余额表示企业尚未偿还的长期借款本息。

（二）长期借款的会计处理

企业借入长期借款，应按实际收到的金额，借记“银行存款”科目，贷记“长期借款——本金”科目；如存在差额，还应借记“长期借款——利息调整”科目。

企业应当在资产负债表日按摊余成本和实际利率计算确定长期借款的利息费用，借记“在建工程”“制造费用”“财务费用”“研发支出”等科目；按合同约定的名义利率计算确定的应付利息金额，贷记“长期借款——应计利息”科目或“应付利息”科目；按其差额，贷记“长期借款——利息调整”科目。实际利率与合同利率差异较小的，也可以采用合同约定的名义利率计算确定利息费用。

长期借款按合同利率计算确定的应付未付利息，如果属于分期付息，记入“应付利息”科目；如果属于到期一次还本付息，记入“长期借款——应计利息”科目。

企业归还长期借款，按应归还的长期借款本金，借记“长期借款——本金”科目；按转销的利息调整金额，贷记“长期借款——利息调整”科目；按实际归还的款项，贷记“银行存款”科目；按借贷双方之间的差额，借记“在建工程”“制造费用”“财务费用”“研发支出”等科目。

【提示】长期借款计算确定的利息费用，应当按以下原则计入有关成本、费用：属于筹建期间的，计入管理费用；属于生产经营期间的，计入财务费用。如果长期借款用于购建固定资产，在固定资产尚未达到预定可使用状态前发生的应当资本化的利息支出，计入在建工程成本；在固定资产达到预定可使用状态后发生的利息支出，以及按规定不予资本化的利息支出，计入财务费用。

【做中学9-4】某企业（增值税一般纳税人）为建造一幢厂房，2017年1月1日借入期限为2年的长期专门借款1 000 000元，款项已存入银行。借款年利率为9%，每年付息一次，期满后一次还清本金。同日，以银行存款支付工程价款共计600 000元，2018年年初又以银行存款支付工程费用400 000元。该厂房于2018年8月底完工，达到预定可使用状态。假定不考虑闲置专门借款资金存款的利息收入或者投资收益。

根据上述业务，企业应进行如下会计处理：

（1）2017年1月1日取得借款时：

借：银行存款	1 000 000	
贷：长期借款——本金		1 000 000

（2）同日支付工程价款时：

借：在建工程——厂房	600 000	
应交税费——待抵扣进项税额——厂房	26 400	
应交税费——应交增值税（进项税额）——厂房	39 600	
贷：银行存款		666 000

（3）2017年12月31日计算2017年应计入工程成本的利息时：

借款利息=1 000 000×9%=90 000（元）

借：在建工程——厂房	90 000	
贷：应付利息		90 000

（4）2017年12月31日支付借款利息时：

借：应付利息	90 000	
贷：银行存款		90 000

（5）2018年年初支付工程费用时：

借：在建工程——厂房	400 000	
应交税费——待抵扣进项税额——厂房	17 600	
应交税费——应交增值税（进项税额）——厂房	26 400	
贷：银行存款		444 000

同时，2018年1月底，将待抵扣进项税额转为进项税额：

借：应交税费——应交增值税（进项税额）——厂房	26 400	
贷：应交税费——待抵扣进项税额——厂房		26 400

（6）2018年8月底，厂房达到预定可使用状态：

该期应计入工程成本的利息=1 000 000×9%÷12×8=60 000（元）

借：在建工程——厂房　60 000
　　贷：应付利息　60 000

同时：

借：固定资产——厂房　1 150 000
　　贷：在建工程——厂房　1 150 000

（7）2018年12月31日：

2018年9月至12月应计入财务费用的利息=1 000 000×9%÷12×4=30 000（元）

借：财务费用——利息支出　30 000
　　贷：应付利息　30 000

（8）2018年12月31日支付利息时：

借：应付利息　90 000
　　贷：银行存款　90 000

（9）2019年1月1日到期还本时：

借：长期借款——本金　1 000 000
　　贷：银行存款　1 000 000

同时，2019年1月底，将待抵扣进项税额转为进项税额：

借：应交税费——应交增值税（进项税额）——厂房　17 600
　　贷：应交税费——待抵扣进项税额——厂房　17 600

任务举例

【工作实例9-2】长期借款核算

某企业（增值税一般纳税人）2019年1月1日向银行借入120万元、期限为3年的借款用于购建一条需安装的生产线。借款年利率为7%，每年计息一次，按复利计算，到期一次归还本息。该生产线于第二年末安装完毕，达到预定可使用状态。

要求：完成该笔借款利息计算并进行会计处理。

【工作过程】

第一步，取得借款时进行会计处理。

借：银行存款　1 200 000
　　贷：长期借款——本金　1 200 000

第二步，假定将长期借款一次性全部用于在建工程，在资金投放时进行会计处理。

借：在建工程　1 200 000
　　应交税费——应交增值税（进项税额）　192 000
　　贷：银行存款　1 392 000

注：如果长期借款用于开发项目，则借记“开发成本”科目。

第三步，计算3年利息并进行会计处理。

①第1年应计利息：

第1年应计利息=1 200 000×7%=84 000（元）

第1年每月应计利息=84 000÷12=7 000（元）

因为第1年处于建造期，每月利息应当计入在建工程成本，其会计处理如下：

借：在建工程　7 000

　　贷：长期借款——应计利息　7 000

注：如果长期借款用于开发项目，则借记“开发成本”科目。

②第2年应计利息：

第2年应计利息=（1 200 000+84 000）×7%=89 880（元）

第2年每月应计利息=89 880÷12=7 490（元）

第2年每月利息计入在建工程成本，其会计处理如下：

借：在建工程　7 490

　　贷：长期借款——应计利息　7 490

同时，第2年年末该项固定资产达到预定可使用状态，因此应由在建工程转入固定资产，其会计处理如下：

借：固定资产　1 373 880

　　贷：在建工程　1 373 880

③第3年应计利息：

第3年应计利息=（1 200 000+84 000+89 880）×7%=96 171.60（元）

第3年每月应计利息=96 171.60÷12=8 014.30（元）

因第3年固定资产已经达到预定可使用状态，所以第3年发生的借款利息应计入财务费用，每月会计处理如下：

借：财务费用——利息支出　8 014.30

　　贷：长期借款——应计利息　8 014.30

第四步，借款到期，还本付息。

本息和=1 200 000+84 000+89 880+96 171.60=1 470 051.60（元）

借：长期借款——本金　1 200 000

　　　　　　——应计利息　270 051.60

　　贷：银行存款　1 470 051.60

任务3　应付债券核算

任务描述

1.计算应付债券的发行价格，确定债券的发行方式；

2.按照实际利率法结算应付债券的利息费用及摊销金额；

3.设置“应付债券”等会计科目完成应付债券的发行、利息计提、到期偿还本息的账务处理。

知识准备

一、应付债券概述

债券是由国家机关、金融机构、社会团体、企业为了筹集资金向投资人出具的，保证在一定期限内按照约定的条件，到期还本付息的有价证券。债券按发行主体不同可划分为国债、地方政府债券、金融债券、企业债券；按利率是否变动可划分为固定利率债券和浮动利率债券；按偿还期限长短可划分为长期债券、中期债券、短期债券；按是否记名可划分为记名债券和不记名债券。还有一种特殊类型的债券，即可转换公司债券，由于可转换债券兼具债券和股票双重特点，所以比较受投资者欢迎。

企业发行债券是筹集长期资金的方式之一。企业发行债券必须符合法定条件并按法定程序报经批准。发行债券筹集的资金可用于购建固定资产，也可用于补充流动资金。

【提示】企业应当设置“债券备查簿”，详细登记债券的票面金额、债券票面利率、还本付息期限与方式、发行总额、发行日期和编号、委托代售单位、转换股份等资料。债券到期结清时，应当在备查簿内逐笔注销。

二、应付债券的核算

（一）公司债券发行方式

发行债券的企业应按债券载明的付息日期和票面利率向持券人支付利息，在债券到期时按债券面值偿还本金。债券上标明的利率为应付债券的票面利率，而债券实际发行日金融市场的利率为市场利率（同期银行存款利率）。由于债券是预先印制好的，在市场利率发生变动的情况下，票面利率已无法更改。因此，当债券发行时，在票面利率与市场利率不一致的情况下，应调整债券的出售价格。

债券发行价格的高低一般取决于债券票面金额、债券票面利率、发行当时的市场利率和债券期限的长短等因素。债券发行分面值发行、溢价发行和折价发行三种情况。

当债券票面利率高于市场利率时，意味着企业每期要按高于市场利率的票面利率多付出利息。这时，企业可以提高债券的售价，即债券溢价发行，超过面值部分的收入称为“债券溢价”。债券溢价实质上是向购买者预收的一笔款项，作为发行债券的企业今后多付利息的一种补偿，这笔款项应在债券存续期内分期摊销，以抵销按票面利率计算而多计的利息费用。

当债券票面利率低于市场利率时，意味着购买债券者按票面利率所得到的收益要低于市场利率水平，为补偿购买者的这种损失，企业可以降低债券的售价，以低于面值的价格出售债券，即债券折价发行，低于面值部分的收入称为“债券折价”。债券折价实质上是预先付给购买者的一笔利息，以补偿购买者今后少得利息的损失，债券折价应在债券的存续期内分期摊销，以追加按债券票面利率计算而少计的利息费用。

当债券票面利率与市场利率一致时，可按票面价值发行，称为面值发行（即平价发行）。

【提示】从资金的时间价值来考虑，债券的发行价格由两部分组成：一是债券到期还本面值的现值；二是债券各期利息的年金现值。其计算公式为：

债券发行价格=债券面值的现值+各期利息的现值

=债券面值÷（1+市场利率）+∑债券面值×票面利率÷（1+市场利率）

（二）应付债券的科目设置

为了反映企业发行债券筹资的情况，企业应设置“应付债券”科目，并在该科目下设置“面值”“利息调整”“应计利息”等明细科目，核算应付债券发行、计提利息、还本付息等情况。企业发行的可转换公司债券，应按《企业会计准则第22号——金融工具确认和计量》的规定，将负债和权益成分进行分拆，分拆后形成的负债成分在本科目核算。该科目贷方登记应付债券的本金和利息，借方登记归还的债券本金和利息，期末贷方余额表示企业尚未偿还的长期债券。

其中：“利息调整”明细科目主要核算债券发行时的溢折价金额及其摊销业务。摊销的目的是当债券到期时，将债券的账面价值恢复到面值的水平，或者说在债券到期时，将“利息调整”的溢折价全部摊销完毕。

（三）应付债券的会计处理

1.一般公司债券发行

企业发行的一般公司债券，无论是按面值发行，还是溢价发行或折价发行，均按债券票面金额，贷记“应付债券——面值”科目；按实际收到的现金净额，借记“银行存款”“库存现金”等科目；按实际收到的款项与面值的差额，借记或贷记“应付债券——利息调整”科目。

2.利息调整的摊销

利息调整应在债券存续期间采用实际利率法进行摊销。实际利率法，是指按照应付债券的实际利率计算其摊余成本及各期利息费用的方法。实际利率，是指将应付债券在债券存续期间的未来现金流量折现为该债券当前账面价值所使用的利率。

企业发行的债券通常分为分期付息、一次还本和到期一次还本付息两种。对于分期付息、一次还本的债券，应于资产负债表日按摊余成本和实际利率计算确定债券利息，借记“研发支出”等科目；按票面利率计算确定的应付未付利息，贷记“应付利息”科目；按其差额，借记或贷记“应付债券——利息调整”科目。对于一次还本付息的债券，应于资产负债表日按摊余成本和实际利率计算确定债券利息，借记“在建工程”“制造费用”“财务费用”“研发支出”等科目；按票面利率计算确定应付未付利息，贷记“应付债券——应计利息”科目；按其差额，借记或贷记“应付债券——利息调整”科目。

【提示】当实际利率与票面利率差异很小时，也可以采用合同约定的名义利率计算确定利息费用。

3.债券的偿还

采用一次还本付息方式发行的债券，企业应于债券到期支付债券本息时，借记“应付债券——面值”“应付债券——应计利息”科目，贷记“银行存款”等科目。采用一次还本、分期付息方式发行的债券，在每期支付利息时，借记“应付利息”科目，贷记“银行存款”科目；债券到期偿还本金并支付最后一期利息时，借记“应付债券——面值”“在建工程”“制造费用”“财务费用”等科目，贷记“银行存款”科目；按借贷双方之间的差额，借记或贷记“应付债券——利息调整”科目。

4.可转换公司债券

我国发行可转换公司债券采取记名式无纸化方式。企业发行的可转换公司债券通过“应付债券——可转换公司债券”科目进行明细分类核算。

企业发行的可转换公司债券，应当在初始确认时将其包含的负债成分和权益成分进行分拆，将负债成分确认为应付债券，将权益成分确认为资本公积。在进行分拆时，应当先对负债成分的未来现金流量进行折现确定负债成分的初始确认金额，再按发行价格总额扣除负债成分初始确认金额后的金额确定权益成分的初始确认金额。

【提示】发行可转换公司债券发生的交易费用，应当在负债成分和权益成分之间按照各自的公允价值进行分摊。

企业应按实际收到的金额，借记“银行存款”等科目；按该项可转换公司债券包含的负债成分的面值，贷记“应付债券——可转换公司债券（面值）”科目；按权益成分的公允价值，贷记“资本公积——其他资本公积”科目；按借贷双方的差额，借记或贷记“应付债券——可转换公司债券（利息调整）”科目。

对于可转换公司债券的负债成分，在转换为股份前，其会计处理与一般公司债券相同，即按照实际利率和摊余成本确认利息费用，按照面值和票面利率确认应付债券，差额作为利息调整进行摊销。可转换公司债券持有者在债券存续期间行使转换权利，将可转换公司债券转换为股份时，对于债券面额不足转换1股股份的部分，企业应当以现金偿还。

可转换公司债券持有人行使转换权利，将其持有的债券转换为股份，按可转换公司债券的余额，借记“应付债券——可转换公司债券（面值、利息调整）”科目；按其权益成分的金额，借记“资本公积——其他资本公积”科目；按股票面值和转换的股数计算的股票面值总额，贷记“股本”科目；按其差额，贷记“资本公积——股本溢价”科目。如用银行存款支付不可转换股份的部分，还应贷记“银行存款”等科目。

【做中学9-5】2013年12月31日，甲公司经批准发行5年期一次还本、分期付息的公司债券10 000 000元，债券利息在每年12月31日支付，票面利率为6%。假定债券发行时的市场利率为5%。

甲公司该批债券的实际发行价格为：

10 000 000×0.7835+10 000 000×6%×4.3295=10 432 700（元）

甲公司根据上述资料，采用实际利率法和摊余成本计算确定的利息费用见表9-2。

表9-2 利息费用计提摊销表 单位：元

付息日期	支付利息 （A=面值×票面利率）	利息费用 （B=D×实际利率）	摊销的利息调整 （C=A−B）	应付债券摊余成本 （D）
2013年12月31日				10 432 700
2014年12月31日	600 000	521 635	78 365	10 354 335
2015年12月31日	600 000	517 716.75	82 283.25	10 272 051.75
2016年12月31日	600 000	513 602.59	86 397.41	10 185 654.34
2017年12月31日	600 000	509 282.72	90 717.28	10 094 937.06
2018年12月31日	600 000	505 062.94*	94 937.06	10 000 000

注：表中标“*”为尾数调整。

根据表9-2的资料，甲公司的账务处理如下：

（1）2013年12月31日，发行债券时：

借：银行存款　　10 432 700

　　贷：应付债券——面值　　10 000 000

　　　　　　　　——利息调整　　432 700

（2）2014年12月31日，确认利息费用时：

借：财务费用——利息支出　　521 635

　　应付债券——利息调整　　78 365

　　贷：应付利息　　600 000

2015年、2016年、2017年确认利息费用的会计处理同2014年。

（3）2018年12月31日，归还债券本金及最后一期利息费用时：

借：财务费用——利息支出　　505 062.94

　　应付债券——面值　　10 000 000

　　　　　　——利息调整　　94 937.06

　　贷：银行存款　　10 600 000

任务举例

【工作实例9-3】应付债券核算

某上市公司发行公司债券为建造专用生产线筹集资金，该企业为增值税一般纳税人，适用的增值税税率为17%（注：自2018年5月1日起国家税收政策调整为16%）。有关资料如下：

（1）2014年12月31日，委托证券公司以8 000万元的价格发行3年期分期付息公司债券，该债券面值为8 000万元，票面年利率为4.5%，与实际年利率相同，每年付息一次，到期后按面值偿还。假定不考虑支付的发行费用以及发行期间冻结资金产生的利息收入。

（2）生产线建造工程采用自营方式，于2015年1月1日开始动工，当日购入需要安装的机器设备，取得增值税专用发票，发票上注明的价款为7 000万元，增值税为1 190万元。2015年12月31日，所建造生产线达到预定可使用状态，并支付安装费用100万元。假定不考虑相关税费。

（3）假定各年度利息的实际支付日期均为下年度的1月10日，2018年1月10日支付2017年度利息，并偿付面值。

要求：根据上述资料，进行相关会计处理。

【工作过程】

第一步，2014年12月31日发行债券时确认长期负债。

借：银行存款　　80 000 000

　　贷：应付债券——面值　　80 000 000

第二步，2015年1月1日购入需安装的机器设备，计入在建工程成本（进项税额可以抵扣）。

借：在建工程 70 000 000

　　应交税费——应交增值税（进项税额） 11 900 000

　　贷：银行存款 81 900 000

2015年12月31日，支付安装费用时：

借：在建工程 1 000 000

　　贷：银行存款 1 000 000

第三步，2015年12月31日计算债券利息并进行会计处理。

应计债券利息=8 000×4.5%=360（万元）

借：在建工程 3 600 000

　　贷：应付利息 3 600 000

第四步，2015年12月31日建造的生产线达到预定可使用状态，计算固定资产的入账价值并进行会计处理。

固定资产的入账价值=7 000+100+360=7 460（万元）

借：固定资产 74 600 000

　　贷：在建工程 74 600 000

第五步，对偿还的利息、本金进行会计处理。

①2016年1月10日，支付利息时：

借：应付利息 3 600 000

　　贷：银行存款 3 600 000

②2016年12月31日，确认债券利息时：

借：财务费用——利息支出 3 600 000

　　贷：应付利息 3 600 000

③2018年1月10日，付息还本时：

借：应付债券——面值 80 000 000

　　应付利息 3 600 000

　　贷：银行存款 83 600 000

任务4　长期应付款核算

任务描述

1. 确定融资租入固定资产的判定标准；
2. 计算确定未确认融资费用的入账金额并按期分摊；
3. 设置相关科目核算应付融资租赁款和分期付款购买资产业务。

知识准备

长期应付款是企业除长期借款和应付债券以外的其他各种长期应付款项，包括应付融资租入固定资产的租赁费、以分期付款方式购入固定资产或无形资产等发生的应付款项等。

为了核算各种长期应付款，企业应设置“长期应付款”科目，用以核算企业融资租入固定资产和以分期付款方式购入资产时应付的款项及其偿还情况。该科目属于负债类科目，贷方登记发生的长期应付款，借方登记实际偿还的长期应付款，期末贷方余额表示尚未偿还的各种长期应付款。该科目应按长期应付款的种类设置明细科目进行明细分类核算。

一、应付融资租入固定资产的租赁费

（一）融资租赁概述

租赁，是指在约定期间出租人将资产使用权让与承租人，以获取租金的协议。租赁按其性质和形式的不同分为融资租赁和经营租赁。融资租赁，是指实质上转移了与资产所有权有关的全部风险和报酬的租赁。

满足下列一项或几项标准的，应当认定为融资租赁：

（1）在租赁期届满时，租赁资产的所有权转移给承租人。

（2）承租人有购买租赁资产的选择权，所订立的购买价款预计将远低于行使选择权时租赁资产的公允价值，因而在租赁开始日就可以合理确定承租人将会行使这种选择权。

（3）租赁期占租赁资产使用寿命的大部分（75%以上，含75%，下同）。

（4）承租人在租赁开始日的最低租赁付款额现值，几乎相当于租赁开始日租赁资产公允价值（大于等于90%）；出租人在租赁开始日的最低租赁收款额现值，几乎相当于租赁开始日租赁资产公允价值（大于等于90%）。

（5）租赁资产性质特殊，如果不作较大改造，只有承租人才能使用。

企业采用融资租赁方式租入固定资产，尽管从法律形式上资产所有权在租赁期内仍然属于出租方，但由于资产租赁期基本上包括了资产的有效使用年限，承租企业实质上获得了租赁资产所提供的主要经济利益，同时承担与资产有关的风险。因此，企业应将融资租入资产作为固定资产入账，同时确认一项长期负债。

应付融资租入固定资产的租赁费是企业融资租入固定资产而发生的应付款，是在租赁开始日承租人应向出租人支付的最低租赁付款额。最低租赁付款额，是指在租赁期内，承租人应支付或可能被要求支付的款项（不包括或有租金和履约成本），加上由承租人或与其有关的第三方担保的资产余值。最低租赁收款额，是指最低租赁付款额加上独立于承租人和出租人的第三方对出租人担保的资产余值。

【提示】承租人在租赁谈判和签订租赁合同过程中发生的，可归属于租赁项目的手续费、律师费、差旅费、印花税等初始直接费用，应当计入租入资产价值。

（二）应付融资租赁款的核算

企业采用融资租赁方式租入的固定资产，应在租赁期开始日，将租赁开始日租赁资产公允价值与最低租赁付款额现值两者中的较低者，加上初始直接费用，作为租入固定资产的入账价值，借记“在建工程”或“固定资产”科目；按最低租赁付款额，贷记“长期应付款——应付融资租赁款”科目；按发生的初始直接费用，贷记“银行存款”等科目；按其差额，借记“未确认融资费用”科目。按期支付融资租赁费时，借记“长期应付款——应付融资租赁款”科目，贷记“银行存款”科目。

【提示】某公司于2017年12月31日融资租入一台设备，设备的公允价值为500万元，租赁期为4年，每年年末支付租金150万元，按租赁合同规定的利率折合的现值为540万元，不考虑其他因素，则在租赁期开始日，租赁资产的入账价值为500万元，最低租赁付款额为600万元，未确认融资费用为100万元。

企业在计算最低租赁付款额的现值时，能够取得出租人租赁内含利率的，应当采用内含利率作为折现率；否则，应当采用租赁合同规定的利率作为折现率。企业无法取得出租人租赁内含利率且租赁合同没有规定利率的，应当采用同期银行贷款利率作为折现率。租赁内含利率，是指在租赁期开始日，使最低租赁收款额的现值与未担保余值的现值之和等于租赁资产公允价值与出租人的初始直接费用之和的折现率。

未确认融资费用应当在租赁期内各个期间进行分摊，企业应当采用实际利率法计算确认当期的融资费用。未确认融资费用分摊率的确定具体分为下列几种情况：

（1）以出租人的租赁内含利率为折现率将最低租赁付款额折现，且以该现值作为租赁资产入账价值的，应当将租赁内含利率作为未确认融资费用的分摊率。

（2）以合同规定利率为折现率将最低租赁付款额折现，且以该现值作为租赁资产入账价值的，应当将合同规定利率作为未确认融资费用的分摊率。

（3）以银行同期贷款利率为折现率将最低租赁付款额折现，且以该现值作为租赁资产入账价值的，应当将银行同期贷款利率作为未确认融资费用的分摊率。

（4）以租赁资产公允价值为入账价值的，应当重新计算分摊率。该分摊率是使最低租赁付款额的现值等于租赁资产公允价值的折现率。

每期未确认融资费用摊销的计算公式为：

每期未确认融资费用摊销=期初应付本金余额×实际利率

=（期初长期应付款余额−期初未确认融资费用余额）×实际利率

二、以分期付款方式购入资产发生的应付款项

企业购买资产有可能延期支付有关价款。如果延期支付的购买价款超过正常信用条件，实质上具有融资性质，所购资产的成本应当以延期支付购买价款的现值为基础确定，以实际支付的价款作为长期应付款的入账价值，实际支付的价款与购买价款的现值之间的差额作为未确认融资费用，应当在信用期间采用实际利率法进行摊销，计入相关资产成本或当期损益。

具体来说，当企业分期付款购买固定资产具有融资性质时，应按所购固定资产购买价款的现值，借记“固定资产”“无形资产”“在建工程”等科目；按应支付的价款总额，贷记“长期应付款——应付分期购入资产款”科目；按两者之间的差额，借记“未确认融资费用”科目。企业在支付购买价款时，借记“长期应付款——应付分期购入资产款”科目，贷记“银行存款”科目。

任务举例

【工作实例9-4】分期付款购入资产业务核算

东方公司于2018年1月8日从乙公司购买一项专用设备，经与乙公司协商采用分期付款方式支付款项。合同规定，该设备总计8 000 000元，每年年末付款4 000 000元，2年付清；增值税128万元，交付设备时一次性付清。假定银行同期贷款利率为6%，2年期年

金现值系数为1.8334。

要求：完成东方公司相关会计处理。

【工作过程】

第一步，计算延期支付购买价款的现值，确认资产成本和未确认融资费用。

无形资产购买价款的现值=4 000 000×1.8334=7 333 600（元）

未确认融资费用=8 000 000−7 333 600=666 400（元）

借：固定资产——专用设备　　7 333 600
　　应交税费——应交增值税（进项税额）　　1 280 000
　　未确认融资费用　　666 400
　　贷：长期应付款——应付分期购入资产款　　8 000 000
　　　　银行存款　　1 280 000

第二步，计算第一年应确认的融资费用并进行会计处理。

第一年应确认的融资费用=7 333 600×6%=440 016（元）

第一年年末付款时：

借：长期应付款——应付分期购入资产款　　4 000 000
　　贷：银行存款　　4 000 000

借：财务费用　　440 016
　　贷：未确认融资费用　　440 016

第三步，计算第二年应确认的融资费用并进行会计处理。

第二年应确认的融资费用=666 400−440 016=226 384（元）

第二年年末付款时：

借：长期应付款——应付分期购入资产款　　4 000 000
　　贷：银行存款　　4 000 000

借：财务费用　　226 384
　　贷：未确认融资费用　　226 384

【提示】财政部于2018年12月7日修订发布了《企业会计准则第21号——租赁》，新租赁准则较大的变化是取消了承租人经营租赁和融资租赁的分类，要求对所有租赁（短期租赁和低价值租赁除外）确认使用权资产和租赁负债，采用统一的会计处理模型，并分别计提折旧和利息费用。

项目小结

本项目介绍了长期借款、借款费用、应付债券和长期应付款的内容，知识点较多，账务处理较为复杂。通过学习，熟悉借款费用、长期借款、应付债券和长期应付款的核算内容；理解各账户的性质及核算方法；重点掌握借款费用的确认、计量及资本化的账务处理，掌握长期借款的利息计提、应付债券的利息调整摊销以及应付融资租赁款和应付分期购入资产款的账务处理。

课后习题与实训

一、单项选择题

1.借款费用开始资本化必须同时满足的条件中不包括（　　）。

A.资产支出已经发生

B.借款费用已经发生

C.为使资产达到预定可使用或者可销售状态所必要的购建或者生产活动已经开始

D.工程项目人员工资已经支出

2.导致固定资产购置或建造过程中断超过3个月时，可以继续资本化的情况是（　　）。

A.劳动纠纷　　B.施工技术要求　　C.发生安全事故　　D.资金周转困难

3.不应暂停借款费用资本化的情况是（　　）。

A.由于劳务纠纷而造成连续超过3个月的固定资产的建造中断

B.由于资金周转困难而造成连续超过3个月的固定资产的建造中断

C.由于发生安全事故而造成连续超过3个月的固定资产的建造中断

D.由于可预测的气候影响而造成连续超过3个月的固定资产的建造中断

4.某公司2018年7月1日向银行借入资金60万元，期限为6个月，年利率为6%，到期还本，按月计提利息，按季付息。该企业7月31日应计提的利息为（　　）万元。

A.0.3　　B.0.6　　C.0.9　　D.3.6

5.2016年1月1日，甲公司从银行取得3年期专门借款开工兴建一栋厂房。2017年6月30日该厂房达到预定可使用状态并投入使用，7月31日验收合格，8月5日办理竣工决算，8月31日完成资产移交手续。甲公司该专门借款费用在2018年停止资本化的时点为（　　）。

A.6月30日　　B.7月31日　　C.8月5日　　D.8月31日

6.下列各项不会影响专门借款利息资本化金额的是（　　）。

A.资本化期间

B.专门借款费用化期间的利息费用总额

C.专门借款闲置资金收益率

D.专门借款闲置资金总额

7.下列各项对长期借款利息费用的会计处理，错误的是（　　）。

A.筹建期间的借款利息计入管理费用

B.筹建期间的借款利息计入长期待摊费用

C.日常生产经营活动的借款利息计入财务费用

D.符合资本化条件的借款利息计入相关资产成本

8.长期借款所发生的利息支出、汇兑损益等借款费用，不能记入的科目是（　　）。

A.“在建工程”　　B.“管理费用”　　C.“财务费用”　　D.“营业外支出”

9.下列各项不属于长期负债的是（　　）。

A.长期借款　　B.应付债券　　C.应付票据　　D.长期应付款

10.企业发行债券，票面利率为9%，当市场利率为7%时，应该（　　）发行。

A.溢价　　B.平价　　C.折价　　D.面值

11.固定资产尚未交付使用之前发生的长期借款利息应记入的科目是（　　）。

A.“财务费用”　　B.“生产成本”　　C.“固定资产”　　D.“在建工程”

12.股份有限公司发行债券，累计债券总额不得超过企业净资产的（　　）。

A.20%　　B.30%　　C.40%　　D.50%

13.发行公司债券筹集的资金不得用于（　　）。

A.购买原材料　　B.非生产性支出　　C.购买设备　　D.购建厂房

14.就发行债券的企业而言，所获债券溢价收入实质是（　　）。

A.为以后少付利息而付出的代价　　B.为以后多付利息而得到的补偿

C.为以后少得利息而得到的补偿　　D.为以后多得利息而付出的代价

15.到期一次还本付息长期借款应计的利息，应贷记的科目是（　　）。

A.“应收利息”　　B.“应付利息”　　C.“长期借款”　　D.“其他应付款”

二、多项选择题

1.应通过“长期应付款”科目核算的经济业务有（　　）。

A.以分期付款方式购入固定资产发生的应付款项

B.以分期付款方式购入无形资产发生的应付款项

C.应付融资租入固定资产的租赁费

D.应付经营租入固定资产的租赁费

2.下列各项属于融资租赁标准的有（　　）。

A.租赁期占租赁资产使用寿命的大部分

B.在租赁期届满时，租赁资产的所有权转移给承租人

C.租赁资产性质特殊，如不作较大改造，只有承租人才能使用

D.承租人有购买租赁资产的选择权，购价预计远低于行使选择权时租赁资产的公允价值

3.对于分期付息、一次还本的债券，应于资产负债表日按摊余成本和实际利率计算确定的债券利息，可能借记的会计科目有（　　）。

A.“在建工程”　　B.“制造费用”　　C.“财务费用”　　D.“研发支出”

4.下列各项不能表明“为使资产达到预定可使用或者可销售状态所必要的购建或者生产活动已经开始”的有（　　）。

A.厂房的实际开工建造

B.建造厂房所需的建筑材料购入

C.建造生产线的主体设备的安装

D.为建写字楼购入了建筑用地，但尚未开工

5.下列各项属于借款辅助费用的有（　　）。

A.借款的承诺费　　B.发行债券溢折价的摊销

C.发行债券的手续费　　D.外币借款的汇兑损益

6.长期借款所发生利息支出，可能借记的科目有（　　）。

A.“销售费用”　　B.“财务费用”　　C.“在建工程”　　D.“管理费用”

7.企业在生产经营期间按面值发行债券，按期计提利息时，可能涉及的会计科目

有（　　）。

A.“财务费用”　　B.“在建工程”　　C.“应付债券”　　D.“长期待摊费用”

8.在资本化期间，下列有关借款费用会计处理的表述中，正确的有（　　）。

A.为购建固定资产向商业银行借入专门借款发生的辅助费用，应予以资本化

B.为购建固定资产取得的外币专门借款本金发生的汇兑差额，应予以资本化

C.在资本化期间，每一个会计期间的利息资本化金额，不应当超过当期相关借款实际发生的利息金额

D.为购建固定资产取得的外币专门借款利息发生的汇兑差额，全部计入当期损益

9.企业为购建固定资产专门借入的款项所发生的借款费用，停止资本化的时点有（　　）。

A.所购建固定资产与设计要求或合同要求相符或基本相符时

B.固定资产的实体建造工作已经全部完成或实质上已经完成时

C.继续发生在所购建固定资产上的支出金额很少或者几乎不再发生时

D.需要试生产的固定资产在试生产结果表明资产能够正常生产出合格产品时

10.下列各项属于借款费用的有（　　）。

A.权益性融资费用

B.承租人确认的融资租赁中发生的融资费用

C.发行公司债券发生的折价

D.公司债券溢价的摊销

11.下列各项属于长期负债的有（　　）。

A.长期借款　　B.应付债券　　C.长期应付款　　D.应付账款

12.“长期应付款”科目主要核算的内容有（　　）。

A.应付补偿贸易引进设备款

B.长期应付货款

C.应付融资租赁款

D.从非金融机构借入的期限在1年以上的借款

13.按照国际会计准则规定，如果采用借款费用资本化政策进行核算，开始资本化的时间应在（　　）。

A.借款费用发生时

B.资产支出发生时

C.借款协议签订时

D.为使资产达到预定可使用或可销售状态所必要的准备工作正在进行中

14.在我国会计实务中，不能资本化的借款费用有（　　）。

A.筹建期间发生的非购建固定资产的费用

B.为投资而发生的费用

C.清算期间发生的费用

D.固定资产交付使用后发生的费用

15.按发行价格的不同，债券分为（　　）。

A.面值发行　　B.溢价发行　　C.平价发行　　D.折价发行

三、判断题

1. 借款费用是企业因借款而发生的利息及其他相关成本，包括发生的权益性融资费用。（ ）

2. 长期借款按合同利率计算确定的应付未付利息，应该记入“长期借款——应计利息”科目。（ ）

3. 债券发行有面值发行、溢价发行和折价发行三种情况。（ ）

4. 对于符合资本化条件的借款费用，应当计入相关资产的成本。（ ）

5. 在资本化期间，每一个会计期间的利息资本化金额不应当超过当期相关借款实际发生的利息金额。（ ）

6. 企业发行分次付息的债券，实际收到的款项大于债券票面价值的差额采用实际利率法进行摊销时，各期确认的实际利息费用会逐期减少。（ ）

7. 资产负债表中的长期应付款项目直接按照“长期应付款”科目的期末余额填列。（ ）

8. 在资产负债表日，企业应按长期借款的摊余成本和实际利率计算确定利息费用。（ ）

9. 企业借入的分期付息到期还本的长期借款，其核算的应支付利息会增加长期借款的账面价值。（ ）

10. 借款费用资本化期间是指从借款费用开始资本化时点到停止资本化时点的整个期间。（ ）

11. 企业发生的借款费用可直接归属于固定资产的购建或者生产的，应当予以资本化。（ ）

12. 企业为生产产品而借入的银行借款所产生的利息不能资本化。（ ）

13. 借款利息仅包括企业向银行或者其他金融机构等借入资金发生的利息、发行公司债券发生的利息。（ ）

14. 在资本化期间，闲置专门借款资金取得的固定收益债券利息收入应直接计入当期投资收益。（ ）

15. 在资本化期间，一般外币借款本金及利息所产生的汇兑差额一律计入当期损益。（ ）

四、业务核算题

1. 某企业2018年发生的长期借款和仓库建造业务如下：

（1）2018年5月1日，为建造一幢仓库从银行取得长期借款800万元，期限为3年，合同年利率为6%（合同利率等于实际利率），不计复利，每年年末计提并支付利息一次，到期一次还本。

（2）2018年5月1日，企业开始建造仓库，当日用该借款购买工程物资500万元，全部用于工程建设，同时支付工程款300万元。

（3）2019年4月30日，仓库工程完工并验收合格，达到预定可使用状态。仓库达到预定可使用状态前发生的借款利息全部予以资本化。该仓库预计使用年限为20年，预计净残值为8万元，采用年限平均法计提折旧。假定未发生其他建造支出。

要求：

（1）编制取得长期借款的会计分录。

（2）编制2018年12月31日计提长期借款利息的会计分录。

（3）计算仓库完工交付使用时的入账价值；编制结转仓库成本的会计分录。

（4）编制2019年12月31日计提长期借款利息的会计分录。

2.2013年12月31日，乙公司经批准发行5年期一次还本、分期付息的公司债券1 000 000元，用于该企业的生产经营活动，债券利息在每年12月31日支付，票面年利率为6%。假定债券发行时的市场利率为5%。该批债券的实际发行价格为1 043 270元。

要求：

（1）根据上述资料，按照实际利率和摊余成本计算确定利息费用，填入表9-3中。

（2）根据上述资料，编制乙公司2013年至2018年有关债券发行、分期计提利息、还本付息等业务的会计分录（保留两位小数）。

表9-3 按照实际利率和摊余成本计算确定的利息费用 单位：元

付息日期	支付利息	利息费用	摊销的利息调整	应付债券摊余成本
2013年12月31日				
2014年12月31日				
2015年12月31日				
2016年12月31日				
2017年12月31日				
2018年12月31日				

项目十

收入、费用和利润核算

知识目标

1. 了解收入的类别、费用的内容和利润的形成机制；
2. 理解收入、费用的确认条件；
3. 掌握收入、费用和利润的核算。

能力目标

1. 能准确对收入进行确认、对费用进行分类；
2. 会正确填制与收入、费用和利润业务相关的会计凭证并登记账簿。

项目导言

收入、费用和利润是企业财务成果的展示，也是企业经营业绩的直接反映。本项目介绍了对收入、费用和利润这三大会计要素进行核算时遵循的依据和方法。本项目是财务会计实务中综合性较强的项目，涉及的内容和会计要素非常多，由于涉及财务成果的核算，因此企业会计准则对该部分的规定和要求也非常复杂。加之有关收入核算的问题一直是财务会计进行相关业务核算时容易出现争议的地方，对费用的核算也会受到成本和资产价值等相关会计概念的影响，同时针对企业所得税的会计核算和税法计算的口径不一致，使得企业所得税的计算不完全遵循企业会计准则来进行，企业在所得税申报时势必要进行纳税调整等因素的影响，本项目的学习难度较大。在进行学习时，首先应充分熟悉和掌握企业会计准则对收入和费用两大会计要素核算的规定，然后再进行相关经济业务的鉴别和核算。只有充分和正确掌握了收入和费用的核算问题，才能在此基础上正确地进行所得税和利润的计算与核算。

任务1　收入核算

任务描述

1.根据收入的确认条件，分析判断商品销售收入、劳务收入的形成；
2.对商品销售收入、劳务收入进行计量，确定各类收入的入账价值；
3.设置相应科目，核算商品销售收入、劳务收入等各类收入；
4.准确列报各类收入。

知识准备

一、收入概述

【说明】《企业会计准则第14号——收入》已于2017年7月由财政部修订发布，自2018年1月1日起，在境内外同时上市的企业以及在境外上市并采用国际财务报告准则或企业会计准则编制财务报表的企业施行；自2020年1月1日起，在其他境内上市企业施行；自2021年1月1日起，在执行企业会计准则的非上市企业施行。考虑到我国大多数企业将于2020年以后执行新的收入准则，故本知识点在收入概述部分以修订后的准则为基础介绍相关内容，除此之外的其他部分则仍然以财政部2006年发布的《企业会计准则第14号——收入》为基础介绍相关内容。

（一）收入的定义与特征

收入，是指企业在日常经营活动中形成的、会导致所有者权益增加的、与所有者投入资本无关的经济利益总流入。

收入具有三大特征：第一，收入是企业在日常活动中形成的经济利益的总流入；第二，会导致企业所有者权益增加，这是基于收入与利润、利润与所有者权益各要素之间的正相关关系的影响；第三，收入与所有者投入资本无关。

【提示】日常经营活动，是指企业为完成其经营目标所从事的经常性活动以及与之相关的活动。包括企业所有与客户之间的合同（投资、金融工具、租赁、保险及部分非货币性资产交换合同除外）。

客户，是指与企业订立合同以向该企业购买其日常活动产出的商品或服务并支付对价的一方。如果合同的对方属于以下情况，则并非客户：对方与主体订立合同以参与一项活动或过程，其中合同各方分担及分享源自该活动或过程（例如，根据协作安排开发一项资产）的风险及利益，而非获取主体正常经营活动的产出。

合同，是指双方或多方之间订立有法律约束力的权利义务的协议。合同有书面形式、口头形式以及其他形式。

（二）收入的分类

收入的分类方法很多，按照不同的分类标准可以有不同的分类结果。

1.按照交易的性质分类

在这种分类标准下，收入可以按照企业从事日常活动的内容分为销售商品收入、提供劳务收入和让渡资产使用权收入。

（1）销售商品收入。销售商品收入，是指企业通过销售自产产品或者外购商品而获得的经济利益流入。这主要表现为工业企业和农业企业通过销售自产产品获得的收益；商品流通企业通过销售外购商品、委托代销获得的收益；房地产开发企业通过销售商品房及配套设施等业务形式获得的收益。

（2）提供劳务收入。提供劳务收入，是指企业通过提供非生产性的劳务作业而获得的经济利益流入。这种方式获得的收入形式较为多样，例如：会计师事务所对外提供财务报表审计服务获得的收益；信息咨询公司对外提供信息咨询服务获得的收益；商品流通企业受托代销获得的收益；旅游企业提供导游服务获得的收益等。

（3）让渡资产使用权收入。让渡资产使用权收入就是日常生活中常说的“租金”，是指企业将自有资产以经营租赁的形式转让给企业以外的经济组织使用时从对方获得的收益。这主要包括非银行借贷业务产生的利息；让渡各类机器设备、专利权、商标权等非流动资产的使用权而获得的收益等。

2.按照经济组织所从事的经济业务范围分类

按照这种标准，可以将收入分为主营业务收入和其他业务收入等。

（1）主营业务收入。主营业务收入，是指企业通过运作经常发生或者主要经营的业务而获取的收入。由于企业从事的经营范围不同，主营业务收入在不同的企业中包含的内容就不同，因此有可能同样的经济业务产生的收益在不同企业中属于不同的收入范畴。例如，销售房屋获取的收益在房地产开发企业中属于主营业务收入，而在工业生产企业中属于利得，不是收入。主营业务收入一般在企业收入中所占的比重较大，对企业的经济效益影响较大。

（2）其他业务收入。其他业务收入，是指企业可以确认为收入，但是又不属于主营业务收入的收入。这类收入在企业收入中所占的比重小于主营业务收入，如工业企业销售原材料、包装物等存货取得的收入，让渡固定资产使用权获取的租赁收入等。

（三）收入的确认

企业应当在履行了合同中的履约义务，即在客户取得相关商品或服务的控制权时确认收入。客户取得商品控制权是指客户能够主导该商品的使用并从中获得几乎全部的经济利益。

按此基本原则，收入的确认应分为五步：

第一步：识别客户合同

通常，我们认为企业与客户之间的合同在合同开始日应同时满足下列五个条件，企业应当在客户取得商品控制权时确认收入的实现：

（1）合同各方已批准该合同并承诺将履行各自义务；

（2）该合同明确了合同各方与所转让商品或提供劳务相关的权利和义务；

（3）该合同有明确的与所转让商品相关的支付条款；

（4）该合同具有商业实质，即履行该合同将改变企业未来现金流量的风险、时间分布或金额；

（5）企业因向客户转让商品而有权取得的对价很可能收回。

【提示】在识别客户合同时应注意两点：1.合同开始日通常是指合同生效日；2.与客户签订的合同应具有商业实质。

与客户之间不具有商业实质的非货币性资产交换不应确认收入。如中石油、中石化公司之间同意交换石油以便及时满足其位于不同指定地点的客户需求的合同。

第二步：识别合同中包含的各单项履约义务

合同开始日，企业应当对合同进行评估，识别该合同所包含的各单项履约义务，并确定各单项履约义务是在某一时段内履行，还是在某一时点履行，然后，在履行了各单项履约义务时分别确认收入。

【提示】履约义务是指合同中企业向客户转让可明确区分商品的承诺。

履约义务既包括合同中明确的承诺，也包括由于企业已公开宣布的政策、特定声明或以往的习惯做法等导致合同订立时客户合理预期企业将履行的承诺。

第三步：确定交易价格

即企业应当根据合同条款，并结合其以往的习惯做法确定交易价格。

第四步：把交易价格分摊至各单项履约义务

当合同中包含两项或多项履约义务时，企业应当在合同开始日，按照各单项履约义务所承诺商品的单独售价的相对比例，将交易价格分摊至各单项履约义务。企业不得因合同开始日之后单独售价的变动而重新分摊交易价格。

第五步：根据各单项履约义务的履行确认收入

在完成了前述四个步骤对收入的判断后，即进入最后一步：各单项履约义务履行后究竟在何时确认收入的实现。根据履约义务履行的特点，应区分两种情况进行确认：

一是某一时段履行履约义务的情况。满足下列条件之一的，属于在某一时段内履行履约义务；否则，属于在某一时点履行履约义务：

（1）客户在企业履约的同时即取得并消耗企业履约所带来的经济利益。

（2）客户能够控制企业履约过程中在建的商品。

（3）企业履约过程中所产出的商品具有不可替代用途，且该企业在整个合同期间有权就累计至今已完成的履约部分收取款项。

如属于这种情况，应按照履约进度确认收入。如我们所熟悉的跨年度的劳务合同以及建造合同的履行。

二是某一时点履行履约义务的情况。对于在某一时点履行的履约义务，企业应当在客户取得相关商品控制权时点确认收入。在判断客户是否已取得商品控制权时，企业应当考虑下列迹象：

（1）企业对该商品已享有现时收款权利，即客户对该商品已负有现时付款义务。

（2）企业已将该商品的法定所有权转移给客户，即客户已拥有该商品的法定所有权。

（3）企业已将该商品实物转移给客户，即客户已占有该商品实物。

（4）企业已将该商品所有权上的主要风险和报酬转移给客户，即客户已取得该商品所有权上的主要风险和报酬。

（5）客户已接受该商品。

（6）其他表明客户已取得商品控制权的迹象。

我们所熟悉的商品销售活动中大部分履约合同均属于这种情况。

（四）收入的计量

收入应当按照企业因交付该商品或服务而预期有权获得的金额进行计量。也就是说，企业应当按照分摊至各单项履约义务的交易价格计量收入。

企业应当根据合同条款，并结合其以往的习惯做法确定交易价格。在确定交易价格时，企业应当考虑可变对价、合同中存在的重大融资成分、非现金对价、应付客户对价等因素的影响。

1.交易价格

交易价格是企业因向客户转让商品或服务而预期有权收取的对价金额。

【做中学10-1】光明公司属于一般纳税人，2018年3月份销售商品一批，向买方收取增值税1 700元。请问：该笔增值税税额是否应该列入交易价格，作为收入来计量？

光明公司在销售活动中向买方收取的增值税1 700元，是光明公司在销售活动中产生的纳税义务，而增值税针对一般纳税人，采取的是税款抵扣的征管办法，因此，光明公司应将收取的该笔增值税税额作为销项税额，扣除光明公司在购进环节支付的进项税额后，将其差额上缴国家。由此可见，该笔增值税税额不能计入交易价格确认为光明公司的收入。

因此，企业代第三方收取的款项以及企业预期将退还给客户的款项，应当作为负债进行会计处理，不计入交易价格。

2.可变对价

对价简单而言，是指当事人一方在获得某种利益时，必须给付对方相应的代价。

当企业应收客户的对价金额取决于某一未来事项的结果时，这就意味着对价是可变的，即为可变对价。如折扣、退款、返利、积分、价格折让、退货、绩效奖金、罚款、特许权使用费等项目都可能产生可变对价。

合同中如果存在可变对价的，企业可能很难确定收入，那么就需要对可变对价进行估计。

根据收入确认的第三步——确定交易价格，在此企业需估计可变对价，并在合同开始时向履约义务分配。然而，在不确定性解除后，仅当收入不会发生重大转回时，可变对价方可包含在内。且企业应当按照期望值或最可能发生金额（即单一金额）确定可变对价的最佳估计数。

【做中学 10-2】某企业为交付涂料签订了一份一年期合同。该项合同规定，一旦顾客的购买量达到一定水平，每罐涂料的价格将按下列标准追溯调整：1 ~ 1 000 000 罐，每罐 100 元；1 000 001 ~ 3 000 000 罐，每罐 90 元；3 000 001 罐及以上，每罐 80 元。

该企业凭经验估计本年的总销量将在 2 800 000 罐，并且极可能不会低于 1 000 001 罐。该企业在第一季度向客户销售 700 000 罐，收取的合同价格是每罐涂料 100 元。

企业认为其符合“极可能发生”的界限，因此按每罐 90 元的销售价格确认收入。额外的每罐 10 元确认为合同负债。

3.非现金对价

非现金对价的形式包括材料、设备、人工等，企业应以公允价值计量其在交易中交换的任何非现金对价。

如果企业不能合理估计非现金对价的公允价值，其将参照该项安排中所承诺商品或服务的单独售价间接计量该对价。

客户可能投入商品或服务（如材料或劳动力）以完成合同的履行。企业应评估其是否取得了该客户所投入商品或服务的控制权，以确定这些商品或服务是否为非现金对价，而构成企业的收入。

【做中学 10-3】东源公司为房地产开发企业，其与鑫新家具厂签订了一项以房换地的合同，即鑫新家具厂向东源公司交付一块土地，同时，东源公司向鑫新家具厂交付一栋住宅楼。

该交易的实质是东源公司收取土地作为非现金对价，向鑫新家具厂出售一栋住宅楼。如果作为非现金对价的土地的公允价值可以合理估计，土地以公允价值计量。

4.合同中存在重大融资成分

如果合同中存在重大融资成分，则在估计合同的交易价格时，企业需调整承诺的对价金额，以反映货币的时间价值。企业应当按照假定客户在取得商品控制权时即以现金支付的应付金额确定交易价格。该交易价格与合同对价之间的差额，应当在合同期间采用实际利率法摊销。如果客户在控制权转移前为商品或服务支付预付款，可能导致确认利息费用；而对于延后付款的商品或服务，可能导致确认利息收入。

【做中学 10-4】2018 年 1 月 1 日，甲公司向乙公司销售一套大型设备，合同约定的销售价格为 20 000 000 元，分 5 次于每年 12 月 31 日等额收取。该大型设备成本为 15 600 000 元。在现销方式下，该大型设备的销售价格为 16 000 000 元。

该销售合同具有融资性质，合同约定的销售价格是 20 000 000 元，而现销方式的销售价格是 16 000 000 元，差额为 4 000 000 元，这 4 000 000 元则属于甲公司采取分 5 年、每年收取 4 000 000 元应获得的资金补偿，具有重大融资成分，因此，甲公司在 1 月 1 日履约后应按 16 000 000 元对收入进行计量。

5.应付客户对价

应付客户对价包括向客户支付的现金或授予的奖励积分等，如礼品券、折扣券、批量回扣、货架展位付款等。

企业应付客户（或向客户购买本企业商品的第三方）对价的，应当将该应付对价冲减交易价格，并在确认相关收入与支付（或承诺支付）客户对价两者孰晚的时点冲减当期收入，但应付客户对价是为了向客户取得其他可明确区分商品的除外。

（五）收入核算的科目设置

1.主营业务收入

微课：委托代销业务的核算

该科目属于损益类科目，核算企业主要经营业务产生的收入。该科目借方登记销售退回、销售折让等业务造成的收入减少金额，贷方登记企业销售商品、提供劳务等经营活动实现的收入。期末，应将该科目的余额转入“本年利润”科目的贷方，结转后该科目无余额。该科目应根据主要经营业务的范围和种类设置明细科目进行明细分类核算。

2.其他业务收入

该科目属于损益类科目，核算企业非主要经营业务产生的收入，其借贷方表示的意义和主营业务收入一样。该科目的核算范围较广，主要包括销售原材料获得的收入，出租固定资产、无形资产和包装物等财物获得的租金收入，以及满足一定条件下的非货币性资产交换等获得的收入。期末，应将该科目的余额转入“本年利润”科目的贷方，结转后该科目无余额。该科目应根据经营业务的范围和种类设置明细科目进行明细分类核算。

二、商品销售收入的核算

销售商品是经济组织最常见的收入获取活动，因此，在销售商品行为发生后如何准确地确认会计收入是一个很重要的问题，企业会计准则对此进行了非常详细的规范。

（一）商品销售收入的确认和计量

根据存货项目的知识，商品涵盖的内容非常丰富，企业的产成品、外购货品、包装物、原材料等财产物资都属于商品的范围，所以企业在发生这些财产物资的销售行为时确认的收入属于商品销售收入。根据《企业会计准则第14号——收入》的规定，只有在下列条件同时成立时，企业才能确认收入：

1.商品所有权上的主要风险和报酬转移给购买方

与商品所有权有关的风险，是指商品可能因为减值或毁损而形成的损失；与商品所有权有关的报酬，是指商品价值增值或通过使用商品等途径产生的经济利益。判断企业是否已将商品所有权上的主要风险和报酬转移给购买方，应当关注交易的实质，并结合与所有权转移相关的凭证是否产生进行判断。在通常情况下，转移商品所有权并交付实物后，商品所有权上的主要风险和报酬也就随之转移。在某些情况下，转移了商品所有权凭证并未交付实物，针对这种情况，商品所有权上的风险和报酬一般也被视为已经转移（如交款提货方式销售商品）；在某些情况下，交付实物商品并未转移所有权凭证，针对这种情况，商品所有权上的风险和报酬不能视为已经转移（如采用支付手续费方式进行的委托代销、分期收款销售商品）。

2.既没有保留商品通常与所有权相关联的继续管理权，也没有对商品实施有效控制

企业将商品所有权上的主要风险和报酬转移给购买方后，如果仍然对商品实施控制，那么销售业务就不成立，收入也就不能在会计上予以确认（如售后回购）。倘若企业在销售商品后仍能对商品进行控制，但是控制和商品的所有权无关，此时收入依然可以确认。

3.商品销售收入能够可靠地计量

收入能否可靠计量是收入确认的重要前提保证。收入能否可靠计量，是指收入金额是

否能够可靠地估计。收入金额不能估计就无法确认收入。一般来说，企业销售商品的收入是可以直接确定的，但是如果出现某些交易或事项会导致销售收入无法确定（如附带条件的销售），则收入不能确认。

4.相关的经济利益很可能流入企业

在商品销售过程中，经济利益的流入就是商品销售款的收回。相关的经济利益很可能流入企业也就是说商品销售价款收回的可能性大于不可能收回的情形。在一般情况下，当商品价款收回的可能性超过50%，就可以认定相关的经济利益很可能流入企业。在确认相关的经济利益流入企业的可能性大小时，应结合业务部门的业务判断和对经济形势的判断进行。如果判断对经济利益流入的情况不利，则不应确认销售收入。

5.商品的相关成本能够可靠地计量

在一般情况下，商品的销售成本都能够可靠甚至准确地判断。外购或自产商品的销售成本都能很好地确认（如外购商品的销售成本包括买价、运费等），但是由于某些交易或事项会导致销售成本无法确定，则收入不能确认。

（二）商品销售收入的核算

1.通常情况下商品销售收入的核算

在一般情况下，商品销售行为属于增值税的纳税范围，因此在进行核算时需要考虑增值税税额。当发生销售行为时，应根据购销合同价款或者已收金额加上增值税税额，借记“银行存款”“库存现金”“应收账款”“应收票据”等科目；按照收入确认金额，贷记“主营业务收入”或“其他业务收入”科目；同时根据增值税税额，贷记“应交税费——应交增值税（销项税额）”科目。如果还发生了其他相关税费（如消费税、资源税、城市维护建设税及教育费附加等），则还应借记“税金及附加”科目，贷记“应交税费”相关科目。

【做中学10-5】2018年5月15日，宏盛公司以每件500元的价格向光达工厂销售自己的产品100件，价款为50 000元，双方适用的增值税税率均为16%。宏盛公司收到光达工厂开出的银行承兑汇票一张，面值为58 000元，相关产品已经发出。

根据上述业务，由于已经收到了银行承兑汇票，并且产品已经发出，满足收入确认的条件，因此宏盛公司的会计处理如下：

借：应收票据——光达工厂	58 000	
贷：主营业务收入		50 000
应交税费——应交增值税（销项税额）		8 000

2.销售过程中涉及商业折扣、现金折扣和销售折让的核算

当销售过程中涉及商业折扣、现金折扣和销售折让时，应分别按照不同的方法进行核算。

（1）商业折扣。商业折扣是商品销售过程中为了促销而以在商品销售价格基础上进行一定幅度的削减后的价格进行销售的行为。由于商业折扣发生在商品销售的同时，因此，当发生商业折扣时，应以扣除商业折扣后的实际成交价格为基础进行核算。

（2）现金折扣。现金折扣是为了达到加速应收账款回收的目的，对债务人在规定期限内支付欠款而给予的款项减免，在其发生时，应按照总价法的要求进行会计核算，将债务人在规定期限内取得的减免款项计入当期财务费用。

（3）销售折让。销售折让是由于销售商品的质量或者规格达不到客户的要求，但是又不满足退货条件时给予客户的货款减免政策或措施。销售折让发生后，应根据其发生的时间按照不同的方法进行核算：销售折让发生在销售商品的同时，应当将其作为商业折扣进行处理；销售折让发生在销售商品后，则应该按照销售退回进行处理。

3.销售退回的核算

销售退回是由于售出商品的质量、规格等不符合客户的要求，客户拒绝付款并将售出商品交还给企业的行为。在这种情况下，企业应当根据不同的情况进行处理：

（1）企业在商品发出时不满足收入确认条件，则借记“库存商品”科目，贷记“发出商品”科目。

（2）企业在商品发出时满足收入确认条件，但销售和退回行为没有跨越会计期间，则冲减销售退回业务发生当期的销售收入，涉及增值税和现金折扣时，也应当一并进行调整，借记“主营业务收入”或“其他业务收入”科目（涉及增值税的，还应当借记“应交税费——应交增值税（销项税额）”科目），同时贷记“应收账款”“银行存款”等科目。若销售退回业务的发生跨越了会计期间，则这种业务属于资产负债表日后事项，会计处理涉及调整资产负债表的期初余额，其流程和分录都比较复杂，本书不作介绍。

【做中学10-6】甲公司2018年5月20日向丁公司销售商品400件，单价为200元，经公司领导批准，以7.5折的价格向丁公司销售，丁公司于当日将商品运走，货款未付，双方约定的付款条件是“2/10，1/20，N/30”（假设仅货款享受现金折扣）。5月24日，甲公司收到开户银行通知，丁公司支付的货款已经到账。5月26日，丁公司反映该批商品存在严重质量问题，要求退货。经甲公司核实，该批商品确实存在质量问题，同意退货，并将相关款项划回丁公司账户。

对甲公司而言，上述经济业务应划分为三个阶段进行核算：第一阶段是销售业务；第二阶段是货款收回业务；第三阶段是销售退回业务。其会计处理如下：

第一阶段：5月20日发出货物，确认收入实现。

借：应收账款——丁公司	69 600	
贷：主营业务收入		60 000
应交税费——应交增值税（销项税额）		9 600

第二阶段：5月24日，收到丁公司支付的货款，给予丁公司现金折扣1 200元（60 000×2%）。

借：银行存款	68 400	
财务费用——利息支出	1 200	
贷：应收账款——丁公司		69 600

第三阶段：5月26日，甲公司同意丁公司退货申请，并退款给对方。

借：主营业务收入	60 000	
应交税费——应交增值税（销项税额）	9 600	
贷：银行存款		68 400
财务费用——利息支出		1 200——利息支出

4.委托代销的核算

委托代销是一种常见的销售行为，委托方将自己的商品交给代销方，由代销方代替其进行销售，并在双方约定的时间里进行货款结算。代销业务有视同买断和收取手续费两种形式，两种不同形式的代销业务在会计核算上存在差异，但在收入的确认时间上两种方法是一致的，委托代销方应在收到受托方传回代销清单时确认收入。视同买断方式进行代销的特点是委托方在向受托方交付商品、受托方对外销售商品这两个环节都允许商品的持有方加价；收取手续费方式代销时，委托方向受托方交付商品时可以加价，而受托方在销售商品时则不能加价，受托方只能按照销售额的一定比例收取佣金或手续费。

【做中学10-7】2018年6月1日，甲公司将200套服装以每套150元的价格采用视同买断的方式委托乙公司代销，该批服装的成本是每套100元，乙公司以每套240元的价格向A工厂进行销售，款已收。6月30日，甲公司收到乙公司传来的销售清单，该批服装已经全部售完，相关款项尚未结算。

（1）甲公司的会计处理如下：

①由于6月1日发出商品时商品并未销售，因此不能确认收入。

借：发出商品——委托代销商品　　20 000
　　贷：库存商品——服装　　20 000

②6月30日，收到代销清单，确认收入。

借：应收账款——乙公司　　34 800
　　贷：主营业务收入　　30 000
　　　　应交税费——应交增值税（销项税额）　　4 800

同时结转成本：

借：主营业务成本　　20 000
　　贷：发出商品——委托代销商品　　20 000

③收到款项时：

借：银行存款　　34 800
　　贷：应收账款——乙公司　　34 800

（2）乙公司的会计处理如下：

①6月1日，收到受托代销的服装时：

借：受托代销商品　　30 000
　　贷：受托代销商品款　　30 000

②6月30日，完成销售时：

借：银行存款　　55 680
　　贷：主营业务收入　　48 000
　　　　应交税费——应交增值税（销项税额）　　7 680

同时，由于商品已经对外销售，因此应将受托代销商品注销。

借：主营业务成本　　30 000
　　贷：受托代销商品　　30 000

③寄送代销清单给委托方，收到委托方开来的增值税专用发票，由于受托代销业务所产生的受托代销商品款尚未注销，因此还应将其转入应付账款。

借：受托代销商品款　30 000
　　应交税费——应交增值税（进项税额）　4 800
　　贷：应付账款——甲公司　34 800

④支付代销商品款时：

借：应付账款——甲公司　34 800
　　贷：银行存款　34 800

【做中学10-8】2018年6月1日，甲公司将200套服装以每套150元的价格采用收取手续费的方式委托乙公司代销，该批服装的成本是每套100元，双方约定，乙公司可以按照销售额的10%收取佣金，同月乙公司以同样价格向A工厂进行销售，款已收。6月30日，甲公司收到乙公司传来的代销清单，该批服装已经全部售完，相关款项尚未结算。

（1）甲公司的会计处理如下：

①发出代销商品时，不能确认收入实现。

借：发出商品——委托代销商品　20 000
　　贷：库存商品——服装　20 000

②6月30日，收到代销清单，确认收入。

借：应收账款——乙公司　34 800
　　贷：主营业务收入　30 000
　　　　应交税费——应交增值税（销项税额）　4 800

同时结转成本：

借：主营业务成本　20 000
　　贷：发出商品——委托代销商品　20 000

③在甲公司收款时，应将佣金从应收款项中予以扣除，确认为销售费用。

借：银行存款　31 320
　　销售费用　3 480
　　贷：应收账款——乙公司　34 800

（2）乙公司的会计处理如下：

①6月1日，收到代销服装时：

借：受托代销商品　30 000
　　贷：受托代销商品款　30 000

②6月30日，销售完成时：

借：银行存款　34 800
　　贷：应付账款——甲公司　30 000
　　　　应交税费——应交增值税（销项税额）　4 800

同时，由于销售已经完成，因此应注销受托代销商品和受托代销商品款。

借：受托代销商品款　30 000
　　贷：受托代销商品　30 000

③收到委托方开来的增值税专用发票时：

借：应交税费——应交增值税（进项税额）　4 800

贷：应付账款——甲公司 4 800

④甲公司结算货款，扣除应收取的佣金，并向对方开具增值税专用发票时：

借：应付账款——甲公司 34 800

贷：银行存款 31 620

其他业务收入——代购代销收入 3 000

应交税费——应交增值税（销项税额） 180

5.分期收款销售的核算

由于企业自身经营业务的特点，有可能对于某些价值比较大的产品采用分期收款的形式进行销售。对于分期收款销售业务，其收入应在满足确认条件时予以确认，并按照当期确认的收入占总收入的比例同比例结转成本。倘若分期的期限较长（超过一个会计期间），往往会认定这样的分期销售具有融资性质（如大型机械设备的销售）。对于具有融资性质的分期销售，应当按照合同或协议价款的公允价值确认收入。其公允价值应按照未来收现金额的现值和商品销售价格中的较大值来确定。当业务发生时，借记“长期应收款”科目，按照应收的合同或协议价款的公允价值贷记“主营业务收入”科目，两者之间的差额确认为“未实现融资收益”。在分期收款的销售期内，应按照应收款项的摊余价值和实际利率计算确定的金额摊销“未实现融资收益”，将其转入当期“财务费用”科目的贷方。实际利率可以用持有至到期投资溢价或折价摊销时确定实际利率的方法来确定，也可以根据经济业务发生时的其他参考条件来确定。

【做中学10-9】甲公司是一家生产大型机器设备的制造企业，该公司于2018年6月1日向乙公司销售自产X机器1台，价值2 000万元，该机器设备的生产成本是1 800万元。因涉及的销售金额较大，双方约定，乙公司在提货时向甲公司支付货款的40%和全部增值税税额，剩下的货款在机器设备投入使用6个月内等额支付。同年7月1日，机器在乙公司投入使用。

（1）6月1日，乙公司提货时，甲公司的会计处理如下：

借：银行存款 11 200 000

应收账款——乙公司 12 000 000

贷：主营业务收入 20 000 000

应交税费——应交增值税（销项税额） 3 200 000

借：主营业务成本 18 000 000

贷：库存商品 18 000 000

（2）以后每月收到乙公司支付的货款时：

借：银行存款 2 000 000

贷：应收账款——乙公司 2 000 000

【做中学10-10】甲企业于2019年1月1日以分期收款的方式向乙企业销售机器设备一台，价格为1 500万元，成本为1 100万元。由于销售金额大，为了避免一次性付款给乙企业造成资金流波动，双方约定，在销售业务发生时，由乙企业先行支付销项税额，购买价款于每年的12月31日支付一次，5年付清所有货款。同种设备在市场上的售价是1 200万元，甲企业发出商品后向乙企业开出增值税专用发票，增值税为240万元。请根据上述业务编制会计分录。

因发出商品时开具了增值税专用发票，且与商品相关的控制权已经转移，因此满足收入确认的条件，可以确认收入。

借：长期应收款——乙公司　15 000 000
　　银行存款　2 400 000
　　贷：主营业务收入　12 000 000
　　　　应交税费——应交增值税（销项税额）　2 400 000
　　　　未实现融资收益　3 000 000

同时结转成本：

借：主营业务成本　11 000 000
　　贷：库存商品　11 000 000

通过计算年金为300万元、5年期的年金总数，以及题目给定的总收益现值为1 200万元的条件，可以确定折现率为7.93%，即实际利率为7.93%。因此，摊销额应根据应收款项的摊余价值和实际利率计算，为了更清楚地反映出每年度计算未实现融资收益的摊销额，故编制未实现融资收益摊销表（见表10-1），确认摊销额和收回的本金。

表10-1　未实现融资收益摊销表　单位：元

时间	应收款项摊余价值	摊销额	收回本金	年收回金额
2019年1月1日	12 000 000			
2019年12月31日	12 000 000	951 600	2 048 400	3 000 000
2020年12月31日	9 951 600	789 162	2 210 838	3 000 000
2021年12月31日	7 740 762	613 842	2 386 158	3 000 000
2022年12月31日	5 354 604	424 620	2 575 380	3 000 000
2023年12月31日	2 779 224	220 776	2 779 224	3 000 000
合计		3 000 000	12 000 000	15 000 000

（1）2019年12月31日，第一次收款时：

借：银行存款　3 000 000
　　贷：长期应收款——乙公司　3 000 000

同时，根据未实现融资收益摊销表，摊销当年已实现融资收益：

借：未实现融资收益　951 600
　　贷：财务费用——利息收入　951 600

（2）2020年12月31日，第二次收款时：

借：银行存款　3 000 000
　　贷：长期应收款——乙公司　3 000 000

同时，根据未实现融资收益摊销表，摊销当年已实现融资收益：

借：未实现融资收益　789 162
　　贷：财务费用——利息收入　789 162

（3）2021年12月31日，第三次收款时：

借：银行存款　3 000 000
　　贷：长期应收款——乙公司　3 000 000

同时，根据未实现融资收益摊销表，摊销当年已实现融资收益：

借：未实现融资收益　613 842

　贷：财务费用——利息收入　613 842

（4）2022年12月31日，第四次收款时：

借：银行存款　3 000 000

　贷：长期应收款——乙公司　3 000 000

同时，根据未实现融资收益摊销表，摊销当年已实现融资收益：

借：未实现融资收益　424 620

　贷：财务费用——利息收入　424 620

（5）2023年12月31日，第五次收款时：

借：银行存款　3 000 000

　贷：长期应收款——乙公司　3 000 000

同时，根据未实现融资收益摊销表，摊销当年已实现融资收益：

借：未实现融资收益　220 776

　贷：财务费用——利息收入　220 776

6.预收款销售的核算

有时候企业生产的商品比较紧俏，客户往往会采用订金的形式先行预订商品，这时就形成了企业的预收款销售。在这种情况下，企业应先将客户交来的订金或者预付款记入“预收账款”科目，在销售发生时将该部分价款从总价款中予以扣除。

【做中学10-11】乙公司向甲公司购买市场上紧俏的A商品一批，价款为200 000元，增值税为32 000元，因商品紧俏，乙公司先行向甲公司支付订金50 000元，并于发出商品的同日收到乙公司支付的余款。

（1）收到乙公司预付的订金时：

借：银行存款　50 000

　贷：预收账款——乙公司　50 000

（2）发出商品时，收入实现：

借：预收账款——乙公司　232 000

　贷：主营业务收入　200 000

　　应交税费——应交增值税（销项税额）　32 000

同时，收取余款：

借：银行存款　182 000

　贷：预收账款——乙公司　182 000

7.销售原材料等存货的核算

企业在经营过程中有可能出现销售原材料或者随同商品销售单独对包装物进行计价等经济业务。按照企业会计准则的规定，这类业务获取的收益也属于业务收入的范畴，但是这类业务一般不属于企业的主要经营业务，因此，在进行会计核算时，应将其计入其他业务收入。

【做中学10-12】甲公司以委托收款的结算形式向乙公司销售一批多余的原材料，售价为500 000元，增值税为80 000元，该批材料的成本为470 000元。

（1）向银行办理委托收款业务后，应确认收入：

借：应收账款——乙公司　580 000
　贷：其他业务收入　500 000
　　应交税费——应交增值税（销项税额）　80 000

（2）结转已销原材料成本：

借：其他业务成本　470 000
　贷：原材料　470 000

8. 售后回购业务的核算

售后回购，是指销售商品的同时，销售方同意在销售日后再将同样或者同类商品购回。在这种方式下，销售方应根据合同或者协议条款判断销售是否满足收入确认的条件。一般来说，售后回购带有融资性质时，由于销售过程中商品的所有权和实际风险并未转移，因此一般不确认收入，收到的款项应记入“其他应付款”科目。如果售后回购的价格高于销售价格，则应在回购期间计提利息，将利息计入财务费用，并增加其他应付款的账面价值。倘若有确凿的证据表明售后回购可以确认收入，销售应按售价确认收入，售后回购作商品购进处理。

9. 售后租回业务的核算

售后租回，是指销售商品的同时，销售方同意在销售日后再将同样商品以租赁的形式租回。在这种方式下，销售方应根据合同或者协议条款判断销售是否满足收入确认的条件。一般来说，售后租回带有融资性质时，由于销售过程中商品的所有权和实际风险并未转移，因此一般不确认收入，收到的款项应确认为负债。售价与账面价值之间的差额应进行合理分摊，并将这个差额作为租金的冲减或者资产折旧费用。倘若有确凿的证据表明售后租回是以公允价值达成的，则销售时应按售价确认收入，并结转成本。

10. 以旧换新销售的核算

以旧换新销售，是指销售方在销售新商品的同时收回旧商品。采用这种方式进行销售时，在业务处理上应遵循购销分开的原则，销售过程按照售价确认销售收入，收回的旧商品视为商品购进业务处理。

11. 商品需要安装和检验的销售的核算

发生该类业务时，企业应在安装和检验完成后确认销售收入。倘若安装过程比较简单或者检验是为了最终确定合同或协议价款而必需的环节，企业可以在商品发出的同时确认销售收入。

12. 附有销售退回条件的销售的核算

在该种情况下，企业应当合理估计销售退回发生的可能性，估计不会发生销售退回的部分确认销售收入，可能发生销售退回的部分不确认收入。如果不能合理估计销售退回的可能性，则应在附加退货条件期满时确认销售收入。

三、提供劳务收入的核算

劳务通常指其结果不形成有形资产的服务，如旅游服务、运输服务、饮食服务、广告策划与制作、管理咨询、代理业务、培训业务、建筑安装、软件设计、提供特许权等。企业提供劳务实现的收入，即为劳务收入。

（一）劳务的开始与完成在同一会计期间的账务处理

对于一次完成的劳务，或在同一会计期间开始并完成的劳务，应在提供劳务交易完成时确认收入，确认的金额通常为从接受劳务方已收或应收的合同或协议价款，确认原则可参照销售商品收入的确认原则。

企业对外提供劳务，如属于企业的主营业务，所实现的收入应作为主营业务收入处理，结转的相关成本相应地作为主营业务成本处理；如属于主营业务以外的其他经营活动，则作为其他业务收支来处理。企业对外提供劳务发生的支出一般通过“劳务成本”科目予以归集，待确认为费用时，从“劳务成本”科目转入“主营业务成本”或“其他业务成本”科目。

对于一次就能完成的劳务，企业应在提供劳务完成时确认收入及相关成本。对于持续一段时间但在同一会计期间开始并完成的劳务，企业应在为提供劳务发生相关支出时确认劳务成本，劳务完成时再确认劳务收入，并结转相关劳务成本。

【做中学10-13】甲公司（增值税一般纳税人）于2018年6月1日接受A公司（异地）委托，承担其专用设备的安装任务，该安装任务可一次完成。2018年6月20日，甲公司完成安装，开具的增值税专用发票上注明的价款为10 000元，增值税为1 000元，收到全部款项存入银行。该安装业务实际发生劳务成本6 000元。假定安装业务属于甲公司的主营业务。

甲公司在安装业务完成时，编制如下会计分录：

（1）预收安装款时：

借：银行存款　　11 000
　　贷：主营业务收入　　10 000
　　　　应交税费——应交增值税（销项税额）　　1 000
借：主营业务成本　　6 000
　　贷：银行存款　　6 000

如果上述安装任务需花费一段时间（不超过本会计期间）才能完成，则应在提供劳务发生有关支出时：

借：劳务成本　　6 000
　　贷：银行存款　　6 000

待安装完成确认劳务收入的同时结转该项劳务总成本：

借：主营业务成本　　6 000
　　贷：劳务成本　　6 000

确认劳务收入的分录略。

（二）劳务的开始与完成分属不同会计期间的账务处理

1.提供劳务交易结果能够可靠估计

企业在会计期末或者资产负债表日对提供劳务的结果能够可靠估计的情况下，应该采用完工百分比法对劳务收入进行确认。提供劳务交易的结果能够可靠地估计，是指同时满足下列条件：

（1）收入的金额能可靠计量。收入的金额能可靠计量，是指提供劳务收入的总额能够合理地估计。通常情况下，企业应当按照从接受劳务方已收或应收的合同或协议价款确定提供劳务的收入总额。

（2）相关的经济利益很可能流入企业。相关的经济利益很可能流入企业，是指提供劳务收入总额收回的可能性大于不能收回的可能性。企业在确定提供劳务收入总额能否收回时，应当结合接受劳务方的信誉、以前的经验以及双方就结算方式和期限达成的合同或协议条款等因素综合进行判断。

（3）提供劳务的完工进度能够可靠地估计。提供劳务的完工进度能够可靠地估计，是指交易的完工进度能够合理地估计。企业确定提供劳务交易的完工进度，可以选用下列方法：

①已完成工作量的测量。这是一种比较专业的测量方法，由专业测量师对已经提供的劳务进行测量，并按一定方法计算确定提供劳务交易的完工进度。

②已经提供的劳务占应提供劳务总量的比例。这种方法主要以劳务量为标准确定提供劳务交易的完工进度。

③已经发生的成本占估计总成本的比例。这种方法主要以成本为标准确定提供劳务交易的完工进度。只有已提供劳务的成本才能包括在已经发生的成本中，只有已提供或将提供劳务的成本才能包括在估计总成本中。

（4）提供劳务交易中已发生和将发生的成本能够可靠地计量。交易中已发生和将发生的成本能够可靠地计量，是指交易中已发生和将发生的成本能够合理地估计。企业应当建立完善的内部成本核算制度和有效的内部财务预算及报告制度，准确提供每期发生的成本资料，并对完成剩余劳务将要发生的成本作出科学、合理的估计。同时应随着劳务的不断提供或外部情况的不断变化，随时对将要发生的成本进行修订。

【做中学10-14】甲公司（增值税一般纳税人）于2018年6月1日接受A公司（异地）委托，承担其建筑厂房工程的任务，该厂房的合同造价为600 000元，增值税为60 000元。合同签订当日预付合同总价款（含增值税）的60%，完工时支付剩余的40%。当日收到A公司预付款项440 000元。至年底，经专业测量师测量后，确定该项劳务的完工程度为50%。截至2018年12月31日，甲公司为完成该合同累计发生劳务成本250 000元，估计还将发生劳务成本200 000元。假定该业务属于甲公司的主营业务，全部由甲公司自行完成，适用的增值税税率为10%，适用一般计税方法计税的项目预征率为2%。

（1）2018年6月1日甲公司预收建造款时：

借：银行存款　　440 000

　　贷：预收账款——A公司　　440 000

（2）甲公司收到预收款时，按照规定的预征率预缴增值税：

借：应交税费——预交增值税　　8 000

　　贷：银行存款　　8 000

【提示】根据《财政部 税务总局关于建筑服务等营改增试点政策的通知》（财税〔2017〕58号），纳税人提供建筑服务取得预收款，应在收到预收款时，以取得预收款扣除支付的分包款后的余额，按照规定的预征率预缴增值税。适用一般计税方法计税的项目预征率为2%，适用简易计税方法计税的项目预征率为3%。本例中，甲公司适用一般计税方法计税的项目预征率为2%，且未分包，其收到预收款440 000元时，应预缴增值税=440 000÷（1+10%）×2%=8 000（元）。

（3）发生劳务成本时：

借：劳务成本　　250 000

　　贷：银行存款等　　250 000

（4）2018年年末，确认劳务收入并结转劳务成本：

2018年应确认收入=600 000×50%=300 000（元）

2018年应结转成本=（250 000+200 000）×50%=225 000（元）

借：预收账款——A公司　　330 000

　　贷：主营业务收入　　300 000

　　　　应交税费——应交增值税（销项税额）　　30 000

借：主营业务成本　　225 000

　　贷：劳务成本　　225 000

2.提供劳务交易结果不能可靠估计

资产负债表日，如果提供劳务交易的结果不能可靠地估计，即不能同时满足提供劳务交易的结构能够可靠估计的4个条件，则不能采用完工百分比法确认提供劳务收入。企业应当根据资产负债表日已经收回或预计将要收回的款项对已经发生的劳务成本的补偿程度，根据不同情况进行会计处理：

（1）当已经发生的劳务成本预计全部能够得到补偿时，应按照已经发生的劳务成本金额确认提供劳务收入；同时按照相同金额结转成本。亦即按照已经发生的劳务成本金额，借记“应收账款”“预收账款”等科目，贷记“主营业务收入”科目；同时按照相同金额，借记“主营业务成本”科目，贷记“劳务成本”科目。

（2）当已经发生的劳务成本预计只能得到部分补偿时，应按照预计能够得到补偿的劳务成本金额确认提供劳务收入，借记“应收账款”“预收账款”等科目，贷记“主营业务收入”科目；同时按照实际发生的劳务成本金额，借记“主营业务成本”科目，贷记“劳务成本”科目。

（3）当已经发生的劳务成本预计全部不能得到补偿时，不应确认收入，但应将本期已经发生的劳务成本计入当期损益，按照实际发生的劳务成本金额，借记“主营业务成本”科目，贷记“劳务成本”科目。

【做中学10-15】甲公司为增值税一般纳税人，培训业务适用的增值税税率为6%。2018年5月1日，甲公司接受乙公司委托，为其培训一批员工，培训期为6个月，培训费为60 000元。双方约定，培训费分三次等额支付，第一次于开班时预付，第二次于2018年8月1日支付，第三次于培训结束时支付。2018年5月1日，乙公司预付第一次培训费，甲公司开具的增值税专用发票上注明的培训费金额为20 000元，增值税为1 200元。2018年6月30日，甲公司得知乙公司发生经营困难，无法确定后两次的培训费能否收到，经与乙公司协商，决定终止本次培训。此时，甲公司已经发生劳务支出30 000元（假定全部是人工工资）。

（1）5月1日，收到第一笔款项时：

借：银行存款　　21 200

　　贷：预收账款——乙公司　　20 000

　　　　应交税费——应交增值税（销项税额）　　1 200

（2）确认应付人工工资时：

借：劳务成本 30 000

贷：应付职工薪酬——工资 30 000

（3）6月30日，确认劳务收入，并结转劳务成本：

借：预收账款——乙公司 20 000

贷：主营业务收入 20 000

借：主营业务成本 30 000

贷：劳务成本 30 000

四、让渡资产使用权收入的核算

如前所述，让渡资产使用权收入主要是指让渡无形资产等资产使用权的使用费收入。固定资产出租取得的租金、债权投资取得的利息、股权投资取得的现金股利等也构成让渡资产使用权收入。这里主要介绍让渡无形资产等资产使用权的使用费收入的核算。

（一）让渡资产使用权收入的确认和计量

让渡资产使用权获取的收益必须同时满足下列两个条件才能予以确认：

1.相关经济利益很可能流入企业

企业在确定让渡资产使用权的使用费收入金额是否很可能收回时，应当根据对方企业的信誉和生产经营情况、双方就结算方式和期限等达成的合同或协议条款等因素，综合进行判断。如果企业估计使用费收入收回的可能性不大，就不应确认收入。

2.收入的金额能够可靠地计量

当让渡资产使用权的使用费收入金额能够可靠估计时，企业才能确认收入。让渡资产使用权的使用费收入金额，应当根据有关合同或协议约定的收费时间和方法计算确定。如果合同或协议规定一次性收取相关费用，且不提供相关后续服务，则应视同销售该项资产一次性确认收入；如果合同或协议规定应分期收取使用费的，应按合同或协议规定的收款时间和金额或规定的收费方法计算的金额分期确认收入。

（二）让渡资产使用权收入的账务处理

企业让渡资产使用权的使用费收入，一般通过“其他业务收入”科目核算；让渡资产计提的摊销额等，一般通过“其他业务成本”科目核算。

【做中学10-16】甲公司是一家软件公司，2018年1月1日向乙公司转让A软件的使用权。双方约定，乙公司一次性向甲公司支付租赁费200 000元，甲公司不提供任何后续服务。转让手续履行后，甲公司开具增值税专用发票上注明的价款为200 000元，增值税为12 000元，乙公司开出转账支票予以付讫。A软件每月的摊销额为10 000元。同日，甲公司向丙公司转让B软件的使用权，使用期为5年。双方约定，丙公司按照年收入的10%向甲公司支付软件租赁费。当年，丙公司实现收入60 000 000元，甲公司收到丙公司支付的租金，并开具增值税专用发票。

（1）甲公司向乙公司转让A软件使用权的账务处理如下：

2018年1月1日，甲公司向乙公司转让A软件使用权时：

借：银行存款 212 000

贷：其他业务收入 200 000

应交税费——应交增值税（销项税额） 12 000

每月计提A软件的摊销额时：

借：其他业务成本 10 000

贷：累计摊销 10 000

（2）甲公司向丙公司转让B软件使用权的账务处理如下：

由于甲公司向丙公司转让B软件使用权时，收入尚未实现，因此2018年1月1日不进行任何会计处理。2018年12月31日进行会计处理如下：

借：银行存款 6 360 000

贷：其他业务收入 6 000 000

应交税费——应交增值税（销项税额） 360 000

以后4年，每年年末均应照此进行核算。

五、收入的报告

由于收入属于损益的范畴，因此在对收入进行对外报告时使用的是反映企业经营状况的会计报表——利润表。在利润表上，收入是以“营业收入”的形式列报的，该项目位于利润表的最前端，是利润表上的第一个项目。在编制利润表时，该项目的金额应根据“主营业务收入”和“其他业务收入”两个账户的期末余额之和，减去可能存在的销售退回金额后的余额确定。

任务举例

【工作实例10-1】收入的确认和记录

小张是一名刚毕业的会计专业大学生，去年进入隆盛公司担任财务成果岗位会计，主要负责收入的核算。隆盛公司是一家专门经营机械设备制造的大型国有股份制有限公司。在完成了一系列准备工作后，2018年5月，小张开始在会计员老王的指导下进行会计核算工作，本月发生r与岗位相关的经济业务小张处理得还算顺利，但是下面几笔业务，小张感觉有些为难。

（1）2日，向华生公司销售自产机床一台，价款为50万元，增值税为8万元，由于金额较大，华生公司希望分期支付货款，在支付了23.2万元货款后，公司允许华生公司提走了机床。

（2）8日，兴达公司交来一张10万元的转账支票，票面注明是订购设备的订金。

（3）12日，将300件自产零件委托星河公司代销，代销价格为每件1 500元，公司以代销收入的10%向星河公司支付佣金。由于这批商品是紧俏商品，本月内肯定会销售一空。

（4）16日，收到法院传来的判决书，判决公司和商贸公司的合同纠纷案胜诉，商贸公司支付合同违约赔偿金20万元。

（5）19日，红星公司开出一张面值为2万元的银行汇票，支付租用集装箱的押金。

（6）22日，红星公司将租用的集装箱退回，双方约定的租金是5 000元，但是由于集装箱损坏严重，押金只退了一半。

面对上述业务，老王要求小张全部确认为当月收入，并在此基础上编制记账凭证和登记账簿。

要求：请帮助小张完成上述经济业务的会计处理。

【工作过程】

第一步，根据所学知识，对上述6项业务进行判断。

业务（1）收入可以确认，确认为主营业务收入；

业务（2）收入不能确认，应确认为预收账款，将单证传递给往来结算岗位会计人员核算；

业务（3）收入不能确认，应在收到代销清单后再确认收入；

业务（4）收入不应确认，应确认为利得，计入营业外收入；

业务（5）收入不应确认，应确认为其他应付款，将单证传递给往来结算岗位会计人员核算；

业务（6）收入可以确认，应确认为其他业务收入。

第二步，根据第一步的收入确认情况，编制记账凭证（仅针对本岗位）。

业务（1）：

借：银行存款	232 000	
应收账款——华生公司	348 000	
贷：主营业务收入		500 000
应交税费——应交增值税（销项税额）		80 000

业务（4）：

借：其他应收款——商贸公司	200 000	
贷：营业外收入		200 000

业务（6）：

借：其他应付款——红星公司	10 000	
贷：其他业务收入		8 620.69
应交税费——应交增值税（销项税额）		1 379.31

任务2　费用核算

任务描述

对各种类型的成本和费用准确地进行分类、确认、计量、记录和报告。

知识准备

费用是企业在日常经营活动中发生的、会导致所有者权益减少的、与向所有者分配利润无关的经济利益流出。在会计学中，费用有广义和狭义之分。广义的费用，是指企业在日常经营过程中发生的各项支出，包含了生产费用和非生产费用两个组成部分；狭义的费用仅指与营业收入配比的部分，即仅仅是非生产费用中的一部分，本书所采用的是狭义的费用定义。

一、主营业务成本的核算

（一）主营业务成本的确认

主营业务成本，是指企业生产和销售与主营业务有关的产品或服务所必须投入的直接成本，是直接和主营业务收入进行配比的项目。因此，主营业务成本实际上就是指企业的产品成本，是工业企业的产成品成本和对外出售的半成品成本、商品流通企业的商品成本、劳务提供企业的劳务成本在销售环节的直观体现。

（二）主营业务成本核算的科目设置

企业在对主营业务成本进行核算时，需设置“主营业务成本”科目。该科目属于损益类科目，和主营业务收入进行配比，用于核算企业主要经营业务的实际成本。该科目借方登记销售商品或提供劳务发生的实际成本，贷方登记因为销售退回等业务冲减的产品或劳务成本。期末，应将该科目的余额转入“本年利润”科目的借方，结转后该科目无余额。该科目应和“主营业务收入”科目同步设置明细科目进行明细分类核算。

（三）主营业务成本核算

1.提供产成品或者商品销售业务的主营业务成本核算

在工业企业和商品流通企业中，由于存在商品实体的流转，因此成本的核算有两种方式：一种方式是与收入的确认同步进行，即在收入确认的同时对已销商品的成本进行结转，这种方式主要适用于以进价核算的商品批发企业或者是对存货使用实际成本进行核算的工业企业；另一种方式是到了月末，根据本月销售各种商品成本，统一计算应结转的主营业务成本，这种方式主要适用于以售价核算的商品零售企业和对存货采用计划成本进行核算的工业企业。倘若主营业务成本按计划成本或售价结转，则月末还应对本月销售商品应分摊的产品成本差异或商品进销差价进行调整。

【做中学10-17】某百货商店2018年3月31日有关账户余额如下：结转前商品进销差价为4 934 638.80元，库存商品为2 212 530元，主营业务收入为15 411 180元。

分摊率=4 934 638.80÷（2 212 530+15 411 180）×100%=28%

已销商品应分担的商品进销差价=15 411 180×28%=4 315 130.40（元）

借：商品进销差价	4 315 130.40	
贷：主营业务成本		4 315 130.40

2.提供劳务企业主营业务成本的核算

对于提供劳务的企业，其主营业务成本应根据实际情况和已经发生的劳务成本采用合理的方法进行结转（如完工百分比法），详见【做中学10-14】。

3.期末主营业务成本结转的核算

为了正确地反映经济组织的经营成果并兼顾核算和编制报表方便，会计期末应当将主营业务成本的余额结转到本年利润账户中。结转时，借记“本年利润”科目，贷记“主营业务成本”科目。

二、其他业务成本的核算

（一）其他业务成本的确认

其他业务成本，是指产生于企业的日常经营业务，但是与主要经营业务无关的产品或服务成本，是和其他业务收入进行配比的项目，衡量的是企业对其他经营业务的耗费和支出。

（二）其他业务成本核算的科目设置

为了反映和核算企业其他经营业务的耗费和支出，需要设置“其他业务成本”科目对其进行核算。该科目是损益类科目，和其他业务收入进行配比，用于核算企业非主要经营业务的实际成本。该科目借方登记其他非主要经营业务发生的实际成本，包括出售原材料的成本、经营租出固定资产的折旧、无形资产的摊销等。期末，应将该科目的余额转入“本年利润”科目的借方，结转后该科目无余额。该科目应和“其他业务收入”科目同步设置明细科目进行明细分类核算。

（三）其他业务成本核算

1.其他业务成本的归集

对其他业务成本进行归集核算时，应根据实际发生的成本，借记“其他业务成本”科目，贷记“原材料”“应付职工薪酬”等科目。

【做中学10-18】2018年8月，甲企业（属于增值税一般纳税人）将闲置厂房租给乙企业使用，双方商议，租期为5年，租金于每月月末支付，月租金为27 000元（不含增值税）。甲企业对该厂房采用年限平均法计提折旧，月折旧额为15 000元。

（1）每月月末收取租金时：

借：银行存款	29 700	
贷：其他业务收入		27 000
应交税费——应交增值税（销项税额）		2 700

（2）按月对厂房计提折旧时：

借：其他业务成本	15 000	
贷：累计折旧		15 000

2.其他业务成本的结转

为了正确地反映经济组织的经营成果并兼顾核算和编制报表方便，会计期末应当将其他业务成本的余额结转到本年利润账户中。结转时，借记“本年利润”科目，贷记“其他业务成本”科目。

三、税金及附加的核算

（一）税金及附加的确认

税收是国家财政收入的主要来源，是保证国家机器正常运转的重要条件，依法纳税是企业和公民应尽的义务。国家征税是根据税法和其他法律法规来进行的，企业在生产经营活动中的某种行为或者某个标的就会成为国家的征税对象。企业向国家缴纳各种税费对企业来说就是一项支出。根据税费的性质，会计上对税费也有不同的处理：第一，将缴纳的税费作为特定对象的组成或购建成本（如进口货物缴纳的关税等）；第二，将缴纳的税费作为当期的一项费用，反映这些应当被企业作为当期费用进行核算的各类税金。

（二）税金及附加核算的会计科目

为了管理和反映当期作为费用的各项税费，企业应设置“税金及附加”科目。该科目属于损益类科目，用于核算企业经营过程中各项应税行为所负担的各种税费，包括消费税、城市维护建设税、教育费附加、资源税、矿产资源补偿费、房产税、城镇土地使用税、车船税、印花税等。期末，应将该科目的余额转入“本年利润”科目的借方，结转后该科目无余额。

（三）税金及附加核算

1.税金及附加的归集

企业缴纳相关税费时，应根据纳税证明或完税凭证上记载的金额，借记“税金及附加”科目，贷记“应交税费”科目。

【做中学10-19】某盐业开采企业本月开采并销售井矿盐1 000吨，月末计提应缴纳的资源税12 000元。其会计处理如下：

借：税金及附加　　12 000

　　贷：应交税费——应交资源税　　12 000

2.税金及附加的结转

期末，企业应当将税金及附加的余额结转到本年利润账户中。结转时，借记“本年利润”科目，贷记“税金及附加”科目。

四、销售费用的核算

（一）销售费用的确认

销售费用，是指企业在销售商品和材料、提供劳务的过程中发生的各种费用，包括企业在销售商品过程中发生的保险费、包装费、展览费和广告费、商品维修费、装卸费等以及为销售本企业商品而专设的销售机构（含销售网点、售后服务网点等）的职工薪酬、业务费、折旧费、固定资产修理费用等。

（二）销售费用核算的会计科目

为了便于管理和反映企业在销售过程中发生的各项费用支出，企业应设置“销售费用”科目进行核算。该科目属于损益类科目，借方登记在经营过程中实际发生的销售费用，贷方登记冲减的销售费用。期末，应将该科目的余额转入“本年利润”科目的借方，结转后，该科目无余额。销售费用应当根据其具体内容，如包装费、广告费、职工工资等进行明细分类核算。

（三）销售费用核算

1.销售费用的归集

企业应根据经济业务中发生的实际金额，将其归属于销售费用的部分计入销售费用，借记“销售费用”科目，贷记“银行存款”“库存现金”等科目。

【做中学10-20】甲公司为增值税一般纳税人，2018年5月3日为宣传新产品向某新媒体公司支付一笔广告费，取得的增值税专用发票上注明的价款为100 000元，增值税为6 000元，以银行存款支付。甲公司应作如下会计分录：

借：销售费用——广告费　　100 000

　　应交税费——应交增值税（进项税额）　　6 000

　　贷：银行存款　　106 000

2.销售费用的结转

期末，企业应当将销售费用的余额结转到本年利润账户中。结转时，借记“本年利润”科目，贷记“销售费用”科目。

五、管理费用的核算

（一）管理费用的确认

管理费用，是指企业为了组织和管理企业的生产经营活动而发生的各项费用支出，包括企业在筹建过程中发生的开办费、董事会和行政部门在企业的经营管理中发生的或者应由企业统一负担的公司经费（包括行政管理部门职工工资及福利费、物料消耗、低值易耗品摊销、办公费和差旅费等）、工会经费、董事会费（包括董事会成员津贴、会议费和差旅费等）、聘请中介机构费、咨询费（含顾问费）、诉讼费、业务招待费、技术转让费、研究费用、排污费以及企业生产车间（部门）和行政管理部门等发生的固定资产修理费用等。

（二）管理费用核算的科目设置

为了便于管理和反映企业在管理过程中发生的各项费用支出，企业应设置“管理费用”科目进行核算。该科目属于损益类科目，借方登记在经营过程中实际发生的管理费用，贷方登记冲减的管理费用。期末，应将该科目的余额转入“本年利润”科目的借方，结转后，该科目无余额。管理费用应当根据其具体内容，如固定资产折旧、无形资产摊销、职工工资等进行明细分类核算。此外，无形资产研发过程中的费用化支出在研发结束后应转入管理费用，无形资产的摊销成本属于管理费用的范畴。

（三）管理费用核算

1.管理费用的归集

企业应根据经济业务中发生的实际金额，将其归属于管理费用的部分计入管理费用，借记“管理费用”科目，贷记“银行存款”“库存现金”等科目。

【做中学10-21】2018年7月，星辉公司在金鹰酒楼召开客户回馈年会，应付金鹰酒楼餐费10 000元、增值税600元，开出转账支票予以付讫。

据此，星辉公司应编制会计分录如下：

借：管理费用——业务招待费　　10 600

　　贷：银行存款　　10 600

2.管理费用的结转

期末，应将管理费用的余额结转到本年利润账户中。结转时，借记“本年利润”科目，贷记“管理费用”科目。

六、财务费用的核算

（一）财务费用的确认

财务费用是指企业为筹集生产经营所需资金等而发生的筹资费用。包括利息支出

（减利息收入）、汇兑损益以及相关的手续费、企业发生的现金折扣或收到的现金折扣等。

（二）财务费用核算的科目设置

为了便于反映企业在经营管理过程中发生的各项融资费用支出，企业应设置“财务费用”科目进行核算。该科目属于损益类科目，借方登记在经营过程中实际发生的财务费用，贷方登记冲减的财务费用。期末，应将该科目的余额转入“本年利润”科目的借方，结转后，该科目无余额。财务费用应当根据其具体内容，如利息支出、汇兑损益、结算手续费等进行明细分类核算。

（三）财务费用核算

1.财务费用的归集

企业应根据经济业务中发生的实际金额，将其归属于财务费用的部分计入财务费用。企业支付利息或计提利息时，借记“财务费用”科目，贷记“银行存款”“应付利息”等科目；收到利息时，编制相反的会计分录。

2.财务费用的结转

为了正确地反映经济组织的经营成果并兼顾核算和编制报表方便，期末应当将财务费用的余额结转到本年利润账户中。结转时，借记“本年利润”科目，贷记“财务费用”科目。

任务举例

【工作实例10-2】费用的确认和记录

李某是光明化工厂的会计，主要负责费用支出的核算业务。光明化工厂于2018年3月发生下列支出，请你帮助李某进行会计处理。

（1）3日，向甲公司开出转账支票一张，金额为60 000元，用于偿还货款。

（2）6日，向银行申请贴现商业汇票，面值为234 000元，收到银行划回的款项216 000元。

（3）8日，以银行存款向供电局缴纳车间电费5 000元。

（4）9日，以现金形式向职工发放上月工资，总额为170 000元。

（5）12日，支付用于出口产品向租赁公司租用的集装箱押金30 000元。

（6）14日，向银行支付用于建造生产线而专门借入、专项使用的借款利息20 000元。

（7）15日，用现金支付本月账簿开立过程中购买的印花税贴花，价值30元。

（8）18日，补足厂办文书的定额备用金200元，该备用金用于购买办公用品。

（9）22日，集装箱使用完毕，租赁公司退回的租用集装箱押金26 000元。

（10）31日，根据本月应缴纳的增值税2 000元计提城市维护建设税140元、教育费附加60元。

【工作过程】

第一步，根据所学知识，对上述10项业务进行判断，明确其是否归属于费用。

业务（1）不属于费用，属于应付账款。

业务（2）票据面值和划回款项之间的差额18 000元应确认为财务费用。

业务（3）不属于费用，车间的电费支出属于生产间接成本。

业务（4）不属于费用，属于应付职工薪酬。

业务（5）不属于费用，押金以后对方会退还，应计入其他应收款。

业务（6）不属于费用，专门借款的利息应予以资本化，计入在建工程成本。

业务（7）开立账簿支付的印花税应确认为当期的税金及附加。

业务（8）厂办办公用品的购买支出应确认为当期管理费用。

业务（9）退回的押金和支付的押金之间有4 000元的差异，应计入销售费用。

业务（10）当期应缴纳的城市维护建设税和教育费附加应确认为费用，计入税金及附加。

第二步，根据上述判断，对应确认为费用的业务编制记账凭证。

业务（2）：

借：银行存款	216 000	
财务费用	18 000	
贷：应收票据		234 000

业务（7）：

借：税金及附加	30	
贷：库存现金		30

业务（8）：

借：管理费用	200	
贷：库存现金		200

业务（9）：

借：银行存款	26 000	
销售费用	4 000	
贷：其他应收款		30 000

业务（10）：

借：税金及附加	200	
贷：应交税费——应交城市维护建设税		140
——应交教育费附加		60

任务3　利润核算

任务描述

1.根据经济业务，准确计算营业利润、利润总额和净利润；

2.在计算利润的基础上，结合企业所得税的核算知识正确计算企业所得税，并进行账务处理。

知识准备

利润，是企业一定时期的经营结果，是企业经营业绩的反映，在会计上体现为收入冲减支出后的差额。作为以营利为目的的经济组织，需要以经营收入来冲抵成本或费用，尽可能获得更多的利润，才能在激烈的市场竞争中求得生存和发展的机会。

企业一般是按照月度来进行利润核算的。利润按其构成的不同层次分为营业利润、利润总额和净利润。营业利润是营业收入减去营业费用后的净额；利润总额是营业利润与净利得之和；净利润是利润总额减去所得税费用以后的余额。营业利润用公式表示如下：

营业利润=营业收入-营业成本-税金及附加-期间费用-资产减值损失+投资收益（减亏损）+公允价值变动收益（减损失）+资产处置收益（减损失）+其他收益（减损失）

其中：营业收入由主营业务收入和其他业务收入合并形成；营业成本由主营业务成本和其他业务成本合并形成；期间费用由管理费用、销售费用和财务费用组成；资产减值损失是由各项资产计提的减值准备金额组成；投资收益是由企业在报表期内处置各项投资的损益构成；公允价值变动收益由需要以公允价值计量的各项资产的价值变动形成。资产处置收益是企业处置非流动资产的损益形成。其他收益则是总额法下与日常活动相关的政府补助以及其他与日常活动相关且应直接计入本项目的政府补助构成。

利润总额=营业利润+净利得（营业外收入-营业外支出）

净利润=利润总额-所得税费用

一、资产处置收益的核算

资产处置收益是指企业发生出售非流动资产的损益。包括企业出售划分为持有待售的非流动资产（金融工具、长期股权投资和投资性房地产除外）或处置组时确认的处置利得或损失，以及处置未划分为持有待售的固定资产、在建工程、生产性生物资产及无形资产而产生的处置利得或损失。

债务重组中因处置非流动资产产生的利得或损失和非货币性资产交换产生的利得或损失也包括在本项目内。

企业应当通过“资产处置损益”科目，核算资产处置收益的取得和结转情况。该科目可按资产处置收益项目进行明细核算。期末，应将该科目余额转入“本年利润”科目，结转后该科目无余额。其具体的核算详见【做中学5-13】。

二、其他收益的核算

其他收益主要是指与企业日常活动相关，除冲减相关成本费用以外的政府补助。

企业应当通过“其他收益”科目，核算总额法下与日常活动相关的政府补助以及其他与日常活动相关且应直接计入本项目的政府补助。期末，应将该科目余额转入“本年利润”科目，结转后该科目无余额。其具体的核算详见后面“四、政府补助的核算”。

三、营业外收支的核算

营业外收支是企业在经营过程中偶然发生的与主要经营业务无关的经济利益流入和流出。这些收支最大的特点就是偶然性强，并且不在企业的日常经营业务中产生，收支之间没有明显的对应关系。营业外收支虽然和企业的主要经营业务没有关联，但是仍然属于企业经济利益的流入或流出，仍然对企业的经营成果有影响。

（一）营业外收入的核算

营业外收入是指企业发生的营业利润以外的收益。营业外收入并不是由企业经营资金耗费所产生的，不需要企业付出代价，实际上是一种纯收入，不可能也不需要与有关费用进行配比。因此，在会计处理上，应当严格区分营业外收入与营业收入的界限。

营业外收入核算的内容包括非流动资产毁损报废利得、债务重组利得、与企业日常活动无关的政府补助、盘盈利得、捐赠利得等。

（1）非流动资产毁损报废利得，是指因自然灾害等发生毁损、已丧失使用功能而报废的非流动资产清理产生的收益。

（2）债务重组利得，是指重组债务的账面价值超过清偿债务的现金、非现金资产的公允价值、所转股份的公允价值，或者重组后债务账面价值之间的差额。

（3）政府补助，是指企业与企业日常活动无关的、从政府无偿取得货币性资产或非货币性资产形成的利得。

【提示】与企业日常活动相关的政府补助，应当按照经济业务实质，计入其他收益或冲减相关成本费用，与企业日常活动无关的政府补助，应当计入营业外收支。通常情况下，若政府补助补偿的成本费用是营业利润之中的项目，或该补助与日常销售等经营行为密切相关（如增值税即征即退等），则认为该政府补助与企业日常活动相关。

（4）盘盈利得，是指企业对于现金等资产清查盘点中盘盈的资产，报经批准后计入营业外收入的金额。

（5）捐赠利得，是指企业接受捐赠产生的利得。企业接受的捐赠和债务豁免，按照企业会计准则规定符合确认条件的，通常应当确认为当期收益。

【提示】企业接受控股股东（或控股股东的子公司）或非控股股东（或非控股股东的子公司）直接或间接代为偿债、债务豁免或捐赠，经济实质表明属于控股股东或非控股股东对企业的资本性投入，应当将相关利得计入所有者权益（资本公积）。

企业应当通过“营业外收入”科目，核算营业外收入的取得和结转情况。该科目可按营业外收入项目进行明细核算。期末，应将该科目余额转入“本年利润”科目，结转后该科目无余额。

（二）营业外支出的核算

营业外支出是指企业发生的营业利润以外的支出，包括罚没支出、非流动资产毁损报废损失、债务重组损失、公益性捐赠支出、非常损失、盘亏损失等。

（1）非流动资产毁损报废损失，是指因自然灾害等发生毁损、已丧失使用功能而报废非流动资产所产生的清理损失。

（2）债务重组损失，是指重组债权的账面余额超过受让资产的公允价值、所转股份的公允价值，或者重组后债权的账面价值之间的差额。

（3）公益性捐赠支出，是指企业对外进行公益性捐赠发生的支出。

（4）非常损失，是指企业对于因客观因素（如自然灾害等）造成的损失，在扣除保险公司赔偿后计入营业外支出的净损失。

企业应通过“营业外支出”科目，核算营业外支出的发生及结转情况。该科目可按营业外支出项目进行明细核算。期末，应将该科目余额转入“本年利润”科目，结转后该科目无余额。

四、政府补助的核算

（一）政府补助概述

1.政府补助的定义

政府补助的定义有广义和狭义之分。广义的政府补助，是指政府或政府部门按照国家在特定时期制定的经济政策或法律法规的要求，以提供拨款、担保贷款、注入资本或提供实物补偿等形式向企业给予的经济支持和物资援助；狭义的政府补助，是指企业从政府或政府部门无偿取得的货币资产或非货币资产，但不包括政府以资本注入方式向企业投入的资产。对于政府补助定义中提及的政府或政府部门，既包括政府机构中实际存在的部门（如财政、税务、环保、科技等部门），也包括经批准成立的非政府部门（如红十字会）、非营利性组织（如各种基金会）和国际性组织（如联合国、世界银行等）。本书在介绍政府补助时采用狭义的政府补助的定义。

2.政府补助的特点

（1）政府补助是无偿的、有条件的。政府向企业提供补偿具有无偿性的特点，政府不会因为向企业提供补助就拥有了企业的控制权，企业也不会因为接受政府补助而需要向政府履行相应的义务。但是政府补助往往附有条件，一般是企业某项业务必须要符合国家的法律法规或政策的规定，并且补助款项必须根据政府规定的用途使用。

（2）政府补助的形式是直接取得资产。按照狭义的政府补助的定义，政府补助是企业直接从政府取得货币资产或非货币资产。不涉及获得资产的经济支持不属于政府补助，如政府与企业之间的债务豁免、出口退税等，均不属于政府补助。

（3）政府资本性投入不属于政府补助。当政府以投资者的身份向企业注资，参与企业的经营管理活动时，政府就和其他投资者没有任何区别，政府在这样的情况下就享有利润的分配权。然而政府补助因为不要求企业偿还或履行义务，因此不具备政府投资的性质。

3.政府补助的分类

政府补助分为两类，即与资产相关的政府补助和与收益相关的政府补助。

（1）与资产相关的政府补助。这种补助往往和企业购建某些长期资产相关，如政府专门拨付的用于企业购买所需要的机器设备的专项资金，对企业为购建生产线发行的债券用财政资金贴息等。在企业购建关系到国计民生的基础设施时，政府可能会长期向企业拨付货币资产或非货币资产。

（2）与收益相关的政府补助。这种补助一般和企业的收益相关，如政府的环保补贴、科研补贴等，主要表现为政府向企业转移货币资产或非货币资产。

4.政府补助的形式

政府补助的形式比较多样，既可以表现为政府向企业转移非货币资产，也可以表现为政府向企业拨付货币资产。具体来说，政府补助主要有以下三种形式：财政拨款、财政贴息和税收返还。

（1）财政拨款，是指政府向企业划拨财政资金，但由于财政资金的使用必须严格按照当年的财政预算进行，因此在政府向企业划拨财政资金时往往会明确指定财政资金的使用途径。

（2）财政贴息，是指政府为支持企业或企业所在行业的发展，使用财政资金对企业在经营过程中借入的商业贷款利息予以补贴。

（3）税收返还，是指政府按照国家税法的规定，对企业缴纳的各项税费采用即征即退、先征后退等形式予以返还。

（二）政府补助的核算方法

对政府补助进行核算的方法，从会计理论上看有两种：一是将政府补助直接计入当期收益或递延收益的收益法，收益法分为总额收益法和净额收益法；另一种是将政府补助作为所有者权益增加的资本法。根据我国现行企业会计准则的规定，对政府补助的核算应采用总额收益法。在这种方法下，应设置“递延收益”科目。该科目属于负债类科目，核算企业收到政府补助后应计入损益的部分。该科目贷方登记企业应收或已收到的政府补助；借方登记已收到的与购建资产相关的政府补助中应分配计入当期收益的金额，或与收益相关的补助在发生相关费用或损失的未来期间应补偿的金额；期末贷方余额反映尚未分摊的政府补助等收益。该科目应按照政府补助的名称设置明细科目进行明细分类核算。

1. 与资产相关的政府补助的核算

与资产相关的政府补助往往和企业购建某些长期资产相关，这类补助可以是银行资金转账拨付，也可以是非货币资产的无偿调拨。对于非货币资产的无偿调拨，应按照实际取得资产且资产交接手续办妥时的公允价值计量，倘若公允价值不能可靠取得，应按照资产的名义价值（1元人民币）确认。在确认资产价值时，应借记“银行存款”“固定资产”等科目，贷记“递延收益”科目；并在资产合理估计的使用期间分配递延收益，借记“递延收益”科目，贷记“其他收益”科目。如果递延收益需要长期摊销，则应以资产达到预定可使用状态为摊销的起始点，并将该时点作为资产折旧计提或摊销的起始点。倘若资产提前报废或处置，则应当在资产处置或报废时，将未摊销完的递延收益一次性计入当期损益，后期不再摊销。

【做中学10-22】A公司拟购入新型节能设备一台，因符合国家产业政策和相关法律的规定，向政府申请补助。2018年1月1日，A公司收到政府划拨来的设备购置专项拨款360万元，并于当日购入设备。该设备的实际成本为400万元，预计净残值为0，预计使用时间为10年，使用年限平均法计提折旧，使用3年后的1月1日，企业以150万元的价格将设备出售。A公司编制与政府补助相关的会计分录如下：

（1）2018年1月1日收到拨款时：

借：银行存款	3 600 000	
贷：递延收益		3 600 000

（2）自2018年2月起，每月末应分摊递延收益3万元：

借：递延收益	30 000	
贷：其他收益		30 000

（3）出售资产的当月：

借：递延收益	2 550 000	
贷：其他收益		2 550 000

2.与收益相关的政府补助的核算

与收益相关的政府补助一般和企业的收益相关，这类拨款往往是以货币资产的形式拨付，因此在会计核算时，应按照实际入账的金额进行确认和计量。倘若补助是针对后期即将发生的损失而实施的，则应首先借记“银行存款”等科目，贷记“递延收益”科目；待需要确认相应损失时再将递延收益转入其他收益，借记“递延收益”科目，贷记“其他收益”科目；如果补助是针对以前已经发生的损失实施的，则应在收到补助时一次性将补助记入“其他收益”科目，借记“银行存款”科目，贷记“其他收益”科目。倘若企业不能准确区分补助是针对先期还是后期发生的损失的，则根据重要性原则，应一次性将补助记入“其他收益”科目，如果补助金额较大，可以分期记入。

【做中学10-23】2017年年底，A公司计划购入新型节能设备一台，该设备的实际成本为400万元，预计净残值为0，预计使用年限为10年，使用年限平均法计提折旧。2018年1月1日，购入的设备运抵A公司，2018年2月1日，因符合国家产业政策和相关法律的规定，政府向A公司划拨设备购置专项补助款30万元。

因补助款金额较小，可以一次性将其计入当期损益，2018年2月1日收到补助款时：

借：银行存款　　300 000

　　贷：其他收益　　300 000

3.与资产和收益均相关的政府补助的核算

在经济活动中，政府补助往往按照项目进行，但有时候政府补助也仅仅针对项目中的某一部分支出，财务会计理论告诉我们，一项支出如果不是资本化支出，就一定是费用化支出。当出现无法区分政府补助的对象究竟是资本化支出还是费用化支出时，这样的政府补助就是与资产和收益都相关的政府补助。在对与资产和收益都相关的政府补助进行会计核算时，首先应明确政府补助的对象究竟是项目中的资本化支出还是费用化支出，资本化支出按照与资产相关的政府补助进行核算，费用化支出按照与收益相关的政府补助进行核算。倘若不能区分，企业应将该项目政府补助视为与收益相关的政府补助，按照与收益相关的政府补助的核算方法计入当期损益或递延收益。

五、所得税费用的核算

企业会计准则和所得税法是基于不同目的、遵循不同原则分别制定的，两者在资产与负债的计量标准、收入与费用的确认原则等诸多方面存在一定的分歧，导致企业一定期间按企业会计准则的要求确认的会计利润往往不等于按税法规定计算的应纳税所得额。

（一）会计利润与应纳税所得额之间的差异

会计利润与应纳税所得额是两个既有联系又有区别的概念。会计利润，是指企业根据会计准则的要求，采用一定的会计程序与方法确定的所得税前利润总额，其目的是向财务会计报告使用者提供关于企业经营成果的会计信息，为其决策提供相关、可靠的依据；应纳税所得额，是指按照所得税法的要求，以一定期间应税收入扣减税法准予扣除的项目后计算的应税所得，其目的是为企业进行纳税申报和国家税收机关对企业的经营所得征税提供依据。由于会计利润与应纳税所得额的确定依据和目的不同，因此，两者之间往往存在一定差异，这种差异按其性质分为永久性差异和暂时性差异两种类型。

1.永久性差异

永久性差异是指某一会计期间，由于会计准则和税法在计算收益、费用或损失时的口径不同所产生的税前会计利润与应纳税所得额之间的差异。如企业购买国债取得的利息收入，在会计核算上作为投资收益，计入当期利润表，但根据税法的规定，不属于应税收入，不计入应纳税所得额；再如，企业支付的违法经营罚款、税收滞纳金等，在会计核算上作为营业外支出，计入当期利润表，但根据税法的规定，不允许在所得税前扣除。永久性差异的特点是在本期发生，不会在以后期间转回。

2.暂时性差异

暂时性是指资产、负债的账面价值与其计税基础不同产生的差异，该差异的存在将影响未来期间的应纳税所得额。如按照企业会计准则的规定，交易性金融资产期末应以公允价值计量，公允价值的变动计入当期损益；但按照税法的规定，交易性金融资产在持有期间的公允价值变动不计入应纳税所得额，待处置交易性金融资产时，按实际取得成本从处置收入中扣除，因而其计税基础保持不变，仍为初始投资成本，由此产生了交易性金融资产账面价值与其计税基础之间的差异，该项差异将会影响处置交易性金融资产期间的应纳税所得额。暂时性差异的特点是发生于某一会计期间，但在以后一期或若干期内能够转回。

（二）所得税的会计处理方法

如果会计利润与应纳税所得额之间仅存在永久性差异，则根据确定的应纳税所得额和适用税率计算当期应交所得税，并确认为当期所得税费用即可，不存在复杂的会计处理问题。但如果还存在暂时性差异，则所得税的会计处理方法有应付税款法和纳税影响会计法之分。

1.应付税款法

应付税款法是指企业不确认暂时性差异对所得税的影响金额，按照当期计算的应交所得税确认当期所得税费用的方法。在这种方法下，当期确认的所得税费用等于当期应交所得税。

采用应付税款法进行所得税的会计处理，不需要区分永久性差异和暂时性差异，本期发生的各类差异对所得税的影响金额，均在当期确认为所得税费用或抵减所得税费用，不将暂时性差异对所得税的影响金额递延和分配到以后各期。

应付税款法的会计处理比较简单，但不符合权责发生制原则。因此，我国企业会计准则不允许采用这种方法，而在小企业会计准则中允许采用。

2.纳税影响会计法

纳税影响会计法是指企业确认暂时性差异对所得税的影响金额，按照当期应交所得税和暂时性差异对所得税影响金额的合计确认所得税费用的方法。

采用纳税影响会计法进行会计处理，暂时性差异对所得税的影响金额需要递延和分配到以后各期，即采用跨期摊配的方法逐渐确认和依次转回暂时性差异对所得税的影响金额。在资产负债表中，尚未转销的暂时性差异对所得税的影响金额，反映为一项资产或一项负债。

应付税款法与纳税影响会计法对永久性差异的会计处理是一致的。如果本期发生的永久性差异已从会计利润中扣除，但不能从应纳税所得额中扣除，永久性差异对所得税的影响金额构成本期的所得税费用；如果本期发生的永久性差异未从会计利润中扣除，但可以从应纳税所得额中扣除，永久性差异对所得税的影响金额可抵减本期的所得税费用。

应付税款法与纳税影响会计法的主要区别是，应付税款法不确认暂时性差异对所得税的影响金额，直接以本期应交所得税作为本期的所得税费用；而纳税影响会计法要确认暂时性差异对所得税的影响金额，在资产负债表中单独作为递延所得税项目列示，同时，在利润表中增加或抵减本期的所得税费用。

在采用纳税影响会计法进行所得税的会计处理时，按照税率变动时是否需要对已入账的递延所得税项目进行调整，又可分为递延法和债务法两种具体处理方法。其中，债务法下，按照确定暂时性差异对未来所得税影响的目的不同，又分为利润表债务法和资产负债表债务法。我国企业会计准则规定采用资产负债表债务法。

资产负债表债务法是从资产负债表出发，通过分析暂时性差异产生的原因和性质，将其对未来所得税的影响分别确认为递延所得税负债和递延所得税资产，并在此基础上倒推出各期所得税费用的一种方法。资产负债表债务法以“资产负债观”为理论基础，其主要目的是合理确认资产负债表中的递延所得税资产和递延所得税负债，所得税费用是由资产负债表间接得出的。

在资产负债表债务法下，递延所得税项目分别设置“递延所得税资产”“递延所得税负债”科目核算，并以“递延所得税资产”“递延所得税负债”项目分别列示于资产负债表中，这就将递延所得税资产和递延所得税负债区分开来，使资产负债表可以清晰地反映企业的财务状况，有助于财务报表使用者的正确决策。

（三）资产负债表债务法的基本核算程序

在采用资产负债表债务法核算所得税的情况下，企业一般应于每一个资产负债表日进行所得税的会计处理。企业发生合并等特殊业务时，应在会计处理的同时确认所得税费用，企业进行所得税核算的步骤如下：

第一步，确定资产和负债的账面价值

资产和负债的账面价值是指按照企业会计准则的相关规定对资产、负债进行会计处理后确定的在资产负债表中应列示的金额。如某企业存货的账面余额为500万元，会计期末，企业对存货计提了10万元的跌价准备，则存货的账面价值为490万元，该金额亦即存货在资产负债表中应列示的金额。资产和负债的账面价值可以直接根据有关账簿的记录确定。

第二步，确定资产和负债的计税基础

资产和负债的计税基础应按照企业会计准则对资产和负债计税基础的确定方法，以适用的税收法规为基础进行确定。

第三步，分析差异，确定递延所得税

比较资产、负债的账面价值和计税基础，对于两者之间存在差异的，分析其性质，除企业会计准则中规定的特殊情况外，结合税法的规定，将其分为应纳税暂时性差异和可抵扣暂时性差异。按照应纳税暂时性差异和适用税率确定递延所得税负债的期末余额，按照可抵扣暂时性差异和适用税率确定递延所得税资产的期末余额，然后与递延所得税负债和递延所得税资产的期初余额进行比较，确定当期应予进一步确认或应予转回的递延所得税负债和递延所得税资产金额，并将两者的差额作为利润表中所得税费用的一个组成部分

——递延所得税。

第四步，确定当期所得税

按照适用税法计算确定当期应纳税所得额，以应纳税所得额乘以适用税率计算确定当期应交所得税，作为利润表中所得税费用的另一个组成部分——当期所得税。

第五步，确定利润表中的所得税费用

利润表中的所得税费用由当期所得税和递延所得税两部分构成。企业在计算确定当期所得税和递延所得税的基础上，将两者之和（或之差）作为利润表中的所得税费用。

（四）资产和负债的计税基础

1.资产的计税基础

资产的计税基础，是指企业收回资产账面价值的过程中，计算应纳税所得额时按照税法规定可以自税前经济利益中抵扣的金额，即某一项资产在未来期间计税时可以税前扣除的余额，亦即资产取得成本减去以前期间税法允许扣除金额后的净额。其用公式表示为：

资产的计税基础=取得成本-以前已经累计税前扣除的金额

或：资产的计税基础=资产未来期间计税时可以税前扣除的余额（实际上就是按照税法口径计算出的某项资产的价值）

从税法的角度考虑，资产的计税基础是假定企业按照税法规定进行核算时所确定的金额。企业以各种方式取得的资产，因为其会计核算的严谨性，因此基本上和税法计算的口径是一致的，即取得成本和资产的计税基础一致，但是对于资产在持有的过程中，由于后续会计计量方法和税法出现不一致的可能性较大，因此会造成资产的会计账面价值和税法上的资产计税基础出现差异。以现行税法为例，现就资产的会计账面价值与资产的计税基础的差异进行举例说明。

（1）固定资产

固定资产的初始成本（即入账价值）由于可以由企业外部的其他经济组织证明，因此公允性较强，在税法上获得认可的可能性很大，故而固定资产的入账价值在会计核算上和税法核算上差异不大，可以视为相等。但是由于固定资产存在折旧核算，在会计核算上的折旧方法很多，但是税法是法律，比较严谨，折旧的计算方法比较固定。因此在会计核算时选择不同的折旧方法就有可能造成固定资产的账面净值和税法上固定资产的计税基础不一致。另外，对固定资产计提减值准备也会导致固定资产的账面净值和税法上固定资产的计税基础不一致。

①折旧的年限和方法对固定资产计税基础的影响。根据企业会计准则的规定，企业可以根据固定资产经济利益实现的方式灵活地选择与之相配比的固定资产折旧方法，如对更新换代速度比较快的固定资产，就可以选用双倍余额递减法或年数总和法这样的加速折旧方法进行折旧的核算。2008年《中华人民共和国企业所得税法实施条例》实施后，虽然允许对固定资产折旧使用加速折旧法，但是允许使用的范围仍然被限制得很小，因此税法上对固定资产折旧的方法一般还是只允许使用年限平均法。除此以外，税法上对固定资产的折旧年限也有规定，这个规定的年限往往和企业自己的估计使用年限存在较大差异，这样也会造成固定资产的账面净值和固定资产的计税基础不一致。

【做中学10-24】2017年年末，甲企业以300万元的价格购入机器一台，净残值为0，甲企业预计其使用年限为5年，采用年数总和法计提折旧，但是税法上对这类机器的折旧年限规定为20年，采用年限平均法计提折旧。试确定该项固定资产在2018年年末的账面价值和计税基础。

账面价值=300−300×5÷15=200（万元）

计税基础=300−300÷20=285（万元）

账面价值和计税基础间存在85万元的差异，这就意味着企业在未来会减少应纳税所得额和应交所得税。

②固定资产减值准备对固定资产计税基础的影响。将固定资产减值准备确认为当期的资产减值损失计入当期损益是会计准则谨慎性要求的体现，减值准备并不是实际发生的损失，因此对固定资产计提的减值准备在税法上并不被认可，也就不允许在税前作为损益被列支。这样也就会造成固定资产的账面价值和固定资产的计税基础不一致。

【做中学10-25】2017年年末，甲企业以300万元的价格购入机器一台，净残值为0，甲企业预计其使用年限为5年，采用年限平均法计提折旧。该项机器的性能满足税法对这类机器可以使用加速折旧法进行折旧的规定，允许使用年数总和法计提折旧。2018年年末，估计该机器的可收回金额为210万元。试确定该项固定资产在2018年年末的账面价值和计税基础。

账面价值=300−300÷5−30=210（万元）

计税基础=300−300×5÷15=200（万元）

账面价值和计税基础间存在10万元的差异，这就意味着企业在未来会增加应纳税所得额和应交所得税。

（2）无形资产

外购无形资产的业务和固定资产相似，税法对外购无形资产的计税基础是认可的，但是对于自建无形资产来说，由于存在资本化研发费用可以加计扣除的税法规定，使得无形资产在自建时计税基础和会计核算有一定差异；会计和税法对无形资产摊销的计提在计算方式上存在差异，因此也会影响无形资产的计税基础。此外，无形资产计提减值准备和固定资产一样，也会影响无形资产的计税基础。

①无形资产资本化研发支出对无形资产计税基础的影响。企业会计准则规定，对无形资产的研发支出应严格区分资本化和费用化的金额。研究阶段的研发支出应当费用化，作为期间费用；开发阶段的研发支出应当资本化，作为无形资产的购建成本。而税法中对无形资产研发支出中可以资本化的部分允许加计扣除，现行税法的扣除比率是150%。

【做中学10-26】甲企业于2017年研发一项专利技术，研发支出共计500万元，研究阶段支出100万元，开发阶段符合资本化条件以前发生支出100万元，符合资本化条件以后发生支出300万元，假定税法规定可以按照开发成本的150%加计扣除研发支出，年末该项技术已投入使用并开始会计核算摊销，试确定该无形资产的账面价值和计税基础。

账面价值：可以资本化的支出金额300万元。

计税基础：企业当期发生的研发支出是500万元，可在税前加计扣除的比率是150%，因此在税前研发支出可扣除的金额是750万元，有关支出在税前允许加计扣除后，未来期间无形资产可在税前扣除的金额为−250万元（500−750），由于该项目不属于能够递延抵扣的项目，所以其计税基础为0。

该项无形资产的账面价值300万元与其计税基础之间的差额，意味着企业在未来会增加应纳税所得额和应交所得税。

②无形资产后续计量对无形资产计税基础的影响。无形资产的后续计量主要包括无形资产摊销和减值准备的计提。在会计核算的过程中，无形资产减值准备的计提和固定资产减值准备相似，因此在企业会计准则中，计提的无形资产减值准备被计入了资产减值损失，属于损益项目，影响会计利润。但是在税法中，无形资产减值不得在税前扣除，因此，无形资产减值准备的计提会影响无形资产的计税基础。另外，对无形资产的摊销，在会计和税法上的核算也有差异。会计核算中对无形资产的摊销区分使用寿命确定和使用寿命不确定的情况进行，使用寿命确定的无形资产应在其确定的使用寿命内摊销，使用寿命不确定的则不要求摊销；而税法规定，使用寿命确定的无形资产应在其确定的使用寿命内摊销，使用寿命不确定的无形资产应在不低于10年的期限内摊销。因此，无形资产摊销和减值准备的计提会影响无形资产的计税基础。

（3）以公允价值进行后续计量的资产

以公允价值进行后续计量的金融资产（主要包括以公允价值计量且其变动计入当期损益的金融资产、以公允价值计量且其变动计入其他综合收益的金融资产、采用公允价值进行后续计量的投资性房地产等），由于其会计期末的账面价值是其公允价值，因此在会计核算上要求其将公允价值与账面价值之间的差额计入当期损益，从而对会计利润产生影响。但是税法规定，金融资产的期末计税基础应以取得成本进行确认，这样就会造成账面价值和计税基础之间的差异。

【做中学10-27】甲公司2017年12月初取得了一项交易性金融资产，该交易性金融资产的成本为400万元，年末的公允价值为700万元，试确定其账面价值和计税基础。

账面价值：资产的公允价值为700万元。

计税基础：公允价值的变动不影响其应纳税所得，仍然是400万元。

该项交易性金融资产的账面价值700万元和其计税基础400万元之间的差额300万元，意味着企业在未来会增加应纳税所得额和应交所得税。

（4）其他计提了减值准备的资产

企业对存货、应收款项等资产计提减值准备的会计核算会影响相应资产的账面价值，但是减值准备属于基于谨慎性原则进行的会计估计，一般税法都不会允许其于税前予以扣除，即计提减值准备不影响资产的计税基础，而其对会计利润造成的影响税法不予认可，因此计提减值准备的会计核算一般都会造成资产的账面价值和计税基础之间的差异。

（5）采用权益法核算的长期股权投资

长期股权投资采用权益法核算时，其账面价值会随着初始投资成本的调整、投资损益的确认、利润分配、应享有被投资单位其他综合收益及其他权益变动的确认而发生相应的变动，但税法中并没有权益法的概念，税法要求长期股权投资处置时按照取得投资时确定的实际投资成本予以扣除，即长期股权投资的计税基础为其投资成本，由此导致了长期股权投资账面价值与计税基础之间产生差异。

2.负债的计税基础

负债的计税基础，是指负债的账面价值减去未来期间计算应纳税所得额时按照税法规定可予以抵扣的金额。其用公式表示为：

负债的计税基础=负债的账面价值-未来期间按照税法规定可予以抵扣的金额

一般情况下，负债的确认和偿还不会影响当期损益和应纳税所得额。未来期间按照税法规定可予以抵扣的金额一般为零，亦即账面价值和计税基础相等，如应付账款、应付票据和短期借款等。但是在某些特殊业务出现后，负债的确认会影响当期损益，并影响企业当期的应纳税所得额。

（1）因销售商品产生的预计负债

根据企业会计准则中对于该类业务核算的规定，预计负债属于或有事项，当业务发生时，企业一方面要确认当期费用，另一方面要确认预计负债。根据税法的规定，销售过程中发生的支出可以在支出发生的当期在税前予以列支。但是或有事项是否会发生往往在销售业务发生的同期无法进行判断，因此基于谨慎性原则，会计在核算过程中要求对其进行确认。这样就会导致负债的计税基础和账面价值之间形成差异。

【做中学10-28】某企业在2017年因销售商品而承诺提供4年的保修服务，在当年的利润表中对这项业务确认了60万元的销售费用，并在资产负债表中确认了60万元的预计负债。但是在当年并未发生保修业务，试确定该项负债的账面价值和计税基础。

账面价值：即为预计负债的价值60万元。

计税基础：该项负债并不是实际发生的债务，当其发生时，其对企业产生的经济利益流出可以在税前列支，因此未来可抵扣金额为60万元，根据公式计算，该项负债的计税基础为0。

该项预计负债的账面价值60万元和其计税基础0之间的差额为60万元，意味着企业在未来会减少应纳税所得额和应交所得税。

（2）预收账款

根据企业会计准则的规定，企业收到客户以订金等形式支付的预付款时，虽有经济利益的流入，但是企业也具备了必须履行的义务。因此在收到订金时，企业不应确认收入，而应将其记入“预收账款”科目。但根据税法的规定，预收期限超过3个月的预收账款，应视同企业的销售收入并入当期应纳税所得额，因其产生的企业所得税可以在预收账款在会计上确认为收入的当期税前全额扣除，这样一来，也会影响企业预收账款的计税基础。

【做中学10-29】某企业在2017年8月收到客户预付购买产品的订金300万元，因为企业生产计划饱和，截至当年12月，尚未向客户提供产品。试确定该项负债的账面价值和计税基础。

账面价值：预收账款的价值300万元。

计税基础：因预收期限超过3个月，预收账款应视同企业的销售收入，在未来确认收入时不用在所得税纳税申报时再次确认，因此未来可抵扣金额为300万元，根据公式计算，该项负债的计税基础为0。

该项预计负债的账面价值300万元和其计税基础0之间的差额为300万元，意味着企业在未来会减少应纳税所得额和应交所得税。

（3）其他负债

根据企业会计准则的规定，企业的罚没支出等非常业务的支出，在发生时应计入营业外支出，作为“损失”影响当期会计利润。但根据税法的规定，罚没支出不得在税前扣除，其计税基础和账面价值相等，不产生暂时性差异。

【做中学10-30】2017年10月，某公司因合同违约被客户告至人民法院，当年12月，案件审理完毕，宣判本公司败诉，赔偿客户违约金200万元，试确定该项负债的账面价值和计税基础。

账面价值：该项负债的价值200万元。

计税基础：因该项负债在税法中属于不得税前扣除的项目，因此未来可抵扣金额为0，根据公式计算，该项负债的计税基础为200万元。

该项负债的账面价值和计税基础一致，不产生暂时性差异。

（五）暂时性差异的确认

暂时性差异，是指由于资产和负债在会计和税法计算口径上的不一致而在计量上产生的差额。由于资产和负债的账面价值和计税基础不同，导致在收回资产或清偿负债的会计期间，应纳税所得额较会计利润出现增加或者减少的现象，但这种增加或减少在以前（或者以后）的纳税年度内已经（或者即将）在税法计算应纳税所得额时予以抵扣或加回，这就是暂时性差异。暂时性差异对企业应纳所得税的影响应被确认为企业所得税中的递延所得税资产或递延所得税负债。

如果存在因不符合会计确认条件而尚未在会计核算中体现的资产或负债，但是在税法上可以确认其计税基础，也应将计税基础和账面价值之间的差额归属于暂时性差异。按照暂时性差异对应纳税所得额的影响，暂时性差异可以分为应纳税暂时性差异和可抵扣暂时性差异两种。

1.应纳税暂时性差异

应纳税暂时性差异，是指在确定未来收回资产或清偿负债期间的应纳税所得额时，将导致产生应税金额的暂时性差异。该差异在未来期间转回时，会增加转回期间的应纳税所得额。亦即在持续经营的过程中，造成前期会计利润大于应税利润，后期会计利润小于应税利润的事项。这类暂时性差异对当期应纳所得税的影响，应确认相关的递延所得税负债。

递延所得税负债对当期应纳税所得额和当期应交所得税的影响是减少，对未来应纳税所得额和未来应交所得税的影响是增加。通常情况下，递延所得税负债产生于以下情况：

（1）资产账面价值大于计税基础。如前述的【做中学10-25】和【做中学10-26】，从经济含义来看，资产在未来期间产生的经济利益少，按照税法规定允许在税前予以扣除的多，企业就可以减少应纳税所得额并减少应交所得税，因此，相对于未来而言，在当期就形成了递延所得税负债。

（2）负债账面价值小于计税基础。这种情况预示在未来期间可以税前抵扣的金额是正数，则企业在未来期间可以减少应纳税所得额并减少应交所得税，因此，相对于未来而言，在当期就形成了递延所得税负债。

2.可抵扣暂时性差异

可抵扣暂时性差异，是指在确定未来收回资产或清偿负债期间的应纳税所得额时，将导致产生可抵扣金额的暂时性差异。该差异在未来期间转回时，会减少转回期间的应纳税所得额。亦即在持续经营的过程中，造成前期会计利润小于应税利润，后期会计利润大于应税利润的事项。这类暂时性差异对当期应纳所得税的影响，应确认相关的递延所得税资产。

递延所得税资产对当期应纳税所得额和当期应交所得税的影响是增加，对未来应纳税所得额和未来应交所得税的影响是减少。通常情况下，递延所得税资产产生于以下情况：

（1）资产账面价值小于计税基础。如前述的【做中学10-24】，从经济含义来看，资产在未来期间产生的经济利益多，按照税法规定允许在税前予以扣除的少，企业就会增加应纳税所得额并增加应交所得税。因此，相对于未来而言，在当期就形成了递延所得税资产。

（2）负债账面价值大于计税基础。如前述的【做中学10-28】和【做中学10-29】，这种情况预示在未来期间可以税前抵扣的金额是负数，则企业在未来期间可以增加应纳税所得额并增加应交所得税。因此，相对于未来而言，在当期就形成了递延所得税资产。

3.特殊项目的暂时性差异

（1）未作为资产和负债项目产生的暂时性差异。某些交易事项发生以后，因不符合资产或者负债的确认条件而未在资产负债表上予以体现，但是按照税法可以确认其计税基础，计税基础和账面价值之间的差额归属于暂时性差异。

【做中学10-31】甲公司2017年开始筹建，当年发生筹建费用1 200万元，企业将其全部计入当期损益。按照税法的规定，筹建期间的筹建费用可以在正常生产经营活动开始后的3年内予以分期计入。试分析是否形成暂时性差异。

账面价值：该项支出按照会计准则的要求应当予以费用化处理，因此不体现在资产负债表上。

计税基础：按照税法的规定，筹建期间的筹建费用可以在正常生产经营活动开始后的3年内予以分期计入，因此计税基础为1 200万元。

综上所述，该项目可以确认产生暂时性差异1 200万元，并可以在此基础上确认递延所得税资产。

（2）可抵扣亏损及税款抵减产生的暂时性差异。对于税法规定可以结转到以后年度的未弥补亏损及税款抵减，虽不是因账面价值和计税基础不同产生的，但本质上与可抵扣暂时性差异相同，均能减少未来期间的应税所得，并减少未来的应交所得税。因此，在会计核算时，应视同可抵扣暂时性差异，并在此基础上确认递延所得税资产。

（六）所得税核算的会计科目

1.所得税费用

该科目属于损益类科目，用于核算企业当期应从利润中扣除的所得税费用。借方登记从损益中扣除的所得税，贷方登记结转到本年利润中的所得税费用金额。结转后，期末无余额。该科目应按照“当期所得税费用”和“递延所得税费用”设置明细科目进行明细分类核算。

2.递延所得税资产

该科目属于资产类科目，用于核算企业确认的可抵扣暂时性差异产生的递延所得税资产，以及根据税法规定可用以后年度税前利润弥补的亏损和税款抵减产生的递延所得税资产。该科目借方登记资产负债表日确认的递延所得税资产，资产负债表日的递延所得税资产应有余额高于其账面价值的增加额，与直接计入所有者权益的交易事项相关的递延所得税资产；贷方登记资产负债表日的递延所得税资产应有余额低于其账面价值的减少额，资产负债表日预计未来期间很可能无法获取足够的应纳税所得额用于抵扣可抵扣暂时性差异的，按原已确认递延所得税资产中需要减记的金额；期末借方余额反映已经确认的递延所得税资产。该科目可以按可抵扣暂时性差异的项目设置明细科目进行明细分类核算。

3.递延所得税负债

该科目属于负债类科目，用于核算企业确认的应纳税暂时性差异产生的递延所得税负债。该科目贷方登记资产负债表日确认的递延所得税负债，资产负债表日的递延所得税负债应有余额高于其账面价值的增加额；借方登记资产负债表日的递延所得税负债应有余额低于其账面价值的减少额；期末贷方余额反映已经确认的递延所得税负债。该科目可以按应纳税暂时性差异的项目设置明细科目进行明细分类核算。

（七）递延所得税资产及负债的确认与计量

1.递延所得税资产的确认与计量

递延所得税资产产生于可抵扣暂时性差异，是指未来期间可收回的所得税金额。企业应于资产负债表日分析比较资产、负债的账面价值及计税基础，若差异为可抵扣暂时性差异，则应确认递延所得税资产。此外，未利用的可抵扣亏损结转以后年度和未利用的税款抵减结转以后年度的，也应确认递延所得税资产。

递延所得税资产的确认，应以未来期间可能取得的应税所得为限额。在可抵扣暂时性差异转回的未来期间，企业无法产生足够的应纳税所得额用以抵减可抵扣暂时性差异的影响导致递延所得税资产相关的经济利益不能实现的部分，企业不应确认递延所得税资产；反之，则以可能取得的应纳税所得额为限，在确认或转回递延所得税资产时，应相应减少或增加利润表中的所得税费用。另外，所得税资产的计量不要求折现，一律按照预期可以收回递延所得税资产的当期适用所得税税率计算。

资产负债表日，企业应对递延所得税资产的账面价值进行复核，如果企业无法产生足够的应纳税所得额用以抵减可抵扣暂时性差异的影响导致递延所得税资产相关的经济利益不能实现的部分，企业应调减递延所得税资产的账面价值，倘若这种情况已经消失，则应恢复已减记的递延所得税资产。

【做中学 10-32】沿用【做中学 10-27】的资料，假设所得税税率为25%，试确认递延所得税资产并进行账务处理。

由于1 200万元的支出全部可以确认为可抵扣暂时性差异，因此，企业应确认递延所得税资产300万元（1 200×25%）。

借：递延所得税资产	3 000 000	
贷：所得税费用		3 000 000

【提示】当企业适用的所得税税率发生变动时，企业应对已确认的递延所得税资产按照新的税率重新计算。在对已确认的递延所得税资产进行重新计算和调整时，除直接计入所有者权益的交易或事项产生的递延所得税资产或负债计入所有者权益以外，其余情况下的变动额由所得税费用项目承担。

2.递延所得税负债的确认与计量

递延所得税负债产生于应纳税暂时性差异，是指根据应纳税暂时性差异计算的未来期间应缴纳的所得税金额。企业应于资产负债表日分析比较资产、负债的账面价值及计税基础，若差异为应纳税暂时性差异，则应确认递延所得税负债。

递延所得税负债的确认，除企业会计准则明确规定可以不确认递延所得税的情况以外，企业对所有的应纳税暂时性差异均应确认。除直接计入所有者权益的交易或事项及企业合并以外，在确认或转回递延所得税负债时，应调整利润表中的所得税费用。另外，递延所得税负债的计量也不要求折现，应按照预期可以收回递延所得税负债的当期适用所得税税率计算。

【做中学10-33】某公司于2011年年末购入环保设备一台，价款为210 000元，预计使用年限为6年，净残值为0，使用直线法计提折旧。由于该设备符合国家环保政策的规定，在税法上允许使用年数总和法计提折旧，假设不存在其他差异，企业适用的所得税税率为25%。试计算递延所得税负债并进行会计处理。

（1）2012年年末：

账面价值=210 000−35 000=175 000（元）

计税基础=210 000−60 000=150 000（元）

账面价值大于计税基础，应将差额25 000元确认为应纳税暂时性差异，并确认递延所得税负债6 250元（25 000×25%）。

借：所得税费用　　6 250

　　贷：递延所得税负债　　6 250

（2）2013年年末：

账面价值=210 000−35 000×2=140 000（元）

计税基础=210 000−60 000−50 000=100 000（元）

账面价值大于计税基础，应将差额40 000元确认为应纳税暂时性差异，并确认递延所得税负债10 000元（40 000×25%），递延所得税负债期初余额为6 250元，因此应补充3 750元。

借：所得税费用　　3 750

　　贷：递延所得税负债　　3 750

（3）2014年年末：

账面价值=210 000−35 000×3=105 000（元）

计税基础=210 000−60 000−50 000−40 000=60 000（元）

账面价值大于计税基础，应将差额45 000元确认为应纳税暂时性差异，并确认递延所得税负债11 250元（45 000×25%），递延所得税负债期初余额为10 000元，因此应补充1 250元。

借：所得税费用　　1 250

　　贷：递延所得税负债　　1 250

（4）2015年年末：

账面价值=210 000−35 000×4=70 000（元）

计税基础=210 000−180 000=30 000（元）

账面价值大于计税基础，应将差额40 000元确认为应纳税暂时性差异，并确认递延所得税负债10 000元（40 000×25%），递延所得税负债期初余额是11 250元，因此应转回1 250元。

借：递延所得税负债　　1 250

　　贷：所得税费用　　1 250

（5）2016年年末：

账面价值=210 000−35 000×5=35 000（元）

计税基础=210 000−200 000=10 000（元）

账面价值大于计税基础，应将差额25 000元确认为应纳税暂时性差异，并确认递延所得税负债6 250元（25 000×25%），递延所得税负债期初余额是10 000元，因此应转回3 750元。

借：递延所得税负债　3 750

　贷：所得税费用　3 750

（6）2017年年末：

账面价值及计税基础均为0，暂时性差异不存在，递延所得税负债全部注销。

借：递延所得税负债　6 250

　贷：所得税费用　6 250

（八）所得税费用的确认和计量

采用资产负债表债务法进行所得税核算时，企业当期的所得税费用由两部分构成：一部分是当期业务产生的当期应交所得税；另一部分是递延所得税。

1.当期应交所得税

当期应交所得税是企业按照税法的规定，对当期发生的经营收益和净利得进行确认，并根据适用所得税税率计算出的所得税金额，即应交所得税。对当期应交所得税的计算，企业首先应在会计利润的基础上，结合税法的相关规定进行调整，计算出当期的应纳税所得额；然后再根据应纳税所得额和适用税率，计算出当期应交所得税金额。其计算公式为：

应交所得税=应纳税所得额×适用税率

应纳税所得额=会计利润±纳税调整项目

2.递延所得税

递延所得税是按照《企业会计准则第18号——所得税》规定当期应予以确认的递延所得税资产和递延所得税负债金额及当期发生额综合的结果。其计算公式为：

$$\text{递延所得税}=\left(\text{递延所得税负债的期末余额}-\text{递延所得税负债的期初余额}\right)+\left(\text{递延所得税资产的期初余额}-\text{递延所得税资产的期末余额}\right)$$

如果上述公式的计算结果为负数，称为递延所得税收益；反之，则称为递延所得税费用。

企业计算递延所得税资产和递延所得税负债时，应同时确认所得税费用，但是当出现与所有者权益相关的交易或事项时，应计入所有者权益或其他资产项目，不影响所得税费用。

【做中学10-34】甲公司于2018年购入乙公司股票，价款为400万元，甲公司将其作为以公允价值计量且其变动计入其他综合收益的金融资产核算，年末的公允价值为420万元，甲公司适用的所得税税率为25%，假设不存在其他差异，递延所得税资产和递延所得税负债均无期初余额。试确认递延所得税负债并进行会计处理。

公允价值变动时：

借：其他权益工具投资——公允价值变动　200 000

　贷：其他综合收益　200 000

确认对企业所得税的影响时：

借：其他综合收益　50 000

　贷：递延所得税负债　50 000

3.所得税费用

当期应交所得税和递延所得税被确认后，企业当期缴纳的所得税费用即可确认。其计算公式为：

当期所得税费用=当期应交所得税+递延所得税

=当期应交所得税+递延所得税费用（-递延所得税收益）

任务举例

【工作实例10-3】所得税费用的确认和记录

甲公司2018年利润表中的利润总额是700万元，适用的所得税税率为25%，所得税核算采用资产负债表债务法，年初递延所得税资产和递延所得税负债均无余额。本年度纳税调整事项如下：

（1）国债利息收入为50万元；

（2）税款滞纳金为60万元；

（3）交易性金融资产公允价值变动损益为收益60万元；

（4）本年度新增1台固定资产，成本为500万元，使用年限为10年，净残值为0，采用双倍余额递减法计提折旧，税法规定使用直线法计提折旧；

（5）提取存货跌价准备200万元；

（6）因售后服务预计销售费用100万元。

要求：计算本年度所得税费用，并编制会计分录。

【工作过程】

第一步，计算本年应纳税所得额。

本年应纳税所得额=700-50+60-60+50+200+100=1 000（万元）

第二步，计算本年应纳税额。

本年应纳税额=1 000×25%=250（万元）

第三步，分析计算暂时性差异（见表10-2）。

表10-2 暂时性差异分析计算表 单位：元

项目	差异	
	应纳税暂时性差异	可抵扣暂时性差异
交易性金融资产	600 000	
固定资产		500 000
存货		2 000 000
预计负债		1 000 000
合计	600 000	3 500 000

第四步，计算确定递延所得税费用（或收益）。

递延所得税资产=3 500 000×25%=875 000（元）

递延所得税负债=600 000×25%=150 000（元）

递延所得税=150 000-875 000=-725 000（元）

第五步，计算确定所得税费用。

所得税费用=2 500 000-725 000=1 775 000（元）

第六步，根据上述计算结果进行会计处理。

借：所得税费用 1 775 000

　　递延所得税资产 875 000

　　贷：应交税费——应交所得税 2 500 000

　　　　递延所得税负债 150 000

任务4 利润结转核算

任务描述

根据配比原则，对损益类科目进行结转，并进行账务处理。

知识准备

企业按照规定的方法计算出本年应交所得税和所得税费用后，用利润总额减去所得税费用，就形成了税后净利润。

为了正确、方便地计算出企业本期利润，企业应设置“本年利润”科目，将零散记录于各损益类科目中的金额进行归集（对于其他科目来说就是结转），再根据配比原则，通过对归集到“本年利润”科目借方和贷方的发生额总额进行配比，得到本期利润。在归集时，发生额在贷方的科目（如“主营业务收入”“其他业务收入”“营业外收入”“投资收益”等）其发生额结转归集到“本年利润”科目的贷方，发生额在借方的科目（如“主营业务成本”“其他业务成本”“营业外支出”和期间费用等）其发生额结转归集到“本年利润”科目的借方。然后再对“本年利润”科目的借方发生额和贷方发生额进行配比，得出余额，余额在贷方则表示盈利；反之，则表示亏损。年末，将“本年利润”科目的余额转入“利润分配——未分配利润”科目，从而结束当年财务成果的核算工作。

任务举例

【工作实例10-4】利润结转的核算

甲企业2018年12月相关会计科目的余额见表10-3，请计算本月的利润并编制会计分录。

表10-3 损益类账户余额表 单位：元

会计科目	借方余额	贷方余额
主营业务收入		350 000
主营业务成本	234 550.80	
税金及附加	1 258	
销售费用	20 000	
管理费用	32 320	
财务费用	8 150	
投资收益		15 000
其他业务收入		5 000
其他业务成本	4 500	
营业外收入		2 500
营业外支出	20 000	
所得税费用	17 068	

【工作过程】

第一步，结转发生额在贷方的科目。

借：主营业务收入	350 000	
投资收益	15 000	
其他业务收入	5 000	
营业外收入	2 500	
贷：本年利润		372 500

第二步，结转发生额在借方的科目。

借：本年利润	337 846.80	
贷：主营业务成本		234 550.80
税金及附加		1 258
销售费用		20 000
管理费用		32 320
财务费用		8 150
其他业务成本		4 500
营业外支出		20 000
所得税费用		17 068

第三步，核算本年利润的结果。

对“本年利润”科目来说，其科目结构如图10-1所示。

借方　　　　本年利润	贷方
337 846.80	372 500
	34 653.20

图10-1 “本年利润”科目结构图

这表明本企业当月实现利润34 653.20元。

第四步，将本年利润转入利润分配账户。

借：本年利润	34 653.20	
贷：利润分配——未分配利润		34 653.20

项目小结

1.收入

会计核算业务中对收入的确认、计量和记录应根据经济业务发生的实际情况，采用不同的方法合理进行。对于主要经营业务产生的收入，应使用“主营业务收入”科目进行核算；对于非主要经营业务产生的收入，应使用“其他业务收入”科目进行核算。在编制财务报表时，应将“主营业务收入”和“其他业务收入”合并，记入利润表中“营业收入”一栏。

2.费用

会计核算业务中对费用的确认、计量和记录应根据经济业务发生的实际情况，采用不同的方法合理进行。对于经营业务产生的费用，应按照费用的具体消耗对象将其计入销售费用、管理费用或财务费用。在编制财务报表时，应将归属于各项目的费用分别记入利润表中“销售费用”“管理费用”“财务费用”等栏目。

3.利润

利润是收入与费用配比及计入当期损益的利得和损失的结果。利润按照形成过程依次可表现为营业利润、利润总额和净利润三种形式。

所得税费用的核算内容难度较大，在学习过程中要注意把握所得税会计核算的思路。所得税会计核算的思路概括起来说就是“两条线”。针对企业所得税的核算和计算，一条线是针对经济业务本身进行的，这条线影响的是当期损益，计算的也是当期应交所得税，因此应该从会计利润入手，结合税法的规定，对已经计入会计利润中的项目进行调整，通过调整得到应纳税所得额，再用应纳税所得额乘以适用税率，得到当期应交所得税税额；另一条线是通过确认递延所得税资产和递延所得税负债，反映前期发生业务对当期所得税费用的影响，而递延所得税资产和递延所得税负债的确认是本项目的重点，也是难点。确定了这两条线的内容后，再将两项金额合并，就能得到当期的所得税费用金额。

课后习题与实训

一、单项选择题

1.某企业2018年8月主营业务收入为100万元，主营业务成本为80万元，管理费用为5万元，资产减值损失为2万元，投资收益为10万元。假定不考虑其他因素，该企业当月的营业利润为（　　）万元。

A.13　　B.15　　C.18　　D.23

2.某企业2018年度利润总额为315万元，其中国债利息收入为15万元。当年按税法核定的全年计税工资为250万元，实际分配并发放工资为230万元。假定该企业无其他纳税调整项目，适用的所得税税率为25%。该企业当年所得税费用为（　　）万元。

A.99　　B.75　　C.105.6　　D.181.5

3.企业取得与收益相关的政府补助，用于补偿已发生的相关费用，直接计入补偿当期的（　　）。

A.资本公积　　B.营业外收入

C.其他业务收入　　D.其他收益

4.下列各项应计入营业外收入的是（　　）。

A.无形资产处置净收益　　B.处置固定资产净收益

C.收发差错造成存货盘盈　　D.确实无法支付的应付账款

5.下列各项应确认为营业外支出的是（　　）。

A.固定资产报废损失　B.无形资产出售损失
C.固定资产处置损失　D.固定资产减值损失

6.下列各项应计入其他业务成本的是（　　）。
A.库存商品盘亏净损失　B.单独计价的随同商品出售包装物成本
C.向灾区捐赠的商品成本　D.火灾导致原材料毁损净损失

7.企业采用支付手续费方式委托代销商品，委托方确认商品销售收入的时间是（　　）。
A.签订代销协议时　B.发出商品时
C.收到代销清单时　D.收到代销款时

8.下列各项不应计入销售费用的是（　　）。
A.已售商品预计保修费用
B.为推广新产品而发生的广告费用
C.随同商品出售且单独计价的包装物成本
D.随同商品出售而不单独计价的包装物成本

9.下列各项应当确认为投资损益的是（　　）。
A.长期股权投资减值损失
B.长期股权投资处置净损益
C.期末交易性金融资产公允价值变动的金额
D.支付与取得长期股权投资直接相关的费用

10.某企业2017年10月承接一项设备安装劳务，劳务合同总收入为200万元，预计合同总成本为140万元，合同价款在签订合同时已收取，采用完工百分比法确认劳务收入。2017年已确认劳务收入80万元，截至2018年12月31日，该劳务的累计完工进度为60%。2018年该企业应确认的劳务收入为（　　）万元。
A.36　B.40　C.72　D.120

11.下列各项应计入管理费用的是（　　）。
A.筹建期间的开办费
B.预计产品质量保证损失
C.生产车间管理人员工资
D.专设销售机构的固定资产修理费

12.下列各项应计入财务费用的是（　　）。
A.财务人员的工资　B.现金折扣
C.财务部门设备折旧费用　D.商业折扣

13.下列收入确认的时间或方式中，正确的是（　　）。
A.与往来方以预付的形式进行交易时，按照收到预付货款的时间作为收入确认的时间
B.提供装修装潢劳务时，按照收到的款项总和占总造价的比例确认收入
C.发生分期收款销售时，按照分期收款合同约定的时间和比例确认收入
D.发生赊销业务时，按照收到货款的时间确认收入

14.下列各项应通过“其他业务收入”科目进行核算的是（　　）。
A.分期收款确认的收入　B.销售原材料获得的收入

C.处置固定资产获得的收入　　D.出售持有的股票获得的收入

15.甲公司接受一项设备安装劳务，该劳务可以一次完成。同行业劳务收入标准为110 000元，但双方合同总价款规定为100 000元，实际发生安装成本60 000元。该安装劳务属于甲公司的主营业务，假设不考虑相关税费，甲公司应确认的主营业务收入的金额为（　　）元。

A.110 000　　B.100 000　　C.60 000　　D.0

二、多项选择题

1.下列各项应通过“管理费用”科目核算的有（　　）。

A.诉讼费　　B.无形资产的开发费用

C.办公费　　D.无形资产的研究费用

2.下列各项不应计入管理费用的有（　　）。

A.总部办公楼折旧　　B.生产设备改良支出

C.经营租出专用设备的修理费　　D.专设销售机构房屋的修理费

3.下列各项应计入营业外支出的有（　　）。

A.无形资产处置损失　　B.存货自然灾害损失

C.固定资产报废损失　　D.长期股权投资处置损失

4.下列各项不应确认为财务费用的有（　　）。

A.企业筹建期间的借款费用　　B.资本化的借款利息支出

C.销售商品发生的商业折扣　　D.支付的银行承兑汇票手续费

5.下列各项中，可用于确定所提供劳务完工进度的方法有（　　）。

A.根据测量的已完成工作量加以确定

B.按已经发生的成本占估计总成本的比例计算确定

C.按已经收到的金额占合同总金额的比例计算确定

D.按已经提供的劳务占应提供劳务总量的比例计算确定

6.下列各项影响企业营业利润的有（　　）。

A.出售原材料的损失　　B.计提无形资产减值准备

C.公益性捐赠支出　　D.出售交易性金融资产的损失

7.下列各项应计入税金及附加的有（　　）。

A.处置无形资产应交的增值税　　B.销售商品应交的增值税

C.销售应税产品应交的资源税　　D.销售应税消费品应交的消费税

8.B公司2018年12月5日收到A公司因质量不合格而被退回的商品100件，每件商品的成本为200元，这批商品是B公司在2018年9月3日出售给A公司的，每件商品的售价为300元，适用的增值税税率为16%，货款尚未收到，B公司未确认销售收入，A公司提出的退货要求合理，B公司同意退货，并向A公司开具了增值税专用发票（红字），下列各项描述错误的有（　　）。

A.B公司应冲减发出商品20 000元

B.B公司应增加库存商品20 000元

C.B公司应冲减当月主营业务收入30 000元

D.B公司应冲减当月主营业务成本20 000元

9.在采用支付手续费的方式委托代销商品时，受托方在会计处理中可能涉及的会计科目有（　　）。

A.受托代销商品

B.受托代销商品款

C.应交增值税——应交增值税（销项税额）

D.应交增值税——应交增值税（进项税额）

10.下列各项生产企业发生的经营活动所实现的收入中，应计入其他业务收入的有（　　）。

A.销售材料　　B.出租商品

C.出租包装物　　D.出售生产的商品

11.下列各项关于在同一会计期间开始并完成的劳务的说法中，正确的有（　　）。

A.一次就能完成的劳务，在劳务完成时确认收入及相关成本

B.持续一段时间但是在同一会计期间开始并完成的劳务，应先在劳务成本中进行归集

C.结转的劳务成本可能是主营业务成本，也可能是其他业务成本

D.结转的劳务成本只能是主营业务成本，不可能是其他业务成本

12.如果企业采用完工百分比法来确认提供劳务的收入，需要满足（　　）。

A.劳务的开始和完成分属于不同的会计期间

B.劳务的开始和完成属于同一会计期间

C.企业在资产负债表日提供劳务交易的结果能够可靠估计

D.企业在资产负债表日提供劳务交易的结果不能可靠估计

13.工业企业在让渡资产使用权所获得的收入中，可能涉及的科目有（　　）。

A.银行存款　　B.其他业务收入

C.累计摊销　　D.主营业务收入

14.如果下列资产发生了减值，其中应计入资产减值损失的有（　　）。

A.应收账款　　B.交易性金融资产

C.无形资产　　D.长期股权投资

15.下列各项影响营业外支出的有（　　）。

A.无形资产处置损失　　B.现金盘亏

C.罚款支出　　D.公益性捐赠支出

三、判断题

1.企业发现固定资产盘盈，则应将盘盈的固定资产按市价计入营业外收入。（　　）

2.企业出售原材料取得的款项扣除其成本及相关费用后的净额，应当计入营业外收入或营业外支出。（　　）

3.企业劳务的开始和完成分属于不同的会计期间，且在资产负债表日提供劳务交易的结果能够可靠估计的，应采用完工百分比法确认劳务收入。（　　）

4.企业在现金清查中，对于无法查明原因的现金短缺，经批准后应计入营业外支出。（　　）

5.企业在出售固定资产过程中缴纳的增值税，应列入利润表中的“税金及附加”

项目。（　）

6. 企业已确认销售收入的售出商品发生销售折让或退回，在不属于资产负债表日后事项的情况下，应冲减发生退回或折让当期的销售收入。（　）

7. 企业以经营租赁方式租入的固定资产发生的改良支出，应作为长期待摊费用处理，不能计入当期费用。（　）

8. 企业发生的业务招待费应作为发生当期的销售费用。（　）

9. 企业将自产产品作为职工福利进行发放时，应按照产品成本确认收入，并缴纳增值税。（　）

10. 无形资产发生减值准备后，如果满足转回的条件，则应在计提的范围内予以转回。（　）

11. 其他业务成本年末时应转入“资本公积”科目，结转后本科目无余额。（　）

12. 企业购买商品的增值税通过“税金及附加”科目核算。（　）

13. 企业销售货物后发生的现金折扣应冲减管理费用。（　）

14. 企业发生的与专设销售机构相关的固定资产修理费用属于期间费用。（　）

15. 在计算企业所得税应纳税所得额时，准予扣除的工会经费是工资薪金总额的2%。（　）

四、业务核算题

1. 甲公司为增值税一般纳税人，增值税税率为16%。商品销售价格不含增值税，在确认销售收入时逐笔结转销售成本。假定不考虑其他相关税费。2018年6月份甲公司发生如下业务：

（1）6月2日，向乙公司销售A商品1 600件，货款总额为800万元（不含增值税），商品实际成本为480万元。为了促销，甲公司给予乙公司15%的商业折扣并开具了增值税专用发票。甲公司已发出商品，并向银行办理了托收手续。

（2）6月10日，因部分A商品的规格与合同不符，乙公司退回A商品800件。当日，甲公司按规定向乙公司开具增值税专用发票（红字），销售退回允许扣减当期增值税销项税额，退回商品已验收入库。

（3）6月15日，甲公司将部分退回的A商品作为福利发放给本公司职工，其中：生产工人500件；行政管理人员40件；专设销售机构人员60件。该商品每件市场价格为0.4万元（与计税价格一致），实际成本为0.3万元。

（4）6月25日，甲公司收到丙公司来函。来函提出，2018年5月10日从甲公司所购B商品不符合合同规定的质量标准，要求甲公司在价格上给予10%的销售折让。该商品售价为600万元，增值税为102万元，货款已结清。经甲公司认定，同意给予折让并以银行存款退还折让款，同时开具了增值税专用发票（红字）。

除上述资料外，不考虑其他因素。要求：

（1）逐笔编制甲公司上述业务的会计分录。

（2）计算甲公司6月份主营业务收入总额。

2. 甲公司为增值税一般纳税人，适用的增值税税率为16%，假定销售商品、原材料和提供劳务均符合收入确认条件，其成本在确认收入时逐笔结转，商品、原材料售价中不含增值税。2018年甲公司发生如下交易或事项：

（1）5月5日，向乙公司销售商品一批，商品售价为1 000万元。该批商品实际成本为700万元。由于乙公司购买量大，甲公司给予乙公司10%的商业折扣并开具了增值税专用发票，合同中规定的现金折扣为“2/10，1/20，N/30”，甲公司已于当日发出商品，乙公司于6月15日付款，假定计算现金折扣时不考虑增值税。

（2）6月20日，乙公司因商品不符合标准而要求全部退货，甲公司实施检测后证明情况属实并同意其退回要求，于当日办妥相关手续并支付了乙公司退货款。

（3）7月15日，销售自产商品一批，售价为200万元，增值税为32万元，成本为120万元；因同行业丙公司急需原材料，向丙公司出售原材料一批，售价为120万元，增值税为19.2万元，成本为80万元。

（4）9月5日，甲公司承接了一项安装劳务，合同规定期限为6个月，合同总收入为200万元，已经预收120万元。在安装完成时收回剩余款项。甲公司采用完工百分比法确认收入。完工率按照已发生成本占估计总成本的比例确定，至2018年12月31日已发生的成本为80万元，预计完成劳务还将发生成本40万元。

（5）11月，甲公司发生了如下经济活动：销售原材料取得收入20万元，出租固定资产取得租金收入3万元，出租包装物收入2.5万元，取得罚款收入4万元，销售产成品收入80.5万元。

要求：根据上述资料，编制相应会计分录，同时在不考虑其他因素的情况下，分析回答下列第（1）~（6）小题。

（1）根据资料（1），下列各项中，会计处理正确的是（　　）。

A.5月5日，甲公司应确认销售商品收入900万元

B.5月5日，甲公司应确认销售商品收入1 000万元

C.6月15日，甲公司不需确认财务费用

D.6月15日，甲公司应确认财务费用90万元

（2）根据资料（2），下列各项中，会计处理正确的是（　　）。

A.冲减主营业务收入900万元

B.增加库存商品700万元

C.冲减应交税费——应交增值税（销项税额）144万元

D.冲减主营业务成本700万元

（3）根据资料（3），下列说法正确的是（　　）。

A.确认主营业务收入320万元　　B.确认主营业务收入200万元

C.确认其他业务收入120万元　　D.确认其他业务收入139.2万元

（4）根据资料（4），计算出2018年12月31日因该项劳务合同应确认的劳务收入为（　　）万元。

A.133.33　　B.120　　C.80　　D.200

（5）根据资料（5），需要计入其他业务收入的金额为（　　）万元。

A.23　　B.25.5　　C.29.5　　D.110

（6）根据资料（1）~（5），甲公司2018年的营业收入金额为（　　）万元。

A.478.83　　B.559.33　　C.1 459.33　　D.563.33

3.甲公司是一家工业企业，属于增值税一般纳税人，适用的增值税税率为16%。2018

年甲公司发生如下经济事项：

（1）5月，甲公司销售商品一批并开具增值税专用发票，商品售价为100万元，增值税为16万元，该批商品的成本为70万元，当月收到货款并存入银行。

（2）6月，甲公司因资金周转不畅，将购买成本为30万元的原材料出售。当月收到原材料款项。

（3）8月，甲公司销售商品一批，售价为120万元，增值税为19.2万元，该批商品成本为90万元，因客户没有相关商品的包装物，需要租用甲公司的包装物1个月，包装物的当月摊销额为0.5万元。

（4）9月，甲公司销售商品领用单独计价的包装物成本2万元，增值税专用发票上注明的销售收入为4万元、增值税为0.64万元，款项已存入银行。

（5）11月，甲公司实际应交增值税22万元、消费税10万元，其适用的城市维护建设税税率为7%、教育费附加费率为3%。

（6）12月，甲公司为了扩展市场发生业务招待费5万元，销售机构发生业务费6万元，用于企业生产车间的固定资产修理费支出为3万元，当月又发生汇兑损益0.5万元。

要求：根据上述资料，编制相应的会计分录，并同时在不考虑其他因素的情况下，分析回答下列（1）～（6）小题。

（1）根据资料（1），下列各项中，甲公司编制的会计分录正确的是（　　）。

A. 借：应收账款　　1 160 000
　　贷：其他业务收入　　1 000 000
　　　　应交税费——应交增值税（销项税额）　　160 000

B. 借：银行存款　　1 160 000
　　贷：主营业务收入　　1 000 000
　　　　应交税费——应交增值税（销项税额）160 000

C. 借：主营业务成本　　700 000
　　贷：库存商品　　700 000

D. 借：其他业务成本　　700 000
　　贷：库存商品　　700 000

（2）根据资料（2），甲公司应将原材料30万元的成本计入（　　）。

A. 主营业务成本　　B. 其他业务成本
C. 营业外支出　　D. 长期待摊费用

（3）根据资料（3），下列各项中，甲公司的做法错误的是（　　）。

A. 甲公司当月应确认主营业务成本90.5万元
B. 甲公司当月应确认主营业务成本90万元
C. 甲公司当月应确认其他业务成本0.5万元
D. 甲公司当月应确认其他业务成本20.9万元

（4）根据资料（4），下列各项中，甲公司会计处理正确的是（　　）。

A. 出售包装物时，贷方确认其他业务收入4万元
B. 出售包装物时，贷方确认营业外收入4万元
C. 在结转出售包装物成本时，借方确认其他业务成本2.64万元

D.在结转出售包装物成本时，借方确认其他业务成本2万元

（5）根据资料（5），甲公司的会计处理正确的是（　　）。

A.确认城市维护建设税的金额为2.24万元

B.确认教育费附加的金额为0.96万元

C.确认税金及附加的金额为35.2万元

D.确认税金及附加的金额为18.2万元

（6）根据资料（6），甲公司应确认的期间费用为（　　）万元。

A.11　　B.14　　C.14.5　　D.11.5

4.2018年度，W企业发生的部分交易或事项如下：

（1）1月1日，W企业收到先征后返的增值税600万元。

（2）9月15日，W企业为研制某项高新技术向银行申请贷款1 000万元，贷款年利率为5.5%，该项技术可以享受政府季利率0.6%的财政贴息。10月1日，W企业收到银行贷款，同时收到第一季度财政贴息6万元。

（3）10月30日，财政局拨付W企业1 600万元补助款用于购入一台新型环保设备用于生产，并说明余款可以由企业自行支配。2015年11月1日，企业购买设备，购买价款为1 350万元，增值税为216万元，设备不需要安装。该设备预计使用5年，无残值。

（4）12月31日，在资产盘点过程中，发现下列事项：盘盈库存现金0.2万元；盘亏原材料价值1万元，增值税为0.16万元。经批准后全部转入营业外收支项目。

要求：根据上述资料，编制相应的会计分录，并同时在不考虑其他因素的情况下，回答下列（1）~（5）小题。

（1）企业在收到与收益相关的政府补助时，可能贷记的科目是（　　）。

A.“预收账款”　　B.“递延收益”　　C.“投资收益”　　D.“营业外收入”

（2）企业收到的先征后返的增值税应当记入的科目是（　　）。

A.“应交税费”　　B.“投资收益”　　C.“其他业务收入”　　D.“营业外收入”

（3）针对W企业收到的政府贴息，下列各项会计分录正确的是（　　）。

A.借：银行存款	60 000	
贷：递延收益		60 000
B.借：银行存款	60 000	
贷：其他收益		60 000
C.借：递延收益	20 000	
贷：其他收益		20 000
D.借：递延收益	60 000	
贷：其他收益		60 000

（4）针对W企业购入的环保设备，下列会计分录正确的是（　　）。

A.借：银行存款	16 000 000	
贷：递延收益		16 000 000
B.借：固定资产	13 500 000	
应交税费——应交增值税（进项税额）	2 160 000	
贷：银行存款		15 660 000

C.借：制造费用 225 000
　　贷：累计折旧 225 000
D.借：递延收益 533 300
　　贷：其他收益 533 300

（5）针对W企业资产盘点中出现的问题，下列会计分录不正确的是（　　）。

A.借：待处理财产损溢 9 600
　　库存现金 2 000
　　贷：原材料 10 000
　　　　应交税费——应交增值税（进项税额转出） 1 600
B.借：待处理财产损溢 9 600
　　库存现金 2 000
　　贷：原材料 10 000
　　　　应交税费——应交增值税（销项税额） 1 600
C.借：待处理财产损溢 2 000
　　贷：营业外收入 2 000
D.借：营业外支出 11 600
　　贷：待处理财产损溢 11 600

项目十一

所有者权益核算

知识目标

1. 了解所有者权益的分类及构成；
2. 理解所有者权益的核算原理；
3. 掌握实收资本、资本公积和留存收益的业务核算。

能力目标

1. 能对所有者权益进行准确确认，并在此基础上进行分类；
2. 会填制与各项业务相关的会计凭证、登记账簿和编制财务报表。

项目导言

所有者权益，是指企业全部资产扣除负债后由投资人（或所有者）享有的剩余权益。股份有限公司的所有者权益又成为股东权益。它包含四部分：实收资本、资本公积、其他综合收益和留存收益。

会计等式“资产=负债+所有者权益”的右边包含的是两种资产来源方式所表达的权益，即通过借贷方式获取资产后债权人的权益（负债）和通过投入方式获取资产后投资人的权益（所有者权益）。这两种权益虽然同属于资产的获取方式或途径，但是两者有根本的区别：

（1）性质不同。负债是企业对债权人应履行的经济责任，因此在企业用其自有资产清偿债务时，债权人有优先要求权；而所有者权益是对企业的资产扣除负债后剩余资产的要求权，在偿还顺序上在债权之后。

（2）权益不同。债权人只有获取企业用以清偿债务的资产要求权，没有参与经营管理的决策和获取分配利润的收益分配权，所有者权益则相反。

（3）偿还期限不同。债权人权益（即负债）一般都有双方约定的偿还时间，只是按偿还时间是否超过一个会计期间而被分为流动负债和非流动负债。所有者权益则没有偿还期间，只要企业能够持续经营下去，所有者权益就是企业能够长期使用的资产。只有当企业进入清算程序后，才会对所有者权益进行偿还。

（4）风险不同。负债一般在发生的同时会附加利率等条件，因此在发生时就能确定其固定的数值或金额，这个数值或金额和企业的经营状况、现金流量等因素无关，到期企业就需要还本或付息，因此负债的风险较小。所有者能获得多少收益，受企业盈利水平、财务状况等因素的影响较大，收益不确定，甚至有可能亏损，风险较大。

（5）计量方法不同。负债应根据企业会计准则的规定在发生时采用合理的方法进行确认和计量，所有者权益则是计量资产和负债后的结果，不必使用专门的方法进行计量。

任务1 实收资本核算

任务描述

1.搜集关于实收资本的相关法律制度；
2.熟悉接受资本投入的法定程序和操作流程；
3.对实收资本业务进行准确确认和计量；
4.设置相关账户核算不同组织形式下的投入资本业务；
5.对实收资本项目进行准确列报。

知识准备

一、实收资本概述

（一）实收资本的定义

实收资本又叫注册资本或股本，是指在企业创立或经营过程中，投资者根据企业章程或投资协议、合同的约定，依规定的形式向企业投入的资本。它是一个法律的概念。实收资本是企业在经营活动中最初的资金来源，也是最重要的物质基础之一。根据2014年2月20日国家工商行政管理总局令第64号公布的《公司注册资本登记管理规定》，公司注册资本实行认缴制，即注册公司时，工商部门只登记公司股东认缴的注册资本总额，无须登记实收资本，也不再收取验资证明文件，实缴注册资本可以为零。公司股东认购的股份需要资金足额到位，允许先到一部分，到位时间可以由股东自行决定，不需要验资，只需要在每年的年度报告上申报反映及存档到登记机关。公司实收资本由验资制向自行申报制过渡。如申报与事实不符，公司的股东需要承担法律责任。认缴制在一定程度上降低了开办公司的门槛和成本。投资人在投入资本后，不得任意抽回投资，在经营过程中，实收资本的变动受到严格的限制，除非有具有法律效力的合法凭证作为支撑，否则实收资本一般都不能变动。

（二）实收资本的分类

1.按照投资主体不同分类

注册资本金按照投入组织的不同，可以分为国家资本、法人资本、个人资本和外商资本四种。其中：国家资本，是指由国家机关或其授权部门以国有资产形式投入的资本；法人资本，是指由各类具有法人性质的经济组织以其自有资产投入形成的投入资本；个人资本是由具有我国公民权利的自然人以其自有合法财产投入形成的资本；外商资本，是指由外国公民或我国台湾地区、香港和澳门特别行政区的公民以其自有财产投入形成的资本。

2.按照投入资本的形态不同分类

按照投入资本在形态上的表现形式不同，实收资本可以分为货币投资、实物投资和无形资产投资等。其中：货币投资，是指投资者以现金或现金等价物的形式向企业注入的资本；实物投资，是指投资人以具有实物形态的资产（如存货、机器设备、厂房等）形式向企业注入的资本；无形资产投资，是指投资人以不具有实物形态的资产（如商标、非专利技术、专利权等）形式向企业注入的资本。

二、不同组织形式实收资本的核算

在我国，企业的组织形式包括股份有限公司、有限责任公司、合伙制企业和个人独资企业等。其中：股份有限公司和有限责任公司的投资人对公司债务承担有限责任，其他形式的投资人对公司债务承担无限责任。对实收资本增减变动的记录，会计上应设置“实收资本”科目（股份有限公司设置“股本”科目）进行核算。该科目是所有者权益类科目，贷方登记企业收到实收资本或由其他途径增加的实收资本金额；借方登记因为减资等业务减少的实收资本金额；期末贷方余额，表示现有的实收资本数额。该科目可按照投资人名称设置明细科目，进行明细分类核算。

（一）有限责任公司实收资本的核算

1.接受货币性资产的核算

企业收到投资者以现金或现金等价物形式投入的资产时，应该以实际收到资金的日期作为记账日，以双方约定的价格或银行验证的入账金额作为实收资本的入账价值，如果存在投入金额超过应享有投资者份额的部分，则应将该部分金额记入“资本公积——资本溢价”科目。

【做中学 11-1】甲公司（系有限责任公司）于2018年4月6日收到银行通知，国家投入本公司的投资款600万元已经收到。甲公司编制的会计分录如下：

借：银行存款　　6 000 000

　　贷：实收资本——国家资本　　6 000 000

【做中学 11-2】乙公司以外购A公司的股票向丙公司（系有限责任公司）投资，丙公司将其作为交易性金融资产进行核算，相关交割手续于2018年6月20日办妥，双方协议价格为50万元。乙公司投入的资本金额占丙公司实收资本总额的5%，丙公司的所有者权益总额为800万元。

由于丙公司的所有者权益总额为800万元，乙公司投资额占丙公司实收资本总额的5%，也就是40万元，但乙公司实际投入了50万元，10万元的差异应计入资本公积。因此，丙公司编制的会计分录如下：

借：交易性金融资产——成本　　500 000

　　贷：实收资本——乙公司　　400 000

　　　　资本公积——资本溢价　　100 000

2.接受非货币性资产的核算

企业收到各种非货币性资产时，应进行资产评估，按照资产评估的价格作为投入资本的实际价格。另外，企业在接受非货币性资产投资时，应该按照投资合同或协议中双方约定的价值确定非货币性资产的价值和在注册资本中享有的份额。

【做中学 11-3】甲公司收到乙公司以原材料形式投入的资本。该批材料的合同约定价格为10万元。根据税法的规定，乙公司应向甲公司开具增值税专用发票，发票上列示的价款为10万元，增值税为1.6万元。甲公司编制的会计分录如下：

借：原材料　　100 000

　　应交税费——应交增值税（进项税额）　　16 000

　　贷：实收资本——乙公司　　116 000

【做中学 11-4】甲公司收到乙公司以土地使用权形式投入的资本，双方协议价为800万元。根据相关规定，可以按照协议价入账，假设不存在其他调整事项且暂不考虑税费。甲公司编制的会计分录如下：

借：无形资产——土地使用权　　8 000 000

　　贷：实收资本——乙公司　　8 000 000

（二）股份有限公司股本的核算

根据国家相关法律的规定，股份有限公司的全部资本应被划分成等额的股份供股东认购，股东以其认购的股份对公司承担责任，公司以其全部资产对公司债务承担有限责任。股份有限公司筹集资金时需要发行股票，股票面值和股份数的乘积就是股本总额。在会计上，股份有限公司应设置“股本”科目对股本进行核算，该科目的性质和实收资本一样。股本应按照普通股和优先股设置明细分类账，进行明细分类核算。

按照股票发行价和股票面值的关系，股票的发行方式有三种：溢价发行、平价发行和折价发行。溢价发行，是指股票的发行价格高于股票面值，在这种情况下，企业应借记“银行存款”等科目，按照股票面值和发行股数的乘积，贷记“股本”科目，两者之间的差额记入“资本公积——股本溢价”科目。平价发行，是指股票的发行价格等于股票面值，在这种情况下，企业应借记“银行存款”等科目，按照股票面值和发行股数的乘积，贷记“股本”科目。折价发行，是指股票的发行价格低于股票面值。我国不允许折价发行股票。另外，发行过程中发生的费用，有溢价时应从溢价中予以抵扣，没有溢价时，应首先冲减盈余公积，倘若盈余公积也不足以抵扣，则应冲销未分配利润。

【做中学11-5】某股份有限公司于2018年1月1日平价发行股票1 500万股，其中：普通股1 000万股，优先股500万股。款项已收存银行。编制的会计分录如下：

借：银行存款　　15 000 000

　　贷：股本——普通股　　10 000 000

　　　　　　——优先股　　5 000 000

三、实收资本（或股本）增减变动的核算

一般来说，实收资本（或股本）应当保持不变，但是在出现特定业务后，实收资本（或股本）也可以发生增减变化。变化时，应根据业务性质，借记相应科目，贷记“实收资本”（或“股本”科目）。根据我国相关法律法规的规定，当实收资本（或股本）变动幅度超过20%时，应持相应的资金信用证明或验资证明向工商部门申请变更登记。

（一）实收资本（或股本）增加的核算

企业在生产经营过程中增加注册资本时，应当通过企业最高权力机构的审议或审批，在办理了公司章程修改、增资手续后才能增加注册资本。企业注册资本增加的途径很多，常见的有接受投资者追加投资、公积金转增资本、增发新股增加资本、发放股票股利转增资本等。

1.投资者追加投资

该业务的核算和收到实收资本（或股本）的核算相同，只是当有新投资者加入时，新投资者投入金额超过其应享有投资者份额部分记入“资本公积——资本溢价”（或“资本公积——股本溢价”）科目。

2.公积金转增资本

企业可以用资本公积和盈余公积转增注册资本。转增时首先应经过股东大会等相关权力机构批准，其次应根据相关决议办理工商变更等手续，待手续完成后，再根据相关凭证进行账务处理，借记“资本公积”“盈余公积”等科目，贷记“实收资本”（或“股本”）科目。

【做中学11-6】某有限责任公司决定以资本公积150万元、法定盈余公积50万元转增资本，现已办妥有关手续。该公司编制的会计分录如下：

借：资本公积　　1 500 000

　　盈余公积——法定盈余公积　　500 000

贷：实收资本　2 000 000

3.增发新股增加资本

企业为了扩大生产经营规模，在满足一定条件后可以增资扩股，对增资扩股发行的股票，公司原持股股东具有优先认购权。其业务处理和收到实收资本类似，此处不再赘述。

4.发放股票股利增资

这种方式发放的股票股利就是以一个低于市场价的价格或免费向股东配发新股。通常是按照现有股东的持股比例，采用增发普通股的形式派发给股东。

【做中学11-7】某股份有限公司经股东大会批准，分派股票股利400万元，股票股利面值150万元。该公司编制的会计分录如下：

借：利润分配——转作股本的普通股股利　4 000 000

　贷：股本　1 500 000

　　资本公积——股本溢价　2 500 000

5.可转换公司债券转换为股本

可转换公司债券持有人行使转换权利，将其持有的债券转换为股票时，应按照可转换公司债券的余额借记“应付债券——可转换公司债券（面值）”“应付债券——可转换公司债券（利息调整）”等科目，按其权益成分的金额借记“资本公积——其他资本公积”科目，按照股票面值和转换的股数贷记“股本”科目，按其差额贷记“资本公积——股本溢价”。如用银行存款支付不可转换股票，还应贷记“银行存款”科目。

6.债务重组转为资本

进行债务重组时，应将债务注销，按债权人因放弃债权而享有的股份面值总额，贷记“实收资本”（或“股本”）科目，按股份的公允价值总额与相应的实收资本或股本之间的差额记入“资本公积——资本溢价”（或“资本公积——股本溢价”）科目，按其差额记入“营业外收入——债务重组利得”科目。

7.以权益结算的股份支付在行权日增加实收资本或股本

这种业务在发生时，应借记“资本公积——其他资本公积”科目，按其计入实收资本或股本的金额，贷记“实收资本”（或“股本”）科目，按其差额贷记“资本公积——资本溢价”（或“资本公积——股本溢价”）科目。

（二）实收资本（或股本）减少的核算

一般情况下，实收资本（或股本）不得随意减少。投资者在企业持续经营期间，按照相关法律是不能抽回投资的。但在公司发生缩小经营规模、资本过剩或发生重大亏损又在短期内无力弥补亏损等特殊情况下，公司可能会减少注册资本。减少实收资本（或股本）时，企业应先办理相关的减资手续，待手续完善后，再进行减资活动。减资后的注册资本额不得低于法定金额。

1.非股份有限公司的减资

这类经济组织在减资时，一般需要发还投资款，因此在会计处理上应借记“实收资本”科目，贷记“银行存款”等科目。

2.股份有限公司回购股票减资

股份有限公司在减资时，可以通过回购本公司股票的方式进行，股票的回购价格应根据公允价值确定。此时企业应设置“库存股”来核算回购的股票。回购时，应借记“库存股”科目，贷记“银行存款”科目。购回后注销时，应减少股本，同时将股本面值和回购价款之间的差额依次冲减资本公积、盈余公积和未分配利润。倘若回购价低于股票面值时，应增加资本公积，将其计入股本溢价。

【做中学11-8】某股份有限公司2017年年末的股本为5 000万股，面值1元/股，资本公积（股本溢价）为400万元，盈余公积为600万元。经股东大会批准，公司以银行存款回购股票100万股。回购价格为3元/股，不考虑其他因素。该公司根据上述业务编制的会计分录如下：

回购时：

借：库存股	3 000 000	
贷：银行存款		3 000 000

注销时：

借：股本	1 000 000	
资本公积——股本溢价	2 000 000	
贷：库存股		3 000 000

【做中学11-9】沿用【做中学11-8】的资料，倘若回购价是6元/股，不考虑其他因素。该公司根据上述业务编制的会计分录如下：

回购时：

借：库存股	6 000 000	
贷：银行存款		6 000 000

注销时：

借：股本	1 000 000	
资本公积——股本溢价	4 000 000	
盈余公积	1 000 000	
贷：库存股		6 000 000

3.企业因亏损减资

企业发生亏损后原本是可以用以后年度的税前或税后净利润进行弥补，但是当发生的亏损过于重大，并且又在短期内无力弥补等特殊情况下，公司可能会用减少注册资本的方式来弥补亏损，此时应借记“实收资本”科目，贷记“利润分配——未分配利润”科目。

四、实收资本的报告

由于实收资本是所有者权益的范畴，在编制财务报表时，应在资产负债表中予以列示。编制资产负债表时，对实收资本的列报应根据核对无误的实收资本总分类账金额直接填列。

任务举例

【工作实例11-1】实收资本的核算

某股份有限公司2017年至2018年发生与其股票有关的业务如下：

（1）2017年1月4日，经股东大会决议，并报有关部门核准，增发普通股40 000万股，每股面值1元，每股发行价格5元，股款已全部收到并存入银行。假定不考虑相关税费。

（2）2017年6月20日，经股东大会决议，并报有关部门核准，以资本公积4 000万元转增股本。

（3）2018，经股东大会决议，并报有关部门核准，以银行存款回购本公司股票100万股，每股回购价格为3元。

（4）2018年6月26日，经股东大会决议，并报有关部门核准，将回购的本公司股票100万股注销。

要求：逐笔编制该公司上述业务的会计分录。

【工作过程】

第一步，核算增发的普通股。

借：银行存款	2 000 000 000	
贷：股本		400 000 000
资本公积——股本溢价		1 600 000 000

第二步，核算资本公积转增股本。

借：资本公积——股本溢价	40 000 000	
贷：股本		40 000 000

第三步，核算公司股票的回购。

借：库存股	3 000 000	
贷：银行存款		3 000 000

第四步，核算股本的注销。

借：股本	1 000 000	
资本公积——股本溢价	2 000 000	
贷：库存股		3 000 000

任务2 资本公积和其他综合收益核算

任务描述

对涉及“资本公积”“其他综合收益”科目的各种类型业务准确地进行确认、计量、记录和报告。

知识准备

一、资本公积概述

资本公积是企业收到的投资者投入资本中超出其在注册资本中所占份额的部分，以及其他资本公积。站在所有者权益的角度上来看，资本公积和实收资本没有任何区别。只不过实收资本是一个法律概念，资本公积是不能进入这个法律概念的所有者权益。因此有人认为资本公积是一种储备资本形式，最终会通过一个特定的程序转入实收资本。

二、资本公积的核算

企业应设置“资本公积”科目来核算收到的投资者投入资本中超过其在注册资本中所占份额的部分以及所有者权益中归属于资本公积的其他事项。该科目属于所有者权益类科目，贷方登记资本公积的增加额，借方登记资本公积转出或冲减的金额，期末余额在贷方。同时，企业还应设置资本溢价（或股本溢价）和其他资本公积等明细科目进行明细分类核算。

（一）资本溢价的核算

资本溢价是用于核算有限责任公司成立后，企业重组或有新的投资者介入时，投资者的出资额高于其应享有的投资比例的金额部分。

在企业创立之初，投资者投入资本时一般不会产生资本溢价。但在企业重组或有新的投资者加入时，由于企业已经走上正轨，能够对未来发展前景进行判断，现在加入的投资者往往是看中了企业未来的发展前景而进行的投资。因此为了维护原有投资者的权益，新加入投资者的出资额一般不会全额处理为实收资本，这样才能维护原有投资者的权益。对新加入投资者来说，投资者多投入的部分就是资本溢价。

【做中学 11-10】甲公司（有限责任公司）有A、B和C三位出资人，在设立时，每人出资100万元，经营三年后，有一位投资者D，愿意以160万元的现金出资占甲公司实收资本份额的25%。甲公司根据上述业务编制的会计分录如下：

借：银行存款	1 600 000	
贷：实收资本		1 000 000
资本公积——资本溢价		600 000

（二）股本溢价的核算

【做中学 11-11】乙公司（股份有限公司）以每股5元的价格发行普通股800万股，每股面值1元，另支付发行过程中发生的相关费用40万元。乙公司根据上述业务编制的会计分录如下：

发行收益=5×800=4 000（万元）

股本金额=1×800=800（万元）

股本溢价=4 000−800−40=3 160（万元）

借：银行存款	39 600 000	
贷：股本		8 000 000
资本公积——股本溢价		31 600 000

（三）其他资本公积的核算

其他资本公积，是指在资本或股本溢价项目以外形成的资本公积。本知识点以被投资单位除净损益、其他综合收益和利润分配以外的所有者权益的其他变动为例，介绍相关的其他资本公积的核算。

【做中学 11-12】甲公司以银行存款800万元向乙公司进行投资，持股比例为20%，并对该公司有重大影响，因此采用权益法对该项投资进行核算。年末，乙公司除净损益、其他综合收益和利润分配以外的所有者权益增加了80万元。假定除此以外，乙公司所有者权益没有任何变化且资产的账面价值和公允价值一致，甲公司持股比例也未变化，请根据上述业务编制甲公司的会计分录。

不考虑其他因素，甲公司应编制的会计分录如下：

甲公司对乙公司投资增加的其他资本公积=80×20%=16（万元）

借：长期股权投资——乙公司（其他权益变动）　160 000

　贷：资本公积——其他资本公积　160 000

三、其他综合收益的核算

其他综合收益主要包括直接计入所有者权益的利得和损失。直接计入所有者权益的利得和损失主要由以下交易或事项引起：

（1）企业以公允价值计量且其变动计入其他综合收益的金融资产持有期间公允价值的变动；

（2）企业自用房地产转为采用公允价值模式计量的投资性房地产时，公允价值大于账面价值的差额；

（3）权益法下，在持股比例不变的情况下，被投资方其他综合收益变动，投资方相应地予以调整长期股权投资账面价值；

（4）企业授予职工期权、认股权证等衍生工具或其他权益工具，对职工进行激励或补偿，以换取职工提供的服务时，企业以权益结算的股份支付换取职工或其他方提供服务的，应按照确定的金额计入其他综合收益。

企业应设置“其他综合收益”科目来核算这部分应直接计入所有者权益的利得和损失，它属于所有者权益类科目，贷方登记其他综合收益的增加额，借方登记其他综合收益转出或冲减的金额，期末余额在贷方。在“其他综合收益”总分类科目下，可以设置“设定受益计划净负债或净资产重新计量”“权益法下在被投资单位以后将重分类进损益的其他综合收益变动中享有的份额”“金融资产公允价值变动”“债权投资重分类为其他债权投资”等明细科目进行明细分类核算。

【做中学11-13】A企业持有B企业30%的股份，能够对B企业施加重大影响。当期B企业因持有的以公允价值计量且变动计入其他综合收益的金融资产公允价值的变动计入其他综合收益的金额为1 200万元。除该事项外，B企业当期实现的净损益为6 400万元。假定A企业与B企业适用的会计政策、会计期间相同，投资时B企业各项可辨认资产、负债的公允价值与其账面价值亦相同。双方在当期及以前期间未发生任何内部交易。不考虑所得税影响因素。

A企业在确认应享有被投资单位所有者权益的变动时：

借：长期股权投资——损益调整　19 200 000

　　　　　　　　——其他综合收益　3 600 000

　贷：投资收益（6 400×30%）　19 200 000

　　　其他综合收益（1 200×30%）　3 600 000

任务举例

【工作实例11-2】资本公积和其他综合收益的核算

某有限责任公司于2018年发生下列业务，可能涉及资本公积的核算：

（1）将自用办公楼改变用途对外出租，并办妥有关手续，手续办妥当日，房产估价6 000万元。该房产账面价值为5 000万元，已计提折旧200万元。

（2）应支付甲公司货款50万元，因甲公司破产而无法支付。

（3）将持有的一项公司债券由债权投资转换为其他债权投资，债券面值60万元、溢价20万元，转换日债券的公允价值为100万元。

（4）收到投资者投入的一项固定资产，评估价值为40万元，折算的资本份额为30万元。

要求：请判断上述业务是否影响资本公积，并完成上述业务的会计处理。

【工作过程】

第一步，根据所学知识，对上述业务进行判断。

业务（1）不影响资本公积。需通过“其他综合收益”进行核算。

业务（2）不影响资本公积。

业务（3）不影响资本公积。需通过“其他综合收益”进行核算。

业务（4）影响资本公积。

第二步，根据上述判断进行会计处理。

业务（1）：

借：投资性房地产——成本	60 000 000	
累计折旧	2 000 000	
贷：固定资产		50 000 000
其他综合收益		12 000 000

业务（2）：

借：应付账款——甲公司	500 000	
贷：营业外收入		500 000

业务（3）：

借：其他债权投资——成本	1 000 000	
贷：债权投资——成本		600 000
——利息调整		200 000
其他综合收益——债权投资重分类为其他债权投资		200 000

业务（4）：

借：固定资产	400 000	
贷：实收资本		300 000
资本公积——资本溢价		100 000

任务3　留存收益核算

任务描述

能熟练地对涉及盈余公积和未分配利润的经济业务进行会计确认、计量、记录和报告。

知识准备

留存收益，是指企业在经历多年的经营后产生的经营利润，因为尚未分配给投资者而留存于企业中的部分。留存收益是企业内部的积累，在数值上等于各年度税后净利润减去向投资者分派利润之和。留存收益由两部分构成：一部分是具有特定用途的盈余公积；另一部分是没有特定用途的未分配利润。

一、利润分配概述

（一）利润分配的顺序

利润分配是指将企业实现的净利润，按照国家法律法规和会计制度规定的分配形式和分配顺序在国家、企业和投资者之间进行分配。利润分配是企业向投资者回报的重要方式和途径，也是关系到所有者权益是否能够实现、企业能否持续经营下去的重要问题。因此，企业对利润进行分配必须严格按照国家的法律法规和会计制度进行。一般地，企业对当年实现的利润进行分配应遵循下列程序：

1.税前利润补亏

按照我国现行规定，企业发生亏损后，可以使用以后五个年度的税前利润递延弥补亏损。五年后，倘若亏损未弥补完，则转入税后利润进行弥补。

2.计算缴纳企业所得税

当期所得税是企业按照税法的规定，对当期发生的经营收益和净利得进行确认，并根据适用的所得税税率计算出所得税金额，即应交所得税。对当期应交所得税的计算，企业首先应在会计利润的基础上，结合税法的相关规定进行调整，计算出当期的应纳税所得额；其次根据应纳税所得额和适用税率，计算出当期应交所得税金额；然后通过确认递延所得税资产和递延所得税负债，反映前期发生业务对当期所得税费用的影响，并在此基础上将两项合并，计算出当期所得税费用的金额。

3.税后利润分配

在计缴所得税后，当年实现的净利润，应按照如下顺序进行分配：

（1）税后利润弥补以前年度亏损。根据税法规定，倘若公司存在发生的亏损，5年内的税前利润不足以弥补时，在依法提取公积金之前，可以用税后利润进行以前年度亏损的弥补。

（2）提取法定盈余公积。按照公司法的规定，公司制企业分配当年税后利润时，应该提取税后利润的10%作为法定盈余公积金（非公司制企业可以参照实施）。当累计法定盈余公积金达到注册资本的50%后，可以不再提取。

（3）提取任意盈余公积。根据股东大会或股东会的相关决议，企业可以从税后利润中以任意比率提取出相应部分作为任意盈余公积金。

（4）向投资者分配利润或股利。公司弥补亏损和提取公积金后所余税后利润，即为可向投资者分配的利润。企业可以根据自身的实际情况向投资者全额或部分分配这部分利润。对股份有限公司而言，股利分配时还应遵循先分配优先股股利、再分配普通股股利的顺序。

经过上述分配程序后，企业剩余的利润就形成了企业未分配利润，这部分利润滚存至下一年度，就形成了留存收益中的一部分。

（二）利润分配核算的科目设置

企业应设置利润分配科目，进行利润分配核算。该科目属于所有者权益类，核算企业利润的分配（或亏损的弥补）和历年分配（或弥补）后的余额。该科目的贷方反映年末从“本年利润”科目转入本年的净利润以及用盈余公积补亏的数额；借方反映按规定提取的盈余公积、向投资者分配的利润数额以及年末从“本年利润”科目转入的本年亏损数额。该科目的年末余额，反映企业历年的未分配利润（或未弥补亏损）。在利润分配科目中应分别设置“提取法定盈余公积”“提取任意盈余公积”“转作股本的股利”“盈余公积补亏”“未分配利润”等明细科目，进行明细分类核算。

二、盈余公积的核算

（一）盈余公积的定义及其用途

盈余公积，是指企业按照规定从税后净利润中提取的积累资金。企业盈利首先必须按照规定提取盈余公积，然后才能在出资者之间进行分配。

企业提取的盈余公积的用途包括弥补亏损、转增资本和扩大生产经营。

1.弥补亏损

根据企业会计准则和有关税法的规定，企业发生亏损时可以用缴纳所得税的税前利润弥补；超过用税前利润弥补期仍未补足的，可以用企业实现的税后利润进行弥补。如果企业发生巨额亏损，也可以用盈余公积弥补。

2.转增资本

企业提取的盈余公积较多时，可以将提取的盈余公积转增资本。转增资本前，需要经股东大会等相关权力机构批准并完善相应手续。根据公司法规定，转增后法定盈余公积的剩余比例不得少于企业注册资本的25%。

3.扩大生产经营

这是盈余公积最基础的用途。盈余公积是企业从利润中提取的部分，原本就是用于企业未来扩大生产经营所需。这部分利润在尚未使用时，就属于所有者权益的一部分。

（二）盈余公积的核算

为了核算盈余公积的形成及使用情况，企业应设置“盈余公积”科目。该科目属于所有者权益类，其贷方登记提取的盈余公积数额；借方登记按规定用途使用的盈余公积数额；期末贷方余额表示盈余公积的结余金额。因法定盈余公积与任意盈余公积用途不同，企业应当分别进行明细分类核算，设置“法定盈余公积”和“任意盈余公积”明细科目，进行明细分类核算。

1.提取盈余公积的核算

企业按规定提取盈余公积时，借记“利润分配——提取法定盈余公积”“利润分配——提取任意盈余公积”等科目，贷记“盈余公积——法定盈余公积”“盈余公积——任意盈余公积”等科目。

【做中学11-14】甲公司2018年实现税后利润4 000 000元，分别按10%和8%的比例提取法定盈余公积和任意盈余公积。根据上述业务编制的会计分录如下：

借：利润分配——提取法定盈余公积　　400 000
　　　　　　——提取任意盈余公积　　320 000
　贷：盈余公积——法定盈余公积　　400 000
　　　　　　　——任意盈余公积　　320 000

2.盈余公积弥补亏损的核算

企业发生亏损时可以使用盈余公积弥补。在利用盈余公积补亏时，应借记“盈余公积——法定盈余公积”或“盈余公积——任意盈余公积”科目，贷记“利润分配——盈余公积补亏”科目。

【做中学11-15】某公司以前年度累计未弥补亏损为300 000元，按照规定已不能使用税前利润进行弥补。经股东大会批准，公司以法定盈余公积20 000元弥补亏损。根据上述业务编制的会计分录如下：

以盈余公积弥补亏损时：

借：盈余公积——法定盈余公积　　20 000
　贷：利润分配——盈余公积补亏　　20 000

结转利润分配：

借：利润分配——盈余公积补亏　　20 000
　贷：利润分配——未分配利润　　20 000

3.盈余公积转增资本的核算

发生该类业务时，需要经股东大会批准并完善相应手续，然后再进行账务处理，借记“盈余公积——法定盈余公积”科目，贷记“实收资本”或“股本”科目。

【做中学11-16】某公司因需要增资，经股东大会批准，将法定盈余公积500 000元转增为股本。根据上述业务编制的会计分录如下：

借：盈余公积——法定盈余公积　　500 000
　贷：股本　　500 000

三、未分配利润的核算

（一）未分配利润概述

未分配利润是企业留存收益的一部分，主要来源于各年度未向投资者分配的可分配利润。从数量上看，未分配利润来源于期初结存数和本期未分配给投资者的可分配利润之和。未分配利润包含两层含义：一是留待以后年度处理的利润；二是尚未指定用途的利润。需要注意的是，未分配利润还是连接资产负债表和利润表的桥梁。

（二）未分配利润的核算

未分配利润是利润分配的一个明细科目。年度终了，企业应将全年实现的利润从本年利润转入未分配利润明细科目，结转后，再将“利润分配”科目下其他明细科目的余额也转入未分配利润明细科目。结转后未分配利润明细科目的贷方余额表示累计的未分配利润；如果是借方余额，则表示累计未弥补亏损的数额。

微课：未分配利润的核算

四、弥补亏损

企业在生产经营过程中，可能盈利，也有可能亏损。亏损是所有者权益的流出。企业在发生亏损时应将本年利润的余额转入“未分配利润”科目的借方。结转后，“未分配利润”科目的借方余额即为未弥补的亏损金额。对亏损的核算也正是通过“未分配利润”科目余额的累加完成的。

通过前面内容的介绍可知，亏损的弥补有三种方式：税前利润弥补、税后利润弥补和盈余公积弥补。其中：税前利润弥补和税后利润弥补这两种方式都是通过将本年利润结转至利润分配的会计处理方式自动完成的，将不同的金额计入未分配利润后，再计算未分配利润的余额，不需单独做弥补亏损的会计处理；盈余公积弥补则需单独进行亏损弥补的会计处理。

【做中学11-17】甲公司2012年亏损600 000元，假设该公司从2013年开始至2017年每年盈利100 000元。2018年实现盈利200 000元，适用的所得税税率为25%。根据上述业务编制的会计分录如下：

2012年发生亏损：

借：利润分配——未分配利润　　600 000

　　贷：本年利润　　600 000

2013—2017年：

借：本年利润　　100 000

　　贷：利润分配——未分配利润　　100 000

2018年由于只能使用税后利润补亏，因此应计算所得税：

应交所得税＝200 000×25%=50 000（元）

借：所得税费用　　50 000

　　贷：应交税费——应交企业所得税　　50 000

结转本年利润：

借：本年利润　　150 000

　　贷：利润分配——未分配利润　　150 000

通过记录，截至2018年年末，甲公司的未分配利润余额是贷方50 000元，可见亏损的弥补是自动完成的。

任务举例

【工作实例11-3】留存收益的核算

某公司2018年年初的股本金额为200万元，每股面值1元，年初未分配利润为贷方80万元，当年实现净利润60万元。公司本年度的利润分配方案如下：按照税后净利润的10%提取法定盈余公积、5%提取任意盈余公积，同时向股东派发每股0.2元的现金股利，每10股派发股票股利4股。

要求：根据上述业务编制会计分录。

【工作过程】

第一步，结转本年利润。

借：本年利润　600 000
　贷：利润分配——未分配利润　600 000

第二步，计提盈余公积。

借：利润分配——提取法定盈余公积　60 000
　　　　　——提取任意盈余公积　30 000
　贷：盈余公积——法定盈余公积　60 000
　　　　　　——任意盈余公积　30 000

第三步，发放现金股利。

借：利润分配——应付现金股利　400 000
　贷：应付股利　400 000

第四步，发放股票股利。

借：利润分配——转作股本的股利　800 000
　贷：股本　800 000

第五步，结转利润分配各明细科目至未分配利润明细科目，计算年末未分配利润数额。

借：利润分配——未分配利润　1 290 000
　贷：利润分配——提取法定盈余公积　60 000
　　　　　　——提取任意盈余公积　30 000
　　　　　　——应付现金股利　400 000
　　　　　　——转作股本的股利　800 000

年末未分配利润=800 000+600 000−1 290 000=110 000（元）

项目小结

所有者权益，是指企业的资产扣除负债后由全体投资人共同享有的剩余权益。股份有限公司的所有者权益又称为股东权益。它包括四个部分：实收资本、资本公积、其他综合收益和留存收益。实收资本又叫注册资本或股本，是指在企业创立或经营过程中，投资者根据企业章程或投资协议、合同的约定，依规定的形式向企业投入的资本。它是一个法律的概念。在会计上对其进行核算时应使用“实收资本”或“股本”等科目进行，其增减变动需要有一定的法律程序。资本公积是企业收到的投资者投入资本中超出其在注册资本中所占份额的部分，以及在资本或股本溢价项目以外形成的资本公积。资本公积包括资本溢价（或股本溢价）和其他资本公积。在会计核算时，应使用“资本公积”科目进行。其他综合收益是专门核算企业应直接计入所有者权益的利得和损失，在会计核算时，应使用“其他综合收益”科目进行。留存收益由两部分组成：盈余公积和未分配利润，由于两者形成的途径不同，因此会计核算应分别进行。盈余公积来自企业的提取，而未分配利润则来自于企业的积累。

课后习题与实训

一、单项选择题

1. 下列各项会导致留存收益总额发生增减变动的是（　　）。

A. 资本公积转增资本　　B. 盈余公积补亏

C. 盈余公积转增资本　　D. 以当年净利润弥补以前年度亏损

2. 下列各项中，在年末资产负债表和年度利润表中均有项目反映的是（　　）。

A. 净利润　　B. 资本公积　　C. 盈余公积　　D. 未分配利润

3. 下列各项不属于所有者权益的是（　　）。

A. 资本溢价　　B. 计提的盈余公积

C. 投资者投入的资本　　D. 董事会的办公费

4. 按照国家法律法规的规定，企业应当从税后净利润中提取10%作为法定盈余公积。当累计法定盈余公积达到（　　）的50%后，可以不再提取。

A. 注册资本　　B. 资本溢价　　C. 其他资本公积　　D. 未分配利润

5. 甲公司收到乙公司以原材料形式投入的资本，该批材料的合同约定价格为50 000元，根据税法的规定，乙公司应向甲公司开具增值税专用发票，发票上列示的价款为50 000元、增值税为8 000元，则甲公司应记入“实收资本”科目的金额为（　　）元。

A. 58 000　　B. 53 600　　C. 50 000　　D. 54 800

6. 某企业2018年1月1日所有者权益构成情况如下：实收资本1 500万元，资本公积100万元，盈余公积300万元，未分配利润200万元。2018年度实现利润总额为600万元，企业所得税税率为25%。假定不存在纳税调整事项及其他因素，该企业2018年12月31日的可供分配利润为（　　）万元。

A. 600　　B. 650　　C. 800　　D. 1 100

7. 某企业年初未分配利润是400 000元，本年实现净利润200 000元，按照10%和5%分别提取法定盈余公积和任意盈余公积，则本年末可供分配利润为（　　）元。

A. 600 000　　B. 200 000　　C. 570 000　　D. 400 000

8. 某企业所有者权益的情况如下：实收资本640万元，资本公积445万元，盈余公积360万元，未分配利润440万元，则留存收益为（　　）万元。

A. 640　　B. 1 045　　C. 360　　D. 800

9. 甲公司委托证券公司发行普通股2 000万股，每股面值1元，发行价格为每股5元，发行成功后，按发行收入的3%支付证券公司发行费，如不考虑其他因素，股票发行成功后，甲公司记入“资本公积”科目的金额为（　　）万元。

A. 7 700　　B. 10 000　　C. 8 000　　D. 9 700

10. 企业根据国家有关规定实行股权激励，如在等待期内取消了授予的权益工具，企业应在进行权益工具加速行权处理时，将剩余等待期内应确认的金额立即计入当期损益，同时确认（　　）。

A. 盈余公积　　B. 资本公积　　C. 实收资本　　D. 未分配利润

11. 甲公司年初未分配利润是500万元，本年实现净利润1 000万元，本年提取法定盈余公积100万元，提取任意盈余公积50万元，宣告发放现金股利60万元，则甲公司年末未分配利润为（　　）万元。

A.1 500　　B.1 290　　C.1 350　　D.1 340

12. 企业可供分配的利润，正确的分配次序是（　　）。

A. 提取法定盈余公积——提取任意盈余公积——向投资者分配利润

B. 向投资者分配利润——提取法定盈余公积——提取任意盈余公积

C. 提取任意盈余公积——提取法定盈余公积——向投资者分配利润

D. 以上选项均正确

13. 甲公司2018年年初盈余公积是300万元，本年实现的净利润是1 000万元，公司按照净利润的10%提取法定盈余公积，按照净利润的5%计提任意盈余公积，并将盈余公积50万元转增资本，将盈余公积60万元发放现金股利，则甲公司的盈余公积2018年年末余额为（　　）万元。

A.450　　B.400　　C.340　　D.350

14. 乙公司2018年12月31日的股本是1 000万股，每股面值1元，资本公积（股本溢价）为800万元，盈余公积为900万元，经股东大会批准，乙公司以现金回购本公司股份400万股，如果按每股5元回购，则应冲减的盈余公积为（　　）万元。

A.800　　B.0　　C.900　　D.1 600

15. 下列各项关于资本公积与留存收益的说法中，不正确的是（　　）。

A. 留存收益是企业从历年实现的利润中提取或形成的留存于企业的内部积累

B. 留存收益来源于企业生产经营活动实现的利润

C. 资本公积的用途主要用来弥补亏损

D. 资本公积主要来自资本溢价（或股本溢价）

二、多项选择题

1. 下列各项中，不会引起所有者权益总额发生增减变动的有（　　）。

A. 宣告发放现金股利　　B. 资本公积转增资本

C. 盈余公积转增资本　　D. 接受投资者追加投资

2. 甲股份有限公司首次接受现金资产投资，在进行会计处理时可能涉及的会计科目有（　　）。

A. 银行存款　　B. 股本　　C. 盈余公积　　D. 资本公积

3. 企业增加实收资本的方式，主要有（　　）。

A. 接受投资者追加投资　　B. 发放现金股利

C. 资本公积转增资本　　D. 盈余公积转增资本

4. 下列各项中，会导致盈余公积减少的有（　　）。

A. 发放现金股利　　B. 转增资本

C. 弥补亏损　　D. 接受追加投资

5. 下列各项会对留存收益现在或未来的金额造成影响的有（　　）。

A. 宣告发放现金股利　　B. 资本公积转增资本

C. 盈余公积弥补亏损　　D. 减少任意盈余公积提取比例

6. 下列各项能引起所有者权益发生变化的有（　　）。

A.盈余公积转增资本　　B.接受投资者追加投资

C.提取任意盈余公积　　D.股东大会宣告发放现金股利

7.甲公司属于增值税小规模纳税人，2018年9月1日收到乙公司作为资本投入的原材料一批，该批原材料的合同约定价值是1 500万元，增值税的进项税额为240万元，假设合同约定的价值与公允价值相符，同时不考虑其他因素，则甲公司的以下会计处理中，正确的有（　　）。

A.应该计入原材料的金额是1 500万元　　B.应该计入原材料的金额是1 740万元

C.甲公司实收资本的数额是1 500万元　　D.甲公司实收资本的数额是1 740万元

8.甲股份有限公司计划于2018年年底收购本公司股票，下列关于回购公司股票的说法，不正确的有（　　）。

A.应按股票面值和注销股数计算的股票面值总额冲减股本

B.只能按注销库存股的账面余额与所冲减股本的差额冲减股本溢价

C.股本溢价不足冲减的，应该冲减营业外支出

D.如果购回股票支付的价款低于面值总额，所注销库存股的账面余额与所冲减股本的差额作为增加股本溢价处理

9.A公司“盈余公积”年初余额是500万元，本年提取法定盈余公积100万元，提取任意盈余公积50万元，用盈余公积转增资本150万元，用盈余公积发放现金股利60万元，假定不考虑其他因素，下列说法正确的有（　　）。

A.所有者权益减少60万元　　B.所有者权益总额维持不变

C.实收资本增加150万元　　D.留存收益减少60万元

10.形成资本溢价（股本溢价）的原因有（　　）。

A.企业溢价发行股票　　B.企业从净利润中提取的累积资金

C.企业历年结存的利润　　D.投资者超额投入资本

11.股份有限公司发行股票发生的手续费、佣金等交易费用，如果无溢价发行股票或者溢价金额不足以抵扣的，应将不足以抵扣的部分冲减（　　）。

A.实收资本　　B.资本公积　　C.盈余公积　　D.未分配利润

12.甲公司属于增值税一般纳税人，在成立时接受乙公司作为资本投入的一台不需要安装的设备，该设备原值为1 200万元，合同约定设备的价款是800万元（与公允价值一致），增值税的进项税额为128万元，假定不考虑其他因素，下列关于甲公司的会计处理中，正确的有（　　）。

A.固定资产的入账价值为1 200万元

B.“应交税费——应交增值税（进项税额）”借方发生额为128万元

C.实收资本增加928万元

D.资本公积增加128万元

13.下列各项中，可能会引起资本公积发生增减变动的有（　　）。

A.企业宣布分派股票股利

B.经批准将资本公积转增资本

C.直接计入所有者权益的利得

D.企业接受的投资者投入的资金大于其按约定比例享有的份额

14.下列各项应在留存收益中核算的有（ ）。

A.实收资本 B.资本公积 C.盈余公积 D.未分配利润

15.下列各项不会引起留存收益发生增减变动的有（ ）。

A.资本公积转增资本 B.提取法定盈余公积

C.提取任意盈余公积 D.向投资者宣告发放现金股利

16.甲公司2018年年初未分配利润是300万元，本年实现净利润500万元，按照10%提取法定盈余公积，按照5%提取任意盈余公积，宣告发放现金股利100万元，则下列说法正确的有（ ）。

A.甲公司年末未分配利润是625万元 B.甲公司年末可供分配利润是800万元

C.甲公司年末未分配利润是725万元 D.甲公司年末可供分配利润是700万元

三、判断题

1.企业持有的交易性金融资产在公允价值发生增减变动时，应当将这一变动直接计入所有者权益。（ ）

2.对亏损的核算也正是通过编制会计分录，对未分配利润进行核算完成。（ ）

3.盈余公积转增资本后，法定盈余公积的剩余比例不得少于企业注册资本的20%。（ ）

4.企业当年实现的税后利润（或净亏损）加上年初未分配利润（或减去年初未弥补亏损），再加上其他转入等于未分配利润的年末余额。（ ）

5.当资本公积达到注册资本的50%后，应将资本公积转增为注册资本。（ ）

6.所有的公司都应该设置“实收资本”科目，核算投资者投入资本的增减变动情况。（ ）

7.股份有限公司发行股票等发生的手续费、佣金等交易费用，应从溢价中扣除，即冲减资本公积，溢价不足冲减的，应该计入财务费用。（ ）

8.企业提取的盈余公积经批准可用于弥补亏损、转增资本，但不能用于发放现金股利或利润。（ ）

9.企业接受固定资产、无形资产等非现金投资时，应该按照投资合同或协议约定的价值作为固定资产、无形资产的价值入账，如果投资合同或协议约定的价值不公允，应该按照公允价值入账。（ ）

10.向股东支付已宣告分派的现金股利，不影响所有者权益的金额，也不影响负债和资产。（ ）

11.股份有限公司发行股票收到现金资产时，借方登记“银行存款”科目，贷方登记“股本”科目，实际收到的现金与股本的差额记入“资本公积——其他资本公积”科目。（ ）

12.利得和损失不可能直接计入所有者权益，只能计入当期损益，最终影响所有者权益。（ ）

13.非公司制企业法定盈余公积的提取比例可超过净利润的10%，法定盈余公积累计额已达注册资本的50%时可以不再提取。（ ）

14.除股份有限公司以外的其他类型的企业，在创立时，投资者认缴的出资额与注册资本一致，一般不会产生资本溢价。（ ）

15.年度终了，企业应该将当年实现的净利润或发生的净亏损，自“本年利润”科目转入“利润分配——未分配利润”科目，之后将所属“利润分配”科目的其他明细科目的余额转入“未分配利润”明细科目。（ ）

四、业务核算题

1.甲企业2018年12月相关会计科目的余额见表11-1。利润分配政策为：按当年净利润的10%、5%分别提取法定盈余公积、任意盈余公积，再按剩余净利润的40%向投资者分派现金股利。

表11-1 损益类账户余额表 单位：元

会计科目	借方余额	贷方余额
主营业务收入		150 000
主营业务成本	134 800	
税金及附加	900	
销售费用	6 000	
管理费用	52 000	
财务费用	8 500	
投资收益		15 000
其他业务收入		5 000
其他业务成本	4 500	
营业外收入		2 500
营业外支出	20 000	
所得税费用	17 000	
本年利润		468 000

要求：计算当期留存收益的增加额并完成本年利润形成、利润分配的相关会计分录。

2.A有限责任公司（简称A公司）于2017年1月成立，属于增值税一般纳税人，成立之初由甲、乙两位投资者投资成立，2018年1月，A公司未分配利润是800万元。其他相关业务事项如下：

（1）成立之初，按照合同规定，公司注册资本为1 000万元，甲、乙投资者各出资一半。甲投资者决定以现金500万元出资；乙投资者决定以一批原材料和一项土地使用权出资，其中：原材料合同约定价值为300万元，土地使用权合同约定价值为180万元，假设合同约定价值与公允价值相符。

（2）2018年1月，A公司决定扩大规模，追加投资，吸收投资者丙加入。经批准，A公司注册资本扩大为1 500万元，丙投资者以一台机器设备出资，合同约定价值为600万元，假设合同约定价值与公允价值相符，A公司规定，甲、乙、丙三位投资者各占注册资本的1/3。

（3）2018年2月，A公司向B公司投资300万元作为长期股权投资，拥有B公司25%的股份，能够对B公司施加重大影响，2018年年末，B公司所有者权益因以公允价值计量且其变动计入其他综合收益的金融资产的公允价值上升而增加了100万元。

（4）2018年实现净利润1 000万元，A公司提取法定盈余公积100万元，提取任意盈余公积50万元，宣告发放现金股利80万元。

要求：根据上述资料，编制相应的会计分录，同时在不考虑其他因素的情况下，回答下列（1）~（6）小题：

（1）下列关于A公司成立之初实收资本的说法，正确的是（　　）。

A.乙投资者以土地使用权出资不符合《公司法》关于股东出资的规定

B.乙投资者总的出资额没有达到合同的规定

C.甲、乙两位出资者的货币出资金额符合《公司法》规定的货币出资最低限度

D.甲、乙两位出资者计入实收资本的数额均是500万元

（2）A公司因扩大规模吸收丙投资者加入时，正确的会计处理是（　　）。

A.确认固定资产的入账价值600万元

B.确认固定资产的入账价值696万元

C.确认实收资本500万元

D.确认资本公积196万元

（3）下列关于A公司投资B公司的长期股权投资的会计处理，正确的是（　　）。

A.应采用权益法核算长期股权投资

B.应采用成本法核算长期股权投资

C.因B公司净损益之外的所有者权益增加，A公司应该确认投资收益25万元

D.因B公司净损益之外的所有者权益增加，A公司应该确认资本公积25万元

（4）2018年年末，A公司的可供分配利润为（　　）万元。

A.1 700　　B.1 800　　C.1 650　　D.1 570

（5）2018年年末，A公司的未分配利润为（　　）万元。

A.1 700　　B.1 800　　C.1 650　　D.1 570

（6）根据给定的事项，关于资本公积的说法，正确的是（　　）。

A.乙投资者投资时计入资本公积的金额为31万元

B.乙投资者投资时计入资本公积的金额为0

C.2018年应计入资本公积的金额为227万元

D.2018年应计入资本公积的金额为202万元

项目十二

财务报表列报

知识目标

1.明确企业财务会计报告体系的主要构成项目；
2.掌握资产负债表、利润表等基本财务报表的内容和结构；
3.掌握资产负债表、利润表等基本财务报表的编制原理和方法。

能力目标

1.会编制资产负债表、利润表等基本财务报表；
2.能解读资产负债表、利润表等基本财务报表所蕴含的财务和经营讯息。

项目导言

财务报表是对企业财务状况、经营成果和现金流量的结构性表述。财务报表至少应当包括下列组成部分：资产负债表、利润表、现金流量表、所有者权益（或股东权益，下同）变动表及附注。本项目是在对会计对象要素确认、计量和记录的基础上编制而成的，因此，它是前面各项目分任务的综合反映，是本教材的重要内容。

任务1 资产负债表编制

任务描述

1.明确企业财务会计报告的构成体系；

2.确定资产负债表的列报依据和填报方法；

3.根据资料编制资产负债表。

知识准备

一、财务报表概述

（一）财务报表的定义和种类

1.财务报表的定义

财务会计报告，是指企业对外提供的反映企业某一特定日期的财务状况和某一会计期间的经营成果、现金流量等会计信息的文件。财务会计报告包括财务报表和其他应当在财务会计报告中披露的相关信息和资料。

财务报表，是对企业财务状况、经营成果和现金流量的结构性表述。财务报表具有报告的性质，是以表格为主要形式，反映、提供和传输财务信息的书面报告文件，是财务会计报告的核心组成部分。财务报表是传输企业会计信息的重要工具，是根据会计账簿记录和有关资料，按规定的报表格式，总括反映一定期间的经济活动和财务收支及其结果的文件。由财务报表和其他相关资料组成的财务会计报告是企业会计工作的最终成果，是输出企业会计信息的主要形式，是企业与外部联系的桥梁。

企业的交易和事项最终通过财务报表进行列示，通过财务报表附注进行披露。为了达到财务报表有关决策有用和评价企业管理层受托责任的目标，一套完整的财务报表至少应当包括“四表一注”，即资产负债表、利润表、现金流量表、所有者权益变动表和附注。

2.财务报表的分类

财务报表可以按照下列不同的标准进行分类：

（1）按财务报表编报期间的不同，可以分为中期财务报表和年度财务报表。中期财务报表是以短于一个完整会计年度的报告期间为基础编制的财务报表，包括月报、季报和半年报等。中期财务报表至少应当包括资产负债表、利润表、现金流量表和附注，其中：中期资产负债表、利润表和现金流量表应当是完整报表，其格式和内容应当与年度财务报表一致。与年度财务报表相比，中期财务报表中的附注披露可适当简略。

（2）按财务报表编报主体的不同，可以分为个别财务报表和合并财务报表。个别财务报表是由企业在自身会计核算基础上对账簿记录进行加工而编制的财务报表，它主要用以反映企业自身的财务状况、经营成果和现金流量情况。合并财务报表是以母公司和子公司组成的企业集团为会计主体，由母公司编制的综合反映企业集团财务状况、经营成果和现金流量的财务报表。

（二）财务报表编报的基本要求

高质量的会计信息是保证会计决策有用的基石。从诸多企业经营的历史来看，不讲究诚信原则的企业，虽然可能暂时成功，但是无法长期地保持竞争力。所以，财务报表所揭示的会计信息应遵循会计准则和公认会计原则的基本要求。为了充分发挥会计信息的作用，确保信息质量，各会计主体单位必须按照一定的程序、方法和要求，编报合法、真实和公允的财务报表。

1.时间要求

在市场经济条件下，市场信息瞬息万变，只有及时地将企业生产经营活动的过程和结果以报表载体快速反映出来，才能使管理当局在洞察企业经营现实的同时，根据市场提供的变化情况，及时调整经营策略，从而提高企业的竞争力，保证经营目标的顺利实现。因此，财务报表只有及时编制和报送，才能有利于会计信息的利用。

为了确保财务报表编报的及时性，政府有关部门对各单位财务报表编报时间作出了明确的规定。一般来说，月报应于月份终了后6天内报出（节假日顺延，下同）；季报应于季度终了后15天内报出；半年报应于年度中期结束后60天内提供；年报应于年度终了后4个月内报出。这就要求会计部门必须加强日常的核算工作，认真做好记账、对账和账项调整等编报前的准备工作，加强会计人员的配合协作，高质、高效地完成会计信息的报送工作。

2.格式要求

对外报送的财务报表必须按照企业会计准则规定的内容、格式进行列报。单位内部使用的财务报表，其格式和要求由各单位自行确定。

3.列报时的具体要求

根据我国企业会计准则的规定，财务报表列报应满足下列要求：

（1）以持续经营为基础进行列报。企业应当以持续经营为前提，根据实际发生的交易和事项，按照企业会计准则的规定进行确认和计量，在此基础上编制财务报表。若企业处于非持续经营状态，其财务报表应当采用其他基础编制，并在财务报表附注中加以说明。

（2）列报项目真实、准确，不得相互抵销。企业财务报表所填列的数字必须真实可靠，能准确地反映企业的财务状况和经营成果，不得以估计数字填列财务报表，更不得弄虚作假，篡改伪造数字。同时，财务报表上的各项指标，都必须按照企业会计准则中规定的口径填列，不得任意删减或增加，凡需经计算填列的指标，应按规定计算填列。特别应注意的是，要求单独列报的资产、负债、收入和费用等项目，其金额不得相互抵销。

（3）列报项目前后一致并相互可比。财务报表项目的列报应当在各个会计期间保持一致，不得随意变更，除非企业会计准则要求改变，或主体的经营性质发生重大变化，改变后的列报能够提供更可靠、更相关的信息。

（4）列报项目全面完整，突出重要性。企业对按企业会计准则规定应予填报的各种报表和表内项目，要填报齐全，不得随意漏编、漏报；应当汇总编制的所属单位的财务报表必须全部汇总；报表附注和应该编制的附表等资料，必须同时编报。同时，在编制财务报表的过程中，企业应当考虑报表项目的重要性。对于性质或功能不同的项目，如长期股权投资、固定资产等，应当在财务报表中单独列报；对于性质或功能相似的项目，其所属类别具有重要性的，应按其类别在财务报表中单独列报，如库存商品、原材料等，应当予以合并，作为“存货”项目列报。

（5）报表相关内容说明清楚。财务报表编制以后，按照企业会计准则和有关方面的要求，对需要说明的，诸如财务报表中主要指标的构成和计算方法、本报告期发生的特殊情况等问题，写出简要的文字说明，以便使用者了解与财务报表有关的情况，作出正确决策和判断。

二、资产负债表概述

（一）资产负债表的定义和作用

资产负债表是反映企业在某一特定日期（月末、季末、半年末、年末）财务状况的报表。它根据资产、负债、所有者权益三个会计要素的相互关系，依据一定的分类标准和顺序，把企业在一定日期的资产、负债、所有者权益项目予以排列，并根据账户资料编制而成。

资产负债表主要提供有关企业财务状况方面的信息，即某一特定日期关于企业资产、负债、所有者权益及其相互关系。其作用主要包括：

（1）可以提供某一日期资产的总额及其结构，表明企业拥有或控制的资源及其分布情况，使用者可以一目了然地从资产负债表上了解企业在某一特定日期所拥有的资产总量及其结构；

（2）可以提供某一日期的负债总额及其结构，表明企业未来需要用多少资产或劳务清偿债务及其清偿时间；

（3）可以反映所有者所拥有的权益，据以判断资本保值、增值的情况以及对负债的保障程度。此外，资产负债表还可以提供进行财务分析的基本资料，如将流动资产与流动负债进行比较，计算出流动比率等指标，可以反映企业的变现能力、偿债能力和资金周转能力，从而有助于报表使用者作出经济决策。

（二）资产负债表列报的总体要求

1.分类列报

资产负债表应当按照资产、负债和所有者权益三大类别分类列报，左方列报的资产项目，反映资产的构成；右方列报的负债和所有者权益项目，反映权益结构，即资产的来源渠道。

微课：应收应付等往来项目的列报

2.资产和负债按流动性列报

流动性通常按照资产的变现或耗用时间长短或者负债的偿还时间长短来确定。资产和负债类项目应当分别按照流动性，分为流动资产和非流动资产、流动负债和非流动负债进行列报。

3.所有者权益类项目按先后次序列报

所有者权益类项目应当按照资本的永久性高低为依据进行先后次序的排列，永久性高者在前、低者在后。

4.列报相关的合计、总计项目

资产负债表中的资产类应当列示流动资产和非流动资产的合计项目及资产总计项目；

负债类至少应当列示流动负债、非流动负债以及负债的合计项目；所有者权益类应当列示所有者权益的合计项目；负债类和所有者权益还要列示其总计项目。

（三）资产负债表的结构

在我国，资产负债表采用账户式结构，通常包括表头、表身和表尾三部分。表头主要包括资产负债表的名称、编制单位、编制日期和金额单位等；表身主要包括资产、负债和所有者权益各项目的年初余额和期末余额，是资产负债表的主要部分；表尾主要包括附注资料等。资产负债表的表身部分分为左右两边，左边列示资产，右边列示负债和所有者权益。每个项目又分为"年初余额"和"期末余额"两栏分别填列。资产负债表的具体格式参见表12-3。

【提示】2018年6月15日，财政部发布的《财政部关于修订印发2018年度一般企业财务报表格式的通知》（财会〔2018〕15号）中指出，执行企业会计准则的非金融企业的财务报表格式有两种：一种是适用于尚未执行新金融准则和新收入准则的企业；另一种是适用于已执行新金融准则或新收入准则的企业。本教材采用的是第一种，即尚未执行新金融准则和新收入准则的企业。而第二种报表格式，其中资产负债表和利润表的格式见表12-1、表12-2。

三、资产负债表的编制方法

资产负债表是反映企业某一特定日期财务状况的报表。资产、负债和所有者权益各项目列报的数据有两项：年初数和期末数，因此，在编制时，应根据对应于列报项目的账户的年初余额和期末余额分别填列。其中：资产项目应根据资产类账户年初借方余额和借方期末余额填列；负债及所有者权益项目应根据负债及所有者权益类账户年初贷方余额和贷方期末余额填列。

（一）"年初余额"栏的填列

资产负债表"年初余额"栏内各项数字，应根据上年年末资产负债表"期末余额"栏内所列数字填列。如果本年度资产负债表规定的各个项目的名称和内容与上年度不一致，应对上年年末资产负债表各项目的名称和内容按照本年度的规定进行调整，填入本年度资产负债表"年初余额"栏内。

（二）"期末余额"栏的填列

资产负债表各项目"期末余额"栏的填列主要有以下几种方法：

1.根据总账科目余额填列

"递延所得税资产""短期借款""以公允价值计量且其变动计入当期损益的金融负债""应付职工薪酬""应交税费""预计负债""递延所得税负债""递延收益""实收资本（或股本）""资本公积""其他综合收益""库存股""盈余公积"等项目，应根据有关总账科目的余额填列。

2.根据几个总账科目的期末余额计算填列

在资产负债表中某些项目涵盖范围广，则需根据几个总账科目的期末余额计算填列。如"货币资金"项目，应根据"库存现金""银行存款""其他货币资金"三个总账科目的期末余额的合计数填列；"其他应收款""其他应付款"等项目，应根据有关科目的期末余额汇总填列。

3.根据明细账科目余额计算填列

部分项目涉及不同总账科目的内容，要根据相应几个总账科目所属部分明细账科目余额计算填列。如"预收款项"项目，应根据"预收账款"和"应收账款"科目所属明细账

表 12-1　　　　资产负债表　　　　会企 01 表

编制单位：　　　　年　月　日　　　　单位：元

资　产	期末余额	年初余额	负债和所有者权益（或股东权益）	期末余额	年初余额
流动资产：			流动负债：		
货币资金			短期借款		
交易性金融资产			交易性金融负债		
衍生金融资产			衍生金融负债		
应收票据及应收账款			应付票据及应付账款		
预付款项			预收款项		
其他应收款			合同负债		
存货			应付职工薪酬		
合同资产			应交税费		
持有待售资产			其他应付款		
一年内到期的非流动资产			持有待售负债		
其他流动资产			一年内到期的非流动负债		
流动资产合计			其他流动负债		
非流动资产：			流动负债合计		
债权投资			非流动负债：		
其他债权投资			长期借款		
长期应收款			应付债券		
长期股权投资			其中：优先股		
其他权益工具投资			永续债		
其他非流动金融资产			长期应付款		
投资性房地产			预计负债		
固定资产			递延收益		
在建工程			递延所得税负债		
生产性生物资产			其他非流动负债		
油气资产			非流动负债合计		
无形资产			负债合计		
开发支出			所有者权益（或股东权益）：		
商誉			实收资本（或股本）		
长期待摊费用			其他权益工具		
递延所得税资产			其中：优先股		
其他非流动资产			永续债		
非流动资产合计			资本公积		
			减：库存股		
			其他综合收益		
			盈余公积		
			未分配利润		
			所有者权益（或股东权益）合计		
资产总计			负债和所有者权益（或股东权益）总计		

表 12-2　　利润表　　会企 02 表

编制单位：　　年　月　　单位：元

项　目	本期金额	上期金额
一、营业收入		
减：营业成本		
税金及附加		
销售费用		
管理费用		
研发费用		
财务费用		
其中：利息费用		
利息收入		
资产减值损失		
信用减值损失		
加：其他收益		
投资收益（损失以"−"号填列）		
其中：对联营企业和合营企业的投资收益		
净敞口套期收益（损失以"−"号填列）		
公允价值变动收益（损失以"−"号填列）		
资产处置收益（损失以"−"号填列）		
二、营业利润（亏损以"−"号填列）		
加：营业外收入		
减：营业外支出		
三、利润总额（亏损总额以"−"号填列）		
减：所得税费用		
四、净利润（净亏损以"−"号填列）		
（一）持续经营净利润（净亏损以"−"号填列）		
（二）终止经营净利润（净亏损以"−"号填列）		
五、其他综合收益的税后净额		
（一）不能重分类进损益的其他综合收益		
1.重新计量设定受益计划变动额		
2.权益法下不能转损益的其他综合收益		
3.其他权益工具投资公允价值变动		
4.企业自身信用风险公允价值变动		
……		
（二）将重分类进损益的其他综合收益		
1.权益法下可转损益的其他综合收益		
2.其他债权投资公允价值变动		
3.金融资产重分类计入其他综合收益的金额		
4.其他债权投资信用减值准备		
5.现金流量套期储备		
6.外币财务报表折算差额		
……		
六、综合收益总额		
七、每股收益：		
（一）基本每股收益		
（二）稀释每股收益		

的期末贷方余额合计填列；“应付票据及应付账款”项目，应根据“应付账款”和“预付账款”科目所属明细账的期末贷方余额合计再加上“应付票据”科目余额填列；“开发支出”项目，应根据“研发支出”科目中所属的“资本化支出”明细科目的期末余额填列；“一年内到期的非流动资产”“一年内到期的非流动负债”项目，应根据有关非流动资产或非流动负债项目的明细科目余额分析填列；“未分配利润”项目，应根据“利润分配”科目中所属的“未分配利润”明细科目的期末余额填列。

4.根据总账科目余额和所属明细账科目余额分析计算填列

部分项目按性质只反映某总分类账户余额的一部分，应该根据明细账余额做相应扣减后填列。如“长期借款”项目，需根据“长期借款”总分类账户余额扣除“长期借款”账户所属明细账户中将在资产负债表日起一年内到期、且企业不能自主地将清偿义务展期的长期借款后的金额计算填列；“长期待摊费用”项目，应根据“长期待摊费用”科目的期末余额减去将于1年内（含1年）摊销的数额后的金额填列；“其他非流动负债”项目，应根据有关科目的期末余额减去将于1年内（含1年）到期偿还数后的金额填列。

5.根据有关科目余额减去其备抵科目余额后的净额填列

“可供出售金融资产”“持有至到期投资”“长期股权投资”“在建工程”“商誉”等项目，应根据相关科目的期末余额填列，已计提减值准备的，还应扣减相应的减值准备；“固定资产”“无形资产”“投资性房地产”“生产性生物资产”“油气资产”等项目，应根据相关科目的期末余额扣减相关的累计折旧（累计摊销、折耗）填列，已计提减值准备的，还应扣减相应的减值准备。采用公允价值计量的上述资产，应根据相关科目的期末余额填列。“长期应收款”项目，应根据“长期应收款”科目的期末余额，减去相应的“未实现融资收益”科目和“坏账准备”科目所属相关明细科目期末余额后的金额填列；“长期应付款”项目，应根据“长期应付款”科目的期末余额，减去相应的“未确认融资费用”科目期末余额后的金额填列。

6.综合运用上述填列方法分析填列

“应收票据及应收账款”“其他应收款”项目，应根据相关科目的期末余额，减去“坏账准备”科目中有关坏账准备期末余额后的金额填列；“应收票据及应收账款”项目，应根据“应收票据”和“应收账款”科目的期末余额，减去“坏账准备”科目中有关坏账准备期末余额后的金额填列；“预付款项”项目，应根据“预付账款”和“应付账款”科目所属明细账的期末借方余额合计数，减去“坏账准备”科目中有关预付账款计提的坏账准备期末余额后的金额填列；“存货”项目，需根据“材料采购”（或“在途物资”）、“原材料”、“库存商品”、“委托加工物资”、“周转材料”、“发出商品”和“受托代销商品”等科目的期末余额合计，减去“受托代销商品款”“存货跌价准备”科目期末余额后的金额填列，材料采用计划成本核算，以及库存商品采用计划成本核算或售价核算的企业，还应按加或减材料成本差异、商品进销差价后的金额填列。

任务举例

【工作实例12-1】资产负债表的编制

乐天股份有限公司（尚未执行新金融准则和新收入准则）基本资料如下：

（1）企业基本情况介绍。

乐天股份有限公司于2008年6月成立，属于机械制造行业，是一家主要从事微型小型水泵和园林机械的研发、设计、制造和销售的高新技术企业，生产销售的主要产品为除草机、碎枝机等园林机械。其所生产的产品以外销为主，出口销售的比例高达95%以上，其中：自营出口的比例达70%左右。

（2）乐天股份有限公司2017年12月31日的资产负债表见表12-3。

表12-3 资产负债表 会企01表

编制单位：乐天股份有限公司 2017年12月31日 单位：元

资产	期末余额	年初余额（略）	负债和所有者权益（或股东权益）	期末余额	年初余额（略）
流动资产：			流动负债：		
货币资金	23 436 512.51		短期借款	43 196 019.80	
以公允价值计量且其变动计入当期损益的金融资产			以公允价值计量且其变动计入当期损益的金融负债		
衍生金融资产			衍生金融负债		
应收票据			应付票据	59 678 601.17	
应收账款	88 686 681.76		应付账款	79 894 849.41	
预付款项	38 714 700.45		预收款项	5 243 722.03	
应收利息			应付职工薪酬	9 986 680.23	
其他应收款	4 596 432.16		应交税费	−7 048 039.69	
持有待售资产			应付利息	77 045.61	
存货	85 244 074.38		其他应付款	3 000 000.30	
一年内到期的非流动资产			持有待售负债		
其他流动资产			一年内到期的非流动负债	14 024 640.00	
流动资产合计	240 678 401.26		其他流动负债		
非流动资产：			流动负债合计	208 053 518.86	
可供出售金融资产			非流动负债：		
持有至到期投资			长期借款	16 033 110.00	
长期应收款			应付债券		
长期股权投资	1 000 000.00		其中：优先股		
投资性房地产			永续债		
固定资产	89 871 411.34		长期应付款	800 000.00	
在建工程	2 519 095.54		专项应付款		
工程物资			预计负债		
固定资产清理			递延收益		
生产性生物资产			递延所得税负债		
油气资产			其他非流动负债		
无形资产	8 120 137.61		非流动负债合计	16 833 110.00	
开发支出			负债合计	224 886 628.86	
商誉			所有者权益（或股东权益）：		
长期待摊费用			实收资本（或股本）	56 280 000.00	
递延所得税资产	1 559 445.81		其他权益工具		
其他非流动资产			其中：优先股		
非流动资产合计	103 070 090.30		永续债		
			资本公积	167 844.25	
			减：库存股		
			其他综合收益		
			盈余公积	9 203 030.41	
			未分配利润	53 210 988.04	
			所有者权益（或股东权益）合计	118 861 862.70	
资产总计	343 748 491.56		负债和所有者权益（或股东权益）总计	343 748 491.56	

公司法定代表人：王利丰 主管会计工作负责人：赵明远 会计机构负责人：赵明远

（3）乐天股份有限公司2018年发生的经济业务及其会计处理（略）。

（4）乐天股份有限公司2018年12月31日的账户余额资料见表12-4。

表12-4　账户余额表

2018年12月31日　单位：元

账户	借方余额	贷方余额
库存现金	16 267.00	
银行存款	117 623 988.49	
其他货币资金	6 365 776.26	
应收票据	4 000 000.00	
应收账款	129 683 543.22	
坏账准备		7 548 672.79
预付账款	30 460 751.81	
其他应收款	4 384 516.20	
原材料	28 731 788.09	
生产成本	20 059 606.00	
自制半成品	26 926 761.19	
库存商品	41 408 558.29	
委托加工物资	12 485 700.35	
周转材料——包装物	1 965 841.92	
周转材料——低值易耗品	2 181 017.45	
存货跌价准备		386 374.63
长期股权投资	19 600 000.00	
固定资产	188 791 308.21	
累计折旧		37 084 697.70
固定资产减值准备		926 490.98
在建工程	5 242 208.91	
无形资产	47 925 015.43	
累计摊销	1 396 016.16	
长期待摊费用	1 278 333.33	
递延所得税资产	1 791 728.50	
短期借款		21 161 698.02
应付票据		88 007 638.80
应付账款		113 190 014.68
预收账款		9 417 196.00
应付职工薪酬		5 018 021.74
应交税费		-12 181 159.21
应付利息		41 930.11
其他应付款		5 073 992.41
长期应付款		800 000.00
股本		75 280 000.00
资本公积		221 195 772.25
盈余公积		20 292 329.22
利润分配——未分配利润		96 283 024.37

【工作过程】

根据以上资料，结合资产负债表项目的填报要求，逐一分析计算，编制乐天股份有限公司2018年12月31日的资产负债表，见表12-5。

表12-5 资产负债表 会企01表

编制单位：乐天股份有限公司 2018年12月31日 单位：元

资产	期末余额	年初余额	负债和所有者权益（或股东权益）	期末余额	年初余额
流动资产：			流动负债：		
货币资金	124 006 031.75	23 436 512.51	短期借款	21 161 698.02	43 196 019.80
以公允价值计量且其变动计入当期损益的金融资产			以公允价值计量且其变动计入当期损益的金融负债		
衍生金融资产			衍生金融负债		
应收票据及应收账款	126 254 586.11	88 686 681.76	应付票据及应付账款	201 197653.48	139 573450.60
预付款项	30 460 751.81	38 714 700.45	预收款项	9 417 196.00	5 243 722.01
其他应收款	4 264 800.52	4 596 432.16	应付职工薪酬	5 018 021.74	9 986 680.23
存货	133 372 898.66	85 244 074.38	应交税费	-12 181 159.21	-7 048 039.69
持有待售资产			其他应付款	5 115 922.52	3 077 045.91
一年内到期的非流动资产			持有待售负债		
其他流动资产			一年内到期的非流动负债		14 024 640.00
流动资产合计	418 359 068.85	240 678 401.26	其他流动负债		
非流动资产：			流动负债合计	229 729 332.55	208 053 518.86
可供出售金融资产			非流动负债：		
持有至到期投资			长期借款		16 033 110.00
长期应收款			应付债券		
长期股权投资	19 600 000.00	1 000 000.00	其中：优先股		
投资性房地产			永续债		
固定资产	150 780 119.53	89 871 411.34	长期应付款	800 000.00	800 000.00
在建工程	5 242 208.91	2 519 095.54	预计负债		
生产性生物资产			递延收益		
油气资产			递延所得税负债		
无形资产	46 528 999.27	8 120 137.61	其他非流动负债		
开发支出			非流动负债合计	800 000.00	16 833 110.00
商誉			负债合计	230 529 332.55	224 886 628.86
长期待摊费用	1 278 333.33		所有者权益（或股东权益）：		
递延所得税资产	1 791 728.50	1 559 445.81	实收资本（或股本）	75 280 000.00	56 280 000.00
其他非流动资产			其他权益工具		
非流动资产合计	225 221 389.54	103 070 090.30	其中：优先股		
			永续债		
			资本公积	221 195 772.25	167 844.25
			减：库存股		
			其他综合收益		
			盈余公积	20 292 329.22	9 203 030.41
			未分配利润	96 283 024.37	53 210 988.04
			所有者权益（或股东权益）合计	413 051 125.84	118 861 862.70
资产总计	643 580 458.39	343 748 491.56	负债和所有者权益（或股东权益）总计	643 580 458.39	343 748 491.56

公司法定代表人：王利丰 主管会计工作负责人：赵明远 会计机构负责人：赵明远

报表主要项目期末余额的分析计算过程如下：

“货币资金”项目=“库存现金”科目余额+“银行存款”科目余额+“其他货币资金”科目余额=16 267.00+117 623 988.49+6 365 776.26=124 006 031.75（元）

“应收票据及应收账款”项目=“应收票据”科目余额+“应收账款”明细科目借方余额+“预收账款”科目借方余额-与应收账款有关的“坏账准备”提取数=4 000 000.00+129 683 543.22-7 428 957.11=126 254 586.11（元）

其中：“坏账准备”科目期末余额为7 548 672.79元，与“应收账款”有关所提取的坏账准备数为7 428 957.11元，与“其他应收款”有关所提取的坏账准备数为119 715.68元。

“其他应收款”项目=“应收股利”科目余额+”应收利息“科目余额+其他应收款”科目余额-与其他应收款等有关的“坏账准备”提取数=4 384 516.20-119 715.68=4 264 800.52（元）

“存货”项目=“原材料”科目余额+“生产成本”科目余额+“自制半成品”科目余额+“库存商品”科目余额+“委托加工物资”科目余额+“周转材料——包装物”科目余额+“周转材料——低值易耗品”科目余额-“存货跌价准备”科目余额=28 731 788.09+20 059 606.00+26 926 761.19+41 408 558.29+12 485 700.35+1 965 841.92+2 181 017.45-386 374.63=133 372 898.66（元）

“固定资产”项目=“固定资产”科目余额+（或-）“固定资产清理”科目余额-“累计折旧”科目余额-“固定资产减值准备”科目余额=188 791 308.21-37 084 697.70-926 490.98=150 780 119.53（元）

“在建工程”项目=“在建工程”科目余额+“工程物资”科目余额-“在建工程减值准备”科目余额-“工程物资减值准备”科目余额=5 242 208.91（元）

“应付票据及应付账款”项目=“应付票据”科目余额+“应付账款”明细科目贷方余额+“预付账款”明细科目贷方余额=88 007 638.80+113 190 014.68=201 197653.48（元）

“应交税费”项目列报金额根据“应交税费”科目各明细科目余额汇总填列，期末余额合计为-12 181 159.21元，主要系增值税期末留抵税额高于本期应交税额以及该公司本期国产设备抵免企业所得税数额增加所致。

“其他应付款”项目=“应付股利”科目余额+”应付利息“科目余额+其他应付款”科目余额=41 930.11+5 073 992.41=5 115 922.52（元）

任务2　利润表编制

任务描述

1.确定利润表的列报依据和填报方法；

2.编制企业利润表。

知识准备

一、利润表概述

（一）利润表的定义和作用

利润表是反映企业在一定会计期间生产经营成果的财务报表。

通过利润表可以反映企业经营业绩的主要来源和构成，反映企业在一定会计期间收入、费用、利润（或亏损）的数额及构成情况，帮助报表使用者全面了解企业的经营成果，判断净利润的质量及其风险，分析企业的盈利能力，预测净利润的持续性等。如将赊销收入净额与应收账款平均余额进行比较，计算出应收账款周转率；将销货成本与存货平均余额进行比较，计算出存货周转率；将净利润与资产总额进行比较，计算出资产收益率等，可以反映企业资金周转情况及企业的盈利能力和水平，便于报表使用者判断企业未来的发展趋势，作出经济决策。

（二）利润表的结构

利润表通常有单步式和多步式两种结构。单步式利润表是将当期所有的收入列在一起，然后将所有的费用列在一起，两者相减得出当期净损益。多步式利润表是通过对当期的收入、费用、支出项目按性质加以归类，按利润形成的主要环节列示一些中间性利润指标，分步计算当期净损益。

《企业会计准则第30号——财务报表列报》规定，企业应当采用多步式利润表，将不同性质的收入和费用类别进行对比，这些中间性的利润数据有助于使用者正确理解企业经营成果的不同来源。企业可以按照下列四个步骤来编制利润表：

第一步，以营业收入为基础，减去营业成本、税金及附加、销售费用、管理费用、财务费用、资产减值损失，加上公允价值变动收益（减去公允价值变动损失）、投资收益（减去投资损失）、资产处置收益（减资产处置损失）和其他收益，计算出营业利润。

第二步，以营业利润为基础，加上营业外收入，减去营业外支出计算出利润总额。

第三步，以利润总额为基础，减去所得税费用，计算出净利润（或净亏损）。

第四步，以净利润为基础，加上其他综合收益各项目扣除所得税影响后的净额，计算出综合收益总额。

普通股或潜在股已公开交易的企业，以及正处于公开发行普通股或潜在普通股过程中的企业，还应当在利润表中列示每股收益信息。

同时，根据企业会计准则的规定，企业需要提供比较利润表，以使报表使用者通过比较不同期间利润的实际情况，判断企业经营成果的未来发展趋势。所以，利润表还就各项目再分为“本期金额”和“上期金额”两栏分别填列。利润表的具体格式见表12-5。

二、利润表的编制方法

利润表各项目均需填列“本期金额”和“上期金额”两栏。其中：“上期金额”栏内各项数字，应根据上年该期利润表的“本期金额”栏内所列数字填列。“本期金额”栏内各期数字，除“基本每股收益”和“稀释每股收益”项目外，应当按照相关账户的发生额填列。具体各项目的填列方法如下：

（1）“营业收入”项目，反映企业经营主要业务和其他业务所确认的收入总额。本项目应根据“主营业务收入”和“其他业务收入”科目的发生额分析计算填列。

（2）“营业成本”项目，反映企业经营业务和其他业务所发生的成本总额。本项目应根据“主营业务成本”和“其他业务成本”科目的发生额分析计算填列。

（3）“税金及附加”项目，反映企业经营活动应负担的消费税、城市建设维护税、资源税、教育费附加及房产税、城镇土地使用税、车船税、印花税等。本项目应根据“税金及附加”科目的发生额分析填列。

（4）“销售费用”项目，反映企业在销售商品过程中发生的包装费、广告费等费用和为销售本企业商品而专设的销售机构的职工薪酬、业务费等经营费用。本项目应根据“销售费用”科目的发生额分析填列。

（5）“管理费用”项目，反映企业为组织和管理生产经营发生的管理费用。本项目应根据“管理费用”科目的发生额分析填列。

（6）“研发费用”项目，反映企业进行研究与开发过程中发生的费用化支出。该项目应根据“管理费用”科目下的“研发费用”明细科目的发生额分析填列。

（7）“财务费用”项目，反映企业筹集生产经营所需资金等而发生的筹资费用。本项目下设“利息费用”和“利息收入”两个子项目。“其中：利息费用”行项目，反映企业为筹集生产经营所需资金等而发生的应予费用化的利息支出。该项目应根据“财务费用”科目的相关明细科目的发生额分析填列。“利息收入”行项目，反映企业确认的利息收入。该项目应根据“财务费用”科目的相关明细科目的发生额分析填列。

（8）“资产减值损失”项目，反映企业各项资产发生的减值损失。本项目应根据“资产减值损失”科目的发生额分析填列。

（9）“其他收益”项目，反映计入其他收益的政府补助等。该项目应根据“其他收益”科目的发生额分析填列。

（10）“投资收益”项目，反映企业以各种方式对外投资所取得的利益。本项目应根据“投资收益”科目的发生额分析填列。如为投资损失，本项目以“-”号填列。

（11）“公允价值变动收益”项目，反映企业应当计入当期损益的资产或负债公允价值变动收益。本项目应根据“公允价值变动损益”科目的发生额分析填列。如为净损失，本项目以“-”号填列。

（12）“资产处置收益”项目，反映企业出售划分为持有待售的非流动资产（金融工具、长期股权投资和投资性房地产除外）或处置组（子公司和业务除外）时确认的处置利得或损失，以及处置未划分为持有待售的固定资产、在建工程、生产性生物资产及无形资产而产生的处置利得或损失。债务重组中因处置非流动资产产生的利得或损失和非货币性资产交换中换出非流动资产产生的利得或损失也包括在本项目内。该项目应根据“资产处置损益”科目的发生额分析填列；如为处置损失，以“-”号填列。

（13）“营业利润”项目，反映企业实现的营业利润。根据利润表确定的营业利润构成项目及钩稽关系依序计算求得。如为亏损，本项目以“-”号填列。

（14）“营业外收入”项目，反映企业发生的除营业利润以外的收益，主要包括债务重组利得、与企业日常活动无关的政府补助、盘盈利得、捐赠利得（企业接受股东或股东的子公司直接或间接的捐赠，经济实质属于股东对企业的资本性投入的除外）等。该项目应根据“营业外收入”科目的发生额分析填列。

（15）“营业外支出” 项目，反映企业发生的除营业利润以外的支出，主要包括债务重组损失、公益性捐赠支出、非常损失、盘亏损失、非流动资产毁损报废损失等。该项目应根据“营业外支出”科目的发生额分析填列。

（16）“利润总额”项目，反映企业实现的利润。根据利润表确定的利润总额构成项目及钩稽关系依序计算求得。如为亏损，本项目以“-”号填列。

（17）“所得税费用”项目，反映企业应从利润总额中扣除的所得税费用。本项目应根据“所得税费用”科目的发生额分析填列。

（18）“净利润”项目，反映企业实现的净利润。根据利润表确定的净利润构成项目及钩稽关系依序计算求得。如为亏损，本项目以“-”号填列。本项目下分设“持续经营净利润”和“终止经营净利润”两个子项目，分别反映净利润中与持续经营相关的净利润和与终止经营相关的净利润；如为净亏损，以“-”号填列。该两个项目应按照《企业会计准则第42号——持有待售的非流动资产、处置组和终止经营》的相关规定分别列报。

（19）“其他综合收益的税后净额”项目，反映企业根据企业会计准则的规定未在损益中确认的各项利得和损失扣除所得税影响后的净额。“其他综合收益”项目根据规定分下列两类填报：①以后会计期间不能重分类进损益的其他综合收益项目，主要包括重新计量设定受益计划净负债或净资产导致的变动、按照权益法核算的在被投资单位以后会计期间不能重分类进损益的其他综合收益享有的份额等；②以后会计期间在满足规定条件时将重分类进损益的其他综合收益项目，主要包括权益法核算的在被投资单位以后会计期间在满足规定条件时重分类进损益的其他综合收益享有的份额、可供出售金融资产公允价值变动形成的利得或损失、持有至到期投资重分类为可供出售金融资产形成的利得或损失、现金流量套期工具产生的利得或损失中属于有效套期的部分、外币报表折算等。该项目通常根据“其他综合收益”科目分析计算填列。

（20）“综合收益总额”项目，反映企业净利润与其他综合收益的合计金额。

（21）“基本每股收益”和“稀释每股收益”项目。基本每股收益是用归属于普通股股东的当期净利润除以当期发行在外普通股的加权平均数计算求得并填报；稀释每股收益是将我国企业目前发行的潜在普通股，如可转换公司债券、认股权证、股份期权等考虑在内，以计算基本每股收益时的普通股的加权平均数与假定稀释性潜在普通股转换为已发行普通股而增加的普通股股数的加权平均数之和作为分母，同时，分子也将涉及归属于普通股股东的当期净利润的增减变动事项：①当期已确认为费用的稀释性潜在普通股的利息；②稀释性潜在普通股转换时将产生的收益或费用包含进来作为分子，从而计算求得稀释每股收益。

任务举例

【工作实例 12-2】利润表的编制

乐天股份有限公司（尚未执行新金融准则和新收入准则）相关资料如下：

（1）乐天股份有限公司利润表上年同期数（略）。

（2）沿用【工作实例 12-1】的资料，乐天股份有限公司2018年1—12月各损益类账户的累计发生额见表12-6。

表 12-6　乐天股份有限公司2018年损益类账户累计发生额表　单位：元

账户	借方发生额	贷方发生额
主营业务收入		770 521 806.04
其他业务收入		12 505 869.36
主营业务成本	619 125 658.94	
其他业务成本	14 099 106.40	
税金及附加	2 550 720.65	
销售费用	46 719 056.36	
管理费用	28 325 883.65	
财务费用	7 389 036.46	
资产减值损失	3 203 113.79	
投资收益	4 117 708.61	
营业外收入		5 741 289.19
营业外支出	1 988 396.40	
所得税费用	13 392 465.19	

其中："管理费用"中"研发费用"明细科目的发生额为3 000 000元；"财务费用"中"利息费用"明细科目发生额为7 449 057.69元，"利息收入"明细科目发生额为60 021.23元。

【工作过程】

根据以上资料，结合利润表各项目的计算方法及填报要求，计算并编制乐天股份有限公司2018年度利润表，见表12-7。

表 12-7 **利润表** 会企02表

编制单位：乐天股份有限公司 2018年度 单位：元

项目	本期数	上年同期数
一、营业收入	783 027 675.40	618 087 467.27
减：营业成本	633 224 765.34	500 938 948.94
税金及附加	2 550 720.65	1 753 126.38
销售费用	46 719 056.36	28 541 170.02
管理费用	25 325 883.65	28 921 141.19
研发费用	3 000 000.00	
财务费用	7 389 036.46	5 641 656.50
其中：利息费用	7 449 057.69	
利息收入	60 021.23	
资产减值损失	3 203 113.79	1 484 899.07
加：其他收益		
投资收益（损失以“-”号填列）	-4 117 708.61	180 787.23
其中：对联营企业和合营企业的投资收益		
公允价值变动收益（损失以“-”号填列）		
资产处置收益（亏损以“-”填列）		
二、营业利润（亏损以“-”号填列）	57 497 390.54	50 987 312.40
加：营业外收入	5 741 289.19	1 395 776.51
减：营业外支出	1 988 396.40	1 210 782.10
三、利润总额（亏损总额以“-”号填列）	61 250 283.33	51 172 306.81
减：所得税费用	13 392 465.19	14 009 085.25
四、净利润（净亏损以“-”号填列）	47 857 818.14	37 163 221.56
（一）持续经营净利润	47 857 818.14	37 163 221.56
（二）终止经营净利润		
五、其他综合收益的税后净额		
（一）不能重分类进损益的其他综合收益		
1.重新计量设定受益计划变动额		
2.权益法下不能转损益的其他综合收益		
……		
（二）将重分类进损益的其他综合收益		
1.权益法下可转损益的其他综合收益		
2.可供出售金融资产公允价值变动损益		
3.持有至到期投资重分类为可供出售金融资产损益		
4.现金流量套期损益的有效部分		
5.外币财务报表折算差额		
……		
六、综合收益总额	47 857 818.14	37 163 221.56
七、每股收益		
（一）基本每股收益	0.69	0.66
（二）稀释每股收益	0.69	0.66

公司法定代表人：王利丰 主管会计工作负责人：赵明远 会计机构负责人：赵明远

任务3　现金流量表编制

任务描述

1.明确现金流量表列报的现金及现金等价物的范围；

2.对现金流量表列报项目采用直接法逐一分析计算填列；

3.编制完整的企业现金流量表。

知识准备

一、现金流量表概述

（一）现金流量表的定义和作用

现金流量表是反映企业一定会计期间现金及现金等价物流入流出的财务报表。从编制原则上看，现金流量表按照收付实现制基础编制，将权责发生制下的盈利信息调整为收付实现制下的现金流量信息，便于信息使用者了解企业净利润的质量。从内容上看，现金流量表被划分为经营活动、投资活动和筹资活动三部分，每类活动又分为各具体项目，这些项目从不同角度反映企业业务活动的现金流入和流出，弥补了资产负债表和利润表提供信息的不足。通过现金流量表，报表使用者可以了解现金流量的影响因素，评价企业的支付能力、偿债能力和周转能力，预测企业未来现金流量，为其决策提供有力依据。

（二）现金流量表的编制基础

现金流量表以现金及现金等价物为编制基础，并将现金及现金等价物视为一个整体来予以列报，企业现金（含现金等价物，下同）形式之间的转换不会产生现金的流入和流出。例如，企业从银行提取现金，是企业现金存放形式的转换，并未流出企业，不构成现金流量。同样，现金与现金等价物之间的转换也不属于现金流量，如企业用现金购买三个月内到期的国库券。

1.现金

现金，是指企业库存现金以及可以随时用于支付的存款。不能随时用于支付的存款不属于现金。现金主要包括：

（1）库存现金。库存现金，是指企业可以随时用于支付的现金，与“库存现金”科目的核算内容一致。

（2）银行存款。银行存款，是指企业存入金融机构、可以随时用于支取的存款，与“银行存款”科目的核算内容基本一致，但不包括不能随时用于支付的存款。例如，不能随时支取的定期存款等不应作为现金。提前通知金融机构便可支取的定期存款则应包括在现金的范围之内。

（3）其他货币资金。其他货币资金，是指存放在金融机构的外埠存款、银行汇票存款、银行本票存款、信用卡存款、信用保证金存款和存出投资款等，与“其他货币资金”科目的核算内容一致。

2.现金等价物

现金等价物，是指企业持有的期限短、流动性强、易于转换为已知金额现金、价值变动风险很小的投资。其中："期限短"一般是指从购买日起3个月内到期。例如，可在证券市场上流通的3个月内到期的短期债券投资。

现金等价物虽然不是现金，但其支付能力与现金的差别不大，可视为现金。例如，企业为保证支付能力持有的必要现金，为了不使其闲置，可以购买短期债券，在需要现金时，随时可以变现。

现金等价物的定义本身包含了判断一项投资是否属于现金等价物的四个条件：(1) 期限短；(2) 流动性强；(3) 易于转换为已知金额现金；(4) 价值变动风险很小。其中："期限短""流动性强"，强调了变现能力，而"易于转换为已知金额现金""价值变动风险很小"，则强调了支付能力的大小。现金等价物通常包括3个月内到期的短期债券投资。权益性投资变现的金额通常不确定，因而不属于现金等价物。

不同企业现金及现金等价物的范围可能不同。企业应当根据经营特点等具体情况，确定现金及现金等价物的范围。

（三）现金流量的分类列示

1.现金流量的分类

现金流量，是指企业现金和现金等价物的流入和流出。根据企业业务活动的性质和现金流量的来源，现金流量表在结构上将企业一定期间产生的现金流量分为三类：经营活动产生的现金流量、投资活动产生的现金流量和筹资活动产生的现金流量。

(1) 经营活动。经营活动，是指企业投资活动以外的所有交易和事项。各类企业由于行业特点不同，对经营活动的认定存在一定差异。对于工商业企业而言，经营活动主要包括销售商品、提供劳务、购买商品、接受劳务、支付税费等。对于工商银行而言，经营活动主要包括吸收存款、发放贷款、同业存放、同业拆借等。对于保险公司而言，经营活动主要包括原保险业务和再保险业务等。对于债券公司而言，经营活动主要包括自营证券、代理承销证券、代理兑付证券、代理买卖证券等。

(2) 投资活动。投资活动，是指企业长期资产的购建和不包括现金等价物在内的投资及其处置活动。长期资产，是指固定资产、无形资产、在建工程、其他资产等持有期限在一年或一个营业周期以上的资产。这里所讲的投资活动，既包括实物资产投资，又包括金融资产投资。这里之所以将"包括现金等价物在内的投资"排除在外，是因为已经将包括现金等价物在内的投资视同现金了。不同企业由于行业特点不同，对投资活动的认定也存在差异。例如，交易性金融资产所产生的现金流量，对于工商业企业而言，属于投资活动现金流量，而对于证券公司而言，属于经营活动现金流量。

(3) 筹资活动。筹资活动，是指导致企业资本及债务规模和构成发生变化的活动。这里所说的资本，既包括实收资本（股本），也包括资本溢价（股本溢价）；这里所说的债务，指对外举债，包括向银行借款、发行债券及偿还债务等。通常情况下，应付账款、应付票据等属于经营活动，不属于筹资活动。

对于企业日常活动之外特殊的、不经常发生的特殊项目，如自然灾害损失、保险赔款、捐赠等，应当归并到相关类别中，并单独反映。例如，对于自然灾害损失和保险赔款，如果能够确指，属于流动资产损失的，应当列入经营活动产生的现金流量；属于固定资产损失的，应该列入投资活动产生的现金流量。如果不能确指，则可以列入经营活动产生的现金流量。捐赠收入和支出，可以列入经营活动。如果特殊项目的现金流量金额不大，则可以列入现金流量类别下的其他项目。

2.现金流量的列示

通常情况下，现金流量应当分别按照现金流入和现金流出总额列报，从而全面揭示企业现金流量的方向、规模和结构。但是有些项目可以按照净额列报：如旅游公司代游客支付的房费、餐费、交通费、文娱费、行李托运费、门票费、签证费等费用。这些项目由于周转快，在企业停留的时间短，企业加以利用的余地比较小，净额更能说明其对企业支付能力、偿债能力的影响；反之，如果以总额反映，反而会对评价企业的支付能力和偿债能力、分析企业的未来现金流量产生误导。

（四）现金流量表的结构

现金流量表采用报告式结构，通过主表和补充资料两部分进行完整详细的列报。

1.现金流量表主表

现金流量表的主表主要列报经营活动产生的现金流量、投资活动产生的现金流量和筹资活动产生的现金流量，最后汇总反映企业现金及现金等价物的净增加额。在有外币现金流量及境外子公司的现金流量折算为人民币业务的企业，还应单设“汇率变动对现金及现金等价物的影响”项目。

2.现金流量表附注

现金流量表附注是对现金流量表主表的补充说明，主要披露企业的重大投资及筹资活动情况，并对主表中所披露的“经营活动产生的现金流量净额”的数额进行验证，同时使“现金及现金等价物净增加额情况”与“资产负债表”的“货币资金”项目的数额相核对。现金流量表补充资料主要包括三部分内容：一是将净利润调整为经营活动的现金流量；二是不涉及当期现金收支的重大投资、筹资活动；三是现金及现金等价物净变动情况等项目。

一般企业现金流量表的结构参见表12-8。

二、现金流量表的编制方法及程序

（一）直接法和间接法

编制现金流量表时，列报经营活动现金流量的方法有两种：一是直接法；二是间接法。

直接法，是指按现金收入和现金支出的主要类别直接反映企业经营活动产生的现金流量，如销售商品、提供劳务收到的现金；购买商品、接受劳务支付的现金等就是按现金收入和支出的类别直接反映的。在直接法下，一般是以利润表中的营业收入为起点，调节与经营活动有关的项目的增减变动，然后计算出经营活动产生的现金流量。

间接法，是指以净利润为起点，调整不涉及现金的收入、费用、营业外收支等有关项目，剔除投资活动、筹资活动对现金流量的影响，据此计算出经营活动产生的现金流量。由于净利润是按权责发生制基础确定的，且包括了与投资活动和筹资活动相关的收益和费用，将净利润调节为经营活动产生的现金流量，实际上就是将按权责发生制基础确定的净利润调整为现金净流入，并剔除投资活动和筹资活动对现金流量的影响。

采用直接法编报的现金流量表，便于分析企业经营活动产生的现金流量的来源和用途，预测企业现金流量的未来前景；采用间接法编报现金流量表，便于将净利润与经营活动产生的现金流量净额进行比较，了解净利润与经营活动产生的现金流量差异的原因，从现金流量的角度分析净利润的质量。所以，我国企业会计准则规定，企业应当采用直接法编报现金流量表，同时要求在附注中提供以净利润为基础调节为经营活动现金流量的信息，也即报表附注通常采用间接法来编制。

（二）工作底稿法、T形账户法和分析填列法

在具体编制现金流量表时，可以采用工作底稿法或T形账户法，也可以根据有关科目记录分析填列。

1.工作底稿法

采用工作底稿法编制现金流量表，是以工作底稿为手段，以资产负债表和利润表数据为基础，对每一项目进行分析并编制调整分录，从而编制现金流量表。工作底稿法的程序是：

第一步，将资产负债表的期初数和期末数过入工作底稿的期初数栏和期末数栏。

第二步，对当期业务进行分析并编制调整分录。编制调整分录时，要以利润表项目为基础，从“营业收入”开始，结合资产负债表项目逐一进行分析。在调整分录中，有关现金和现金等价物的事项，并不直接借记或贷记现金，而是分别记入“经营活动产生的现金流量”“投资活动产生的现金流量”“筹资活动产生的现金流量”有关项目，借记表示现金流入，贷记表示现金流出。

第三步，将调整分录过入工作底稿中的相应部分。

第四步，核对调整分录，借方、贷方合计数均已相等，资产负债表项目期初数加减调整分录中的借贷金额以后，也等于期末数。

第五步，根据工作底稿中的现金流量表编制正式的现金流量表。

2.T形账户法

采用T形账户法编制现金流量表，是以T形账户为手段，以资产负债表和利润表数据为基础，对每一项目进行分析并编制调整分录，从而编制现金流量表。T形账户法的程序是：

第一步，为所有的非现金项目（包括资产负债表项目和利润表项目）分别开设T形账户，并将各自的期末期初变动数过入各相应账户。如果项目的期末数大于期初数，则将差额过入和项目余额相同的方向；反之，过入相反的方向。

第二步，开设一个大的“现金及现金等价物”T形账户，每边分为经营活动、投资活动和筹资活动三个部分，左边记现金流入，右边记现金流出。与其他账户一样，过入期末期初变动数。

第三步，以利润表为基础，结合资产负债表分析每一个非现金项目的增减变动，并据此编制调整分录。

第四步，将调整分录过入各T形账户，并进行核对。该账户借贷相抵后的余额与原先过入的期末期初变动数应当一致。

第五步，根据大的“现金及现金等价物”T形账户编制正式的现金流量表。

3.分析填列法

分析填列法是直接根据资产负债表、利润表和有关会计科目明细账的记录，分析计算出现金流量表各项目的金额，并据以编制现金流量表的一种方法。具体编制方法如下：

（1）经营活动所产生的现金流量有关项目的编制。

①销售商品、提供劳务收到的现金。

本项目反映企业销售商品、提供劳务实际收到的现金，包括销售收入和应向购买者收取的增值税销项税额，具体包括：本期销售商品、提供劳务收到的现金，前期销售商品、提供劳务收到的现金，以及本期预收的款项，减去本期销售、本期退回的商品和前期销售、本期退回的商品支付的现金。企业销售材料和代购代销业务收到的现金，也在本项目反映。本项目可以根据“库存现金”“银行存款”“应收票据”“应收账款”“预收账款”“主营业务收入”“其他业务收入”科目的记录分析填列，也可根据下列公式计算填列：

销售商品、提供劳务收到的现金=本期销售商品、提供劳务实际收到的现金（含增值税销项税额）+前期销售商品或提供劳务本期实际收到现金的应收款项（含应收账款、应收票据）+本期实际收到现金的预收账款+本期收回前期核销的坏账损失−前期销售本期退回而支付的现金−以非现金资产清偿债务减少的应收款项（含应收账款、应收票据）

其中：

前期销售商品或提供劳务本期实际收到现金的应收款项（含应收账款、应收票据）

=（应收账款期初余额−应收账款期末余额）+（应收票据期初余额−应收票据期末余额）

本期实际收到现金的预收账款=预收账款期末余额−预收账款期初余额

【做中学12-1】A公司2018年当期销售一批商品，开出的增值税专用发票上注明的销售价款为3 000 000元、增值税为510 000元，以银行存款收讫；应收账款期初余额为180 000元、期末余额为100 000元；应收票据期初余额为260 000元、期末余额为100 000元；年度内核销的坏账损失为5 000元。另外，本期因商品质量缺陷发生退货，支付退货款6 000元，已通过银行转账支付。

本期销售商品、提供劳务收到的现金计算如下：

本期销售商品收到的现金	3 510 000（3 000 000+510 000）
加：本期收到前期的应收账款	80 000（180 000−10 0000）
本期收到前期的应收票据	160 000（260 000−100 000）
减：本期因销售退回支付的现金	6 000
本期实际核销的坏账损失	5 000

因此，本期销售商品、提供劳务收到的现金为3 739 000元。

②收到的税费返还。

本项目反映企业收到返还的各种税费，如收到的增值税、所得税、消费税、关税和教育费附加返还款等。本项目可以根据“库存现金”“银行存款”“税金及附加”“营业外收入”等科目的记录分析填列。

③收到其他与经营活动有关的现金。

本项目反映企业除上述各项目外，收到的其他与经营活动有关的现金，如罚款收入、经营租赁固定资产收到的现金、流动资产损失中由个人赔偿的现金收入、除税费返还外的其他政府补助收入等。其他与经营活动有关的现金，如果价值较大的，应单列项目反映。本项目可以根据“库存现金”“银行存款”“管理费用”“销售费用”等科目的记录分析填列。

④购买商品、接受劳务支付的现金。

本项目反映企业购买材料或商品、接受劳务实际支付的现金，包括支付的货款以及与货款一起支付的增值税进项税额，具体包括：本期购买商品、接受劳务支付的现金，本期支付前期购买商品、接受劳务的未付款项，以及本期预付款项，减去本期发生的购货退回收到的现金。为购置存货而导致的借款利息资本化部分，应在“分配股利、利润或偿付利息支付的现金”项目中反映。本项目可以根据“库存现金”“银行存款”“应付票据”“应付账款”“预付账款”“主营业务成本”“其他业务成本” 等科目的记录分析填列，也可根据下列公式计算填列：

购买商品、接受劳务支付的现金=本期购买商品、接受劳务实际支付的现金（含增值税进项税额）+前期购买商品、接受劳务本期支付现金的应付款项（含应付账款、应付票据）+本期实际支付现金的预付账款-本期销售退货收到的现金

或：

购买商品、接受劳务支付的现金=本期销售成本+本期发生的增值税进项税额+（存货期末余额-存货期初余额）+（应付账款期初余额-应付账款期末余额）+（应付票据期初余额-应付票据期末余额）+（预付账款期末余额-预付账款期初余额）-购货退回收到的现金-当期列入生产成本、制造费用的职工薪酬-当期列入生产成本、制造费用的非现金支出-本期以非现金资产清偿债务减少的应付账款、应付票据

上述支付现金的应付账款、应付票据如含销售退货支付的部分，应从本项目中扣除，并在“销售商品、提供劳务收到的现金”项目中反映。

【做中学12-2】A公司2018年利润表中“营业成本”项目为1 600 000元。资产负债表中有关项目如下：存货期初余额为1 500 000元、期末余额为2 800 000元；应付账款期初余额为1 000 000元、期末余额为800 000元；应付票据期初余额为500 000元、期末余额为200 000元；预付账款期初余额为70 000元、期末余额为60 000元；生产成本、制造费用明细账中当期列入生产成本、制造费用的工资为200 000元、职工福利费等为50 000元，当期列入生产成本、制造费用的折旧为160 000元；应交税费明细账中增值税进项税额为220 000元。

购买商品、接受劳务支付的现金=本期销售成本+本期发生的增值税进项税额+（存货期末余额-存货期初余额）+（应付账款期初余额-应付账款期末余额）+（应付票据期初余额-应付票据期末余额）+（预付账款期末余额-预付账款期初余额）-购货退回收到的现金-当期列入生产成本、制造费用的职工薪酬-当期列入生产成本、制造费用的非现金支出-本期以非现金资产清偿债务减少的应付账款、应付票据=1 600 000+220 000+（2 800 000-1 500 000）+（1 000 000-800 000）+（500 000-200 000）+（60 000-70 000）-200 000-50 000-160 000=3 200 000（元）

⑤支付给职工以及为职工支付的现金。

本项目反映企业实际支付给职工的现金以及为职工支付的现金，包括企业为获得职工提供的服务，本期实际给予各种形式的报酬以及其他相关支出，如支付给职工的工资、奖

金、各种津贴和补贴等以及为职工支付的其他费用，不包括支付给在建工程人员的工资。支付给在建工程人员的工资，在“购建固定资产、无形资产和其他长期资产支付的现金”项目中反映。

企业为职工支付的医疗、养老、失业、工伤、生育等社会保险基金，补充养老保险，住房公积金，企业为职工交纳的商业保险金，因解除与职工劳动关系给予的补偿，现金结算股份支付，以及支付给职工或为职工支付的其他福利费用等，应根据职工的工作性质和服务对象，分别在“购建固定资产、无形资产和其他长期资产支付的现金”和“支付给职工以及为职工支付的现金”项目中反映。

本项目可以根据“库存现金”“银行存款”“应付职工薪酬” 等科目的记录分析填列。

⑥支付的各项税费。

本项目反映企业按规定支付的各项税费，包括本期发生并支付的税费，以及本期支付以前各期发生的税费和预交的税金，如支付的教育费附加、印花税、房产税、土地增值税、车船税、增值税（不包括支付的增值税进项税额）、所得税等，不包括本期退回的增值税、所得税。本期退回的增值税、所得税等，在“收到的税费返还”项目中反映。本项目可以根据“应交税费”“库存现金”“银行存款”等科目的记录分析填列。

⑦支付其他与经营活动有关的现金。

本项目反映企业除上述各项目外，支付的其他与经营活动有关的现金，如罚款支出，支付的差旅费、业务招待费、保险费，以及经营租赁支付的现金等。其他与经营活动有关的现金，如果金额较大的，应单列项目反映。本项目可以根据有关科目的记录分析填列。

（2）投资活动产生的现金流量有关项目的编制。

①收回投资收到的现金。

本项目反映企业出售、转让或到期收回除现金等价物以外的交易性金融资产、持有至到期投资、可供出售金融资产、长期股权投资、投资性房地产而收到的现金，不包括债券性投资收回的利息、收回的非现金资产，以及处置子公司及其他营业单位收到的现金净额。债券性投资收回的本金，在本项目中反映；债券性投资收回的利息，不在本项目中反映，而在“取得投资收益收到的现金”项目中反映。处置子公司及其他营业单位收到的现金净额单设项目反映。本项目可以根据“交易性金融资产”“投资性房地产”“库存现金”“银行存款”等科目的记录分析填列。

【做中学12-3】A公司2018年出售原投资于A公司的权益性投资，账面成本为850 000元，企业收回的全部投资金额为650 000元；某项债券投资本金为4 500 000元，企业出售该债券收回的全部投资金额为5 000 000元，其中：500 000元为债券利息。本期收回投资所收到的现金计算如下：

收回权益性投资金额	650 000
加：收回债券投资本金	4 500 000

因此，收回投资所收到的现金为5 150 000元。

②取得投资收益收到的现金。

本项目反映企业因股权性投资而分得的现金股利，从子公司、联营企业或合营企业分回利润而收到的现金，因债券性投资而取得的现金利息收入。股票股利不在本项目中反映；包括在现金等价物范围内的债券性投资，其利息收入在本项目中反映。本项目可以根据“应收股利”“应收利息”“投资收益”“库存现金”“银行存款”等科目的记录分析填列。

③处置固定资产、无形资产和其他长期资产收回的现金净额。

本项目反映企业出售固定资产、无形资产和其他长期资产所取得的现金，减去为处置这些资产而支付的有关费用后的净额。处置固定资产、无形资产和其他长期资产所收到的现金，与处置活动支付的现金，两者在时间上比较接近，以净额列示更能准确反映处置活动对现金流量的影响。由于自然灾害等原因所造成的固定资产等长期资产报废、毁损而收到的保险赔偿收入，也在本项目中反映。如处置固定资产、无形资产和其他长期资产所收回的现金净额为负数，则应作为投资活动产生的现金流量，在“支付其他与投资活动有关的现金”项目中反映。本项目可以根据“固定资产清理”“库存现金”“银行存款”等科目的记录分析填列。

④处置子公司及其他营业单位收到的现金净额。

本项目反映企业处置子公司及其他营业单位所取得的现金减去子公司或其他营业单位持有的现金及现金等价物，以及相关处置费用后的净额。本项目可以根据有关科目的记录分析填列。

处置子公司及其他营业单位收到的现金净额如为负数，则将该金额填列在“支付其他与投资活动有关的现金”项目中。

⑤收到其他与投资活动有关的现金。

本项目反映除上述各项目外，企业收到的其他与投资活动有关的现金。其他与投资活动有关的现金，如果价值较大，应单列项目反映。本项目可以根据有关科目的记录分析填列。

⑥购建固定资产、无形资产和其他长期资产支付的现金。

本项目反映企业购买、建造固定资产，取得无形资产和其他长期资产支付的现金，包括购买机器设备所支付的现金及增值税款、建造工程支付的现金、支付在建工程人员的工资等现金支出，不包括为购建固定资产、无形资产和其他长期资产而发生的借款利息资本化部分，以及融资租入固定资产所支付的租赁费。为购建固定资产、无形资产和其他长期资产而发生的借款利息资本化部分，在“分配股利、利润或偿付利息支付的现金”项目中反映；融资租入固定资产所支付的租赁费，在“支付其他与筹资活动有关的现金”项目中反映。本项目可以根据“固定资产”“在建工程”“工程物资”“无形资产”“库存现金”“银行存款”等科目的记录分析填列。

⑦投资支付的现金。

本项目反映企业进行权益性投资和债权性投资所支付的现金，包括企业取得的除现金等价物以外的交易性金融资产、持有至到期投资、可供出售金融资产而支付的现金，以及支付的佣金、手续费等交易费用。企业在购买债券的价款中含有债券利息的，以及溢价或折价购入的，均按实际支付的现金反映。

企业在购买股票和债券时，实际支付的价款中包含的已宣告但尚未领取的现金股利或已到付息期但尚未领取的债券利息，应在“支付其他与投资活动有关的现金”项目中反映；收回购买股票和债券时支付的已宣告但尚未领取的现金股利或已到付息期但尚未领取的债券利息，应在“收到其他与投资活动有关的现金”项目中反映。

本项目可以根据“交易性金融资产”“持有至到期投资”“可供出售金融资产”“投资性房地产”“长期股权投资”“库存现金”“银行存款”等科目的记录分析填列。

⑧取得子公司及其他营业单位支付的现金净额。

本项目反映企业取得子公司及其他营业单位购买出价中以现金支付的部分，减去子公司或其他营业单位持有的现金和现金等价物后的净额。本项目可以根据有关科目的记录分析填列。

取得子公司及其他营业单位支付的现金净额如为负数，应在“收到其他与投资活动有关的现金”项目中反映。

⑨支付其他与投资活动有关的现金。

本项目反映除上述各项目外，企业支付的其他与投资活动有关的现金。其他与投资活动有关的现金，如果价值较大，应单列项目反映。本项目可以根据有关科目的记录分析填列。

（3）筹资活动产生的现金流量有关项目的编制。

①吸收投资收到的现金。

本项目反映企业以发行股票、债券等方式筹集资金实际收到的款项净额（发行收入减去支付的佣金等发行费用后的净额）。以发行股票等方式筹集资金而由企业直接支付的审计、咨询等费用，不在本项目中反映，而在“支付其他与筹资活动有关的现金”项目中反映。本项目可以根据“实收资本（或股本）”“资本公积”“库存现金”“银行存款”等科目的记录分析填列。

【做中学12-4】A公司2018年经批准对外公开发行期限为三年的债券1 000 000张，面值总额1 000 000元，票面利率为8%。该批债券委托证券公司代理发行，发行手续费为发行总额的3%，宣传及印刷费由证券公司代为支付，并从发行总额中扣除。至委托协议签署为止，已支付咨询费、公证费等6 000元。证券公司按每张1.2元的价格发行，价款全部收到，支付宣传印刷费等各种费用50 000元。证券公司按协议将发行款划至A公司银行存款账户上。

本期吸收投资收到的现金计算如下：

发行总额	1 200 000
减：发行手续费（1 200 000×3%）	36 000
证券公司代付的各种费用	50 000

因此，吸收投资收到的现金为1 114 000元。

本业务中，已支付的咨询费、公证费等6 000元，应在“支付其他与筹资活动有关的现金”项目中反映。

②取得借款收到的现金。

本项目反映企业举借各种短期、长期借款而收到的现金。本项目可以根据“短期借款”“长期借款”“交易性金融负债”“应付债券”“库存现金”“银行存款”等科目的记录分析填列。

③收到其他与筹资活动有关的现金。

本项目反映除上述各项目外，企业收到的其他与筹资活动有关的现金。如果价值较大，应单列项目反映。本项目可以根据有关科目的记录分析填列。

④偿还债务支付的现金。

本项目反映企业以现金偿还债务的本金，包括：归还金融企业的借款本金、偿付企业到期的债券本金等。企业偿还的借款利息、债券利息，在“分配股利、利润或偿付利息所支付的现金”项目中反映。本项目可以根据“短期借款”“长期借款”“交易性金融负债”“应付债券”“库存现金”“银行存款”等科目的记录分析填列。

⑤分配股利、利润或偿付利息支付的现金。

本项目反映企业实际支付的现金股利，支付给其他投资单位的利润，或用现金支付的借款利息、债券利息。不同用途的借款，其利息的开支渠道不一样，如在建工程、财务费用等，均在本项目中反映。本项目可以根据“应付股利”“应付利息”“利润分配”“财务费用”“制造费用”“在建工程”“研发支出”“库存现金”“银行存款”等科目的记录分析填列。

⑥支付其他与筹资活动有关的现金。

本项目反映除上述各项目外，企业支付的其他与筹资活动有关的现金，如以发行股票、债券等方式筹集资金而由企业直接支付的审计、咨询等费用，融资租赁所支付的现金、以分期付款方式购建固定资产以后各期支付的现金等。其他与筹资活动有关的现金，如果价值较大，应单列项目反映。本项目可以根据有关科目的记录分析填列。

（4）汇率变动对现金的影响。

编制现金流量表时，应当将企业外币现金流量和境外子公司的现金流量折算成记账本位币。按企业会计准则规定，企业应当采用现金流量发生日的即期汇率或按照系统合理的方法确定的、与现金流量发生日即期汇率近似的汇率折算。汇率变动对现金的影响额应当作为调节项目，在现金流量表中单独列报。

汇率变动对现金的影响，是指企业外币现金流量以及境外子公司的现金流量折算成记账本位币时，所采用的现金流量发生日的汇率或按照系统合理的方法确定的、与现金流量发生日即期汇率近似的汇率，而现金流量表“现金及现金等价物净增加额”项目中外币现金净增加额是按资产负债表日的即期汇率折算的。这两者的差额即为汇率变动对现金的影响。

（三）现金流量表补充资料的编制——间接法

企业应当采用间接法在现金流量表附注中披露将净利润调节为经营活动现金流量的信息。采用间接法，各项目的具体编制方法如下：

1.资产减值准备

资产减值准备包括坏账准备、存货跌价准备、投资性房地产减值准备、长期股权投资减值准备、持有至到期投资减值准备、固定资产减值准备、在建工程减值准备、工程物资减值准备、生物性资产减值准备、无形资产减值准备、商誉减值准备等。企业计提的各项资产减值准备，包括在利润表中，属于利润的减除项目，但没有发生现金流出。所以，在将净利润调节为经营活动现金流量时，需要加回。本项目可根据“资产减值损失”科目的记录分析填列。

【做中学12-5】A公司2018年“资产减值损失”账户各明细账户累计发生额分别为：“计提的坏账准备”12 000元，“计提的存货跌价准备”18 000元，“计提的固定资产减值准备”50 000元。由此，“资产减值准备”项目填报的金额为80 000元（12 000+18 000+50 000）。

2.固定资产折旧

企业计提的固定资产折旧，有的包括在管理费用中，有的包括在制造费用中。计入管理费用中的部分，作为期间费用在计算净利润时从中扣除，但没有发生现金流出，在将净利润调节为经营活动现金流量时，需要加回。计入制造费用中已经变现的部分，在计算净利润时通过销售成本予以扣除，但没有发生现金流出；计入制造费用中没有变现的部分，既不涉及现金收支，也不影响企业当期净利润。由于在调节存货时，已经从中扣除，在此处将净利润调节为经营活动现金流量时，需要加回。本项目可以根据“累计折旧”科目的贷方发生额分析填列。

3.无形资产摊销和长期待摊费用的摊销

企业对使用寿命有限的无形资产计提摊销时，计入管理费用或制造费用。长期待摊费用摊销时，有的计入销售费用，有的计入制造费用。计入管理费用等期间费用和计入制造费用中已经变现的部分，在计算净利润时已经从中扣除，但没有发生现金流出；计入制造费用中没有变现的部分，既不涉及现金收支，也不影响企业当期净利润。由于在调节存货时，已经从中扣除，在此处将净利润调节为经营活动现金流量时，需要加回。这个项目可以根据“累计摊销”“长期待摊费用”科目的贷方发生额分析填列。

4.处置固定资产、无形资产和其他长期资产的损失（减：收益）

企业处置固定资产、无形资产和其他长期资产发生的损益，属于投资活动产生的损益，不属于经营活动产生的损益，所以，在将净利润调节为经营活动现金流量时，需要予以剔除。如为损失，在将净利润调节为经营活动现金流量时，应当加回；如为收益，在将净利润调节为经营活动现金流量时，应当扣除。本项目可以根据“营业外收入”“营业外支出”等科目所属有关明细科目的记录分析填列；如为净收益，以“-”号填列。

5.固定资产报废损失

企业发生的固定资产报废损益，属于投资活动产生的损益，不属于经营活动产生的损益，所以，在将净利润调节为经营活动现金流量时予以剔除。同样，投资性房地产发生报废、毁损而产生的损失，也需要予以剔除。如为净损失，在将净利润调节为经营活动现金流量时，应当加回；如为净收益，在将净利润调节为经营活动现金流量时，应当扣除。本项目可以根据“营业外收入”“营业外支出”等科目所属有关明细科目的记录分析填列。

6.公允价值变动损失

公允价值变动损失反映企业在初始确认时划分为以公允价值计量且其变动计入当期损益的金融资产或金融负债、衍生工具、套期等业务中公允价值变动形成的应当计入当期损益的利得或损失。企业发生的公允价值变动损益，通常与企业的投资活动或筹资活动有关，并不影响企业当期的现金流量，为此，应当将其从净利润中剔除。本项目可以根据“公允价值变动损益”科目的发生额分析填列。如为持有损失，在将净利润调节为经营活动现金流量时，应当加回；如为持有利得，在将净利润调节为经营活动现金流量时，应当扣除。

7.财务费用

企业发生的财务费用中不属于经营活动的部分，应当将其从净利润中剔除。本项目可以根据“财务费用”科目的借方发生额分析填列；如为收益，以“-”号填列。

8.投资损失（减：收益）

企业发生的投资损益，属于投资活动产生的损益，不属于经营活动产生的损益，所以，在将净利润调节为经营活动现金流量时，需要予以剔除。如为净损失，在将净利润调节为经营活动现金流量时，应当加回；如为净收益，在将净利润调节为经营活动现金流量时，应当扣除。本项目可以根据利润表中“投资收益”项目的数字填列；如为投资收益，以“-”号填列。

9.递延所得税资产的减少（减：增加）

如果递延所得税资产的减少使计入所得税费用的金额大于当期应交的所得税金额，其差额没有发生现金流出，但在计算净利润时已经扣除，在将净利润调节为经营活动现金流量时，应当加回。如果递延所得税资产增加使计入所得税费用的金额小于当期应交的所得税金额，两者之间的差额并没有发生现金流入，但在计算净利润时已经包括在内，在将净利润调节为经营活动现金流量时，应当扣除。本项目可以根据资产负债表中“递延所得税资产”项目期初、期末余额分析填列。

10.递延所得税负债的增加（减：减少）

如果递延所得税负债的增加使计入所得税费用的金额大于当期应交的所得税金额，其差额没有发生现金流出，但在计算净利润时已经扣除，在将净利润调节为经营活动现金流量时，应当加回。如果递延所得税负债减少使计入所得税费用的金额小于当期应交的所得税金额，两者之间的差额并没有发生现金流入，但在计算净利润时已经包括在内，在将净利润调节为经营活动现金流量时，应当扣除。本项目可以根据资产负债表中“递延所得税负债”项目期初、期末余额分析填列。

11.存货的减少（减：增加）

期末存货比期初存货减少，说明本期生产经营过程中耗用的存货有一部分是期初的存货，耗用这部分存货并没有发生现金流出，但在计算净利润时已经扣除，在将净利润调节为经营活动现金流量时，应当加回。期末存货比期初存货增加，说明当期购入的存货除耗用外，还剩余了一部分，这部分存货也发生了现金流出，但在计算净利润时没有包括在内，所以，在将净利润调节为经营活动现金流量时，需要扣除。当然，存货的增减变化过程还涉及应付项目，这一因素在“经营性应付项目的增加（减：减少）”中考虑。本项目可以根据资产负债表中“存货”项目的期初数、期末数之间的差额填列；期末数大于期初数的差额，以“-”号填列。如果存货的增减变化过程属于投资活动，如在建工程领用存货，应当将这一因素剔除。

【做中学12-6】C公司2018年资产负债表中列示“存货”项目期末余额为120 000元、年初余额为100 000元，其中：本期因厂房扩建工程领用了企业所生产的产品，成本为50 000元。

由此，“存货的减少（减：增加）”项目填报金额为30 000元（（100 000-

120 000）+50 000）。

12.经营性应收项目的减少（减：增加）

经营性应收项目包括应收票据、应收账款、预付账款、长期应收款和其他应收款中与经营活动有关的部分，以及应收的增值税销项税额等。经营性应收项目期末余额小于经营性应收项目期初余额，说明本期收回的现金大于利润表中所确认的销售收入，所以，在将净利润调节为经营活动现金流量时，需要加回。经营性应收项目期末余额大于经营性应收项目期初余额，说明本期销售收入中有一部分没有收回现金，但在计算净利润时这部分销售收入已包括在内，所以，在将净利润调节为经营活动现金流量时，需要扣除。本项目应当根据有关科目的期初、期末余额分析填列；如为增加，以“-”号填列。

13.经营性应付项目的增加（减：减少）

经营性应付项目包括应付票据、应付账款、预收账款、应付职工薪酬、应交税费、应付利息、应付股利、长期应付款、其他应付款中与经营活动有关的部分，以及应付的增值税进项税额等。经营性应付项目期末余额大于期初余额，说明本期购入的存货中有一部分没有支付现金，但在计算净利润时这部分存货转化为销售成本已经扣除，在将净利润调节为经营活动现金流量时，需要加回。经营性应付项目期末余额小于期初余额，说明本期支付的现金大于利润表中确认的销售成本，在将净利润调节为经营活动现金流量时，需要扣除。本项目应当根据有关科目的期初、期末余额分析填列；如为增加，以“-”号填列。

14.不涉及现金收支的重大投资和筹资活动的披露

不涉及现金收支的重大投资和筹资活动，反映企业一定期间影响资产或负债但不形成该期现金收支的所有投资和筹资活动的信息。这些投资和筹资活动虽然不涉及当期现金收支，但对以后各期的现金流量有重大影响。例如，企业融资租入设备，将形成的负债记入“长期应付款”账户，当期并不支付设备款及租金，但以后各期必须为此支付现金，从而在一定时期内形成了一项固定的现金支出。

因此，按规定，企业应当在附注中披露不涉及当期现金收支但影响企业财务状况或在未来可能影响企业现金流量的重大投资和筹资活动，主要包括：①债务转为资本，反映企业本期转为资本的债务金额；②一年内到期的可转换公司债券，反映企业一年内到期的可转换公司债券的本息；③融资租入固定资产，反映企业本期融资租入的固定资产。

任务举例

【工作实例12-3】现金流量表的编制

根据前述资产负债表和利润表工作实例的有关资料，编制乐天股份有限公司现金流量表。

【工作过程】

运用直接法编制现金流量表，对每一个列报项目采用分析填列法，结合公式或账户资料逐一计算确定，并形成乐天股份有限公司2018年度现金流量表，见表12-8。

表 12-8　　**现金流量表**　　会企 03 表

编制单位：乐天股份有限公司　　2018 年度　　单位：元

项目	本期金额	上期金额
一、经营活动产生的现金流量		
销售商品、提供劳务收到的现金	793 626 195.61	635 778 331.73
收到的税费返还	62 531 381.20	23 736 275.95
收到其他与经营活动有关的现金	53 432 632.43	25 045 191.80
经营活动现金流入小计	909 590 209.24	684 559 799.48
购买商品、接受劳务支付的现金	713 988 981.96	521 857 913.41
支付给职工以及为职工支付的现金	55 361 569.82	38 405 408.81
支付的各项税费	45 047 454.80	15 207 155.54
支付其他与经营活动有关的现金	81 701 358.90	62 438 374.10
经营活动现金流出小计	896 099 365.48	637 908 851.86
经营活动产生的现金流量净额	13 490 843.76	46 650 947.62
二、投资活动产生的现金流量		
收回投资收到的现金	27 802 291.39	3 083 999.67
取得投资收益收到的现金	180 000.00	180 000.00
处置固定资产、无形资产和其他长期资产收回的现金净额	783 576.25	996 799.24
处置子公司及其他营业单位收到的现金净额		
收到其他与投资活动有关的现金		
投资活动现金流入小计	28 765 867.64	4 260 798.91
购建固定资产、无形资产和其他长期资产支付的现金	72 678 156.29	66 331 071.41
投资支付的现金	32 100 000.00	500 000.00
取得子公司及其他营业单位支付的现金净额	18 600 000.00	
支付其他与投资活动有关的现金		
投资活动现金流出小计	123 378 156.29	66 831 071.41
投资活动产生的现金流量净额	−94 612 288.65	−62 570 272.50
三、筹资活动产生的现金流量		
吸收投资收到的现金	246 104 500.00	
取得借款收到的现金	182 088 321.78	330 501 188.20
收到其他与筹资活动有关的现金		
筹资活动现金流入小计	428 192 821.78	330 501 188.20
偿还债务支付的现金	234 180 393.56	310 005 147.40
分配股利、利润或偿付利息支付的现金	1 580 569.44	3 557 783.93
支付其他与筹资活动有关的现金	6 076 572.00	
筹资活动现金流出小计	241 837 535.00	313 562 931.33
筹资活动产生的现金流量净额	186 355 286.78	16 938 256.87
四、汇率变动对现金及现金等价物的影响	−4 827 412.56	−2 160 471.54
五、现金及现金等价物净增加额	100 406 429.33	−1 141 539.55
加：期初现金及现金等价物余额	11 461 802.51	12 603 342.06
六、期末现金及现金等价物余额	111 868 231.84	11 461 802.51

公司法定代表人：王利丰　　主管会计工作负责人：赵明远　　会计机构负责人：赵明远

主要项目计算过程如下：

（1）销售商品、提供劳务收到的现金。

通过对乐天股份有限公司2018年的资产负债表、利润表和相关账户资料进行分析，得出：

本期销售商品收到的现金	916 142 380.21元（783 027 675.40+133 114 704.81）
加：本期收到前期的应收账款	−33 567 904.35元（88 686 681.76−122 254 586.11）
本期收到前期的应收票据	−4 000 000.00元（0−4 000 000.00）
本期预收款项	4 173 473.99元（9 417 196.00−5 243 722.01）
减：本期因销售退回支付的现金	89 114 719.05元
本期实际核销的坏账损失	7 035.19元

本期销售商品、提供劳务收到的现金793 626 195.61元

（2）购买商品、接受劳务支付的现金。

通过对乐天股份有限公司2018年的资产负债表、利润表和相关账户资料分析，得出：

购买商品、接受劳务支付的现金=本期销售成本+本期发生的增值税进项税额+（存货期末余额−存货期初余额）+（应付账款期初余额−应付账款期末余额）+（应付票据期初余额−应付票据期末余额）+（预付账款期末余额−预付账款期初余额）−购货退回收到的现金−当期列入生产成本、制造费用的职工薪酬−当期列入生产成本、制造费用的非现金支出−本期以非现金资产清偿债务减少的应付账款、应付票据=633 224 765.34+135 673 935.03+（133 372 898.66−85 244 074.38）+（79 894 849.41−113 190 014.68）+（59 678 601.17−88 007 638.80）+（30 460 751.81−38 714 700.45）−0−3 968 715.08−29 191 676.07−0=633 224 765.34+135 673 935.03+48 128 824.28−33 295 165.27−28 329 037.63−8 253 948.64−3 968 715.08−29 191 676.07=713 988 981.96（元）

因此，购买商品、接受劳务支付的现金为713 988 981.96元。

（3）购建固定资产、无形资产和其他长期资产支付的现金。

根据通过对乐天股份有限公司2018年的“固定资产”“在建工程”“无形资产”“银行存款”等账户资料进行分析，得出：

购建固定资产、无形资产和其他长期资产支付的现金=本期固定资产增加数（固定资产期末余额−固定资产期初余额）+本期在建工程增加数（在建工程期末余额−在建工程期初余额）+本期无形资产增加数（无形资产期末余额−无形资产期初余额）−本期未用现金支付和其他来源的款项（通过对“银行存款”等账户分析计算求得）=（188 791 308.21−114 931 774.87）+（5 242 208.91−2 519 095.54）+（47 925 015.43−8 516 370.28）−43 313 135.57=73 859 533.34+2 723 113.37+39 408 645.15−43 313 135.57=72 678 156.29（元）

（4）吸收投资收到的现金。

通过对乐天股份有限公司2018年的资产负债表以及“股本”“资本公积”等相关账户资料进行分析，得出：

吸收投资收到的现金=（股本期末余额−股本期初余额）+（资本公积期末余额−资本公积期初余额）+支付给上市发行中介机构的费用（从“资本公积”账户分析得出）=（75 280 000.00−56 280 000.00）+（221 195 772.25−167 844.25）+ 6 076 572.00=19 000 000.00+221 027 928.00+ 6 076 572.00=246 104 500.00（元）

因此，吸收投资收到的现金为246 104 500.00元。

（5）支付其他与筹资活动有关的现金。

通过对乐天股份有限公司2018年的“资本公积”账户发生额进行分析计算，得出：

支付其他与筹资活动有关的现金=支付给上市发行中介机构的费用=6 076 572.00元

因此，支付其他与筹资活动有关的现金为6 076 572.00元。

其他项目的计算填列方法以此类推。

任务4　所有者权益变动表编制

任务描述

1.确定所有者权益变动表的填报依据、填报内容和方法；

2.根据资料编制企业所有者权益变动表。

知识准备

一、所有者权益变动表概述

（一）所有者权益变动表的定义和作用

所有者权益变动表（股份有限公司称股东权益变动表），是指反映构成所有者权益各组成部分当期增减变动情况的报表。所有者权益变动表应当全面反映一定时期所有者权益变动的情况，不仅包括所有者权益总量的增减变动，还包括所有者权益增减变动的结构性信息，特别是要反映直接计入所有者权益的利得和损失，让报表使用者准确理解所有者权益增减变动的根源。

【提示】所有者权益变动表在一定程度上体现了企业综合收益。综合收益，是指企业在某一期间与所有者之外的其他方面进行交易或发生其他事项所引起的净资产变动。综合收益的构成包括两部分：净利润和其他综合收益的税后净额。其中：前者是企业已实现并已确认的收益，后者是企业未实现但根据会计准则已确认的收益。用公式表示如下：

综合收益=收入-费用+其他综合收益的税后净额（或直接计入当期损益的利得和损失）

所有者权益变动表为公允价值的广泛运用创造了条件；所有者权益变动表可以从综合收益角度为企业的股东和投资者提供更加全面的财务信息；所有者权益变动表既能反映企业以历史成本计价已确认实现的收入、费用、利得和损失，又能反映以多种计量属性计价的已确认但未实现的利得和损失，有利于全面地反映企业的经营业绩，进而满足报表使用者对企业会计信息披露多样化的需求。

（二）所有者权益变动表的结构

为了清楚地表明构成所有者权益的各组成部分当期的增减变动情况，所有者权益变动表以矩阵的形式列示：一方面，列示导致所有者权益变动的交易或事项，按所有者权益变动的来源对一定时期所有者权益变动情况进行全面反映；另一方面，按照所有者权益各组成部分（包括实收资本、资本公积、其他综合收益、盈余公积、未分配利润和库存股）及其总额列示交易或事项对所有者权益的影响。此外，企业还需要提供比较所有者权益变动表，因此，所有者权益变动表就各项目再分为“本年金额”和“上年金额”两栏分别填列（具体格式参见表12-9）。

二、所有者权益变动表的编制方法

（一）所有者权益变动表各项目的列报说明

1.“上年年末余额”项目

本项目反映企业上年资产负债表中实收资本（或股本）、资本公积、其他综合收益、盈余公积、未分配利润的年末余额。

2.“会计政策变更”和“前期差错更正”项目

本项目分别反映企业采用追溯调整方法处理的会计政策变更的累积影响金额和采用追溯重述法处理的会计差错更正的累积影响数。

3.“本年增减变动额”项目

本项目分别反映如下内容：

（1）“综合收益总额”项目，反映企业当年实现的净利润与其他综合收益扣除所得税影响后的净额相加后的合计金额，可直接根据年度利润表“综合收益总额”项目填报。

（2）“所有者投入和减少资本”项目，反映企业当年所有者投入和减少的资本，其中：

①“所有者投入资本”项目，反映企业接受投资者投入形成的实收资本（或股本）和资本溢价（或股本溢价），并对应列在“实收资本（或股本）”和“资本公积”栏。

②“股份支付计入所有者权益的金额”项目，反映企业处于等待期中的权益结算的股份支付当年计入资本公积的金额，并对应列在“资本公积”栏。

（3）“利润分配”项目，反映当年对所有者（或股东）分配的利润（或股利）金额和按照规定提取的盈余公积金额，并对应列在“未分配利润”和“盈余公积”栏。其中：

①“提取盈余公积”项目，反映企业按照规定提取的盈余公积。

②“对所有者（或股东）的分配”项目，反映对所有者（或股东）分配的利润（或股利）金额。

（4）“所有者权益内部结转”项目，反映不影响当年所有者权益总额的所有者权益各组成部分之间当年的增减变动，包括资本公积转增资本（或股本）、盈余公积转增资本（或股本）、盈余公积弥补亏损等项金额。为了全面反映所有者权益各组成部分的增减变动情况，所有者权益内部结转也是所有者权益变动表的重要组成部分，主要指不影响所有者权益的各组成部分当期的增减变动。其中：

①“资本公积转增资本（或股本）”项目反映企业以资本公积转增资本（或股本）的金额。

②“盈余公积转增资本（或股本）”项目反映企业以盈余公积转增资本（或股本）的金额。

③“盈余公积弥补亏损”项目反映企业以盈余公积弥补亏损的金额。

④“设定受益计划变动额结转留存收益”项目反映应付职工薪酬中重新计量设定受益计划净负债或净资产所产生的变动额结转到留存收益中去的金额。

（二）“上年金额”栏的填列方法

所有者权益变动表“上年金额”栏内各项数字，一般应根据上年度所有者权益变动表的“本年金额”栏内所列数字填列。如果上年度所有者权益变动表规定的各个项目的名称和内容同本年度不相一致，应对上年度所有者权益变动表各项目的内容和数字按本年度的规定进行调整，填入所有者权益变动表的“上年金额”栏内。

（三）“本年金额”栏的填列方法

所有者权益变动表“本年金额”栏内各项数字一般应根据“实收资本（或股本）”“资本公积”“其他综合收益”“盈余公积”“利润分配”“库存股”“以前年度损益调整”等科目的发生额分析填列。

任务举例

【工作实例12-4】所有者权益变动表的编制

根据前述资产负债表、利润表等工作实例的有关资料，编制乐天股份有限公司所有者权益变动表。

【工作过程】

分析填报项目的构成内容，从相关报表或账户中分析计算各项目的填报金额，从而形成乐天股份有限公司2018年度所有者权益（或股东权益）变动表，见表12-9。

表12-9　所有者权益（或股东权益）变动表　会企04表

编制单位：乐天股份有限公司　2018年度　单位：元

项目	本年金额							上年金额						
	实收资本（或股本）	资本公积	减：库存股	其他综合收益	盈余公积	未分配利润	所有者权益（或股东权益）合计	实收资本（或）股本	资本公积	减：库存股	其他综合收益	盈余公积	未分配利润	所有者权益（或股东权益）合计
一、上年年末余额	56 280 000.00	167 844.25			9 203 030.41	53 210 988.04	118 861 862.70	56 280 000.00	110 566.63			3 322 204.99	18 825 828.28	78 538 599.90
加：会计政策变更												165 575.36	938 260.36	1 103 835.72
前期差错更正														
二、本年年初余额	56 280 000.00	167 844.25			9 203 030.41	53 210 988.04	118 861 862.70	56 280 000.00	110 566.63			3 487 780.35	19 764 088.64	79 642 435.62
三、本年增减变动金额（减少以“-”号列示）	19 000 000.00	221 027 928.00			11 089 298.81	43 072 036.33	294 189 263.14		57 277.62			5 715 250.06	33 446 899.40	39 219 427.08
（一）综合收益总额					6 303 517.00	47 857 818.14	54 161 335.14		57 277.62			1 998 927.90	37 163 211.56	39 219 427.08
（二）所有者投入和减少资本	19 000 000.00	221 027 928.00					240 027 928.00							
1.所有者投入资本	19 000 000.00	221 027 928.00					240 027 928.00							
2.股份支付计入所有者权益的金额														
3.其他														
（三）利润分配					4 785 781.81	-4 785 781.81						3 716 312.16	-3 716 312.16	
1.提取盈余公积					4 785 781.81	-4 785 781.81						3 716 312.16	-3 716 312.16	
2.对所有者（或股东）的分配														
3.其他														
（四）所有者权益内部结转														
1.资本公积转增资本（或股本）														
2.盈余公积转增资本（或股本）														
3.盈余公积弥补亏损														
4.设定受益计划变动额结转留存收益														
5.其他														
四、本年年末余额	75 280 000.00	221 195 772.25			20 292 329.22	96 283 024.37	413 051 125.84	56 280 000.00	167 844.25			9 203 030.41	53 210 988.04	118 861 862.70

公司法定代表人：王利丰　主管会计工作负责人：赵明远　会计机构负责人：赵明远

任务5　附注编写

任务描述

1.明确附注需披露的主要信息和披露方法；

2.根据资料编写完整的附注。

知识准备

一、附注概述

附注是财务报表不可或缺的组成部分，是对资产负债表、利润表、现金流量表和所有者权益变动表等报表中列示项目的文字描述或明细资料，以及对未能在这些报表中列示项目的说明等。

财务报表中的数字是经过分类与汇总后的结果，是对企业发生的经济业务的高度简化和浓缩的数字，如果没有对形成这些数字所使用的会计政策、理解这些数字所必需的披露，财务报表就不可能充分发挥效用。因此，附注与资产负债表、利润表、现金流量表和所有者权益变动表等具有同等的重要性，是财务报表的重要组成部分。报表使用者想要了解企业的财务状况、经营成果和现金流量，应当全面阅读附注。

二、附注的披露要求及内容

（一）附注披露的基本要求

（1）附注披露的信息应是定量、定性信息的结合，从而能从量和质两个角度对企业经济事项完整地进行反映，也才能满足信息使用者的决策需求。

（2）附注应当按照一定的结构进行系统合理的排列和分类，有顺序地披露信息。由于附注的内容繁多，因此，更应按逻辑顺序排列，分类披露，条理清晰，具有一定的组织结构，以便于使用者理解和掌握，更好地实现财务报表的可比性。

（3）附注中的相关信息应当与资产负债表、利润表、现金流量表和所有者权益变动表等报表列示的项目相互参照，以有助于使用者联系相关联的信息，并由此从整体上更好地理解财务报表。

（二）附注披露的内容

附注应当按照如下顺序披露相关内容：

1.企业基本情况

（1）企业注册地、组织形式和总部地址。

（2）企业的业务性质和主要经营活动，如企业所处的行业、所提供的主要产品或服务、客户的性质、销售策略、监管环境的性质等。

（3）母公司以及集团最终母公司的名称。

（4）财务会计报告的批准报出者和财务会计报告批准报出日。

2.财务报表的编制基础

财务报表的编制基础，是指会计核算及报表编制的前提条件，即是持续经营，还是清算停止状态。

3.遵循企业会计准则的声明

企业应当声明编制的财务报表符合企业会计准则的要求，真实、完整地反映了企业的财务状况、经营成果和现金流量等有关信息，以明确企业编制财务报表所依据的制度基础。

如果企业编制的财务报表只是部分地遵循了企业会计准则，附注中不得作出这种表述。

4.重要会计政策和会计估计

根据企业会计准则的规定，企业应当披露采用的重要会计政策和会计估计，不重要的会计政策和会计估计可以不披露。

（1）重要会计政策的说明。

由于企业经济业务的复杂性和多样性，某些经济业务可以有多种会计处理方法，也即存在不止一种可供选择的会计政策。例如，存货的计价可以有先进先出法、加权平均法、个别计价法等；固定资产的折旧，可以有平均年限法、工作量法、双倍余额递减法、年数总和法等。企业在发生某项经济业务时，必须从允许的会计处理方法中选择适合本企业特点的会计政策，企业选择不同的会计处理方法，可能极大地影响企业的财务状况和经营成果，进而编制出不同的财务报表。为了有助于报表使用者理解，有必要对这些会计政策加以披露。

需要特别指出的是，说明会计政策时还需要披露下列两项内容：

一是财务报表项目的计量基础。会计计量属性包括历史成本、重置成本、可变现净值、现值和公允价值，这直接显著影响报表使用者的分析。这项披露要求便于使用者了解企业财务报表中的项目是按何种计量基础予以计量的，如存货计量是按成本还是按可变现净值等。

二是会计政策的确定依据，主要是指企业在运用会计政策过程中所作出的对报表中确认的项目金额最具影响的判断。例如，企业如何判断持有的金融资产是持有至到期投资而不是交易性投资；对于拥有的持股不足50%的关联企业，企业为何判断其拥有控制权因此将其纳入合并范围；企业如何判断与租赁资产相关的所有风险和报酬已转移给企业，从而符合融资租赁的标准，以及投资性房地产的判断标准是什么等。这些判断对在报表中确认的项目金额具有重要影响。因此，这项披露要求有助于使用者理解企业选择和运用会计政策的背景，增加财务报表的可理解性。

（2）重要会计估计的说明。

财务报表列报准则强调了对会计估计不确定因素的披露要求，企业应当披露会计估计中所采用的关键假设和不确定因素的确定依据，这些关键假设和不确定因素在下一会计期间很可能导致对资产、负债账面价值进行重大调整。

在确定报表中确认的资产和负债的账面价值金额的过程中，企业有时需要对不确定的未来事项在资产负债表日对这些资产和负债的影响加以估计。例如，固定资产可收回金额的计算需要根据其公允价值减去处置费用后的净额与预计未来现金流量的现值两者之间的较高者确定，在计算资产预计未来现金流量的现值时需要对未来现金流量进行预测，并选择适当的折现率，应当在附注中披露未来现金流量预测所采用的假设及其依据、所选择的折现率为什么是合理的等。又如，为正在进行中的诉讼提取准备时最佳估计数的确定依据等。这些假设的变动对这些资产和负债项目金额的确定影响很大，有可能会在下一个会计年度内作出重大调整。因此，强调这一披露要求，有助于提高财务报表的可理解性。

5.会计政策和会计估计变更以及差错更正的说明

企业应当按照《企业会计准则第28号——会计政策、会计估计变更和差错更正》及其应用指南的规定，披露会计政策和会计估计变更以及差错更正的有关情况。

6.报表重要项目的说明

企业应当以文字和数字描述相结合，尽可能以列表形式披露报表重要项目的构成或当期增减变动情况，并且报表重要项目的明细金额合计应当与报表项目金额相衔接。在披露顺序上，一般应当按照资产负债表、利润表、现金流量表和所有者权益变动表的顺序及其项目列示的顺序。

7.其他需要说明的重要事项

这主要包括或有和承诺事项、资产负债表日后非调整事项、关联方关系及其交易等，具体的披露要求须遵循相关准则的规定。

8.其他综合收益各项目的信息

企业应当在附注中披露关于其他综合收益各项目的信息：①其他综合收益各项目及其所得税影响；②其他综合收益各项目原计入其他综合收益、当期转出计入当期损益的金额；③其他综合收益各项目的期初和期末余额及其调节情况。

项目小结

本项目的主要学习内容是财务报表体系即“四表一注”的编制内容和方法。

1.资产负债表

资产负债表主要反映资产、负债和所有者权益三方面的内容，并满足“资产=负债+所有者权益”平衡等式，是按照一定的分类标准和顺序，对企业一定日期的资产、负债和所有者权益各项目予以适当排列，并对日常工作中形成的大量数据进行高度浓缩整理后编制而成的。

我国资产负债表主体部分的各项目都列有“年初余额”和“期末余额”两个栏目，是一种比较资产负债表。资产负债表中各项目的数字反映的是项目的余额，而不是发生额。

2.利润表

利润表，是指反映企业在一定会计期间的经营成果的报表，利润表采用多步式结构编制。

利润表中一般设有“本期金额”和“上期金额”两栏。“本期金额”栏内各期数字，除“基本每股收益”和“稀释每股收益”项目外，应当按照相关科目的发生额分析填列。

3.现金流量表

编制现金流量表有助于弥补资产负债表和利润表反映信息的不足。它以收付实现制为基础，详细说明了两个资产负债表编表日期间现金流入和流出的构成情况，揭示资产、负债和所有者权益变化的原因，提供企业在一个会计期间进行经营活动、投资活动、筹资活动等所产生的现金的流入和流出。

企业可根据业务量的大小及复杂程度，选择采用工作底稿法或T形账户法，也可以根据有关科目记录分析填列。

4.所有者权益变动表

所有者权益变动表应当反映构成所有者权益的各组成部分当期的增减变动情况。当期损益、直接计入所有者权益的利得和损失，以及与所有者的资本交易导致的所有者权益的变动，应当分别列示。

5.附注

附注是财务报表不可或缺的组成部分，是对资产负债表、利润表、现金流量表和所有者权益变动表等报表中列示项目的文字描述或明细资料，以及对未能在这些报表中列示项目的说明等。

课后习题与实训

一、单项选择题

1.下列各项不属于财务会计报告的是（　　）。

A.资产负债表　　B.利润表　　C.附注　　D.审计报告

2.企业于2017年12月31日分别借入两年期借款150 000元，五年期借款480 000元。两项借款均为单利计算利息，分次付息，到期还本，年利率为6%。在该企业2018年12月31日资产负债表中，“长期借款”项目应为（　　）元。

A.630 000　　B.508 800　　C.667 800　　D.480 000

3.下列各项不影响企业营业利润的是（　　）。

A.营业外支出　　B.财务费用

C.资产减值损失　　D.公允价值变动损益

4.资产负债表中资产的排列依据是（　　）。

A.项目重要性　　B.项目流动性

C.项目时间性　　D.项目收益性

5.某企业2018年12月31日“固定资产”账户余额为6 000万元，“累计折旧”账户余额为1 800万元，“固定资产减值准备”账户余额为200万元，“固定资产清理”账户借方余额为200万元。该企业2018年12月31日资产负债表“固定资产”项目的金额应为（　　）万元。

A.3 800　　B.6 200　　C.4 200　　D.4 000

6.“应收账款”科目明细账中若有贷方余额，应将其记入资产负债表中的（　　）项目。

A.“应收账款”　　B.“预收款项”

C.“预付款项”　　D.“其他应收款”

7. 甲企业采用计划成本法核算材料，2018年12月31日结账后有关科目的余额如下：“材料采购”科目借方余额为100万元，“原材料”科目借方余额为2 600万元，“周转材料”科目借方余额为200万元，“库存商品”科目借方余额为5 000万元，“发出商品”科目借方余额为300万元，“委托代销商品”科目借方余额为400万元，“生产成本”科目借方余额为1 000万元，“材料成本差异”科目贷方余额为600万元，“存货跌价准备”科目贷方余额为400万元，“受托代销商品”科目借方余额为123万元，受托代销商品款为123万元。2018年12月31日，甲企业资产负债表中的“存货”项目金额是（　　）万元。

A.8 600　　B.8 723　　C.7 600　　D.9 800

8. 下列各项需要根据相关总账及所属明细账户的期末余额分析填列的是（　　）。

A. 应付账款　　B. 应收票据　　C. 应付票据　　D. 应付职工薪酬

9. 某企业“应付账款”科目月末贷方余额为40 000元，其中：“应付甲公司账款”明细科目贷方余额为25 000元，“应付乙公司账款”明细科目贷方余额为25 000元，“应付丙公司账款”明细科目借方余额为10 000元。“预付账款”科目月末贷方余额为20 000元，其中：“预付A工厂账款”明细科目贷方余额为40 000元，“预付B工厂账款”明细科目借方余额为20 000元。该企业月末资产负债表中“预付款项”项目的金额为（　　）元。

A.20 000　　B.30 000　　C.-30 000　　D.-10 000

10. 某企业2018年12月31日“无形资产”账户余额为500万元，“累计摊销”账户余额为200万元，“无形资产减值准备”账户余额为100万元。该企业2018年12月31日资产负债表中“无形资产”项目的金额为（　　）万元。

A.500　　B.300　　C.400　　D.200

11. 下列各项不通过利润表的“税金及附加”项目反映的是（　　）。

A. 城镇土地使用税　　B. 车船税　　C. 增值税　　D. 房产税

12. 某企业2018年11月主营业务收入贷方发生额为700万元，借方发生额为50万元，主营业务成本为300万元，发生现金折扣50万元，管理费用为60万元，资产减值损失为50万元，其他收益5万元，公允价值变动损失为25万元，投资收益为15万元，资产处置收益10万元。假定不考虑其他因素，该企业当月的营业利润为（　　）万元。

A.280　　B.195　　C.150　　D.180

13. 某企业2018年实际支付工资50万元，各种奖金5万元。其中：经营人员工资40万元，奖金3万元；在建工程人员工资10万元，奖金2万元。该企业2018年现金流量表中“支付给职工以及为职工支付的现金”项目的金额为（　　）万元。

A.43　　B.38　　C.50　　D.55

14. 支付给在建工程人员的薪酬属于（　　）产生的现金流量。

A. 投资活动　　B. 不属于现金流量表中的内容

C. 筹资活动　　D. 经营活动

15. A公司2018年购买商品支付500万元（含增值税），支付2017年接受劳务的未付款项50万元，2018年发生的购货退回15万元，假设不考虑其他条件，A公司2018年现金流量表“购买商品、接受劳务支付的现金”项目中应填列（　　）万元。

A.535　　B.465　　C.435　　D.500

二、多项选择题

1.下列各项不影响当期经营活动产生的现金流量的有（　　）。

A.用产成品偿还短期借款　　B.支付管理人员薪酬

C.收到被投资单位分配的利润　　D.支付各项税费

2.下列各项属于投资活动产生的现金流量的有（　　）。

A.为购建固定资产支付的耕地占用税

B.为购建固定资产支付的已经资本化的利息费用

C.火灾造成的固定资产的损失收到的保险赔款

D.最后一次支付分期付款购买固定资产的价款

3.下列各项应在“分配股利、利润或偿付利息支付的现金”项目中反映的有（　　）。

A.企业实际支付的现金股利　　B.支付给其他投资单位的利润

C.支付用于生产经营借款的利息　　D.为购建固定资产支付的专门借款利息

4.下列各项不涉及现金收支的投资和筹资活动的有（　　）。

A.发放股票股利　　B.公司发行的债券计提的利息

C.用固定资产对外投资　　D.以现金偿还长期借款

5.下列各项中，上市公司应在其财务报表附注中披露的有（　　）。

A.重要会计政策和会计估计　　B.报表重要项目的说明

C.与关联方交易的定价政策规定　　D.企业的业务性质和主要经营活动

6.下列各项会影响企业利润表中“营业利润”项目填列金额的有（　　）。

A.对外投资取得的投资收益　　B.出租无形资产取得的租金收入

C.计提固定资产减值准备　　D.缴纳所得税

7.下列资产减值准备相关科目余额中，不在资产负债表上单独列示的有（　　）。

A.长期股权投资减值准备　　B.存货跌价准备

C.坏账准备　　D.固定资产减值准备

8.资产负债表的数据来源，可以获得的方式包括（　　）。

A.根据几个总账科目的余额合计获得

B.根据有关科目的余额减去其备抵科目余额后的净额获得

C.根据明细科目的余额分析获得

D.直接从总账科目的余额获得

9.大明企业2018年发生的营业收入为2 000万元，营业成本为1 200万元，销售费用为40万元，管理费用为100万元，财务费用为20万元，投资收益为80万元，资产减值损失为140万元（损失），公允价值变动损益为160万元（收益），营业外收入为50万元，营业外支出为30万元。该企业2018年的营业利润和利润总额分别为（　　）万元。

A.660　　B.740　　C.640　　D.760

10.A企业2018年年初未分配利润为借方余额50万元（该未弥补亏损已经超过5年），本年度实现净利润200万元，分别按10%和5%提取法定盈余公积和任意盈余公积。假定不考虑其他因素，A企业2018年年末未分配利润的贷方余额不应为（　　）万元。

A.127.5　　B.212.5　　C.220　　D.250

11.下列各项影响工业企业营业利润的有（　　）。

A. 计提的工会经费　　B. 发生的业务招待费
C. 收到退回的所得税　　D. 处置投资取得的净收益

12. 下列各项属于筹资活动产生的现金流量的有（　　）。
A. 支付的现金股利　　B. 取得短期借款
C. 增发股票收到的现金　　D. 偿还公司债券支付的现金

13. 下列各项应在资产负债表“预收款项”项目列示的有（　　）。
A. “预收账款”科目所属明细科目的贷方余额
B. “应收账款”科目所属明细科目的贷方余额
C. “应付账款”科目所属明细科目的借方余额
D. “预收账款”总账科目贷方余额

14. 下列各项在资产负债表“货币资金”项目中反映的有（　　）。
A. 库存现金　　B. 银行结算户存款　　C. 信用卡存款　　D. 外埠存款

15. 下列各项不会引起现金流量总额变动的有（　　）。
A. 将现金存入银行
B. 用银行存款购买1个月到期的债券
C. 用固定资产抵偿债务
D. 用银行存款清偿20万元的债务

三、判断题

1. 一套完整的财务报表至少应当包括资产负债表、利润表、现金流量表和附注。（　　）

2. 在资产负债表中，存货跌价准备应作为存货的抵减额在存货项目中列示。（　　）

3. 企业编制财务报表时，如果没有需要可以不编制报表附注。（　　）

4. “购买商品、接受劳务支付的现金”项目，反映企业本期购买商品、接受劳务实际支付的现金（包括增值税进项税额）。本期支付前期购买商品、接受劳务的未付款项和本期预付款项，不在该项目中反映。（　　）

5. 利润表中“税金及附加”项目应根据该科目的本期发生额填列。（　　）

6. 企业以现金支付给职工的工资、奖金、各种津贴和补贴等职工薪酬均应反映在“支付给职工以及为职工支付的现金”项目中。（　　）

7. 企业出售无形资产形成的净损失，应列入利润表的“营业外支出”项目，使得企业的营业利润增加。（　　）

8. 将于一年内到期的应付债券，按照规定，应在资产负债表中作为流动负债反映。（　　）

9. 所有者权益变动表是反映构成所有者权益各组成部分当期增减变动情况的报表。（　　）

10. 发行债券收到的现金属于投资活动产生的现金流量。（　　）

11. 用银行存款偿还应付账款属于筹资活动的现金流出。（　　）

12. 资产负债表中的“无形资产”项目是根据“研发支出”科目中所属的资本化支出明细科目的期末余额填列的。（　　）

13. 如果固定资产清理科目出现借方余额，应在资产负债表“固定资产清理”项目中

以“-”号填列。（ ）

14.如果“应交税费”科目期末为借方余额，应在资产负债表“应交税费”项目中以负数列示。（ ）

15.企业年末“长期待摊费用”科目的余额为200万元，其中将于1年内摊销完的为50万元，那么资产负债表中的“长期待摊费用”项目的金额为200万元。（ ）

四、业务核算题

1.B公司2018年8月份有关账户余额见表12-10。

表12-10 账户余额表 单位：元

科目名称	期末借方余额	期末贷方余额
库存现金	5 200	
银行存款	532 800	
其他货币资金	61 000	
固定资产	360 800	
累计折旧		73 000
固定资产减值准备		5 800

要求：计算填列资产负债表中“货币资金”“固定资产”项目的金额。

2.C公司2018年3月31日有关账户的余额见表12-11。

表12-11 账户余额表 单位：元

科目名称	期末借方余额	期末贷方余额
应收票据——丁	100 000	
应收票据——戊	230 000	
应收账款——甲	15 230	
应收账款——乙		10 000
预收账款——A	20 000	
预收账款——B		30 000
坏账准备	2 031	

要求：计算填列资产负债表中“应收票据及应收账款”项目的金额。

3.D公司2018年8月份有关账户的期末余额见表12-12。

表12-12 账户余额表 单位：元

科目名称	期末借方余额	期末贷方余额
原材料	55 240	
生产成本	22 350	
库存商品	50 380	
长期借款		280 000
其中：一年内到期的长期借款		60 000
本年利润		31 750
利润分配		8 000

要求：计算填制资产负债表中“存货”“长期借款”“未分配利润”三个项目的金额。

4.E公司2018年9月份有关账户的期末余额见表12-13。

表 12-13 账户余额表 单位：元

科目名称	总账余额	明细账借方余额	明细账贷方余额
应收账款	11 040（借方）		
——A单位		12 340	
——B单位		6 000	
——C工厂			7 300
应付账款	10 200（贷方）		
——甲公司			15 600
——乙公司			3 800
——丙企业		1 200	
——丁企业		8 000	

要求：计算填列资产负债表中“应收账款”“预付款项”“应付账款”“预收款项”四个项目的金额。

5.F公司2018年度利润表中“营业收入”项目为2 050 000元，“营业成本”项目为1 200 000元。资产负债表中有关项目如下：应收账款期初余额为450 000元、期末余额为700 000元；应收票据期初余额为150 000元、期末余额为550 000元；存货期初余额为1 268 000元、期末余额为1 500 000元；应付票据期初余额为200 000元、期末余额为350 000元；应付账款期初余额为1 000 000元、期末余额为1 500 000元；预付账款期初余额为80 000元、期末余额为60 000元；应交税费明细账中本期发生的销项税额为180 000元、进项税额为80 000元；坏账准备明细账中当期提取的坏账准备为1 000元；应收票据明细账中票据贴现利息为2 000元；“生产成本”“制造费用”明细账中当期列入生产成本、制造费用的工资等薪酬费用为800 000元，当期列入生产成本、制造费用的折旧为180 000元。

要求：根据上述资料，分别计算本期“销售商品、提供劳务收到的现金”和“购买商品、接受劳务支付的现金”项目的金额。

6.2018年8月，某高校会计专业毕业生孙红到甲公司报表总账岗位进行顶岗实习。甲公司为增值税一般纳税企业，2018年8月份有关账户资料见表12-14和表12-15。

表 12-14 总账期末余额表

2018年8月31日 单位：元

账户名称	借方余额	贷方余额
库存现金	2 700	
银行存款	200 700	
应收账款	49 210	
其他应收款	3 000	
原材料	150 000	
库存商品	90 000	
生产成本	31 050	
长期待摊费用	9 200	
持有至到期投资	74 000	

续表

账户名称	借方余额	贷方余额
其中：一年内到期的长期债券投资	7 000	
固定资产	3 100 000	
累计折旧		854 000
短期借款		600 000
应付账款		90 200
其他应付款		12 000
应交税费		10 000
应付利息		15 400
实收资本		1 000 000
盈余公积		430 000
资本公积		90 000
本年利润		838 260
利润分配	230 000	
合　计	3 939 860	3 939 860

表 12-15　　损益类账户发生额表

2018年8月　　单位：元

账户名称	结转“本年利润”数额	
	借方	贷方
主营业务收入	506 000	
主营业务成本		283 000
销售费用		16 000
税金及附加		36 000
其他业务收入	20 000	
其他业务成本		15 000
管理费用		45 000
财务费用		18 000
营业外收入	61 000	
营业外支出		45 000
投资收益	18 000	
所得税费用		21 000

要求：根据上述资料编制该公司2018年8月份的资产负债表和利润表。

参考文献

[1] 中华人民共和国财政部. 企业会计准则（2006）[M]. 北京：经济科学出版社，2006.

[2] 中华人民共和国财政部. 企业会计准则：应用指南（2006）[M]. 北京：中国财政经济出版社，2006.

[3] 财政部会计资格评价中心. 中级会计实务 [M]. 北京：经济科学出版社，2018.

[4] 财政部会计资格评价中心. 初级会计实务 [M]. 北京：中国财政经济出版社，2018.

[5] 中国注册会计师协会. 会计 [M]. 北京：中国财政经济出版社，2018.

[6] 陈强. 财务会计实务 [M]. 3版. 北京：高等教育出版社，2018.

[7] 李莉. 财务报表分析 [M]. 北京：人民邮电出版社，2018.

[8] 刘永泽，陈立军. 中级财务会计 [M]. 5版.大连：东北财经大学出版社，2016.

[9] 熊晴海，马妙娟. 财务会计 [M]. 大连：大连理工大学出版社，2016.